U0672410

济宁汶上

第一

书记

故事

马 平
王洪正
主 编

社会科学文献出版社
SOCIAL SCIENCES ACADEMIC PRESS (CHINA)

编 委 会

主　　编　马　平　济宁市人民政府国有资产监督管理委员会调
　　　　　　　　　　研员、中共汶上县委副书记（挂职）、济宁
　　　　　　　　　　市驻汶上县下派干部工作团团长
　　　　　　王洪正　中共汶上县委常委、组织部部长
副 主 编　徐　青　中共汶上县委组织部常务副部长
　　　　　　马建立　中共汶上县委组织部副部长、老干部局局长
　　　　　　朱大华　汶上县选派第一书记工作领导小组办公室主
　　　　　　　　　　任、汶上县下派干部联系群众工作办公室
　　　　　　　　　　主任

执行编辑　朱大华
　　　　　　魏朝凯　汶上县作家协会副主席、《中都文艺》主编
编　　辑　马洪森　李顺林　傅瑞民　刘长春　路敦贵
　　　　　　李吉芳　胡克潜　李江奎　梁萌萌　曹　晶
　　　　　　李　林　刘宏伟　马春浩

代　序

我出生在农村，对农村有着深厚的感情。我曾经工作在基层，与农民有着不解之缘。在基层工作了 25 个年头，其中 10 年任乡镇党委书记，可以说，我的整个青春都是在乡镇度过的，都在与农民打交道。一路走来，我怀念农村，感恩农民。2017 年 3 月，在济南市人民政府国有资产监督管理委员会工作的我，有幸被组织委以重任，挂职汶上县委副书记、济宁市驻汶上县下派干部工作团团长。由此，从市里来到基层，从城市重回乡村，让我再一次近距离接触农村，服务农民，有种故土重回的感觉，更充满干好工作、服务群众的动力。

习近平总书记在打赢脱贫攻坚战中强调"因村派人要精准"，说的就是要选准派强第一书记。2017 年，济宁市启动干部驻村联户暨第一书记下派工作，通过层层推荐，择优选派出 14 个市派驻村工作组、106 个县派驻村工作组共 120 名第一书记、301 名驻村干部，奔赴 15 个乡镇（街道）和开发区的空壳村、薄弱村、落后村。驻村干部以村为家，以民为友，真蹲实驻，真帮实扶，用激情与赤诚践行驻村诺言，用责任与担当诠释为民情怀，用拼搏与奉献推动脱贫攻坚，让一个个派驻村旧貌换新颜，赢得了群众的信任、社会的认可。

驻村帮扶工作开展伊始，我们通过广泛走访调研，听取意见建议，从群众反映最强烈、最期盼、最迫切的事情入手，提出在汶上县全县第一书记派驻村率先完成贫困户"脱帽"和空壳村"脱壳"的"双脱"任务要求。在全市创新实施了"1534"工作法，即一条主线、五个围绕、三个必须、四个环节。一条主线即抓党建促脱贫。五个围绕即围绕摸实情，制定帮扶规划；围绕抓党建，加强村级组织规范化建设；围绕办实事，改善群众生产生活条件；围绕强功能，增加村级集体收入；围绕树新风，打造文明和谐新农村。三个必须即必须全力争取县乡党委、政府支持，必须调动派出单位的积极性，必须严守驻村工作纪律。四个环节即注重发挥党员群众积极性，注重拓宽筹资渠道，注重关爱弱势群体，注重典型引路。

两年来，我们按照"当好党的政策的宣传队、当好农村党建的工作队、当好精准脱贫的施工队、当好为民办事的服务队"的要求，真心联系群众、真正解决问题、真情开展服务，落实到位各类帮扶资金 8560 万元，硬化道路 136 公里，新建（修缮）排水沟 66 公里，新打岩芯井 241 眼，改造自来水管网 88 公里，安装路灯 1100 余盏、健身器材 920 余件，新建（修缮）村办公场所 43 处、文化广场 72 个，新建（完善）农家书屋 111 处，栽植绿化苗木 6.8 万余棵，慰问困难党员家庭、贫困户 1.1 万余户，送戏下乡 397 场，健康体检 2.3 万余人次。同时，我们围绕强班子、强党员、强制度，抓学习、强素质，立制度、促规范，实施第一书记"党建 + 扶贫 + N"项目化管理，共申报实施党建项目 121 个，扶贫项目 130 个，其他帮扶项目 185 个。实现村集体增收 1110 万元，所有第一书记村集体经济收入均达到 5 万元以上，过半数达到 10 万元以上，通过差异化、精细化、滴灌式帮扶，实现 120 个包驻村 2647 户贫困户逐步脱贫、长效致富。

第一书记不是一个人在战斗。我作为团长，是第一书记的带头人，唯有身先士卒，示范引领，在脱贫致富的道路上一马当先，勇挑重担，才能向党和群众交上一份满意的答卷。充分利用自身资源优势，用准各种政策，找准致富路子，定准扶贫措施，先后协调资金 460 万元，对包保村汶上街道路桥村实施安装路灯、制作文化墙、提升文化广场、修缮下水道等实事好事；对包保村郭仓镇夏庄村实施"一楼、一路、一街、一厂"四个一工程。特别是"一厂"（交通设施配件制造），产品销售到山东高速、齐鲁交通等大型知名企业，为村集体增加了稳定的收入来源。同时，发挥市国资委职能优势，深化地企合作、促进共赢发展，实施了阳城电厂向汶上城区供热和向汶上化工园区供汽工程。其中，供热工程投资 2.4 亿元，建设供热管网 25 公里，利用阳城电厂余热进行城区集中供暖，不仅降低了供热成本，有效满足了城区集中供热需求，还减少了城区污染物排放，改善了生态环境。园区供汽项目总投资 1.1 亿元，建设蒸汽管道 15 公里，可输送蒸汽 80 吨/小时，降低企业用汽成本，又能提升基础设施建设，为化工园区争创省级园区打下坚实基础。

两年来，驻村帮扶工作取得了一定成效，一件件看得见、摸得着的好事实事，让干部赢得了民心。这得益于县委的正确领导，县委主要领导多次召开专题会议研究驻村帮扶工作，与基层党建同安排、同部署、同落实。得益于市下派部门的倾心指导，这些指导让我们在创新工作思路、丰富工作内涵、完善制度体系等方面深受启发，有所作为。得益于所有派驻单位和第一书记的辛勤付出，派出单位与第一书记进行项目、资金、责任"三个捆绑"，合力破解难题，把派出单位的职能优势、资源优势化为"后援"。

如今，走进汶上县，无论在广袤的乡村沃野，还是在洁净的农家庭院，群众看到最多的是第一书记忙碌的身影；无论在繁华的闹市，还是在幽静的乡间，群众谈论最多的是第一书记带来的新气象新变化。第一书记俨然成为群众心中"最可爱的人"。他们没有惊天动地的壮举，却始终专注做好一件件平凡甚至是琐碎的民生"小事"；他们没有气壮山河的豪言，却以最精彩的故事践行着一名共产党员的庄严承诺；他们牢记党和人民的重托，将使命根植于乡村，用心血和汗水谱写了一曲曲扎根基层苦干实干的第一书记之歌……

青春有梦好扬帆，干事创业正当时。本书撷取 128 篇第一书记故事，汇编成册，记录驻村帮扶工作的点滴，以期借助讲述故事，反映发展轨迹，鞭策教育更多的党员干部不忘初心、牢记使命，深入基层、建功立业。本书的编撰得到了济宁市下派干部管理工作办公室、汶上县作家协会以及各乡镇部门的大力支持。在此，谨代表中共汶上县委、济宁市派驻汶上县下派干部工作团，向关心支持驻村帮扶工作的各级领导和各界人士表示衷心感谢！

是为序。

马　平

中共汶上县委副书记

济宁市驻汶上县下派干部工作团团长

2018 年 10 月

目录
contents

目 录
contents

目 录
contents

目 录
contents

目 录
contents

南村不难

第一书记

李晓龙 2017~2018 年度，任济宁市人民政府国有资产监督管理委员会驻汶上县南站镇南村第一书记。

　　曾经的汶上县南站镇南村村中没有统一规划，基础设施较差，大部分道路没有硬化，绿化亮化更是没有。"晴天一身土、雨天一身泥"是南村最现实的写照。如今的南村，改头换面，焕然一新，俨然是现代化的新农村。回头想想，作为驻村干部，只要一心为了群众，选对发展路子，扑下身子踏实苦干，改变落后的面貌并不难。

四方"化缘"

2017 年 4 月，我到南站镇南村任第一书记。摸清家底，是第一要务。到村后，我马不停蹄投入走访群众的工作中，走村入户，找党员、群众搞调研，掌握村情民意。经过几天的走访，我发现群众的难处远比我想象的要多很多。面对如此贫困落后的村情，一下子我也犯了难。"既然来了，就必须把事情办好。"我暗下决心。一边与村"两委"同志商议，一边到市、县部门"化缘"。先后到市交通、水利、财政等部门协调项目奖补资金，多次向市国资委领导汇报情况、争取支持。委领导亲自帮助协调村庄基础设施建设资金，亲自到现场调度指导工作。同时，我还与村干部一起发动群众集资，共同为村庄建设出力。经过多方努力，共筹集帮扶资金420 余万元，完成了村内道路硬化 3.4 万余米，铺设村内下水管道 9000 余米，实现了"户户通"，彻底改变了群众雨雪天气出行难的问题。绿化村内主街 3000 平方米，栽植梨树、石榴树、黄叶冬青、红叶石楠等苗木 3 万余棵。粉刷街道墙面 1 万余平方米，涂绘墙体宣传材料 1000 余平方米，村容村貌发生了翻天覆地的变化。

伐掉三棵树

村民胡恩荣是个光棍汉，性格孤僻，是村民眼中的"老刺头"。走访中，好多群众反映胡恩荣家靠近路边的三棵枯树十分危险，遇到大风下雨等恶劣天气极易倾倒，存在较大的安全隐患。胡恩荣家靠近主路，过往学生较多，遇到刮风下雨等天气孩子们都不敢走。了解到这一情况后，我立即到胡恩荣家进行沟通，不出所料，头一次就吃了闭门羹。后来，我有意识地经常到他家附近去，见到他就主动打招呼，套近乎，当了解到他是一名退伍军人后，我更增强了信心。凭借自己也是一名退伍军人的身份，我主动与他一起回忆军营的生活，询问退伍军人待遇落实情况，慢慢就拉近了我们之间的关系。经过一段时间的交流，胡恩荣主动提出要把三棵枯树砍伐掉。我们也因此结下深刻的战友情，成了村民眼中的"好朋友"，胡恩荣变得"开朗"了许多，群众也给我竖起了大拇指。

一面锦旗

刘胜利是村里的种植大户。他承包了村里80余亩耕地，夫妻二人勤劳能干，是村里有名的致富能人。2017年4月，一向对市场把握比较准的刘胜利，把80多亩地全部种上了大蒜。但是，在随后给大蒜灌溉的问题上，与村电工刘连保发生矛盾，双方大打出手，刘胜利被打伤住进了医院，电工刘连保也被送进了派出所。由于事发突然，排灌站的钥匙也跟着被带进了派出所。刚种上的大蒜若不及时浇水，种子就会烂在地里，造成巨大的经济损失，这下可愁坏了刘胜利家人。在了解这一情况后，我第一时间到双方家里进行走访，仔细了解事情的前因后果。最后，经过与县公安局、镇派出所沟通，拿回了排灌站钥匙，及时帮助刘胜利家浇了水。我多次深入两家给家人做工作，最终双方握手言和，化解了矛盾纠纷。为此，他们还送来一面锦旗，抓着我的手，热泪盈眶。

希　望

第一书记

刘　峰　2017~2018 年度，任济宁市机构编制委员会办公室驻汶上县南站镇龙集村第一书记。

　　2017 年 4 月，组织安排我到汶上县南站镇龙集村任驻村第一书记。一年多来，我们结识了许许多多的困难户，但令我印象最深的是村民龙万宝家。

初识

　　入村没几天，在入户走访过程中，我第一次来到了龙万宝家。尽管之前的走访让我有了一定的心理准备，但踏入龙家门，我仍然被眼前的场景震惊了。映入眼帘的是一座岌岌可危、破旧不堪的土墙瓦房，院子里杂乱无章，到处都是垃圾，角落里的厕所也散发着臭味。我正准备探个究竟，从屋里走出来一位淳朴憨厚的老人。村干部向我们介绍，这是龙万宝的父亲。老人家热情地张罗我们进屋里坐坐。屋内的场景实在让人鼻酸，家中光线暗淡，杂物到处都是，除了老旧的电视机外没有一件像样的家具，龙万宝瘫痪在床，穿着十分破旧。看着这一情境，我内心升起一股莫名的酸楚。

回到村委会大院，已是傍晚。我连夜对龙万宝一家的情况再次进行梳理，眼前再次浮现出老人那爽朗但又带些沉重的面容。龙万宝原本有一个幸福的家庭，早年夫妻一起出外打工，挣了一笔钱，女儿也十分聪明，一家人过着幸福和美的生活。可是，天有不测风云。2014 年，龙万宝突然得了小脑萎缩，四处求医，不得痊愈，积蓄被花光了，他的病却不见好。三年的时间里，他由一个健壮的劳力，变成了一个瘫痪在床，没有语言和行动能力的弱者。为了维持生活，媳妇在南站镇上打工，照顾上中学的女儿，龙万宝由他父亲照顾，老人也已经 70 多岁了，又常年体弱多病，行动不便，仅能生活自理；一家人仅靠一点儿土地和打零工维持生计，日子过得捉襟见肘。想到这些，我叹息的同时也深感责任和压力，我一定要尽自己所能做好帮扶工作，帮助他们早日过上幸福快乐的好生活。

熟悉

随后的日子里，我多次去龙万宝家走访。通过几次接触和交流，我们的心理距离拉近了许多，逐渐变得熟悉起来，常坐下来聊聊家常。老人时常会讲述自己的人生经历，讲述以前幸福的日子，讲述未来的心愿。老人家爽朗的笑容和乐观的精神让人深感佩服。在如此艰苦的环境中，他却没有怨天尤人，反而心怀感恩，直面苦难，积极乐观。交谈时，他们总是夸现在的国家政策好、村干部好，心里由衷地感谢党和政府。老人经常说，村里为他们办理了低保，龙万宝也享受了大病医疗救助，孙女义务教育阶段也基本不花钱，放在以前，哪里敢想这样的好事。

龙万宝的媳妇则因为巨大的生活压力，心理比较悲观，对扶贫帮扶持怀疑冷淡的态度。我深知思想的转变才是重中之重。对此，我多次与她当面和电话交谈，宣讲党和国家的扶贫政策，帮她卸下思想上的重负，重塑生活信心，告诉她我们会竭尽全力帮助她，与她共渡难关，共同脱贫奔小康。功夫不负有心人，在我的努力下，她终于抛弃了以前的观念，乐观开朗了许多。

新房

结合龙万宝的实际情况，我决定首先为他家翻修房屋，为他家申请了危房改造。2017年8月的一天，村干部告诉我今天龙万宝家开工了。我赶忙带了些水果去他家看望。到了家中，工人们已经开始忙活了，家中一片繁忙的施工景象，有的在垒砖砌墙，有的在和水泥，老大爷和儿媳也在工地上帮着忙。老人见到我来显得很高兴，放下手里的活过来招呼我。我看着眼前热火朝天的景象，心里也十分激动，也挽起袖子加入了干活的队伍。尽管浑身都是尘土，但我心中却感到无比轻松，毕竟这为龙万宝一家解决了居住的大事。大家为美好的生活共同努力，这不正是帮扶的目的吗？

两个星期后，老人找到了正在村委会大院的我。原来，当天是验收的日子，他邀请我去新家坐坐。我说，不仅要去坐坐，还要给你家温温锅呢。我在村里买了些肉和菜，和老人一起来到他家中。一座崭新的房子映入眼帘：洁白的外墙，硬化的院落，明亮的房间，屋里不时传出清脆爽朗的笑声，那笑声里洋溢着幸福和快乐……

走进屋里，龙万宝一家正在收拾新家，我也帮忙打扫屋内卫生，搬运新捐赠的家具。我告诉他们，这些家务虽然是小事，但只有将家里打扫干净，保持一个整洁的环境，人才会心情好，才能活得舒心。做完清洁后，我又拿起锅铲，做了两个拿手的好菜。我们围坐在一起，一边吃饭一边攀谈。望着满桌的饭菜和团聚的家人，老人高兴得合不拢嘴，就连瘫痪在床的龙万宝也露出了幸福的笑容。我想，正是这些无数苦难岁月中的点滴闪光，支撑起他们战胜孤苦的信心，也成为我们驻村帮扶前进的动力。

未来

2018 年 2 月 12 日，腊月二十七。这一天已是喜迎新春佳节的日子，但我的心情却和龙万宝家一样沉重。龙万宝前几日病重去世，当天是发丧的日子。生活是多么的不公平，这样困难的家庭，又再次面临如此沉重的打击！我不禁担忧起这家人的状态。在龙万宝的家中，我见到了他悲戚的家人，但从他们的眼神中我又感受到一丝坚毅。慰问过他们之后，我们又聊起了今后的打算。老人眼里闪过一丝迷茫，但仍然语气坚定地说，虽然龙万宝走了，但还有孙女，还有儿媳妇，他一定要好好活着。儿媳妇则说，现在孩子也大了，马上要考大学了，她打算去外面找份全职工作补贴家用。望着这样一个人穷志不穷的家庭，我的眼眶又湿润了……

习近平总书记曾说：扶贫先要扶志，要从思想上淡化"贫困意识"。龙万宝一家就是如此，每次与龙万宝一家交流，我都深刻地感受到他们贫不易志的精神，感受到他们顽强奋斗的意志。是啊，只要思想不滑坡，方法总比困难多，只要有志气，有希望，就一定能够摘掉贫困户的帽子，过上幸福美满的生活！

大槐树下

王彦峰　2017 ~ 2018 年度，任济宁矿业集团驻汶上县南站镇代
庄村第一书记。

只要不是刮大风下大雨，南站镇代庄村村口那棵已有四百年树龄的老
槐树下，总会聚集着一群人，谈天说地，好是热闹。

"王书记来了吗？"急性子的蔚承林大爷人未到声先至。"来了来了！"
济宁矿业集团驻汶上县南站镇代庄村第一书记王彦峰闻声从贫困户戴洪军
家中走了出来。戴洪军手里捧着一摞书，喜滋滋地向大伙显摆："看！王
书记送我的养獭兔的书。我们老哥俩都唠了半天了，王书记说了，等我明
年有经验了，就带领咱村里的老少爷们都养獭兔，脱贫致富，王书记帮咱
们联系销路呢！""王书记心里尽装着咱们老百姓！""王书记，你再给我们
讲讲十九大的新鲜事呗。"大家你一言我一语，大槐树下顿时热闹起来。

"王书记真是我们老百姓的贴心人，帮我们村办了许多的实事、好事，
这棵大槐树就是我们的'据点'。"代庄村党支部书记戴洪华说起第一书记
王彦峰来如数家珍，滔滔不绝。"现在我们村村民心往一处系，劲往一块
使，安排什么工作都特别顺利！"

有村民反映村中下水道损坏，雨水污水排不出去，王彦峰就带领工作
组的同志积极筹资，整修了下水道，还铺设了花砖和路沿石，不但解决了
排水问题，村容村貌也整洁漂亮多了。有村民反映机井少，浇地难，王彦
峰又积极想办法，主动联系施工队，规划打井方案，帮助村里打了七眼灌
溉井，让家家户户都能用上灌溉井，浇地也不用犯愁了。原来的村委会办

公场所又小又破，群众来办事很不方便，王彦峰又把这事记在了心上，单位领导也大力支持，建设了建筑面积达800平方米的两层村委会办公场所和文体广场。一楼通过招商引资，迎来了"飞跃托鞋"加工厂进驻。这样一来，代庄村每年能增加集体收入3万元。村里留守妇女还能在家门口就业，既能照顾家庭，还增加了收入。逢年过节，王彦峰还带领工作组的同志给贫困户和困难党员送慰问金和物资，大伙儿心里都热乎乎的。

"王书记真不孬！待我们像亲兄弟一样。我们有事就找王书记！"大槐树下的乡亲们纷纷竖起大拇指，异口同声地说。

拜　师

第一书记

乔　娟 2017～2018 年度，任济宁市供销合作社联合社驻汶上县南站镇齐高村第一书记。

房成排，树成荫，街道不宽但通畅整洁，横平竖直，二层的办公楼，雅静的小院儿，不大不小的活动广场，村民和气友善。这是来到南站镇齐高村的最初印象，让我之前悬着的心顿时舒畅不已，比想象中好太多了。我虽生在农村，长在农村，但到村里"当官"却是头一回。

在村里，我收获最大的就是拜到了一位好老师。他就是齐高村的老党员张根先。为啥拜他为师，要从下面说起。

张根先，2018 年已 63 岁，是村里的老支部书记。他是一位退伍军人，高中学历，历任 12 年村支书，是县人大代表。他连年代表村庄领取的各种奖牌挂满了村委会办公室，是全镇村支书中"德高望重"的长者。

据说，以前的齐高村是脏乱差的"集合体"，污水横流，垃圾遍地，村民怨声载道。路、沟、楼、树等等新貌，这一项一项都是张根先在任期间领着大伙干出来的。

敬业爱岗，永不懈怠的忙碌身影

在我 30 多年的记忆里，从来没有见过像张根先这样靠得住、做得实的村干部。没有周末假日，不分白天黑夜，工作需要他在哪里他就在哪里。记得 2017 年，三夏抢收，三秋耕种，禁烧防火等关键时刻，张根先始终是坚守在一线的标兵，随时关注每家每户收种进度，根据麦子倒伏等情况分别联系调度机器，督促群众抢收、播种、浇水，带人及时清除路障及散落秸秆，排除安全隐患，挨家挨户查看晾晒情况，对公路晾晒不当造成交通隐患的及时劝导，对晾晒的秸秆垃圾带头清理，等等。多日奔波使得他那略带自来卷的头发来不及修理而蜷缩得更有"型"，嗓子沙哑，嘴边起满火泡，他在楼下诊所打完点滴继续冲向一线。这个画面在我心中留下了深刻的印象，在驻村的日日夜夜，每忆及此，便不敢再生懈怠。

勇于担当，推动发展的中坚力量

无论是村里日常工作，还是对我们驻村工作组安排的事情，张根先及班子成员都一呼即应，各司其职，从未有过推诿塞责讨价还价。百姓大舞台和文体活动中心建设之初，曾遭遇方方面面的质疑，关于选址，关于样式，关于造价等等。整个过程张根先并没多言，只是与我们工作组一起按照商定好的方案，认真监督工程质量，斟酌细节，面对质疑，独自顶下重重压力。当舞台建成受到众多赞扬时，张根先又把功劳全都给了我们工作组。

"有张根先在，没有办不成的事儿！"这是大家对张根先的评价。随着驻村工作的深入，我对这句话越来越赞同。村里村外大小事务，该做什么不该做什么，什么方式处理妥当，什么时机办理合适，张根先都拿捏得当。为增加村集体收入，我们打算在村东南角的坑塘边集体林地建设一处厂房，然而由于历史原因，林地多年来被人无偿占用种植树苗，林子东面又被回收废品的收购站堆满了各类废品。在对错综复杂的占地情况进行初步了解后，我们感到问题棘手，心里没底。张根先第一时间带领班子成员做工作、清现场，办理土地手续，保障了项目得以顺利进行。

张根先还是争取政策与支持的能人。在我们刚到村的时候，其他工作组纷纷接到的第一个任务是推行改厕。而我们村则作为这项工作的首批试点村，整个工作已经收尾了。据说安装改造过程中，张根先带领班子成员带头安装，亲自动手，工作推进顺利。并且未雨绸缪，筹措资金购买了一辆抽粪车，免费给村民服务，及时解决群众改厕的后顾之忧。在村里，我们发现，周围几个村的班子成员经常来找张根先。他们也习惯性地有事向张根先请教、商量。如果需要向上面争取政策与支持，他们也经常让张根先带头出面。但凡有利于村庄发展的政策、机会、资金支持，张根先一定会盯着不放，需要到哪里，张根先和他那辆电动车一定在哪里，直到把所需争取到自己村里。"村里没有收入，没钱，不到处争取，想法弄钱，这些活咋干？赶上这些年国家对农村政策好，机会也多，一年干一点，慢慢地村里就有变化了。"

用心服务群众，村民身边的热心人

张根先是村里的热心人，谁家有了难解的结，都乐于找张根先去说说，张根先也乐于处理这一桩桩"闲事"。小青年酒后打了媳妇，了解清楚情况后，他首先对冒失的小伙子进行了严厉的批评教育，晓之以理动之以情，真的看到小伙子有改正的决心和态度后，他带着小伙子去找对方赔礼道歉，保障家庭和睦。贫困户危房改造过程中，有一户家庭矛盾复杂，倔强的老人要求超出政策规定，且各种想法反复不一。张根先和班子成员不厌其烦，一遍一遍、反反复复分别给其家庭成员做工作。而针对该家庭的特殊情况，张根先又带头和班子成员及部分党员主动承担了老房屋腾挪、老人安置、建筑垃圾清理等工作。最终在不违反政策规定又让老人满意的情况下，完成了改造。

张根先因身体原因，虽已不担任支部书记一职，但他依然关心着村里发展，关心着群众的冷暖。他以实际行动诠释了一名共产党员的实干和担当，他的精神深深影响了我，他的行为感染了我，所以要拜他为师。

有一篇评论文章把我们年轻机关干部身上具有的一些特质，总结为"六缺六不缺"：不缺学历缺阅历，不缺思想缺感情，不缺干劲缺韧劲，不缺想法缺办法，不缺能力缺魅力，不缺活力缺定力。正因如此，组织选派我们到基层挂职锻炼。在基层，向张根先学习，向群众学习。基层这个"大学堂"和基层生活的阅历必将成为我一生的财富。短短一年多的时间已经过去，"学思践悟"，时刻在路上。

村民都说"王书记好"

王加强 2017～2018 年度，任济宁市旅游发展委员会驻汶上县军屯乡李家集村第一书记。

　　带着一丝丝企盼，又带着一丝丝惶恐，2017 年 4 月，受济宁市旅游发展委员会委派，王加强作为第一书记正式进驻汶上县军屯乡李家集村。期盼的是作为一名市直机关干部来到农村的广阔天地，可以"受教育、学知

识"；惶恐的是虽然是农村出来的，但基层工作经验少，唯恐达不到"做贡献"的标准，愧对组织的信任和要求。然而，时光荏苒，一年多的扎实工作让他有所思，有所得，接了地气、壮了正气、提了士气、少了骄气，在为民服务道路上更加坚定自信。

咱俩一块儿就是"王炸"，没有啥事办不成

王书记，说实话，村里原来有些集体收入，前几年改造村内街巷，为减少村民的负担，没让老百姓出一分钱，现在村集体里确实没钱了，村委会大院该怎么布置呀？刚一到村任职，村支部书记王世海就向王加强诉起了苦。李家集村刚刚建成的村委会大院，装修和布置面临的资金不足问题，让王世海一筹莫展。初到村里的王加强幽默地安慰王世海说："这事你别着急，你看咱俩都姓王，加起来咱俩就是'王炸'，没有什么事是办不成的！"

为了尽快让村"两委"班子正常办公，王加强加紧向单位领导汇报村里情况。很快，单位领导先是送来 2 万元慰问金。王加强又向市文广新局提交了建设文化大院资金的申请，获得了 5 万元的资金补助。2017 年 6 月初，新村委会大院基本布置完成。安装了李集村监控平台、远程视频会议系统，设置了儒学乡村讲堂、李集村警务室、村民调解室、司法工作室等，购买办公桌椅 6 套、会议桌 30 台。"你可是给咱村里办了件大好事啊，这比原来破破烂烂的桌椅强太多，每月我们来参会也积极了。"第一次在新村委会办公室召开党员会议时，广大党员看着崭新的会议桌椅，无不对他竖起大拇指。

村里的李会计是村"两委"班子的中流砥柱，全村 46 户贫困户 88 人所有的扶贫档案他都了然于胸。但将近 60 岁的李会计由于不会使用电脑，贫困户收入表，化肥、种子等物品的登记表都得一笔一笔写出来。王加强就用电子表格建立了贫困户的电子档案，操作十分方便。编好了程序，他又手把手地教给李会计怎么使用电脑办公，在他帮助下，李会计如今使用电脑已经像模像样，成为支部里的"高级人才"。"王书记可是给我帮大忙了！"李会计高兴地说。

你跟群众有多近，群众对你有多亲

朱庆山，王加强包保的贫困户。42岁，不幸患了一种十分特殊的疾病旋转性抽搐，头部、颈部随时不由自主地向身体的一侧旋转和屈曲，妻子不堪重负离他而去。每到村里，王加强总会去朱庆山家看看是否需要帮助。

一个周一，王加强刚到村里，就听说朱庆山生病了，他立即买了箱酸奶去看望，东西虽然不多，但朱庆山明显很激动，一直说着感谢的话。更让王加强意想不到的是，陪着他一起去看望的武主任也明显很激动，一直把这个事记在心里，逢人便夸赞，反而弄得他特别不好意思，连忙表示这样的小事都是应该做的。事情虽小，但确实拉近了他和村干部、村民之间的距离，他们也真正地把他当作自己村里的人。王加强还协调乡里的丰泽现代农业公司，为村里武文柱等6户困难户提供了每人1000元生活补助金。帮助5户贫困户向市残联申报了每户1000元扶助资金发展庭院养殖。

驻村初期，他们彼此是陌生的；现在，大街上遇到，村民都会热情说一句"王书记好，王书记到家里喝水去！"王加强感触颇深："你跟群众有多近，群众对你有多亲。"

长长的借阅记录，是对我最大的认可

在村里时间长了，王加强发现个"怪"现象：每天下午四五点钟的时候，三五个放了学的孩子不回家写作业，反而在村委会办公室的门口席地而坐，手拿手机，嘴里还念念有词。王加强走过去发现原来他们在蹭村委会的无线局域网（Wi–Fi）玩网络游戏。

王加强坐在旁边和孩子们聊起来，了解到他们的父母大都外出打工，在家里由爷爷奶奶照顾生活，买智能手机为便于联系父母，结果玩起了游戏。"爱玩游戏是孩子的天性，但无节制地玩游戏，不但伤害眼睛，更影响学习。父母不在身边不能约束他们，这样下去可不行！"担心孩子未来的王加强立马产生了为孩子们建设农家书屋的想法。

心动不如行动。他立刻和市文广新局的群众文化科联系。通过沟通发现文化科党建、农业等书籍居多，适合学生的读物数量却很少。去哪找这么多书呢？王书记拿着手机翻着通讯录，逐一翻看，估计哪个人能有这个门路。当翻到中国旅游报山东记者站副站长张令伟的名字的时候，眼前一亮，王加强立即拨通了电话。没几天，中国旅游报山东记者站冯维国站长就给市旅游发展委员会杨凤东主任打电话，表示大力支持这个活动。2017年8月22日，由市旅游发展委员会联合中国旅游报山东记者站举办的旅游扶贫下乡捐赠活动，来到了李家集村，活动共筹集到5000册图书和10台电脑。书屋建起来后，蹭网玩游戏的孩子不见了。"借阅本上长长的借阅记录，就是村民和孩子们对我最大的认可。"

群众信任咱，咱不辜负父老乡亲的期盼

"村内原有坑塘两处，全村污水都排到里面，夏季臭气熏天，蝇蚊满地，村民意见很大。"王加强说。为了改善村居环境，王加强协调农村坑塘整治资金25万元，对这两处坑塘进行了整治，种植芦苇等净化植物，坑塘面貌焕然一新，村民生活环境大为改善。为丰富村民精神文化生活，向市体育局协调室外乒乓球台等16套健身器材和多媒体音响1台，让村民在茶余饭后健健身，跳跳广场舞，得到了村民的一致好评。

李家集村原有灌溉变压器年久老化，且功率低，已经不适应农业灌溉的需求。他积极向单位领导汇报，积极协调县电力公司，为李家集村实施了农村电网改造工程，安装价值100余万元的50千瓦变压器3台、100千瓦变压器2台、200千瓦变压器1台，彻底解决村民灌溉电力不足问题。2018年又争取到2台变压器和7眼灌溉机井的项目扶持。

依托李家集村的地理优势，发展乡村旅游。他发挥部门优势，组织村支部书记王世海外出学习先进地区乡村旅游经验。李家集村被列入市级旅游扶贫村，成功争取到了20万元的乡村旅游发展资金，用于村旅游基础设施的开发。同时，被山东省旅游发展委员会批准为山东省旅游特色村。

"能到李家集村我是幸运的！老百姓质朴的语言和行为一次次感动着我，也鞭策着我。既然群众信任咱，咱就不辜负父老乡亲的期盼。"王加强感慨道。

南留的印记，难留的时间

第一书记

杨　冰　2017～2018年度，任济宁市煤炭局驻汶上县军屯乡南留村第一书记。

时光如梭、光阴似箭，自2017年3月，我被选派为汶上县军屯乡南留村第一书记以来，已经过去一年多的时间了。在这一年多的时间里，自己感受很多，收获也很多。既感受到了驻村生活的忙碌、充实，也丰富了自己的农村工作经验，锻炼了自己的工作能力，充实了自己的人生阅历。

从忐忑到踏实，"南留不难留"

记得刚开始被选为第一书记时，心里非常忐忑，自己虽然是从农村走出来的，但是从来没有在基层工作过，基本上没有农村工作经验。从市直机关一名普通干部转变为基层农村第一书记，工作环境和对象完全不同，而且是到一个自己完全陌生的地方去工作、生活两年，心里确实没底，感觉身上的压力和责任很重。

到了村里以后，感觉和自己原来想的很不一样，南留村民风很淳朴，村民也都很善良。走在街上，他们会热情地和我说着家常，会叫我们去家里喝水、休息。村民的热情、真诚，让我完全没有了想象中的陌生感。村里"两委"班子健全，班子成员工作能力很强，帮助我们很快了解了村情、民情，给我们工作组的生活、工作提供了很大的便利。工作组的姜震大哥有过驻村的经历，给我详细介绍了他总结的经验、工作中应注意的事项，让我少走了很多弯路。很快，我适应了身份的转变，熟悉了驻村的生活，熟悉了周围的人。忐忑的心逐渐踏实下来，也很快找到了农村工作的思路和节奏。记得我在2017年4月的一篇工作笔记中曾经写过："农村工作没有想象的那么难，最难战胜的其实是自己，只要有一颗做出一番成绩、想为老百姓干实事的心，找准方式方法，坚持不懈，两年的时间大有可为。"

从开始到现在：南留的印记

"只有深入到群众中去，才能真正了解广大人民群众最关心的问题，才能真正为群众的实际需求提供有效的服务。"上任之初，我便以这句话来时刻提醒自己。通过入户走访、开座谈会、实地考察等多种形式，我对村情有了一个大致的了解。通过认真研究分析，结合村内实际，编写了《南留村村情报告》，并制订了两年工作规划和年度工作计划，从集体经济增收、基础设施建设、美丽乡村建设、基层组织建设等方面制订了帮扶计划。

初次走访时，多数村民就向我反映，村内吃水困难，特别是村子靠西的村民，更难接到水，甚至需要到乡里拉水吃。群众的困难就是我的责任，为早日让村民吃上放心水，从资金筹措到项目招标，从管路设计到开工时间，我们一一列出工作清单，逐项落实。同时，成立了由部分党员和村民代表组成的质量监督和财务监督小组，全程负责监督自来水改造工程中的质量和财务管理工作，确保工程质量达标、各项工作公开透明。

2017 年 6 月底，项目正式开工，整个自来水改造工程从筹备到完工，仅用了不到两个月的时间，项目花费 17.9 万元。打了一口 190 米深的吃水井，安装一台变频潜水泵，可保证 24 小时不间断供水。对村内自来水管路全部进行更换，铺设各类管路总长度约 2.8 万米。为有效保护水表免于外部破坏或冬天冻坏，我们要求施工水表井必须为混凝土结构，深度不小于80 厘米。看到村民接上自来水时那种喜悦，我也从心里感到高兴。觉得自己的工作没有白做，自己的努力没有白费。

从现在到将来：难留的时间

2017 年 5 月初，联系邹城市苗木基地，进行村内绿化；6 月，帮助 5 户贫困户向市残联申报扶助资金；七一其间，走访慰问部分老党员和困难党员；2018 年春节前，对村里的 34 户贫困户进行走访慰问……自担任该村"第一书记"伊始，我便列出项目清单，挂出作战图表。

南留村村内集体经济收入原来只有 6000 元，属于典型的薄弱村，为解决集体经济增收问题，我们与村"两委"进行了讨论，结合村内实际，决定采用土地流转的方式，来提高村内收入。我们将村西侧 1000 余亩土地承包给一家面粉厂，将村西侧入村路两侧土地对外承包栽种苗木，通过这种方式，实现村集体年收入 3 万元，摘掉了薄弱村的帽子，2018 年集体收入有望达到 8 万元。对村内所有路灯进行了检修，更换了部分不能使用的灯具，让所有路灯在节日期间全部亮起来，让全村村民过一个安乐祥和的春节。我们把南留村申请成为市煤炭局志愿服务基地，争取局机关党委定期到村开展志愿服务工作。

人驻，更要心驻

郭振华 2017～2018 年度，任济宁市气象局驻汶上县军屯乡北
　　　　　留村第一书记。

　　"作为第一书记，驻村帮扶服务群众不仅要人驻，更要心驻。"这是郭振华从驻村伊始便埋藏在心底的一句话，更是他开展驻村工作真正为群众办实事、办好事的"座右铭"。

　　2017 年 4 月，在市气象局工作的郭振华被选派到汶上县军屯乡北留村任驻村第一书记。从没和基层村级组织打过交道的郭振华，不辞辛苦，早

出晚归，带领村"两委"学习国家惠农政策，从最简单的会议记录规范入手，制定完善村务工作管理机制，建立健全每周工作例会和集中学习制度，定期召开全体党员和群众代表大会。积极向上争取扶贫资金，为村里打井修渠再到铺设自来水管道、街道环境综合整治等，逐步解决了北留村"吃水难、环境差"的问题。

摸村情，抓党建，绘就发展蓝图

北留村位于汶上县东北部，全村共有 342 户，村里没有集体收入，是典型的经济薄弱村、空壳村。刚到村里的那几天，为尽快了解村情民意，郭振华挨家挨户走访，了解村民生活情况、主要经济来源以及种养殖情况，建立民情民意档案。"群众最期盼什么？我能为群众脱贫致富做些什么？"这是郭振华驻村以来思索最多的问题。

随着对群众生产生活现状了解的不断深入，他对农村工作有了更深的认识，工作思路逐渐清晰，群众对这位从市里来的扶贫干部也有了深刻的印象。在对北留村充分调研的基础上，郭振华协助帮扶村制订两年帮扶计划，进一步强化帮扶措施和力度，绘就发展蓝图。

"帮钱帮物，不如建个好支部。第一书记就像一块磁铁，只有把基层党组织抓起来了，把党员队伍的素质提高了，才能凝聚起脱贫攻坚的强大合力。"在谈及自己的驻村工作秘诀时，郭振华笑呵呵地说。

驻村工作中，郭振华始终把"抓党建促脱贫"作为第一要务，以"两学一做"学习教育常态化制度化为载体，不断强化组织引领的功能。为了改变村级班子涣散的局面，他多次找班子成员谈话做思想工作，"两委"班子的凝聚力、战斗力、执行力明显提升，让党员干部有了从不干事到想干事的改变，大大提高了村级班子的内生动力。在他的努力下，北留村挖沟修渠 2000 余米，清理卫生死角 20 余处，新挖污水处理池 6 个，维修改造村西头的机井并完成全部配套设施。"郭书记的到来使我们村里大变样了，现在我们每月定时召开党员会，'两学一做'使党员的素质提高了，我们这些村干部的干劲也更足了。"说这话的是军屯乡北留村党支部书记杨桂恒。

察民情，解民忧，当好群众的贴心人

村民们说，郭振华平时爱揣个小本写写画画的。村民的吃水、生活琐事等实际问题，大事小事一样样地列在郭振华随身携带的小本上，在他的记事本上记得最多，反映最强烈的就是村民的吃水难问题。在他的记事本上这样写道："村里的自来水管道是20世纪90年代铺设的，经过这么多年主管道上已经出现不同程度的断裂、损坏，再加上这几年生活污水随意排放对地下水源造成二次污染，放出来的水都是黄色的，根本无法饮用，严重影响村民的正常生活。"

为了解决群众吃水问题，郭振华到水利、建设、财政等部门了解这方面的扶贫政策，在积极争取上级扶持资金的前提下，村里还多渠道筹措资金。经过不懈努力，共筹措资金23万余元完成了对村里自来水管道的铺设改造项目。"吃水问题是我们村的一块心病，这么多年一直没有解决，郭书记才到村里半年多就为群众解决了大问题，为村里办了一件好事、实事，他真是群众的好干部。"看着自家清澈的自来水村民王振祥笑着说。

带领干部群众清扫道路，清理垃圾，平整空地，村民们眼里的郭振华好像总是这么忙碌，从来没有坐着的时候。捂着鼻子上厕所，是北留村长期被诟病却难以解决的关键一环，也是摆在郭书记面前的又一难题。他带着施工队把村里大大小小的厕所跑了个遍，画草图，查资料，和村"两委"班子商量，找专家咨询，一个夏天过去了，北留村因村制宜，终于解决了"捂着鼻子上厕所"的问题。

沉下心，俯下身，在驻村中磨炼自己

参加驻村工作以来，郭振华几乎没有请过一天假。因为家里老人的身体不太好，认识的人告诉他村里不用天天去，有事电话里就可以解决。郭振华就会说"我是驻村第一书记，有些工作安排别人不合适"。老父亲意外摔倒导致腰椎骨折住院近一个月，千叮咛万嘱咐不让家人告诉他，怕影响工作。提起这件事，妻子很不理解，因为一大堆家务，照顾老人和孩子的重担都落在了她的肩上。"村里有事经常都是一个电话就走，有时饭都顾不上吃，群众有难事都来找他帮忙，而他从来没有推辞过。"

面对村民口中的"有事就找郭书记"，郭振华说自己做得还远远不够，还是想为群众办点实事，让村里乡亲们生活得更好些，幸福指数再高些，要把群众的诉求做到件件有回声，事事有着落。郭振华用真情排解民忧，从群众最关心、最迫切需要解决的实际问题入手，诚心诚意办实事，尽心竭力解难事，坚持不懈做好事。在他的带领下，北留村群众的幸福指数犹如芝麻开花节节高。

小丽蕊的救助金找到啦

第一书记

魏兆祥 2017～2018 年度，任济宁市地震局驻汶上县军屯乡王
庄村第一书记。

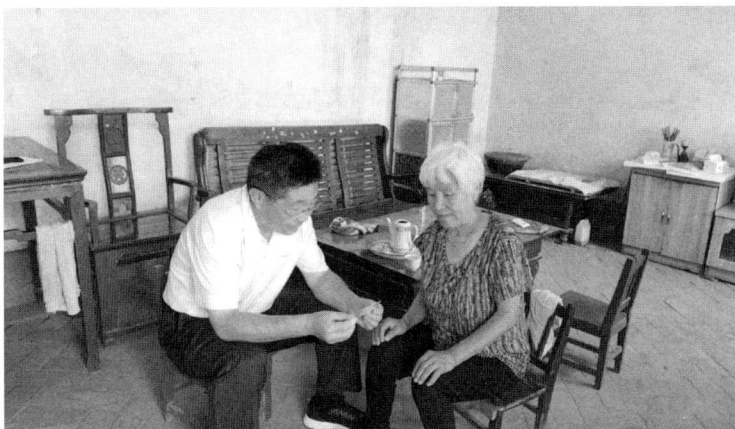

孤儿

我包驻的汶上县军屯乡王庄村有一名不幸的女童杨丽蕊，2018 年 10
岁。母亲身患绝症，在与病魔抗争了几年后，支撑不住了，2014 年撒手人
寰。本来身体还十分强壮的父亲倏然痛失爱妻，心灵受到严重打击，情绪
极度低落，终日以酒浇愁。不到一年的时间，他病倒了，拉着乖巧可爱的
女儿丽蕊的小手，摩挲着，有气无力地说："孩子，爸爸想妈妈了，要去

很远的地方看望妈妈，很久才能回来，以后你就跟着大娘过吧。"

爸爸过世了，小丽蕊还不满 7 岁，还不怎么懂事，不知道爸爸到底去了哪里，整天向大娘嚷着要爸爸要妈妈，大娘抚摸着小丽蕊的头，心酸地摇摇头，说："孩子，等你长大了，爸爸妈妈就一起回来了。"小丽蕊似懂非懂地点点头，跑出门，到邻居家找小朋友玩去了。

办理孤儿救助手续

没有了爸爸妈妈，小丽蕊成了孤儿。小丽蕊大娘的丈夫过世好几年了，有一个儿子，在外打工，儿媳在家务农，有一个女儿，一家生活过得很紧巴。大娘想把小丽蕊留在身边，可又有些为难。小丽蕊有一个姑妈，出嫁在邻近乡镇，有一个 10 多岁的男孩，生活条件挺不错。亲人们经过协商，认为小丽蕊跟着姑妈生活对孩子的成长更有利，就这样，小丽蕊离开了十分疼爱她的大娘，来到姑妈家，成为姑妈家的一员。

2016 年 1 月，王庄村村"两委"召开专门会议，商议小丽蕊的救助问题，认为小丽蕊父母双亡，而且由于特殊的原因，一直没有在派出所上户口，今后生活上学将受到很大影响。决定先帮助小丽蕊申报户口，再向民政部门申请办理孤儿救助手续。支部书记杨大心找到县政府有关部门，详细说明小丽蕊的情况，特事特办，终于上了户口，小丽蕊从此告别了"黑人"的身份。

杨大心书记紧接着到乡民政部门为小丽蕊办理了孤儿救助手续，政府每月为小丽蕊发放 720 元的救助金，直到年满 18 周岁，救助金由小丽蕊的大娘曹大姐代领。曹大姐认识不了几个字，几乎没跟银行打过交道，手里连一张银行卡都没有。村支书就派人与曹大姐一起到军屯乡邮政储蓄银行办理了一张银行卡，救助金就直接打到卡里。曹大姐认为，民政局每个月会向卡里打钱，领到这个钱后，就交给小丽蕊的姑妈，作为小丽蕊的生活费。

疑惑

曹大姐没有文化，不会使用银行卡，从来没亲自到银行查询过，只是让小孙女去银行查过几次。但小孙女一直说卡里没有钱，曹大姐感到很疑惑。小丽蕊的姑妈一直怀疑救助金被曹大姐截留了，老实巴交的曹大姐感到十分委屈，两家因为救助金的事闹起了矛盾，几乎不来往。

2017年8月，曹大姐实在憋不住了，来到村委会，见到我，着急地跟我说，她一直没有领到救助金。村里将小丽蕊列入了贫困户名单，小丽蕊正巧是我负责联系的6个贫困户之一，对她的情况我格外关注。小丽蕊是贫困户，精准扶贫手册上明确记录着，从2016年2月开始，每月有720元的孤儿救助金。可她为何一直没有领到这笔钱呢？我感到问题很严重。决定把问题搞个水落石出，帮助她找回救助金。

找回救助金

我向村"两委"成员询问了办理孤儿救助手续的有关情况后，给军屯乡民政办打电话，询问有关情况。民政办给出了明确的答复，救助金从2016年2月开始发放，并提供了发放救助金的银行卡卡号，我将该卡号与曹大姐手中的银行卡对照后，发现卡号一致。

2017年9月初，我陪同曹大姐到银行卡开户行查询，发现该银行卡处于休眠状态，无法使用。现场办理了激活手续后，查询证实卡里有钱，14400元，2016年2月至2017年9月，共20个月的救助金，钱一分都不少，而且还多出来了几块钱的利息，我们还要求银行工作人员打印了银行卡的账目明细单。明细单上明明白白显示，救助金每月720元，每个季度发放一次，一次发放2160元。我向曹大姐解释清楚后，她感到如释重负，钱没少！可以给小丽蕊一个交代了，也可以解开与小丽蕊姑妈的误会了。

回到家后，我向曹大姐要了小丽蕊姑妈的手机号码，拨通电话后，表明了我的身份，说明救助金已经找回来了，向她解释了整个查询的过程。她说一直认为救助金被其嫂子（曹大姐）给藏起来了，对其嫂子有很大意见，造成了很大的误会，这下误会总算解除了。小丽蕊的姑妈接着给曹大姐打电话，向她道歉，一家人言归于好，皆大欢喜。

随后，我跟曹大姐说，最好将救助金银行卡交给小丽蕊的姑妈使用，每个季度取出钱，作为小丽蕊的生活费，免去了来回跑腿的麻烦。我和曹大姐安排她一位可靠的亲戚，将银行卡送到了小丽蕊的姑妈手里。

补办儿童福利证

我了解到，当初在为小丽蕊办理孤儿救助手续时，没有办理儿童福利证。我与乡民政办主任取得联系，说明了情况，为其补办了儿童福利证。如今，小丽蕊健康活泼，非常懂事，每天背着书包快乐地上学，放学后自觉写作业，与小哥哥一起玩耍，帮着姑妈姑父干家务，一家人生活得其乐融融。小丽蕊已经融入姑妈的家庭，是姑妈的女儿了，她有了正常的家庭生活，一天天健康成长。

驻村趣事

孙祥成　2017 ~ 2018 年度，任济宁市机关事务管理局驻汶上县
军屯乡马山村第一书记。

　　2017 年 3 月底，我和程超同志，受单位委派，到汶上县军屯乡马山
村，开始了驻村帮扶新征程。始料未及的是，在其后的日子里，我们却和
小鸡们发生了一场爱恨交织的故事。

　　马山村位置比较偏僻，位于济宁市最东北部，距济宁市区 60 多公里，
与泰安市宁阳县接壤，东南遍布大大小小的山头，该村还是全县两个民族

村之一。在了解一些基本情况后，我与小程马不停蹄地备好生活用品，直奔马山村。

来到马山村后，村支部书记、村主任热情地接待了我们。考虑到吃住都需要两年时间，村里为我们找了一处空院子，主人外出打工，父母带着俩小孙子住在隔壁院子，五间堂屋，拿出三间作为办公、休息之用，屋内沙发、床铺一应俱全，另外偏房作为厨房。院内厕所改建完成，除两片菜地、一个小小的鸡圈外，院面全部硬化，整个院子干净卫生，我们非常满意。村里干部和房东忙里忙外地帮着我们收拾卫生，让我们心里热乎乎的，有种宾至如归的感觉。

3月天乍暖还寒，白天阳光明媚，太阳照得暖洋洋的，夜间月高星稀，气温下降，马上体会到城市与农村的气温差异。衣服穿得白天还感觉不到冷，晚上就略感单薄，一个劲地发冷。又经过一天的奔波劳累、安营扎寨，我们就草草地洗了洗，匆匆钻进了被窝，身体渐渐温暖，不一会儿就幸福地进入梦乡。

"喔！喔！喔！"嘹亮高亢的鸡鸣彻底打破了黑夜的静寂，也唤醒了沉睡中的我。农村的夜晚原本就宁静得可怕，哪怕钟表秒针的跳动声都听得清晰入耳，原本在喧闹的城市中电闪雷鸣都影响不了睡眠的我，猛一下给惊醒了。啥情况？鸡叫了！并且院里的鸡一叫，就听见整个村里的鸡都跟着叫起来，叫声连绵不断，此起彼伏。我睡意全无，心想天应该不早了吧，是不是该起床了，农村百姓勤劳，都起得比较早，我们起晚了影响可不太好。连忙摸起放在床头的手机一看，烦恼的心情油然而生：我的天啊！才半夜一点多，鸡怎么叫得这么早？看了看程超，他也正在拿着手机看点。我对小程说："这村里的鸡都是周扒皮培养的，这叫得也太早了吧！"好在鸡叫了一会儿后，声音渐渐地平息下来，我俩却在床上辗转反侧，好久才重新进入梦乡。

第二天起床后，看到小程一脸倦意，我想我也差不多，头感到有些沉重。工作开局上路，一开始上门入户、调查座谈，事多又新鲜，前几天还不觉得有多困，不就是少睡会儿，但是几天之后，每夜沉睡中被鸡叫醒，感到就像孙悟空被唐僧念了紧箍咒，十分痛苦难受，身体也有些吃不消，看见床就想躺倒，听见鸡叫就上火。上火归上火，但感到房东大叔大婶对我们照顾有加，大叔大婶日子过得不容易，我们哪怕是吃点苦，也绝不能提出损害老百姓利益的要求。但是这个睡觉的问题一直困扰着我们，有时不得不等到半夜鸡叫后，才敢上床睡觉。这可恨的鸡叫啊，何时才能结束！

过了两天，房东大叔邀我们去军屯乡赶集，正好我们也没有菜吃了，坐上大叔的电动三轮车，一会儿就来到集市上。军屯集不算大，就那么百十米的一条街道，街道两侧一家挨一家的小商小贩，主要经营一些农产品和生活用品。我们从头慢腾腾地逛着，突然发现前面有几家卖鸡的，那鸡长得与我们院里的鸡一模一样，红红的冠子花外衣。我豁然开朗，计上心来，立即走到卖鸡的人面前，问清鸡的价格和特点，高高兴兴地回村去了。

回到村下了车，我问大叔："叔，院里鸡都长大了，刚才卖鸡的说这种鸡再长也长不快了，公鸡又不下蛋，再养也没啥效益，不如卖给我们吧！"大叔说："你们拿回家吃吧，不要钱。"我赶紧说："那怎么行呢，要不我们就去集上买了。"于是，大叔大婶抓了鸡，找出秤称好，我按照每斤高出市场价格一元的标准，将鸡纳为己有，立马杀鸡拔毛，一部分下锅了，一部分存入冰箱。不一会儿，我俩带着感情，将整盘鸡风卷残云般地吃下肚了，心中的阴霾也一扫而光。大功告成，鸡的困惑至此得到圆满解决。夜里我俩酣然入睡，一觉睡到天明。第二天小程对我佩服得五体投地，本人自我感觉也十分良好，心里还不由地滋生出一点点小骄傲。

第二周，我和小程高高兴兴地回到马山村，进了院子就听见鸡圈里有动静，赶紧跑过去一看，十五六只可爱的小鸡正在圈里愉快地玩耍。鸡虽然不大，但红红的鸡冠初露锋芒，全部是公的，数量还那么多，这是咋回事啊？大叔大婶听到我们的动静，跑到院里招呼我们，大婶说："又买了几只鸡，等到中秋节的时候，孩子们从外面回家时，杀了给他们吃正好。""可怜天下父母心啊！"两个儿子儿媳都在外打工，老两口在家照顾俩年幼的孙子，有机会大叔在村里打个零工，生活得不容易。平时聊天时，老两口三两句就能谈到自己的孩子。儿行千里母担忧，我心里顿时充满了酸楚，也暗下决心，要为老百姓们多办点好事，多办点实事。村里发展好了，年轻人不用远赴他乡，老人不用思念煎熬，孩子们不用留守苦待。

两三天过去了，也许是适应了农村生活，也许是小鸡的嗓门不够大，夜里睡觉再也听不到鸡叫了，我也发自内心地深深喜欢上了这个村子。村子经过村"两委"带领大家持续用力，久久为功，一条条道路笔直通畅，一排排房屋井然有序，一颗颗小树生机盎然，一座座小山苍翠挺拔，一只只小鸟欢叫跳跃，一个个村民热情纯朴，清晰空气扑面而来，阵阵花香沁人心脾。半夜听不到鸡叫，小鸡们也顺眼多了，平时吃剩的饭菜，都给小鸡吃，小鸡们一天天长大。

随着时间的推移，我们与村民的关系越来越融洽，特别是房东一家，简直把我们当成自己的孩子，有了好吃的，不忘给我们送一份，自己家种的蔬菜、花生、核桃总是让我们第一个品尝。孩子们放学后就和我们形影不离，晚上在村中散步时乡亲们开玩笑说："孙书记，帅帅的奶奶把他养这么胖，你别把他给跑瘦了，不好给他爹妈交待！"帅帅是房东的小孙子，长得白白胖胖。每当遇上可爱的乡亲打招呼、开玩笑，我心里面还会滋生一点小自豪。

当然，我们也忠实地履行着自己的使命，在局领导的大力协调下，我们给村里安装了太阳能路灯，晚上灯火通明；街道广场边装上了长椅、花栏，种上鲜花，村中更像公园；给全村老人购买了意外保险，让在外的亲人少了后顾之忧；重新修缮了百姓大舞台，广场舞风雨无阻；及时给困难家庭解决困难，送上关爱；特色采摘园经费已经到位，增收致富充满期待；新修了街道两侧未完成的人行道和坑道……2017年，马山村迎来历史性时刻，被评为国家级文明乡村和国家级生态宜居村，我们也以第一名的成绩被评为驻村金牌工作组。

时间转眼就来到中秋节，望眼欲穿的老人没有等来自己的儿子，小孩子没有等来自己的父亲母亲，儿子儿媳由于工作忙无法回家团聚，把希望留在春节。中秋节前一天，我从乡里开会回来，看见老两口正在门前杀鸡，我连忙问大叔："孩子们回来了？"大叔笑着说："不来了，杀了咱们吃。"我心中即刻充满了感动，咱们的老百姓多么纯朴啊！"好！你烧锅，我来炒。"我立即回应道。一会儿，厨房里就奏响了锅碗瓢盆交响曲，院子里充满了孩子们的欢声笑语。我手忙脚乱，使出最大的本领想把这鸡做得好吃点，但是本身水平就不高，平时我俩吃饭对付一下还可以，关键时刻却掉了链子。不知是因为准备不足，还是由于地锅火大，火候把握不准，就看到锅里的鸡瞬间被我炒得发黑，急忙加上开水，煮了一小会儿，锅里的水又干了，赶忙放入辣椒翻炒，稍作调味后慌里慌张出了锅。真对不起大家，忙了小半天，一锅鸡被我炒得黑乎乎的，自己感觉都不好意思。开饭后，大家都说不错不错，但是面对一盆鸡每人在吃了两块后，就停箸不食了，还好吃饭的氛围丝毫没有受到影响，大家有说有笑，情谊浓浓，真的和一家人一样。

　　这就是我们驻村后与小鸡们爱恨情仇的故事。现在的我真心喜爱那些小鸡，我也和大叔大婶一家人期盼着春节的到来，那时有机会，我一定要好好地展现一下厨艺，让一家亲人美美地感受一下孙记炒鸡的味道。

为了杨庄人民的美好生活

第一书记

曾庆珠 2017～2018 年度，任济宁市审计局驻汶上县白石镇杨
庄村第一书记。

　　2017 年 3 月，我受组织委派，担任汶上县白石镇杨庄村第一书记，同时挂职白石镇党委副书记，协助市派驻汶上县下派干部工作团统筹、协调、指导市派驻汶上县白石镇的 5 个第一书记工作组扶贫工作。我局行政事业科副科长杨明光同志作为驻村工作组成员，配合协助我工作。驻村以来，工作组牢记市委"抓党建促脱贫"重托，脚踏实地干实事，扑下身子干成事，把包驻村基层组织建成了"过硬支部"，2017 年提前一年实现贫困人口全部脱贫，改善了村级基础设施，村容村貌和环境卫生焕然一新，

特色产业初见成效，美丽乡村建设加快发展，被市派工作团和汶上县下派办授予"金牌工作组"荣誉。回顾驻村以来的不平凡经历，一切犹如昨日重现。

摸透村情，熟悉户情，制订精准帮扶目标

白石镇杨庄村地处汶上县东北部，离县城25公里，比较偏僻。在汶上县域海拔最高171.7米的昙山脚下，属泰沂低山丘陵区，是省级贫困村。全村320户1240人，其中建档立卡贫困户13户31人。耕地1400亩，人均1亩1分地，主要种植小麦、玉米，另有1000多亩林地。村东南不远处的几个村子盛产建筑石材，青壮年劳力大都在外地和当地石材厂打工。全村党员34人，支委5人，村委3人，其中3人交叉任职。在全面掌握了村情户情民意基础上，围绕"抓党建促脱贫"精准施策，制订两年帮扶规划和系列帮扶目标，决心干出成效。

建强班子，带好队伍，打造过硬支部

"送钱送物，不如有个好支部。"建设过硬的支部班子，村子各项工作才会有坚实基础。如何增强班子的凝聚力、战斗力，发挥基层党组织的战斗堡垒作用，担起带领村民脱贫致富奔小康的责任？思路决定出路。我们把"强班子带队伍"作为驻村工作的一条主线，贯穿于驻村工作始终。针对党员学习教育还比较薄弱、制度建设和落实执行还不够好、带动力还不够强等问题，推动"两学一做"学习教育常态化制度化，组织学习党章党规和总书记系列讲话，经常与村书记、主任、计生（治保）主任、会计等支部成员促膝谈心，与他们交心交底交朋友，从思想深处激发带领村民干事创业、主动服务的干劲和热情，尽其所能地帮助他们解决生产生活中遇到的一些困难和问题，取得班子的信任。随后，逐步健全落实党员活动日、"三会一课""四议两公开"、村干部轮流坐班等制度措施，引导不忘初心，学思践悟，开展义务劳动树立形象，带头传播正能量。利用村委会宣传栏和制作墙面公开栏，加大村级党务、政务、财务和重大事务公开力

度，全面提升村级治理水平和村干部服务水平，有力推动了加强基层党建目标的实现。

兴修水利，建设管网，村民集体双增收

严重干旱少雨、耕地起伏不平是所驻村地理特征。村里有抗旱用岩芯井6眼，井深在150米至350米之间。村北和村东3眼，村南和村西3眼。前3眼因超期服役，管网损坏漏水严重，干旱时农田大都浇不上水。后3眼是2017年打的，因缺少资金，没有建设管网配套设施。为实现村民梦寐以求的"旱能浇"愿望，我们不怕苦不叫累，顶骄阳冒烈日，斗高温战酷暑，在进行多次详尽的实地勘察后，向市审计局党组做了汇报，依靠局党组大力支持，为村里积极争取强农惠农政策资金，分两期建设和改造地下管网设施1.43万米，解除村民"靠天吃饭"的后顾之忧。2017年10月投资20万元，新建水利灌溉管网设施3000米，解决了400亩农田浇灌问题。2017年11月，市审计局胡良民局长再次带领市水利局姚福志副局长、市水利规划设计院领导及其专家一行10多人，实地进行农田水利管网改造项目的可行性研究，编制了详尽的实施方案，落实了二期工程资金30万元，待农闲季节开工建设，帮助村里父老乡亲实现祖祖辈辈期待的"旱能浇"的增收梦。工程完工后，夏季小麦、秋季玉米，每年每亩增产400斤以上，每年村民净增收入50多万元。遇到干旱严重年份相对增收更多。另一方面，村集体通过为农田灌溉提供相应服务，每年增收3万多元，2018年有望实现集体增收10万元的目标，进一步巩固了村级基层组织的经济基础。

因地制宜，选对路径，发展特色农业

村里有近千亩核桃种植园，有毕业后回乡务农大学生创办的核桃产业龙头企业汶上县宝源农业开发有限发展公司。以核桃种植园基地为依托，以农户和贫困户为基础，构建适合本村的"公司＋基地＋贫困户农户"脱贫致富发展模式，引导村民大力发展核桃种植产业，拓宽脱贫致富渠道。

我协调市县有关部门加大资金技术扶贫力度，引导贫困户以土地、林地等形式入股，年人均分红900元；有劳动能力的贫困人口在公司打工，月工资1200元，不仅脱贫，而且实现了增收致富。

我邀请市林业局经济林站站长、省内知名果树栽培专家杨玉良多次到核桃园，为果园管理人员和果农举办果树栽培管理和病虫害防治技术培训班，陪同杨站长一道，冒着36℃～37℃的高温，钻进园林深处潜心指导。市县镇有关领导，对村里的核桃种植业非常关心。市审计局党组书记、局长胡良民，汶上县委副书记、市下派工作团团长马平，汶上县下派办主任朱大华，白石镇党委书记汪林、镇长宫庆帅等，多次深入核桃园调研，探寻核桃深加工方式，指导完善"公司＋基地＋贫困户农户"发展模式，研究核桃加工销售服务渠道，走农民当地就业、增收致富的路子。2017年12月，村里的千亩核桃园被省林业厅评为"省级经济林标准化示范园"，"宝昙牌"核桃被省林业厅授予"齐鲁放心果品品牌"。工作组尽力争取到20万元扶贫专项资金，项目实施后将进一步增强带动农户脱贫致富的能力。

对症下药，靶向治疗，脱贫不落一户一人

每个贫困村的情况条件，每个贫困户的致贫原因都不尽相同，各有各的情况。我深知，要真扶贫、扶真贫。村民郭某，53岁，47岁成家，无证接连生了3个孩子。大的6岁，小的2岁，媳妇是精神病二级残疾人，3个小孩要他一人照顾，无法外出打工。前些年因违反计划生育政策被取消了"低保"，靠几亩地收成维持生活，家境贫困。他也因被取消"低保"多有怨言，多次上访，还准备去省进京上访。

为解决实际问题，我多次与他推心置腹、设身处地促膝长谈，有时一谈就是一天。人同此心，心同其理，以心换心，滴水石穿。细致耐心的思想工作，打消了他的抵触情绪，帮他树起了自强不息的信心。工作组不辞辛劳，克服交通不便等困难，经多次奔走，最终促成民政部门按照有关政策，为他重新办了"低保"，解决了一家5口人的生活困难。精准帮扶，最终用农村居民最低生活保障"兜底"。在脱贫攻坚道路上，村里没有落

下一户一人。

筑渠修路，加快厕改，筑就美丽乡村

积极争取各类政策性资金 100 余万元，建设完善村内公共基础设施。经过不懈努力，争取资金 70 万元建成村道"两纵两横"3220 米封闭式排水沟，彻底改变了村内污水横流的局面；争取资金 20 万元建成 1600 平方米的环保净化池，解决了村民生活污水排放和污水净化；争取资金 10 万元完成村道两侧路沿石铺设，美化了村内道路环境；争取资金 2 万元对村内主干道两侧进行绿化。

配合农村人居生活生产环境的综合整治，我与村"两委"认真分析研究无害化厕所结构、建筑面积、化粪池密封、粪便处理、开挖选址等具体问题，带领和引导村民加快农村改厕进度，挨家挨户验收完成的改厕项目，提前实现了改厕目标任务。

工作组成员杨明光同志帮助我做了大量日常工作，也使我有时间奔走争取政策性资金，扶贫项目资金成果远超预期。

同甘共苦，倾注真情，统筹各项工作

"桃李不言，下自成蹊。"为人真诚忠实，带着感情为老百姓做实事好事，心里装着他人，就会有感召力，得人心。我们帮助村里发放小麦锈病防治药物，做细做好风雨灾害后小麦倒伏保险理赔，帮助村民夏秋生产，坚守秸秆禁烧一线，引导村民秸秆还田。儿童节到村驻地小学送上节日礼物和祝福，与孩子们共庆节日，教师节向老师致以敬意和节日慰问，春节积极协调价值 300 多元的米、面、油慰问品 20 份，逐一走访村里贫困户和老党员、老村干部。这些好事，深得民心。提高政治站位，扎实做好"十九大"、全国"两会"期间等农村社会维稳工作。

由于挂职白石镇党委副书记，还要做好全镇 5 个市派第一书记工作组的统筹、协调、指导工作，上传下达有关扶贫指示精神，做好"周调度、月汇报、季点评、半年初考、年终总考"的各项工作。扶贫工作党委、政府极其重视，汇总报告、考核监督频率密集，必须及时掌握汇报各工作组的动态情况。白天忙工作，晚上调度汇总，常常工作到凌晨两三点，有时为按时提交汇总情况报告，彻夜不眠。

民有所呼，我有所应，做百姓的贴心人

想群众之所想、急群众之所急，关心群众的合理诉求，永做百姓的贴心人，是我驻村的个人追求。2017年12月17日，白石镇医院派出12名骨干医生，带着医疗器械到村进行为期两天的免费健康体检，包括体格检查、血常规、尿常规、肝功能、肾功能、空腹血糖、血脂、血压、心电图、腹部B超等12项。此举深受好评，村民们称赞我们是百姓的贴心人。群众满意的笑脸，就是我最大的欣慰，就是激励和回报。

我深刻认识到，作为市派第一书记，驻村帮扶之所以取得这些成绩，是市县和有关部门领导支持帮助，市审计局党组支持重视、关心关爱的结果。作为回报，我们撸起袖子加油干，为了杨庄村人民的美好生活不断努力，向组织交上了一份满意的第一书记驻村帮扶答卷。

十年后的回眸

第一书记

彭冠华 2017～2018年度，任济宁市委政法委驻汶上县白石镇夏村第一书记。

一切向前走，都不能忘记走过的路。2008年，我因组织选派到济宁挂职锻炼离开汶上；2017年初，作为驻村第一书记再次回到汶上。时光荏苒，哪怕一瞬都会留痕，更何况十年韶华！每每回想，总是心怀感恩，感恩组织给予的培养，感恩这片温暖的土地。

驻村帮扶体现了组织最深的牵挂和最深的期许。参加工作伊始，我曾在乡镇工作几年，对基层有一些了解，但如此近距离、全方位地融入一个村，去体会她的喜忧感知她的冷暖，却是第一次。接到任务后，我深感机会难得，定当倍加珍惜，不负组织期望。

刚刚入村，有苦有乐。有为察看昙山生态环境而发"夜行十里有点累，林行草堆蚊子飞"的感触，也有为深夜值班而写"有约不来过夜半，毛豆花生不解馋"的调侃。入户走访摸村情，总是一把马扎，一杯清茶，一段心事。在看护棚外听看山人老夏讲：昙山上空，孤鹰翱翔，喜鹊伴飞，已成为他喝汤、听曲、闲聊时的固定场景……小村多少事，都付笑谈中。

夜色来临，一切归于宁静。细数过往，感觉每一件都闪亮如珍珠，索性做一点醉人的思想享受。几百元的事，为什么他要争得面红耳赤、分文不让？"天冷了，到我屋里喝口热水再干活"，为什么我讲的一句再朴素不过的话，他总是念念不忘、逢人就说？"俺哪里敢想能有今天这样的待遇啊"，为什么一把小小的长椅却让上山的老人感慨万千、满足满意？

生活出题，我们答卷。我们的农民群众最实际。这几百元，他可以打理多半年的柴米油盐，也能应付一年的人情往来，支付两季的化肥农资。这几百元，更是他面朝黄土背朝天辛苦劳作半年的收获。有多少人通过精打细算支撑家庭，有多少人通过辛勤奋斗改变命运，又有多少人通过平凡的守望完成年轮的更替。能知道这些，脚步才会稳健而不轻飘。我们的农民群众最善良。你与他坐一条板凳拉家常，搭把手卸下车上的化粪池，宽慰一下过日子的艰辛，他就会把你当成"自家人"，时刻想着你、念着你、挂着你。这种朴素的善良叩打心灵、触动灵魂，给人一种久违的感觉。能感知这些，方向才会坚定而不迷茫。我们的农民群众最知足。出行上山的路旁有了休息长椅，享受了人性化待遇，她感到知足；因子女从事长途运输谋生计而日夜担惊受怕，为他宽心打气，他感到知足；多年的民事纠纷迟迟不能解决，为她奔波讨说法，她感到知足。能做到这些，人生才会充实而不虚度。

两年驻村，经风雨见世面，受教育长才干，也更能读懂组织的深沉用意：实现农民群众对美好生活的向往就是下派的初心。我感到，在融入农村的生动实践中，只有以务实苦干的行动一路求索，才能不辱使命、不负重托。更应深知，躬逢伟大的新时代，唯有做一个应和时代节拍的奋斗者，才能赢得历史的眷顾，博出精彩的人生。

一个波澜壮阔的年代，就要做点激荡人心的事情。入村以来，在各级组织的亲切关怀下，我扑下身子、沉在基层、干在实处，以钉钉子的精神紧扣夏村发展的关键环节，扭住群众关注的现实问题，帮助夏村解决了一点困扰已久的难题，办成了几件群众盼望的实事。回忆与村"两委"一班人促膝长谈的日日夜夜，会心的眼神，观念的碰撞，话糙理不糙的启迪，逐步形成了一个思想共识：只有干出来的精彩，没有等出来的辉煌！

在实施特色农产品展示区项目建设中，我与村干部、村民星夜兼程，日夜坚守，项目施工班子夯基垒台、立柱架梁，徽派建筑马头墙、木质采摘园大门、游客休闲长椅、猕猴桃藤架、农产品展示街等一批旅游设施建设完成，乡村旅游发展环境得到显著改善。远道而来的游客、城里的投资商、街头巷尾群众热情的招呼成为冬日里一抹最温暖的阳光。

村内主街道的升级改造，修复了年久毁损的水泥路面，群众出门就能走上柏油路。走在这条路上，会记得修路那天从头到尾认真负责的村干部老夏；会想起奥运超市路口拉着我的手不停说"重阳节村里开会说给俺修路，说修真修，立马就修"的村民；当然，也忘不了那辆为跑交通局辗转六天失而复得的公共自行车……

绿水青山就是金山银山，泥土地里也能长出"金疙瘩"。昙山生态环境天生丽质，鼓励群众搞活特色种植，培育发展农民专业合作社，让村里的土特产乘着乡村旅游的快车风行天下，驰骋在充满希望的田野上。无论是平常时日还是每逢佳节，心里放不下的还是困难群众。中秋月圆日，最是牵挂时。一定会去问问老夏的豆腐行情，也会去看看忙于木雕绘画的老孙高血压好点了吧……传递温暖，也给予帮助。

俗话说：村看村户看户，群众看干部。农村发展的关键在基层党组织。作为驻村第一书记，如何找准定位，发挥作用？我认为，要做维护团结的表率，要做干事担当的先锋，要做落实制度的标杆。在村级班子运行中，富有干事激情的农村干部就像奔跑者，往往会将视线紧盯前方，勇往直前。这个时候，第一书记要做一名环顾四方、兼顾左右的提醒者。人品厚重闯劲不足的农村干部就像拉车人，总是眼睛紧盯脚下，亦步亦趋。这个时候，第一书记要做一名登高望远、加油鼓劲的引路人。一时一事意见不同的农村干部就像辩论者，一直会据理力争，坚持己见。这个时候，第一书记要做一名求同存异、凝聚合力的公道者。

花事渐浓，青春正好，不负一寸光阴。一年多来取得的每一分收获、每一点进步，都凝聚着各级组织的亲切关怀。余下的宝贵时光，我将把坚定不移地贯彻落实好上级的指示精神，作为驻村帮扶接续奋斗的基本遵循。以功成不必在我的定力，多做打基础、利长远的事：倾力风沙治理水土保持，让昙山生态环境永续发展；提高村庄绿化水平，让村内街道多添一片绿色；助力扶贫项目早运营早收益，让贫困群众得实惠；完善农田基础设施，让农业的希望早日变为农民的希望……

十年光阴，每一个人都有自己的际遇和机缘。感恩组织，感谢生活。未来的路，重整行装时更不应忘记为什么出发。

十年一回眸，回看故土，也检视自己。

助残济困暖人心，驻村帮扶惠北泉

第一书记

任渊博 2017～2018 年度，任济宁市残疾人联合会驻汶上县白石镇北泉村第一书记。

2017 年 8 月 21 日，北泉村村委会大院前的广场上彩旗飘飘，掌声雷动，小村庄来了"大人物"，省、市、县的残联领导都莅临了这个汶上县东北部的小山村，在这里举行一场声势浩大的捐赠活动，为全村所有有需要的残疾人、老年人配发轮椅、拐杖、坐便椅等辅助用具 26 件。村支书周胜激动地说："这是我们多少年没有解决的问题，让市里来的第一书记一

下子给解决了!"

村支书口中"市里来的第一书记"就是济宁市残联驻北泉村第一书记任渊博,任书记和徐欢组成的驻村工作组是一个年轻有为、干劲十足的团队。贫困残疾人是贫困人口中最需要帮助的人。一到村里,他们就充分发挥部门扶残助残优势,将残疾人现有的优惠政策措施优先向所驻村倾斜。当了解到省项目将到汶上县适配助听器,任书记立即和村干部联系,当天下午自己开车带领村干部和两名听力残疾人到汶上县残联。经过诊断、适配等程序,为1名残疾人配发了价值1万余元的1台数字信号助听器,当这名老年人清晰地听到外界声音,其感激之情溢于言表。任书记还协调为3名精神病残疾人提供免费住院治疗三个月的救助,为5户残疾人家庭申报助残创业就业资金项目,申报了2户残疾人家庭无障碍改造,配备必要无障碍设施,为残疾人就业创业、改善和提升生活水平提供支持。

同时,争取社会支持残联驻村帮扶工作。在市残联主要领导协调下,争取省残疾人福利基金会捐赠营养饮料,走访慰问送到贫困户家中;邀请德林假肢矫形器公司来村为4名残疾人免费适配矫形器具,积极提供康复服务;协调济宁爱尔眼科医院等爱心企业,到村开展贫困户走访慰问活动,开展眼科疾病义诊;在汶上县残联大力支持下,为方便周边村民,县评残小组到村开展评残及义诊活动,200多名周边村民参加评残义诊,现场办理残疾人证6例。

在助残的基础上,积极开展献爱心活动,利用六一儿童节、七一建党节、国际贫困日、中秋节、元旦、春节等节日,任书记他们及时向派出单位汇报情况,争取走访慰问及各项活动支持;儿童节期间,开展留守儿童学生助学活动,向每名学生赠送了一个新书包、一包笔记本钢笔铅笔和毛绒玩具;各节日期间,积极邀请派出单位领导参加走访活动,向贫困户、困难党员、老党员、特殊困难群众送去米面油、棉被大衣、慰问金等。

任书记深知助残济困不是驻村帮扶的目的,只有帮助村里建立强有力的班子,为村民找到发家致富的路子,才能带领全村实现小康。

北泉村位于汶上县东北部,地理位置较佳,马东公路穿村而过,平整通畅,全村326户1216人,占地面积4500亩,县山东南大部分为村所有,较周边村面积稍大。核桃为特色种植产业,山坡上下遍布核桃、松木、桃杏树林。村里有一定基础，集体所有坡地荒山荒沟近1000亩，昙山脚下光伏发电站占地200余亩，集中服务周边12村扶贫开发项目，山上绿壳蛋鸡养殖场、烟花仓库、养猪场带动一批村民就业致富，村里道路硬化平整，路灯满布，文化广场、村委会大院等服务设施较齐全。依托白石镇石材产业蓬勃发展，村民多数在外地及附近打工，生活普遍殷实。

村"两委"班子五人，其中周胜是县人大代表，2009年起连续担任北泉村党支部书记兼村主任，原是县供销社干部，1994年离职到村里山上承包300亩集体土地，开养猪场、养鸡场，种植核桃，是村里首个承包土地大户，村里带头致富典型，曾先后获得市总工会、科技局等各种表彰奖励。对村内纠纷调解、对上级政策争取等工作得心应手，对村里各种情况数据如数家珍，各项涉农优惠政策十分熟悉，有一定威信。但班子不是太强，工作基础不好，造成干部凝聚力、战斗力不强，2016年度镇里综合考评名次靠后。

驻村前期，新的村委会大院已建成半年，一直未投入使用，院内杂草丛生，建筑垃圾随处散落，究其原因，村委会大院前期欠账较多，申请的资金不能及时支付到施工方，村班子成员、部分村民颇有微词。村委会大院是村里形象，是村干部干事创业、服务群众重要平台载体。为解决这个问题，工作组一是积极向派出单位汇报，将其列入两年重点帮扶工作内容，经过多次分别汇报争取，市残联形成会议纪要，同意自单位紧张的办公经费中列支5万元，支持帮扶村村委会大院项目；二是鼓动村干部干事创业精神活力，将村主要负责人精力放在村委会重要事务上来，带领村"两委"4名村干部参加了为期两天的政德教育活动，凝聚村班子向心力，提升战斗力，以帮扶资金为撬动口，推动村委会大院扫尾工程尽快组织实施；三是在各项工作检查时推动镇、管区领导关注，利用村"两委"换届选举有利时机，增强村干部干事创业积极性、主动性、紧迫性。

2017年9月，村委会大院后续工程开始实施，铺设院内石板地面、安装大门、维修围墙栏杆、平整硬化院外路面，争取资金及时到位，协调捐赠大院空调、冰箱，新购置安装会议室、办公室桌椅、沙发、茶几、空调及办公电脑、打印机、复印机等，村委会大院面貌焕然一新，来往各级领导和广大村民啧啧称赞，对第一书记工作组的工作给予充分认可。在村服务中心建设和运转过程中，驻村工作组动员村干部、党员开展义务劳动，带动村民积极参与，提升了村干部在群众中的威信，村班子凝聚力得到进一步增强。村"两委"换届过程中，村服务中心作为基层组织场所顺利服务换届工作，任书记作为第一书记参与投票。经过激烈选举，调整了一名村支部委员，周胜顺利当选连任村支部书记。在村委会换届当日，时任市委副书记石光亮到村指导调研，详细询问了解村情村貌，对村里集体经济发展和第一书记工作给予了充分肯定。

新一届村"两委"班子成立后，整体干部结构年轻有为，每人都是带领村民劳动致富典型，为人处事公道正派，积累了丰富的工作生活经验。村班子精神面貌焕然一新，创先争优意识强烈，镇里在村里安排的调研检查显著增多，各项工作有了明显提升。北泉村涉及的整体规划项目、重大工程均能圆满完成任务，在省革命老区道路项目清障及青苗补偿、变压器安装清障、清洁煤推广、天然气管道占地、第一书记项目农田机井配套等重点工作推进过程中，村里干部群众心往一处想、劲往一处使，积极争取支持、多为村民争取利益，任渊博配合村班子积极协调村民矛盾，促进各项补偿到位，项目得以顺利实施，各项工程按时间节点圆满完成。换届前后时间里，争取市级农田水利资金10万元，完成了3处机井房屋建设，配置了水泵管线等，至此，全村机井有效保障村1800亩农田用水；完成村内4条道路3400米排水沟修缮；经过2个月的连续作战，在村班子主导下，任渊博配合村委会完成省革命老区乡村道路规划勘测、清障补偿工作，涉及村道路3条，总长度4.9公里，投资260万元。2017年，在全镇综合考核中，北泉村考核位次较上年度提高25位。

欲问秋果何所累，自有春风雨潇潇。作为一名年轻的驻村干部，第一书记任渊博用心用情用力做工作，掌握了农村工作方法，适应了农村工作生活，锤炼了党性，提升了工作能力，以他的实干精神，忘我工作，为实现乡村振兴正贡献着自己的力量！

真蹲实驻，真情帮扶

工作队长

王建国　2017～2018 年度，任汶上县汶上街道党工委副书记（挂职）、下派工作队长。

　　自开展驻村工作以来，驻汶上街道工作队严格按照省、市、县驻村帮扶工作各项部署要求，紧紧围绕"党建＋扶贫＋N"工作目标，积极督促指导协调各工作组主动结合单位职能，认真开展驻村帮扶，做到了真蹲实驻，真情帮扶。

抓党建，凝聚党组织的战斗力

各驻村工作组积极协助各包驻村党组织规范各项工作制度，健全完善了"三会一课""四议两公开"等制度，把"两学一做"制度化常态化学习教育纳入"三会一课"等基本制度，融入日常，抓在经常。每月5日，各工作组及时带领各包驻村全体党员坚持开展主题党日学习活动，严格按照"两学一做"学习计划配档表开展学习教育活动，各驻村工作组派出单位主要领导多次到包驻村现场讲党课，宣传党的最新强农富农政策和十九大会议精神，在习近平新时代中国特色社会主义思想指导下，全力提升基层党员思想觉悟和政治素质，发挥好模范带头作用。

促增收，发展壮大村级集体经济

俗话说："农村富不富，关键看支部；支部强不强，关键在头羊。"村党支部书记如果没有经营村庄的能力，"守着金山也得要饭吃"。2017年，驻八里桥村工作组紧紧围绕既定工作目标，积极鼓励指导包驻村利用本村紧邻莲花湖国家湿地公园生态资源优势，流转了群众耕地150余亩，招引并发展了"采摘园"和生态休闲观光农业即汶上畅想文化生态园项目。八里桥村集体提供基础设施等有偿服务和指导，每年可增加村级集体收入2.2万元，同时帮助八里桥村群众增收。该项目为流转土地群众增加了每亩1200元收入，也为八里桥村精准扶贫户和低保户提供了就业岗位23个，增加了贫困群众的收入，为贫困群众顺利脱贫奠定了基础。汶上街道工作队5个包驻村通过土地流转发展特色旅游农业，通过盘活村集体资产、合作服务、资源开发等方式发包集体土地、挖掘坑塘荒片、提取土地流转托管服务费，增加包驻村集体收入22万多元。

帮项目，驻村帮扶见成效

在驻村帮扶中，积极督促指导各工作组根据各村发展实际情况，认真选取帮扶项目，及时开展精准帮扶。县总工会驻水坡涯村工作组根据村民饮水困难问题，自筹1.3万元，申请县财政6万元资金，实施了帮助村里打岩芯井项目。县文物旅游局驻北坡村工作组积极协调第一书记项目资金，为村里安装太阳能路灯69盏。县经信局驻大刘庄村工作组积极推进第一书记项目实施，申请财政资金5万元，自筹资金1万元，帮助大刘庄村铺设排水沟1000米，解决了路面积水严重的问题。县国税局驻陈闸村工作组申请第一书记项目5万元资金，为村里安装太阳能路灯18盏，受到群众好评。县金融办、中国银行驻八里桥村工作组第一书记项目为八里桥村建设1000平方米文化健身广场，积极协调单位协调筹集资金2万元为八里桥村安装了12盏高杆太阳能路灯。

献爱心，贫困群众感党恩

县总工会驻水坡涯村工作组及时协调资金15万元铺设村北路700米；积极走访困难群众，帮助村民发展"庭院经济"，免费提供黄花菜苗1万多棵、佛手瓜苗400余棵，促进农民增收。县文物旅游局驻北坡村工作组为村里30余位老人缴纳了银龄安康保险，积极协调有关部门新增5个低保户，走访慰问贫困户等，折合金额6000元。县经信局驻大刘庄村工作组在六一儿童节为村里的一名6岁孤儿送去了衣服、玩具和学习用品；大力推进村里土地流转，2017年共流转土地700亩，增加村集体收入3万元。县金融办、中国银行驻八里桥村工作组积极开展慰问贫困户活动。七一前夕，派出单位主要领导对八里桥村3名党员开展慰问活动。春节前夕，5名第一书记积极协调派出单位，走访慰问了包驻村困难党员、困难群众温暖过冬情况，共56户，为贫困群众送去了米、面、油等慰问品和慰问金，折合人民币1万余元。系列活动的开展，让贫困群众感受到了党和政府的关爱和温暖。

用真心实干赢群众点赞

王立湘　2017～2018 年度，任汶上县总工会驻汶上街道水坡涯
　　　　村第一书记。

　　我是汶上县总工会干部王立湘。2017 年 3 月我被组织选派到汶上街道水坡涯村担任第一书记。我虽然是从农村走出来的，但到村里担任第一书记还是深感责任和压力，我想，既然组织派我去，我就要好好工作，绝对不能辜负组织的重托和群众的期望。到村以后，我牢记抓党建促脱贫使命，用情走访农户，用心服务群众，千方百计谋发展，多措并举做实事，

用行动赢得了百姓称赞。2017 年 8 月，我们工作组被汶上县下派干部工作团、汶上县委组织部评为 2017 年度驻村帮扶观摩评比金牌工作组。

抓党建凝聚发展合力

到村任职后，我按照"两学一做"学习教育常态化制度化要求，和支部委员们一起商讨制订了村党支部学习方案及计划，带头认真落实"三会一课"制度，规范组织生活，使村支部工作作风得到很大转变。为做好驻村帮扶工作，我和工作组成员深入农户，了解村民迫切需要解决的问题，与村"两委"共同制订驻村帮扶工作两年规划和一年计划，从加强村级管理、促进农村经济发展、增强服务意识和维护农村稳定等几方面对驻村帮扶工作进行了详细规划，为村庄发展明确了目标，进一步凝聚了广大党员群众力量。

上项目促进增收致富

该村种植业普遍但不是主要经济来源，村里劳动力大多外出打工，村民的总体文化素质不高，掌握的科学种养技术很少。为帮助村民增收致富，我发挥个人在农业技术方面的专长，指导村民发展"庭院经济""路带经济"，共筹集资金 1.3 万余元，为村民免费提供黄花菜苗 1 万多棵、佛手瓜苗 400 多棵，并对村民进行了种植知识培训，鼓励村民在庭院和房前屋后种植佛手瓜，在村内道路两侧种植黄花菜，在满足村民自己食用需要的同时，还能为家庭带来一定经济收入，得到村民一致好评。为进一步促进村民增收致富，我还多方联系承包商，并做好村民思想工作，协调流转土地 500 余亩，每年可为全村村民增加收入 30 余万元，同时还能解决村里闲散劳动力就业。

惠民生完善基础设施

水坡涯村由 4 个自然村组成，由于多村合用一眼自来水井，水质较差，夏季还经常出现水压小、较远村民吃不上水的情况。为此，我积极争取第一书记项目资金6万元新打一眼深水井，改造了2000余米自来水管网，切实解决了村民吃水难问题。在了解到村庄北侧出行道路为生产路，到了雨季泥泞不堪，村民出行非常不便这一情况后，我着实犯了难，如果用混凝土硬化这条道路需要20余万元，这可不是一笔小数目！在到需要维修的道路实地考察时，我发现105国道维修铲下来很多石子沥青废料，于是灵机一动，可不可以废物利用，用这些废料来维修这条道路呢？就这样，我把自己的想法同村"两委"成员进行了商讨，赢得了大家一致支持。就这样我用3万元完成20万元工程，维修了水坡涯村到莲花湖湿地便民道路1公里，极大地方便了村民出行。

重服务关心困难群众

贫困群众始终是我最关心的群体，为帮助重点人群脱困，维护村庄和谐稳定，我经常到村民家中走访，及时解决村民生产生活中的实际困难。七一前夕走访慰问了该村困难党员和老党员，给每位党员送去300元慰问金和党组织的关怀，提升了党组织凝聚力。春节前夕，走访慰问该村20户困难群众，为他们送去米、面、油等慰问品。在了解到该村有一名精神病患者是极大不稳定因素后，我积极协调街道和县民政部门，将该村41岁的精神疾病患者宋某送到了兖州市90医院治疗，免费为其提供良好的医疗条件，保障了其人身安全，消除了社会隐患。

强引导倡树文明新风

为了打造孝亲、敬老、互爱、文明的乡村新风尚，我协助村"两委"开展形式多样的精神文明建设宣传活动，开展了"好媳妇、好婆婆"评选活动，集中表彰165户，奖品合计1.65万元，用多数带动少数，让不文明之风无处藏身，大力弘扬孝亲敬老的优秀传统。利用音响和电视观看教育电影和三农技术视频，组织村民跳广场舞，组建村秧歌队，活跃了村里文化氛围。维护村内健身场所和设施，增强农民环卫意识，加快农村道路

"净化、绿化、美化"建设步伐，搞好农村无害化厕所改造，清理村内主干道垃圾，改善农民居住条件。为丰富村民精神文化生活，我还积极联系县文广新局，开展送戏下乡活动，为村民送去了两场文艺演出，为村民们献上了一台精彩纷呈的文化盛宴。春节前夕，邀请县书法家协会、县摄影家协会到村开展送文化下乡活动，为水坡涯村群众书写春联数百幅，免费照相数百张，把书法摄影作品送到农民的家中，把温暖送到农民的心中，把最好的精神食粮奉献给农民群众。

下一步，我还计划在该村建设黑木耳种植基地，2017年4月下旬组织村"两委"成员和村民代表赴梁山学习考察了黑木耳养殖技术，并开始小规模试种，为发展黑木耳种植奠定了基础。如果2019年试点成功，仅此一项可增加农民人均收入1.5万元，成为该村经济发展的新动力。

"点土成金"的第一书记

第一书记

林存亚 2017～2018 年度，任汶上县文物旅游局驻汶上街道北坡村第一书记。

汶上县有一个美丽的地方，那就是莲花湖国家湿地公园。它位于县城北部大约 4 公里处，交通方便，景色宜人，是远近闻名的国家 AAAA 级景区。然而，紧邻景区的北坡村却一直裹足不前，发展缓慢。

2017 年 4 月，一位中年干部接受县委县政府号召，带着组织嘱托，来到这里，他心里暗暗发誓：一定要让守着聚宝盆的北坡村"点土成金"，来个大变样。他就是汶上县文物旅游局驻北坡村第一书记林存亚。

"溜达"出来的乡村旅游致富路

没有调查，就没有发言权。驻村后，林存亚与村"两委"成员第一次见面，就开始"溜达"，每天走街串户地在村内转。去田间地头、超市等人员相对集中的地方，听村民聊天，与村民拉家常。到老党员、退休的支书记、支部委员、群众代表、致富能手、贫困户家中走访座谈，征询他们对村庄发展的建设意见、发展思路。经过近一个月的深入走访调研，终于将村情民意摸清吃透了。

摸透村里的现实情况后，便仔细梳理工作思路，琢磨该村发展的切入点。林书记认识到，要想单纯地靠农业种植使北坡村有较大的发展不太可能。有着多年旅游开发工作经验的他，看着眼前美丽的莲花湖景区和如织的游人，敏锐地感觉到了其中的价值：背靠大树好乘凉，这里非常适合发展乡村旅游。

虽然自己心里有了底，但林书记知道，他的想法乡亲们不一定能认同，因为这些祖祖辈辈辛勤劳作的农民觉得种地打工才是本分，旅游这种有潜在风险的事可以说是"敢想不敢干"。于是，林书记带领北坡村负责同志及致富带头人先后到东平昆山景区、梁山等地学习考察乡村旅游工作，考察的地点是林书记精心筛选和安排的，都是附近情况相似但产业发展好的地方。看着人家吃上旅游饭，发了旅游财，村民们的心气一下子就上来了。林书记这才把自己这两个月的调查、思考和工作思路向大家说了出来：北坡村的旅游发展规划应该围绕"休闲莲花湖，体验北坡村"，按照"南农家，北垂钓，东观光，西体验"总布局，大力发展果树采摘、生态农业及农家体验产业，力争在乡村旅游、特色农业上做文章。打造特色景点，如农家乐——"北坡柴火鸡"，品尝劈柴炖鸡的老味道；有原生态休闲垂钓园，让游客体会"乡野闲钓"的乐趣；还有住农家屋、吃农家饭、果树采摘、生态农业观光、传统文化体验等丰富多彩的体验项目。

聚心气，打基础，筑牢党建带队伍

发展思路搞清楚了，总体规划蓝图也有了，但要把这些变成现实，就需要扎扎实实地干。首先要筑牢党建、带好队伍、凝心聚力。

林书记先从认真落实"三会一课"制度、扎实开展"两学一做"教育活动入手，积极组织党员深入学习领会十九大精神。通过"第一书记"为全体党员上党课、开展专题讨论等方式，引导党员同志积极建言献策，为改进村党支部工作方法、加强民主决策提出了很多合理化建议；按时开展"党员活动日"和村务、党务公开"民主日"活动，进一步加强"两委"班子接受群众监督力度，让村级事务在阳光下运行；努力提高党员干部觉悟，增进党群关系，群众满意度进一步提高，圆满完成了村"两委"换届任务。

同时积极开展各类活动。以此为契机，紧密地将党员群众团结在党支部周围。一是经常召开交流座谈会，就该村党的建设、村庄规划、村集体增收、脱贫致富、妇女创业等议题广泛征询意见和建议。二是在六一儿童节时，协调为村幼儿园带去节日礼物，在为孩子带去欢乐的同时，进一步拉近了干群距离。三是积极开展走访慰问活动，在七一、国庆、中秋、扶贫日、元旦、春节等节点，先后开展了走访慰问老党员、贫困户活动，并组织全体党员召开座谈会，重温入党誓词，加深党性教育，发放慰问品及慰问金达6000余元。四是多次召开村"两委"和党员代表座谈会议，深入了解帮包村特困人员的动态状况，协助北坡村新办理低保户5户，确保脱贫路上一个不掉队。五是认真贯彻落实村干部值班制度，在村"两委"办公室明显位置张贴了"村干部值班制度"和"村干部值班表"，将村干部值班电话向群众公布，让群众有事时能够找得到、知道找谁，更好地提升了为民办事的效率。

通过上述举措，有力地把全村党员干部及广大村民群众团结在一起，为实现自己的梦想集合了队伍。

抓基础设施，让北坡村美起来、广大村民乐起来

工作组与村"两委"商定为村里安装太阳能路灯。通过县下派办和单位领导积极协调，争取县财政"一事一议"奖补资金5万元，县文物旅游局拨付2万元专项帮扶资金，完成了北坡进村路15盏8米路灯、村内53

盏组合灯、文化广场 1 盏 12 米高杆灯的安装。另外，工作组积极协调关系，拨付北坡村资金 6 万元，组织村民志愿者种植绿化苗木 200 余棵，对道路两侧绿化树木进行补植修剪。还圆满完成了既定的改厕任务。

通过驻村工作组积极与上级部门协调，共开展送杂技下乡 1 场、送电影下乡 2 场、送戏下乡 4 场，置办腰鼓 1 组、棋牌桌 2 套、书橱 3 套、图书 1000 余册，大力丰富了群众精神文化生活。

"点土成金"，北坡村乡村旅游大发展

基础设施改善了，村里环境变好了，怎么能引来游客、留住游客就成了林书记下一步的工作重心。

一年多来，村里发展了果树采摘、生态农业观光及原生态休闲垂钓园，让游客体会到了"乡野闲钓"的乐趣，品尝到了久违的农家老味。

经过一番持久的努力，北坡村的面貌终于焕然一新了，村民收入大幅度提高，村子一下子从"丑小鸭"变成了"白天鹅"，为以后旅游业的发展打下了坚实的基础。2017 年该村被济宁市旅游发展委员会命名为"济宁市旅游示范村"。

实现了诺言的林书记心里又在暗暗盘算着：旅游是一个投入多、见效慢的长期项目，既然做了，就要为乡亲们负责到底。现在只是点了"土"，要想成为"金"还需继续努力！

真情换真心，诚心破万难

第一书记

林　娜　2017～2018年度，任汶上县经济和信息化局驻汶上街道大刘庄村第一书记。

"大刘庄，人口2280人（多），3000亩耕地（少），经济太单一。""群民反映路面积水问题，急！""禁烧快开始了，沟里面的草得清一下。""种植项目洽谈会下午3点。""七年知青岁月学习活动得买书10本。"……

汶上街道大刘庄村第一书记林娜的笔记本上密密麻麻写满了一年多来的工作琐事。

当个好学生也做个好老师

"一开始压力很大，对乡村很恐惧，感觉自己担不起这个担子，后来在大家的帮助下我才慢慢进入状态，总之当个学生好好学嘛。"林娜一开始就给自己明确了定位。从机关到农村，工作环境变了，工作对象变了，林娜始终以一个学生的姿态，向村"两委"干部学习，向农民群众学习，学习他们身上的一些好思想、好经验、好作风，学习他们处理基层事务的好方式、好办法。

"林书记是个谦虚人，她给我们带了更多的东西，也是我们的好老师。"大刘庄村支部书记陈兰东深有感触地讲道。林娜来到大刘庄之后，在基层党员干部政治思想建设和完善制度建设上下功夫，规范了"三会一课"制度，积极开展"第一书记上党课"活动。同时，在了解到村民普遍文化程度不高的现状后，充当起了村民的民生代办员，对老百姓反应比较集中的有关户籍、医保、就学、种植、养殖等方面问题，做出正确的政策解读。"林书记不愧是县里来的，跟百科全书似的，啥都知道，太厉害了。"来咨询医保问题的村民孙树清佩服地说道。

林娜在一年多的时间里克服了最初的恐惧，克服了最初的不适应，把自己真正地融入了乡村，修管道，排积水，找项目，扶贫困，她用自己的实际行动完成了对群众、对组织、对自己的承诺。

打破空壳，告别鸭蛋

"空壳村"顾名思义指的是集体经济薄弱、财政亏空的村庄。这些村庄开展工作难度大，农村基层组织的影响力、凝聚力比较弱，村的发展处在一个停滞的状态，像个空壳子一样。"村'两委'越没钱，越办不成事，越办不成事越没钱，长此以往就会形成一个死循环。"林娜在谈及"空壳村"问题的时候这样解释道。

"刨根问底才能解决问题。"林娜走马上任的第一件事就是给村里集体经济找出路，2017 年 5 月在林娜的带领下大刘庄村开展了"三资"清理工作，对村集体经济组织的资金、资产、资源进行合理清查、整顿、完善。并借助"三资"清理工作，进行农业产业结构调整和土地流转工作，截至目前共流转土地 800 余亩，集体经济年收入达到 10 万元。土地的流转盘活了村里的经济，在林娜和村"两委"的共同努力下，一大批特色种植项目、新兴农业发展项目纷纷落户大刘庄。其中占地 100 余亩的大刘庄生态园是集林下养殖、鱼苗培育、垂钓休闲、餐饮住宿为一体的循环经济生态园区。"项目来了，村民们就可以就近上班，也可以做点小生意，收入自然就上去了。"林娜笑着介绍道，目前草莓种植基地已具雏形，毛芋种植基地也在如火如荼的筹备中。

黑丫头的好妈妈

"妈妈经常来看我，给我带来好吃的还有书包，我长大了一定也要给妈妈买好看的衣服和好吃的。"婷婷稚嫩的声音中透漏出了不容置疑的坚定。

其实婷婷口中的妈妈并不是她的亲生妈妈而是林娜。婷婷是个苦命的孩子，三年前她的妈妈因精神疾病走失，音讯全无。2017 年她的爸爸也因车祸离世，一个家变得支离破碎，只剩下她和奶奶相依为命。婷婷也因此失去与他人交流的欲望和往日的笑容。

"我也是当妈的，看见孩子这样，我真的是心里堵得难受。"林娜回想起第一次和婷婷见面的情景时说道。婷婷由于缺乏照料，皮肤黝黑、头发凌乱，比同龄的孩子要瘦小许多。林娜看在眼里，记在心里，自那以后，小女孩就成了林娜的牵挂，隔三差五地就带着小零食、小礼物去陪她说话、讲故事、做游戏。每隔一段时间都会为婷婷带去衣物、文具和玩具，婷婷也从一开始的冷漠变得开朗起来，每次林娜到来，婷婷都会露出灿烂的笑容。在林娜的照料下，婷婷慢慢从生活的阴影当中走了出来，整个人又充满了生气和活力。

情洒这方热土

第一书记

王　艳　2017～2018年度，任汶上县金融办驻汶上街道八里桥村第一书记。

　　村班子软弱涣散，集体经济一穷二白；村里685口人，精准贫困户却有12个；村里既没有路灯，也没有文化广场，群众夜晚文化生活几乎为零……这就是汶上县汶上街道八里桥村的昨天。

　　直到2017年春天"第一书记"王艳到来，村子里悄然发生了改变，集体收入突破5万元，摘掉了"空壳村"的帽子；建起了广场，安上了路灯；12 个贫困户全部脱了贫……村里变干净了，变亮了，也变美了，这就是八里桥村的今天。

务实、接地气，是村民们给王艳最多的评价，她给自己的定位不是第一书记，而是为八里桥村百姓排忧解难的"跑腿人"。

孩子 4 个月，"第一书记"毅然上任

2017 年 4 月，刚生完孩子仅 4 个月的王艳被选派为八里桥村驻村第一书记。得知这一消息后，王艳懵了！孩子才刚过百天，正是最需要母亲的时候。看着怀里熟睡的孩子，王艳百感交集。一方面割舍不下孩子，另一方面又怕自己难以胜任这项工作。思来想去，王艳还是决心前去赴任！当她把这一决定告诉家人时，家人非常支持并劝她好好珍惜这次难得的机会，全身心地投入工作，不必担心孩子。王艳放下所有的担忧和顾虑，带着被褥锅碗及其他生活用品走马上任了！进驻八里桥村以后，她迅速转变角色，以群众的期盼为出发点，建队伍、寻出路、摘穷帽、强文化，八里桥村各项事业蒸蒸日上、蓬勃发展。

抓党建、夯基础，集体增收大跨步

俗话说："农村富不富，关键看支部；支部想变强，全靠领头羊。"驻村伊始，王艳把抓好八里桥村基层党建工作作为首要任务，积极协助村"两委"干部搞好班子建设，健全完善村级组织建设的各项规章制度，落实好"四议两公开"制度。强化村干部和农村党员的教育培训，每月 5 日，组织八里桥村全体党员开展主题党日学习活动，增强村干部的政治意识、大局意识，增强村"两委"班子的凝聚力和战斗力，筑牢基层战斗堡垒。面对一穷二白的八里桥村，如何壮大村集体经济是最棘手的问题。王艳不等不靠，她多次与村"两委"干部、党员群众代表召开座谈会，研究探讨发展集体经济的好办法，确定了通过土地流转发展生态休闲观光农业的路子。在她的推动下，八里桥村共流转耕地 152 亩，建设了汶上畅想文化生态园项目，每年增加村级集体收入 2.2 万元，提供就业岗位 23 个，带

动 8 个贫困户顺利脱贫。

进庄户，解民情，12 个贫困户全部脱贫

为切实发挥第一书记在抓党建促脱贫攻坚中的尖兵作用，王艳坚持每月到村里 12 个精准扶贫户家中走访一次，了解他们的实际困难、生活需求，向他们传授致富经验，增强他们脱贫致富的信心。八里桥村精准扶贫户李树林因腿部有残疾，不能外出务工，家里还有个智障的舅子哥需要照顾。王艳了解到他的情况后，鼓励他发展家禽养殖，并多次协调汶上中银富登村镇银行，为他递交了为期两年的 2 万元免息贷款申请，用来购买鸡苗和饲料。及时协调县金融办到村开展走访慰问，先后为 20 名困难群众送上了米、面、油等生活用品。截至目前，八里桥村 12 个精准贫困户已全部顺利脱贫。

建广场，安路灯，让文化生活美起来

"以前一到晚上，村里大路漆黑一片。如今王书记给俺建了文化广场，安了路灯，大街上啥时候都亮堂堂的，大家伙儿吃完饭出来在广场上下下棋、跳跳舞，可热闹了！俺这靠双拐走路的人，晚上也敢出门了，真得感谢咱王书记！"八里桥村村民李明文激动地说。

为丰富群众业余文化生活，提升群众居住环境，王艳根据走访了解到的村情民意，结合八里桥村实际，把第一书记项目定为建设一处八里桥村文化健身广场。2017 年 10 月底，1000 平方米的文化健身广场终于建起来了。有了广场，王艳又积极协调县体育中心配备了多套健身器材。由于村集体经济基础薄弱，村里一直没有安装路灯，夜间出行一直是个大难题，老人孩子晚上出门，磕伤碰伤的事时有发生。王艳了解到这一情况后，立即着手向派出单位汇报并得到大力支持。经过多方协调，她一共筹集资金 2 万元，为村里安装了 12 盏 40 瓦高杆太阳能路灯。

春华秋实，站在健身广场的舞台上，看着整齐划一的路灯，王艳心里有种说不出的惬意。一年多的帮扶，有苦有泪，但更多的是收获。真蹲真驻真情帮扶，接下来的时间，王艳相信自己一定会在为民谋利的路上走得更远。

打造"第一书记示范村"

工作队长

刘加志　2017 ~ 2018 年度，任汶上县中都街道党工委副书记（挂职）、下派工作队长。

　　我是汶上县文化广电新闻出版局纪委书记刘加志。2017 年 4 月，县委组织部安排我到中都街道办事处任挂职副书记、下派工作队长。下派工作队长的职责最主要的就是抓好驻村联户工作任务落实，负责县派第一书记监督管理和考核，保障第一书记抓党建促脱贫任务落实。

　　如何抓好这项工作，我心里没底。我以前 20 多年的工作经历基本就是和广播电视技术、有线网络打交道，属于技术业务范畴，没有基层工作经验。2015年由业务管理转行到纪检监察岗位，在县文广新局党委的领导下，紧跟县委、县政府的步伐，勤奋努力，工作学习两不误，自身不断提高，所以我思考还是要紧紧依靠中都街道办事处党工委，才能把包驻村队伍带好、管理好。第一书记们要抓好党建、搞好脱贫攻坚、做好第一书记项目，更离不开中都街道办事处党工委和各部门的支持。

"领导"，我的理解就是领着大家干、引导大家走，"导"为先"领"为后，做好导向，做好示范。和党工委书记陈勇同志、副书记李成业同志沟通后，选取村"两委"班子过硬的闫村和班子健全各方面工作刚起步的小秦村作为我这个队长的包保村，目标就是打造"第一书记示范村"。

工作队召开例会安排大家开展以"受教育、长才干、做贡献"为主题的进村入户走访调研活动，要"访三老，走三户"。我自己也"访三老，走三户"，最后和闫村、小秦"两委"班子见面。走访闫村也历经了近一个月的时间。

闫村的群众意见较集中的是：48名党员、31名村民代表提出，闫村地理位置很好的地块要么回迁建了楼，要么被政府征用发展了商业，现在只剩下泉河以西、广场路以南460亩的土地了，在城区虽然地理位置可以，但南边紧挨着殡仪馆，做什么发展什么都犯难。养殖业因为大气污染综合防治，按照上级要求也必须迁出二环路以外，设立专门养殖区。村集体必须搞点什么，给大家带来方便，给村集体带来收入，闫村社区这么大，没有收入怎么管理好。4月底和闫村"两委"座谈的时候，8名村干部也是同样的想法，只是议来议去没有谈出明确的方向。5月中旬，我参加党工委会议知道机会来了，和支部书记曹海滨同志商议后，再次召开两委会。坝口片区棚改拆迁，原坝口村内菜市场商户肯定无处安身，多人在座谈会上提出：抓住机遇，立足小商户搞菜市场。曹海滨同志更是态度坚决，拍板决定：村集体全额投资，任何个人不参股。成立筹备小组分工立即行动。考察、方案、报告、筹资、设计、实施，马上运转……

机会永远都是给有准备的人，并且在瞬间有力量抓住的人。驻足观望，踌躇不前，永远得不到胜利的果实。习近平主席说"幸福都是奋斗出来的"，闫村以曹海滨同志为班长的村"两委"对村级集体经济的愿景发展也是奋斗出来的。从 2016 年下半年开始的村集体"三资清理"到 2017 年 3 月圆满结束，小市场建设的位置就是"三资清理"的结果。这片土地面积为 7.6 亩，涉及 3 户，地上建筑物 400 多平方米。协商、补偿、收归村集体历经半年有余。

我和曹海滨同志找到县城市管理局领导，说明情况，城市管理局领导班子对此事态度是：大力支持，市场就是管理和疏导相结合。历经近两个月，7 月 19 日，小市场建设完毕，仅仅 5 天，各色的小商户已经塞满了这个小市场。原计划我和陈勇、林毅、曹海滨同志商议邀请相关业务监管部门搞一个简单的开市仪式，但随着 2017 年我县"省级卫生城"复验，以及创建"省级文明县"的逐渐深入，县委、县政府主要领导、分管领导都先后不打招呼直接进入市场进行了现场指导，并给予"便民市场"的定位，非常贴切。县工商局、食药局也直接到了小市场现场办公，进行规范化指导提升。所以"开市仪式"没有再搞，小小的便民市场全方位提升提质很快。8 月初县工商局、县食药局就给"便民市场"颁发了营业执照，每一家商户积极配合提升规范后也办理了营业执照、食品卫生许可证。"干净卫生、安全放心、公平便民"成了这个市场的符号。

我在中都街道办事处当时分管"创城"工作，10 月底，"省级卫生城"复验专家组及创建"省级文明县"专家组进行暗访现场考核，我们这么多的眼睛，没有发现"监考老师"。过后，"监考老师"的建议发来，"市场要分区，三防设施继续完善提升"。今后闫村班子的"任务""责任"也将更大了。

小小的市场，它凝聚了上至县委、县政府领导，下至闫村村干部太多的汗水。2017 年底，闫村成了中都街道办事处村级集体经济发展的又一标兵。同时解决了村内 2 名贫困户的就业问题。现在闫村的村干部轮流在市场值班，每天笑看着川流不息的人们。我也带着第一书记们多次来到这个市场，和村干部进行交流，共同感受"什么是抓住机遇，凝心聚力、善于协调、敢于担当"。

调研小秦村，村民较富，家家都搞中药材加工，该村柏籽加工工艺据记载自明朝后期传至现代，2006 年被评为市级非物质文化遗产。现在全村一年的贷款流水就 1 亿多元。多家银行在村里面的联络员，都是像我们驻村干部一样"挂在墙上"的，在全县少见，我想大概他们是借鉴我们的做法吧。村内缺少文体广场，群众诉求也高。前期村"两委"也找好了地方，面积有600多平方米。我便在街道党工委会议上提了出来，陈勇同志拍板，街道负责硬化，剩余的事我便和支部书记梁全同志拜访了两家银行的领导，美化、亮化便全部解决了。县体育中心送来了健身器材，村"两委"班子自己动手就安装了。工作中感觉梁全同志是一位典型的不善言语表达，干事踏实、工作敢于负责的基层干部。所以2017年国庆节前夕和11月份，我带领5位第一书记专门和他进行了两次交流，专题感受他的做人做事风格。我想这也是下派工作队长重要的职责。

我和包驻村10名同志转眼间已到中都街道一年有余，深深地感受到基层的事务繁杂、事无巨细，工作任务就像柳絮缠绵不断，但是我们更看到经过"两委"换届后的这样一个群体，"踏实、实干、担当"是他们的写照，走在城里的大街上"不惹眼"，回到村里就是群众的"守护神、带头人"。曹海滨、梁全……完成坝口村拆迁任务的支部书记刘树文，还有退休后回到家乡大高村当选支部书记的高庆瑞。县委、县政府把2018年确定为"工作落实年"，我们"第一书记、下派工作队长"这个群体是到基层锻炼的、服务的，更是来"扑下身子抓落实"的。

掳村记

第一书记

吕　文　2017～2018 年度，任汶上县民政局驻中都街道路街社区第一书记。

走进中都街道路街社区，映入眼帘的是新房幢幢，道路整洁卫生，绿树成荫，芳草茵茵，让人心旷神怡，社区物业办公室工作人员庞敏正在认真地记账。"我负责物业公司出纳，每天还要给保洁人员安排当天的工作，同时还要登记业主们的维修申请，天天忙得不可开交。这都多亏了驻村工作组，小区回迁后，帮助村里建起了物业公司。"

2017 年 4 月，组织选派我和郗崇勇同志到中都街道路街社区工作。来之前，一直在考虑着"干什么？怎么干？从哪干？"经过入户走访调研，通过与居民的沟通，我逐渐感觉到这个"第一书记"不好当，居民反映的问题主要集中在了两个方面，一是原"路街村拆迁已经 6 年多，但回迁小区却迟迟没有竣工，群众怨声载道，老人去世、孩子结婚连个家都没有"；二是"婚丧嫁娶办不起，大操大办的现象太严重"。真的感觉到肩上的担子不轻松。

居民理解 回迁"快"起来

看着居民迟迟不能回迁，作为社区"第一书记"，我看在眼里，急在心里，多次与"两委"班子谋划协商，找准问题的症结所在，积极向上沟通协调，在中都街道的指挥下，小区建设终于重回正轨。我又召集"两委"班子及居民代表召开会议，推选出部分代表成立了"居民监督小组"，每两名代表一班，每班由一名居委会成员带队，负责对回迁小区建设工程进行监督，每天向居委会汇报当天的工程进度，遇到问题及时汇报处理，并每周按时召开专题会议，向各居委组代表汇报工程进度，让广大居民代表真正参与到工程建设当中，既使工程操作透明化，又让居民责任感提升。大家都愿意为工程的早日竣工出一把力，在街道党工委的领导下，在广大居民的支持下，在居委会及"居民监督小组"的辛苦付出下，广大居民终于在 2017 年底领到了自家楼房的钥匙。

社区整洁 环境"亮"起来

随着居民陆陆续续回迁，看着小区内杂乱的景象，我又"惦记"上了社区治理的问题，通过到一些先进社区学习，多次与居委会协商，认为应该因地制宜地开展现代化的物业服务，积极探索新型社区物业管理的新路子，社区不仅要有新房，更要有路畅灯明、水清塘净、区容整洁的宜居环境，让居民不仅住上楼还要住得好。着力新居环境整治，社区管理创新机制，从环境整治抓起，从改变居民传统生产生活方式入手，建设清洁家园、绿化家园、美化家园。在充分调研后，成立了路街社区服务公司，专门负责社区的物业管理服务，采取"居民自治＋物业化管理"模式，规范社区管理，完善服务，逐步实现居民自我管理、自我教育、自我服务、自我监督，既完善了对社区的管理，又增加了的集体和个人的收入，可谓"一举三得"。物业公司成立后，在居委会组织下，由社区居民民主推荐能吃苦耐劳、责任心强、身心健康的物业管理服务人员，优先考虑家庭贫困户、五保户、留守户及孤寡老人，再根据社区公用设施设备的维修养护、公共区域卫生保洁、安全护卫、秩序管理及园林绿化等物业管理分配其工作。这便出现了文章开头的那一幕。

社区文明　民俗"美"起来

以往农村在红白事上讲面子比排场，娶媳妇比谁家酒菜好，看谁家车队长，烟酒也是越贵越好；谁家亲人离世，用白布披麻戴孝，请戏班子、表演队，形式多了，情味少了。相互攀比带来的害处特别大，一些贫困家庭更是苦不堪言。通过与路街社区居委会沟通，决定重新选举红白理事会，召开居民代表会议并修订了居民公约，下定决心专门治理红白事铺张浪费的陋习。

很快就遇到了第一个"难题"。社区的青年彭凯要结婚了，他的父亲彭军想大操大办，在社区"两委"干部、红白理事会的反复劝说下，终于同意简办，只宴请了自己的至亲好友。这件事情在路街及周围村居引起了良好的反响，群众纷纷效仿响应，自觉抵制婚丧事宜大操大办，掀起了"倡导文明新风，反对铺张浪费"的热潮。

如今，路街社区已经通过"撤村设居"的相关程序，被批准为城市社区。下一步，我们要加强精神文明建设，把养老服务提上社区各项事务的议程上来，首先要建立老年人活动广场，然后在对留守老人、独居老人等人群充分调研的基础上，依托我们民政局工作组自身业务优势，积极申请建设城市社区老年人日间照料中心，使我们社区的老年人老有所养、老有所乐。

从"皱眉头"到"竖大拇指"

第一书记

陈尚动 2017～2018 年度，任汶上县委群众工作部（汶上县信访局）驻中都街道前小秦村第一书记。

"你听说了吗，咱村来了个第一书记？"

"是那个黑灿哩（黑黢黢）瘦高个不？"

"是，不知来了能干啥！"

"有空找他拉拉去！"

我和成员张龙双入驻前小秦村的第二天，就听到了街头巷尾的议论。"老陈，你的标签不错，黑瘦高！""行啦，你也不错，黑胖高。"哈哈哈……就这样我们开始入户走访，与村里群众逐个见面亮相了……

记得县委常委、组织部部长王洪正在全县第一书记抓党建促脱贫专题培训班上讲道，第一书记担负着农村党建的第一使命、扶贫攻坚的第一责任，其核心就是抓党建促脱贫。县信访局党组书记、局长郭德志到村调研时与我们说，给钱给物不如帮建一个好支部，你们驻村这两年，时刻把党建和村级班子帮建放在头等位置，再能帮助群众解决一些具体问题，就算抓住了驻村帮扶的"牛鼻子"。我和张龙双背着组织的使命和群众的期待暗下决心：我们一定真真正正地干点实事，对得起这个"第一书记"的称号。

前小秦村位于中都街道东部，距县城2.5公里。全村共6个村民小组，380户1580人，其中党员44人。现有农业用地2240亩，其中小麦、玉米1015亩，蔬菜大棚种植面积1220亩，林地面积5亩。支部书记给我们介绍了这些基本情况后，白天，我们和党员群众拉家常；晚上就躺在床上讨论思考。通过入户走访和村"两委"干部沟通，我们发现了村里存在两大难：一是村里集体收入少，服务群众难；二是蔬菜棚区用电灌溉难，群众增收致富难。针对这两难，我们多次召开村"两委"和村民代表会议，形成了以发展村集体经济作为第一书记抓党建促脱贫的关键点这一思路，逐步将工作铺开，将解决用电灌溉难列入第一书记头号任务重点突破，逐步解决两难问题。

老百姓最讲实际，说一千道一万，不如办上一件让群众关心、关注的实事。前小秦村是远近闻名的蔬菜种植专业村，我们入户走访蔬菜种植示范园区，蔬菜长势良好，老百姓脸上洋溢着幸福感，可大家对棚区电网有些"皱眉头"。原来棚区电网变压器功率不足，电线乱搭乱接、年久老化，刮风下雨天经常"冒火花"停电，无法满足群众生产需求，且易发生安全生产事故，成了村"两委"和群众的一桩大心事。我们把村"两委"班子成员召集起来开会研究，该问题以前也多次研究，因为缺乏资金又不想给群众增加负担，所以就一直搁置到现在。

"陈书记，你来了，你是县里派来的，你一定有法把我们这个问题解决喽。"在村里干了40多年会计的李大昌开口就将我一军。

"就是，陈书记，你一定得给我们办喽。"村计生专干徐爱美和部分群众代表也附和起来。

"陈书记，你只要能把电网改造好了，我就服你，我大棚里的蔬菜你随便吃。"种植大户李文站起来了。

解决这个问题难度有多大我心里没底，万一办不成，我个人威信尽失是小，造成群众对组织失信就麻烦了，有违组织派咱来帮扶的初衷。看着下边那些期盼的眼神，我心里对自己说，豁出去了，组织派咱来就是给群众干事的，不给群众干事在这待着干啥，我不信干不了。"把电网改造列为第一书记项目，今年想办法完成。"说完这句话，我真感觉自己有点激动了。定下后，我们赶回县里，向局党组和街道党工委做了专题汇报，局党组和街道党工委非常支持，我就更兴奋有劲了。县信访局主要领导及班子成员，中都街道、下派工作队等领导多次到村调研指导，帮助协调，又赶上农田项目建设的春风，终于争取到了整个园区的电网改造工程项目落地，并于当年7月底完成了施工验收。该项目共铺设地下灌溉电缆8000余米，新上变压器1台，新安装射频器110台，辐射棚区1600余亩，涉及220户、360个冬暖式大棚和大中拱棚，投资近25万元，由上级项目专项资金解决，没有增加群众负担。

电网改造项目的实施，实现了群众灌溉方便、用电安全的夙愿，提高了亩产蔬菜产量，棚区发展有了基础保障，发展村集体经济和群众脱贫增收也有了稳固的阵地。我们以蔬菜种植示范园区为主体，承担土地流转任务，优先流转村集体土地（尤其是"三资"清理工作中清理出的土地、荒滩、坑塘等）、贫困户土地等，减轻村集体、散户和贫困户负担，2017年新增流转土地220余亩。充分发挥蔬菜种植专业合作社的服务作用，积极与山东农业大学、山东省农业科学院等单位专家对接，制定有机蔬菜标准化生产操作规程，推广秸秆生物反应堆技术、沼气增温增光技术、生物防治病虫害技术，规范和完善农产品安全检测实验室，配置药物残留检测设备，确保了农产品的绿色无污染，增强了产品的市场竞争力。目前，一季大棚亩均生产黄瓜5万斤，亩均纯收益6万元以上。园区在用工方向上优先吸纳本村富余劳动力，尤其是贫困户等富余劳动力。2017 年，园区共安排精准扶贫户 2 户 3 人、回村劳动力 11 人。做好第一书记项目与增加村集体收入结合的文章。园区电网作为公共基础设施，由村委会指定专人负责管理维护，在不增加群众用电费用的前提下，每月向村集体缴纳 3000 元的管理维护费，每年稳定为村集体增加 3.6 万元的收入，全村 21 户贫困户全部实现了脱贫。解决了"两大难"，实现了发展村集体经济和精准扶贫的无缝衔接，群众对我们驻村干部和村委会竖起了大拇指。

我印象最深的还有一个"远近闻名"的信访积案化解的事。该案下到村街，上到县、市、省、京都是榜上有名，信访人反映的问题纪检部门也有正式处理报告，镇街、信访部门也多次进行了书面答复，其仍然不服，经常到镇街，各级信访、纪检等部门缠闹，更有一年多时间，其有在网上信访、省长邮箱等每周两封信的记录，每逢重要敏感节点时期更是活跃。入村后，我们走访完村里在家党员，第一户就到了他家，他情绪很激动，直说自己还得到北京上访，得告谁谁，得反映什么问题。通过了解，我发现原来问题并不复杂，"不蒸馒头争口气"，就是争口气的面子问题。其后，我们几乎每周都到他家去或通个电话，喝口水，拉拉家常。时间长了，我们熟了，他终于敞开了心扉，气顺了，情绪也稳定了。在不断的走访中我们也了解到，他本人患病多年，身体内装了四个支架，不能从事繁重的工作，儿子正在上大学，一家的生活仅靠其对象为别人打工卖水果维持，家庭相当困难。对于这些情况，我们与村里商量，向工作队、街道和局党组做了汇报，经过多方关心协调，我们筹集了部分资金对其进行了救助和帮扶。用实心换来了真心，信访人答应绝不再就此事上访了，这一件历时 6 年多的信访积案得到了妥善化解。原来村里的"立愣头"（倔头）不见了，倒多了一位热心人。

在这驻村一年多的时间里，感慨颇多，有艰辛也有愉悦，有徘徊也有坚定，有汗水更有收获。感受最多的总结起来可以用一个字概括，就是一个"实"字，做农村工作要扎实，与群众交往要心实，干事业要踏实。只要担起"第一书记"这份责任，真心实意地想帮助群众干点实事，就一定能干成事，也一定能赢得群众的尊重。"雄关漫道真如铁，而今迈步从头越。"我们还是要"不忘初心，牢记使命"，重整行装再出发。

聚精会神促党建，齐力建设新农村

第一书记

张言东　2017～2018 年度，任汶上县工商业联合会驻中都街道
南周村第一书记。

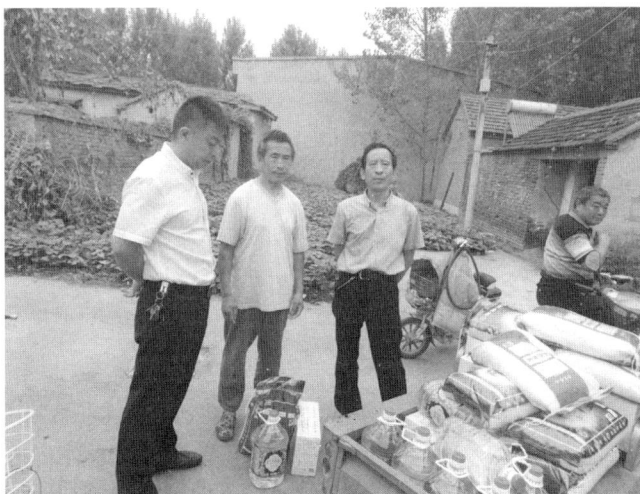

我叫张言东，是汶上县工商联党组成员，现任中都街道南周村第一书
记。在南周村包驻已一年多，回顾一年多来走过的路，思绪万千，心情久
久不能平静。

学党史、添动力，踏上新农村建设新征程

十九大报告提出，实施乡村振兴战略。要坚持农业农村优先发展，按

照产业兴旺、生态宜居、乡风文明、治理有效、生活富裕的总要求，建立健全城乡融合发展体制机制和政策体系，加快推进农业农村现代化。

农村人口众多、经济社会发展滞后是我国当前的一个基本国情。我国的经济社会发展总体上已经进入以工促农、以城带乡的新阶段。在这个阶段，只有实行统筹城乡经济社会发展的方略，加快建设产业兴旺、生态宜居、乡风文明、治理有效、生活富裕的社会主义新农村，我们才能如期实现全面建设小康社会和现代化强国的宏伟目标，实现中华民族的伟大复兴。

我包驻所在村是中都街道南周村，其位于汶上县城西二环路以西，兖梁公路以北。该村耕地面积 1510 亩，共 1570 人，分为 8 个生产组，其中党员 50 人。长久以来，由于该村没有企业，村民生产以农耕为主，经济意识差，思想相对封闭落后。特别是党员队伍年龄构成偏老，党员们大部分年龄都在 60 ~ 70 岁，年龄在 80 ~ 90 岁的也有几位。因此，要想在新形势下建设社会主义新农村，学党史，学新农村建设经验，开阔视野，解放思想，是亟待解决的问题。

为此和支部一起协调该村党员种粮大户陈庆存赞助资金 7000 元，在 2017 年建党日，组织在家的党员共 32 人，再加上村干部和驻村干部一行共 40 人，乘坐两辆大巴车，分别到兖州区东何家庄、兖州区后阎村、县郭楼镇郝营村、县杨店镇泗汶村第一党支部参观考察，学习了新农村建设和党史建设经验。通过参观考察，党员们开阔了视野，增长了见识，加强了党性教育，添加了奋斗动力，纷纷表示要投入村集体建设活动中。

参观归来后，我和村"两委"带领党员干部，在前期硬化全村胡同路、修建广场、新建办公场所的基础上，又在村南主干道两旁栽植海棠树，新建 2 座石亭，安装 4 个石桌、16 个石凳，大大方便了群众的休息娱乐。借此成绩，南周村荣获 2017 年汶上县美丽乡村建设先进单位，群众对此欢欣鼓舞。

走在新修的乡间小路上，心情是何等的快乐

群众路线是党的根本工作路线。具体地说，就是一切为了群众，一切

依靠群众，从群众中来、到群众中去。

坚持走群众路线，就要把为人民谋利益作为我们想问题、办事情的出发点和落脚点。在每一次工作中做出决策、解决问题时，都要从群众的根本利益出发，凡是符合群众根本利益的事情，就要坚决去办，并且想方设法把它办好。凡是不符合群众根本利益的事情，就要坚决抵制，决不能办。

从南周村村北沿沟到柳杭是一条古路，现在这条路周边还能看到元朝的碑刻古迹。2016年村内胡同路全面维修，唯一剩下没修的就是这条路，以致严重影响了路周边群众的生产生活。我进村走访时，该路周边群众对此意见很大，纷纷提出要求解决路面通行不畅这个难题。

我对修建道路的情况进行了调研，该项目资金需求量较大，且所需原材料如水泥等市场价格变动较大，可能会导致工程出现较大风险。但是考虑到大多数群众的要求，在征求村"两委"意见的基础上，确定了2017年第一书记项目，即南周村村北道路建设项目。

这条路长330米，宽4米，项目总投资7.5万元，第一书记资金支持5万元，村自筹2.5万元。2017年7月15日工程动工，开工后沿路群众热情高涨，纷纷出来帮忙送水送茶，这个喊"张书记我给你拿凳子去"，那个说"张书记中午到我家吃饭，你可给俺村解决了大难题，你这样的干部在俺村多驻几年"，我听了当时心里就感觉热乎乎的。7月23日，工程竣工，沿路群众走上光洁的路面，拍手称快，露出了喜悦的笑容，我走在修好的沥青路面上，心里也很是欣慰。

在修路过程中，我还和村支部成功解决了四组两个困难问题。一是四组街道水管漏水，一年多没人维修导致供水不畅和水资源浪费，这次通过开挖地面找到漏水点更换套管进行了解决，组长陈文玉很是感激。二是解决"老上访户"马桂芝与邻居间的纠纷。马桂芝是四组村民，2015年村修胡同路时，因门前下水道走向与村里发生矛盾，村组干部多次做工作无果，所以没给她家门前修路，因此她多次到县、街道上访。后来修村南主干路时，又与村干部陈军发生严重冲突导致被拘留，在村里造成了很坏的影响，属于村"两委"工作的重点和难点。这次在进村走访时她向我反映了此事，并威胁我说不处理就去上访告我失职。

我在调查了解的基础上，摸清了事情的来龙去脉，先找村支书陈军做工作，又去找马桂芝做工作，动之以情、晓之以理，主要工作放在马桂芝身上，来来回回，终于做通了工作。在 2017 年 7 月份修路时，给她家门前修好路，马桂芝全家很是感动，见人就说，"感谢上级党组织派的好干部，不是他，我家门口的路不知道猴年马月才能修好"。

在修路过程中，村组干部也有担忧，表示修路是好事，但是资金不够村里要往里贴钱，但是目前村里没钱，很是为难。我通过渠道听说县交通运输局因设置检查站欠村里 10 万元一直还没有给付，便和村支部书记陈军一起去找县交通运输局主要负责人，向领导说明情况。他们也表示理解我们的难处，年底按时支付了 10 万元资金，解决了后顾之忧。

东拉西找促扶贫，九九重阳送温暖

在 2018 年全国两会上，习主席强调要坚定不移地打赢脱贫攻坚战。近几年来，习主席在全国各地调研中多次发表关于扶贫的重要讲话。他说，只要有一家一户乃至一个人没有解决基本生活问题，我们就不能安之若素，只要群众对幸福生活的憧憬还没有变成现实，我们就要毫不懈怠团结带领群众一起奋斗。要把扶贫攻坚抓紧抓准抓到位，倒排工期，算好明细账，决不让一个少数民族，一个地区掉队。可见扶贫工作的重要程度。

南周村有 33 户精准扶贫户，在全部进行走访摸底的基础上，2017 年中秋节我协调县工商联服装辅料商会会长展续振赞助资金 6000 元，购买了食用油、大米、月饼等慰问品，带着慰问品走访慰问了全部精准扶贫户，外加 2 户突发变故的家庭，每户 500 元现金。县工商联主席魏明科、中都街道党工委书记陈勇、下派工作队长刘加志参加了慰问。充分体现了党对于贫困户的关爱关怀，有的贫困户说，"驻村张书记和村干部中秋节都没发月饼，倒叫我们贫困户吃上了啊"。

"老吾老以及人之老。"随着人口老龄化发展，农村老人逐渐成为社会弱势群体，关心和救助农村老人已是社会普遍关注的一个问题，妥善解决农村老人的生产生活，使他们从此不再孤单，过上幸福、快乐、健康的晚年生活，感受到社会的亲情与温暖，是建设和谐社会的需要。

2017年九九重阳节期间，我协调县山东梆子剧团，到南周村进行了戏曲下乡慰问演出，同时又协调汶上陈事达机械公司赞助资金1万元，在村文体广场上请全村60岁以上老人吃村里"大伙房"，唠唠家常，台上有精彩的戏曲，台下有可口的家常饭，其乐融融，充分体现了尊老爱幼、邻里和谐的气氛，体现了中华民族的传统美德，场面气氛热闹。邻村知道的都点赞羡慕。

展望未来，我们必须务实担当。"时代是思想之母，实践是理论之源。"十九大报告指出我国社会主要矛盾已经转化为人民日益增长的美好生活需要和不平衡不充分的发展之间的矛盾。这体现了党和人民在全面建成小康社会取得了伟大成就，显示出党正视矛盾，着力破解发展不平衡不充分问题的决心。我们党将保障和改善民生作为社会治理重点，在医疗、养老、住房等直接关乎人民利益的领域不断释放政策红利，让改革发展成果更多更公平惠及全体人民，让人民获得感、幸福感、安全感更加充实、更有保障、更可持续。

回顾过去一年多的时间，在党员干部和群众的共同努力下，南周村有了较大的变化，这一切离不开党支部的领导和群众的支持，我也在这一年多中学到了很多基层经验，深化了自己的思想认识。2017年驻村工作虽然取得了一定的成绩，但离上级领导的要求还有一定差距，今后我们一定要在习近平新时代中国特色社会主义思想的指导下，伏下身子扎实苦干，在新形势下展现新作为，谱写新篇章。

扎根沃土，驻进民心

第一书记

宋　文　2017～2018年度，任汶上县司法局驻中都街道东榰柏村第一书记。

"到农村去，做一名虔诚的新学员，学习农村工作新理念；到农村去，做一名模范的服务员，扎根沃土服务乡亲；到农村去，做国家政策的宣传员，让党的好政策在农村开花结果。"这是我在驻村当日，郑重地写在工作日志上的第一句话。

怀揣这本工作日志，我心情忐忑地走进了任第一书记的中都街道东榰柏村。

雨夜解纠纷，群众所盼的就是我们要干的

东槐柏村村内排水沟年久失修，沟内累积了大量生活垃圾，堵塞了排水管道，村内柴草垛乱堆乱放，生活垃圾随意堆放未及时清运，村内的路灯已经安装多年，由于缺少维护大部分已经不亮，有的路灯灯罩已经被小鸟"安家落户"。作为一个2300多人的大村，群众没有一个健身活动的场所，只能在公路边、超市前空地进行健身活动，既影响交通，也不安全。我在心里犹豫，文化广场建设与下水道维护、路灯安装群众都很需要，建文化广场更显成绩，先弄哪个呢？

村里的代理书记郭庆顺似乎看出了我的心思："宋书记，要不咱们2017年先建文化广场，2018年再进行下水道维护及路灯安装，一个一个来。"

2017年6月的一天晚上，我和付兵正要上床休息，忽然窗外霹雷闪电，不一会大雨倾盆而下。我牵挂着村里那几户贫困户的住房会不会漏雨、会不会进水，开始担心起来。于是给郭庆顺书记打电话，一起打着雨伞逐户对贫困户的房子进行查看。当走到郭氏家庙附近时，听到一阵争吵声。走近一看，原来是村里两户村民因为下水道排水问题产生了矛盾。其中一家盖房时，看着门前下水道已多年失修不起作用，便将下水道给填上了，造成另一家家中的雨水排不出去。我和郭书记冒着大雨做着双方的调解工作，最后终于说服两家。大家一起动手挖沟打坝，才将雨水顺利排出去。在回村委会的路上，我坚定地说："郭书记，咱们今年的第一书记项目先修下水道、安装路灯，明年再建文化广场。"

2017年，为村内三纵三横的主要街道安装了100盏太阳能路灯，新建下水道150米，维修下水道300米，并对村内4000米的下水道全部进行了清淤。和村干部一起动手清理整治环境卫生，村容村貌焕然一新。

扶困助弱势，群众利益无小事

"走，我们再去贫困户家里去看看。""宋书记，都晚上几点了，还不休息，不就是剩下这一户还没走访吗？要不我们明天去吧，一天到晚地这

么忙活，你不累，我还累呢。"陪同走访的村干部开始"抱怨"了。等到晚上七点多，终于见到了最后一户——郭延善。郭延善反映："我儿子离婚后，离家出走四五年了，一直也没和家里联系过。孙子跟着我们老两口生活，家庭生活困难。全家人的粮食直补款一直打到儿子银行账户上，存款折找不到了，到苑庄信用社去取，工作人员不取给，好几年了……"

"大爷，你儿子联系不上都好几年了，你也没有到派出所报过案吗？"我问道。

"前两年到派出所报过案，并且法院也给了宣告失踪民事判决书，但苑庄信用社不信这些。"郭延善无奈地说道。

"哦，大爷，你不要着急，好像要办个公证书，然后到苑庄信用社去办理取款手续，我帮你问一下，你明天等我回话吧。"

第二天一早，我到县公证处咨询了公证员，并把郭延善的家庭困难情况向县司法局领导做了汇报，领导同意减免公证费，并交待我亲自办好。

于是我和郭延善老人一块到县公证处。公证员看了老人提供的材料后，发现汶上县人民法院的民事判决书宣告郭延善儿子失踪，并确定了郭延善为其财产代管人，因此告知，可以不用办理公证，直接到苑庄信用社办理取款手续。

我给苑庄信用社打电话详细说明了这一情况。半个小时后，苑庄信用社来电话："前一段时间，老人到信用社反映多次，这种情况我们也没有遇到过，过去都是办了公证才能办理取款手续。这种情况太特殊了，我们把公证员的建议向上级信用社做了反映，可以拿着法院的裁定书办理取款手续。今天天气不好，马上要下雨了，老人年龄大了，要不，让老人明天再来吧。"

看到老人焦急的眼神，我马上开车拉着老人去苑庄信用社办理了取款手续。老人拉着我的手激动地说："宋书记，我因这件事，跑了不知多少趟，让你给我解决了，太感谢你了。"

发挥部门职能优势，立足本职促和谐

村子要发展，稳定是基础。开展矛盾纠纷排查调处维护基层和谐稳定我们司法局有职能优势。

村里有两兄弟，因为农田里树木遮阴问题，闹了很多年，村干部一开始还调解了两次，没有调解成功。听说驻村工作组是县司法局派出的，懂法律、会调解，于是找到了我。我联系了中都街道司法所所长孔令胜，我们一面调查了解情况，一面做双方思想工作。双方各执一词，都不肯做出让步，兄弟两个始终达不成一致意见，调解一度陷入了僵局。我们决定另寻突破口，和村支部书记一起找小组长及周边地邻了解情况。经了解，原来是哥哥种地种过了界，弟弟在两家地边栽树，遮了哥哥家的庄稼。找到了问题的症结，问题也就迎刃而解。我们从亲情入手，苦口婆心地做起了兄弟二人的调解工作。经过几个小时的调解，最终哥哥退回了多占的弟弟的地，弟弟伐掉了地边的树。

驻村以来，我们协助街道司法所及村"两委"干部共调处化解矛盾纠纷隐患 16 件，解答法律咨询 9 件，帮助村委会起草修改协议书 4 份，帮助村民联系县公证处办理公证事项 3 件。还为村里健全完善了矛盾纠纷排查调处、普法依法治村、村法律顾问等规章制度，并制作图版上墙，健全了村里的调解网络、完善了村级维稳阵地，邀请县法律援助中心律师为村民上法治课 2 期，为该村稳定发展打下了坚实的基础。协调局里为村里建起了"和为贵"调解室、司法行政工作室，购买了 5000 余元的办公家具。

"这一年来村里发生了实实在在的变化，路边排水沟通畅了，路灯亮起来了，村的市级文物保护单位郭氏家祠主体工程也起来了，班子的凝聚力变强了，村民生活更和谐了。"村里的一位老党员在一次组织生活会上激动地掰着手指细数着村里这一年多的变化。

成绩和赞许使我心里更加明白，这一年多的工作只不过是一个良好的开始。不自觉中，我又下意识地翻看了驻村日记的第一句话。

用真情暖民心

第一书记

王　翔　2017～2018 年度，任共青团汶上县委员会驻中都街道
　　　　草桥村第一书记。

时光如梭，如白驹过隙，不知不觉中我在中都街道草桥村的驻村生活已经一年多了，在这一年多的时间里，我不仅感受到驻村帮扶工作的充实，更多的是体会到驻村生活的乐趣。

2017 年 4 月，组织选派我为中都街道草桥村第一书记，我怀着紧张又激动的心情来到草桥村。草桥村位于汶上县城西北城郊。全村共 3 个村民小组，210 户 848 人，其中党员 27 人。现有农业用地 720 亩。说实在的，当时我的想法既单纯又实际：帮群众做几件实事好事，给村委会争取个

上级项目，凭自己在机关的工作经历，就能做好驻村工作。虽然感觉驻村工作没什么难度，可出于谨慎的性格，还是做了一些准备工作，在网上详细查阅学习了有关驻村工作的相关资料，看了不少"前辈"的先进经验，还了解了一些有关入户走访工作的内容和方式方法，比如村民的基本情况、家庭情况和他们的生产生活状况、住房情况以及享受社会保障情况等等。

本以为做好充足的准备，就能做好入户走访工作，可事与愿违，我在入户走访过程中还是遇到了困难。回想起自己驻村的第一次入户走访，那时的我略显青涩和拘谨，潜意识里把自己定位在了"机关干部"的身份上，加上村里大多都是留守老人、妇女，自己所聊话题，老百姓不但不感兴趣，甚至还有抵触情绪，认为我们的入户走访过于形式。只有真正参与其中，才发现一切都不那么简单。驻村工作千头万绪，大到改善居民生活环境，小到化解家庭邻里矛盾，尽管看起来都是小事，但对老百姓来说，件件都是大事，都关乎他们的切身利益，因此我们必须树立良好的工作态度，决不能敷衍了事。随着驻村工作的深入，有越来越多的村民主动向我们提出乡村建设和驻村工作的意见建议，有的村民建议在村内多种树，提高绿化率，有的村民提出要治理乱堆乱放，创建美丽乡村，等等，这些意见建议看似简单，其中却饱含着老百姓对驻村工作组的信任和支持。

在与村"两委"成员深入交流并征求党员群众的意见建议后，我们把发展壮大村级集体经济作为 2017 年工作的重点来抓。发展村级集体经济，关键是要有一个好班子，特别是要选优配强带头人。2017 年是村"两委"班子换届年，对我们的工作来说这既是挑战，同样也是好机会。由于原来的村支书去世，当时的村"两委"班子是临时组建的，虽然干劲十足但缺乏威信，对于如何让村子实现平稳换届，工作组心里也没有什么把握。于是我们工作组成员利用一个多月的时间，分别带着不同的班子成员对村里所有党员、群众特别是困难户进行逐户走访，全面掌握他们的生活情况，征求他们对村"两委"班子的意见建议。在重阳节，带着村"两委"班子成员挨家挨户把200多把暖壶送到村民家中。通过这些举动，让村民对村"两委"班子留下好的印象。换届当天，现场保持了良好秩序，草桥村"两委"班子也实现了平稳换届。

顺利完成换届后，为了提高村"两委"的带富能力，我们通过外出考察学习、交流经验等形式，拓展他们的工作思路和工作方法。同时注重发挥党员带头作用，形成发展集体经济合力，通过举办"党员月例会"进行互相交流，分析研判，集思广益，汇聚发展集体经济强大合力，积极培育党员示范项目、党员致富带动项目等，用党员的先锋模范作用，拉动村级集体经济的快速发展。

走访过程中，工作组发现该村村民非常喜欢文化娱乐活动，但没有一个固定的场所，工作组当时就想一定得为百姓建个文化广场。在考察村容村貌时，工作组发现村东北有一处臭水坑，这个占地近 5 亩的臭水坑据说已存在了十多年，这里垃圾遍地，污水横流，夏天更是臭气熏天，村民早已深恶痛绝。多方征求意见后，工作组决定把臭水坑填平，建设文化广场。经过多方协调，如今，水坑已填平，文化广场竣工，健身器材也协调到位。广场建成后一定会成为村民健身、娱乐的最佳场所，会丰富群众业余文化生活，提高群众身体素质。

当了解到村里没有路灯，村民晚上出行很不方便的问题后，为解决群众晚上出行难的问题，工作组多次召集村"两委"和党员群众代表进行商议，并实地勘测，积极向上争取，反复研究路灯安装位置、数量，我们借助"第一书记项目"，争取"一事一议"财政奖补 5 万元，在村内主干道两侧安装了太阳能路灯 31 盏，路灯不仅照亮了道路，也温暖了百姓的心，得到了村民的一致好评。村民纷纷表示，路灯装了，道路亮了，晚上再也不用摸黑走路了，既方便又安全。

为了改善村民居住环境，我们配合村"两委"把改厕作为造福百姓的民心工程来抓，按照"统一设计、统一购料、统一施工、统一验收"的方法，规范操作，严把质量关，确保"改一户、成一座、净一方"，村里露天粪坑不见了，苍蝇、蚊子明显少了，有效解决了脏、乱、差问题，营造了健康、和谐的农村宜居环境，得到村民的一致称赞。

小康不小康，关键看老乡。帮助群众脱贫致富是第一书记的一项政治责任。怎样在现有的环境下，精准施策引领村内 16 户贫困户摘掉"穷帽"呢？结合村里的实际情况，我带领驻村工作组同村"两委"干部一同制订了脱贫致富规划和可行性项目。同时积极联系派出单位团县委和县邮政储蓄银行，进村结对帮扶 16 户建档立卡贫困户，同时发挥单位的资源优势，全力推进帮扶措施精准、脱贫目标精准。

我作为一名团干部，借助共青团资源平台，积极走访村内留守儿童，摸清留守儿童情况，于六一儿童节开展留守儿童关爱活动，送去价值 2 万元的图书，为 10 名贫困留守儿童每人发放 1000 元救助金，并与留守儿童实施爱心联系帮扶机制。在九九重阳节期间，为村内 60 岁以上老人送去慰问品，惠及 130 余人。同时积极协调民政部门帮助困难家庭办理低保，帮助群众解决各种事项 20 多件。

在驻村工作中，村内老百姓的淳朴和挚诚，老党员的认真与教诲，给我上了一堂真真切切的实践课。一年多的驻村工作，让我学会了与村民群众拉家常、唠实嗑，拉近了距离、增进了感情，渐渐地，我的付出有了回报，居民群众在我跟前不再拘谨和沉默，而是微笑着和我打招呼。从他们感谢的声音中，从他们满意的笑容里，我得到了最大的鼓励，也收获了与村民的深情厚谊。通过驻村工作，我也明白了"你与群众有多近，群众对你就多亲"这句话的含义。

真情为民，让"温暖"不再独行

工作队长

赵中东　2017～2018 年度，任汶上经济开发区党工委副书记（挂职）、下派工作队长。

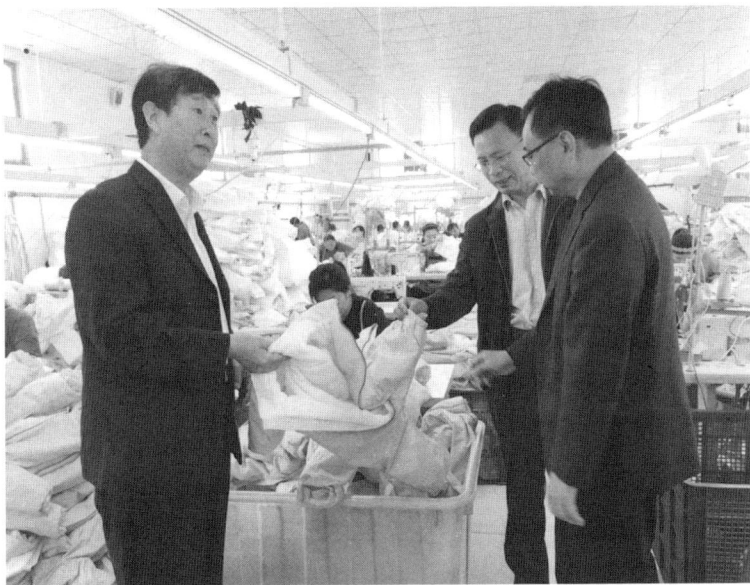

温暖的力量是在社会薄弱之处能更好地体现社会管理者的发力点。整合社会力量，呵护社会爱心，激活群众的力量，应该成为推进经济发展，改善民生，加强群众思想道德层面建设的手段。

自 2017 年开发区南站镇区划调整、19 个村划归开发区后，汶上经济开发区深入开展了"创先争优强基础惠民生"活动，将这种温暖继续流传在广大群众中。"抓党建，谋发展，促脱贫"成为开发区驻村工作队的工作思路。

抓党建，解难题

开发区5个帮扶村和9个联建村的部分村支部班子成员年龄偏大、文化程度较低，工作思路保守、创新意识不强，于是强化班子建设，提升干部素质便成了帮扶和联建的首要任务。首先通过县委党建平台、报纸、新闻媒体，驻村和联建单位主要负责同志和第一书记上党课，组织党员干部外出到金乡、烟台等地参观学习农村优秀党员干部的先进事迹，开展"党员争先锋""忆初心、戴党徽、温誓词、比奉献""大手拉小手，永远跟党走"等一系列党建主题活动，激发党员干部干事创业的激情，消除了求稳保稳被动应付的思想状态，增强了干好村级各项工作的积极性和主动性。

在2017年度村和城市社区"两委"换届工作正式拉开序幕前，针对包驻村"两委"班子成员年龄偏大、文化程度较低，工作思路保守、创新意识不强的实际，采取与原村"两委"班子成员座谈，与退职村干部、党员代表、群众代表进行个别访谈，了解村内亟待解决的困难和问题，对怎样选好配强村的班子做了详细调查。最终，5个包驻村圆满完成换届工作，村"两委"成员呈现年轻化知识化，搭配也更加合理，实现了选优配强的目标，优化结构、充实力量效果明显。

谋发展，共致富

结合开发区村居离县城较近特殊的地理位置和经济快速发展的优势，我们抓住机遇，因势利导，组织开发区企业经济能人，邀请县农业专家郑茂启、畜牧专家姬脉全等人，对党员干部进行科技知识培训，共举办培训班3期，培训党员干部及群众达2000余人次，发放《农村科技知识普及手册》、科普明白纸等书籍资料1.6万余册（份），使80%的在家党员掌握了1~2门致富实用技术，增强了党员干部带领群众创办企业、科学种植养殖的本领。新上金鑫物流公司1家，服装加工企业2家，新增个体工商户54

户，新增高价值经济作物面积 770 亩，土地流转 1260 亩，固定资产增加投入达 430 万元，年可实现增收 600 余万元，帮助协调资金 150 余万元，14 个村集体经济收入均突破 5 万元。

学技术，促脱贫

儿子张龙阁不幸患尿毒症，父爱使然，刘黑村村民张有红毅然为儿子换肾，巨额的医药费、张有红换肾后无法从事重体力劳动彻底压垮了这个家，机关干部和村民的捐款也只是杯水车薪，驻村工作组听说后和刘黑村干部一起到张有红家了解情况。俗话说"授人以鱼不如授之以渔"，驻村工作队及村干部决定让张有红学习"江苏油条"烹饪技术，利用其现有庭院开了一个油条早餐铺，这样劳动量不算大，又能增加张有红家的收入以供给儿子肾移植术后排斥反应的后期治疗，让张有红一家完成了培训促创业、创业促脱贫之旅。

扎根基层，敬群众如友，做群众的贴心、知心人，让惠民活动发挥实效，改善群众生活环境，拉近与群众之间的距离，把蕴藏于群众中的蓬勃力量转化为强基活动的有效支撑，成为开发区建设和管理的宝贵资源。在今后的驻村帮扶道路上，开发区驻村工作队将一如既往地真帮实扶，帮助包驻村的乡亲们脱贫致富、共奔小康！

刘许铺村有了新变化

王玉岭　2017～2018年度，任汶上县残疾人联合会驻汶上经济
　　　　开发区刘许铺村第一书记。

　　村里的路灯亮起来了，路变宽敞了，垃圾遍地、污水横流的现象不见
了，村民们像城里人一样跳起了广场舞，守在家门口就能挣钱了，收入还
比过去提高了很多……一桩桩、一件件看得见摸得着的好事，让开发区刘
许铺村村民们对县残联驻刘许铺村第一书记王玉岭交口称赞。

　　2017年4月7日，王玉岭被选派到开发区刘许铺村任驻村第一书记。
既然投身这片热土，就要按照县委的要求，对得起村里的群众，干出一番

成绩，王玉岭带着这样的想法，开始了他的驻村工作。

把党支部打造成最坚实的堡垒

"现在党支部与过去不同了，是带领我们前进的好班子。"村民李来成说，"现在找干部办事，再也不用等几天，村办公室里每天都有干部值班，有事随到随办。"

王玉岭到村上任之初就把提高村党支部凝聚力、战斗力作为首要任务。王玉岭以日常考评为抓手，督促党员干部履职尽责，每天记录自己的工作，每半年召开一次组织生活会，查找问题，认真整改。建立村"两委"班子每周例会制度，将工作中出现的问题摆上台、讲明白，统一研究解决办法，渐渐地班子关系融洽了，村干部活力也增强了。

"党员的先锋模范作用在农村老百姓脱贫致富中起着重要的作用，在多年的农村工作中党员都做出了很大的贡献。"王玉岭感慨道。在七一建党节来临之际，王玉岭筹资 2400 多元走访慰问了 8 户困难党员；为进一步统一村里全体党员的思想，保持共产党员的先进性，巩固"两学一做"教育活动的成果，工作组带领村里全体党员到金乡县羊山战役纪念馆缅怀革命先烈，重温入党誓词，鼓舞了全体党员干事创业，带头发展村里经济及干好各项社会事业的积极性。

122 盏路灯照亮村民幸福路

在开展党建工作的同时，王玉岭坚持从群众最需要解决的问题入手，把群众的需要当成自己的需要，把群众的困难当成自己的困难，用心去解决。他走街串户，将了解到的群众的意见建议认真记录下来，想办法加以解决。

尽管心里早有准备，王玉岭还是感到震惊：村里多年前安装的路灯已不能使用，灯管全部损坏，生锈的灯杆歪歪斜斜悬在空中，电线拽着破烂的灯头在空中摇来摇去，已熏坏的灯头随时都有掉下来的可能。晚上一片漆黑，胡同里更是黑得伸手不见五指，老百姓怨声载道。

王玉岭看在眼里急在心里。为解决村里路灯问题，他与村"两委"成员协商，召开村里党员和部分群众代表座谈会，把修复路灯列为2017年度的第一书记项目。经过测算，总投资金额需57190元。王玉岭和村"两委"成员一起考察厂家，与供应商签订合同，规定施工标准及施工完成时限。最终，全行政村三个自然村的122盏路灯全部修复完毕。

为群众安装路灯的同时，他还积极参与了农村改厕工作，积极引导村民进行环境卫生整治。通过努力，脏、乱、差现象已不复存在，改善了村容村貌，村民脸上都挂满了幸福的微笑。为保障村民的身体健康，做到疾病早发现、早治疗，他积极协助村里邀请南站卫生院医务人员给村民开展免费义务体检。

用心用情助推脱贫攻坚

刘许铺村共有贫困户27户，精准扶贫户24户，其中，残疾人贫困户8户。"我看到村里的残疾人没有拐杖、轮椅，拄着一个木棍或竹竿仍在劳作，操持家务，我既感动又心痛。"王玉岭说。他及时把村情向县残联做了汇报，争取县残联党组和领导的支持，为村里3名重度肢体残疾人捐赠了轮椅，为另外9名其他肢体残疾人送去了拐杖。"残疾人那感激的眼神让我至今难忘。"

2017年中秋节前夕，王玉岭联合工作组筹资2600多元为24户精准扶贫户送去了月饼、米、面等慰问品，让贫困户切实感受到党和政府的关怀。2018年春节前夕又筹资4600元慰问了精准扶贫户，让困难群众度过一个欢乐祥和的春节。他还帮助两户农民进行了危房改造；为村里的萌发制衣公司协调贷款30多万元，上了新制衣设备，让群众在家门口就了业；和村"两委"一起完善集体林地租赁合同，将租赁到期的土地重新招标租赁，让村集体每年增收3万多元。第一书记工作的开展离不开派出单位的支持，一年多来，王玉岭为村里协调资金72.18万元，其中派出单位已累计拨付帮扶资金近10万元。

以真情服务群众，用实干为民解忧

第一书记

孙　伟 2017～2018 年度，任汶上县直机关工委驻汶上经济开
发区刘黑村第一书记。

"牵挂是人间最珍贵的情感，无虚伪杂质功利色彩。" 干部群众亲如一家，大爱无处不在，驻村以来，对刘黑村里的事务和村民需求多了一些牵挂，并把这些牵挂当成了一种责任。我充分利用驻村时间，走出去、沉下去，到群众中去。通过走访、了解，我深切感受到当前农业农村在建设"强富美高"新汶上中肩负重大责任，农业农村也迎来了难得的发展机遇，而能够为老百姓办成一件实事、好事更是一件快乐的事。

深入群众，访村情，解民意

驻村后，在村"两委"干部的带领下，我及时进入角色，投入工作，逐家逐户进行走访，开展调查摸底，通过走访、查看资料、召开座谈会等形式，迅速掌握了刘黑村的基本情况。在此基础上，经过认真的分析论证、梳理，并广泛征求村民代表和村"两委"成员的意见建议，制订了刘黑村两年帮扶规划和2017年帮扶任务目标，明确了目标方向及工作措施。

紧贴民生，办实事，解难事

驻村工作中，大力宣传国家城乡惠民政策，共发放各类政策明白纸2600余份，为160余名群众现场解惑释疑。积极开展美丽乡村进入校园、家庭活动，引进了一个牛仔裤后期整理（剪线头）致富项目。联系县开发区医院对全村60岁以上的老年人进行了健康体检，协助村里完成了银龄安康保险参保工作。邀请县中医院眼科专家开展了针对精准扶贫户白内障等眼科疾病筛查与诊疗试点工作，在对刘黑村进行精准扶贫户眼科疾病筛查与诊疗试点工作基础上，扩展到辛店管区的辛店社区、刘许铺、梁桥等村居，共计122名群众接受了眼科疾病筛查与诊疗，其中8名群众接受了县中医院眼科白内障免费手术治疗，受到群众的好评。在九九重阳节之际，慰问了村里的百岁老人。在六一儿童节之际，组织开展了"大手拉小手，永远跟党走，欢度六一"活动，为刘黑村小学60名小学生发放价值4000多元的书包、学习用品，对村里2户低保户家庭学生进行了入户走访。帮助精准扶贫户张有红联系学习了面食加工技术，为3名残疾人更换了轮椅。麦收期间，为3户缺少劳动力的困难户群众每户都送去了200元慰问金。组织中银富登村镇银行到刘黑村进村入户开展金融服务活动，为村内2家企业办理了30万元贷款手续，为3家低保户群众办理了扶贫贷款6万元，为7家个体工商户群众办理贷款14万元。2017年11月14日，第一书记路灯改造项目正式启动。该项目工程计划总投资6万元，建设资金来源主要是第一书记项目扶持资金 5 万元，村委会自筹资金 1 万元。主要是改造村内主干道 110 盏路灯及附属设施。该项目于 2017 年 12 月 5 日全面完成并投入使用，极大地方便了广大群众出行和对外联系。

在对精准扶贫户的走访中，我了解到张有红的家庭情况。正值壮年的儿子张龙阁不幸罹患尿毒症，为了挽救病危的儿子，张有红毅然捐肾救子。"为了孩子，拿我的命去换回他的健康我都愿意"，他用最深沉的父爱，为儿子撑起生命的天空。巨额的医药费、张有红换肾后无法从事重体力劳动导致家徒四壁，了解到这个情况后，我和刘黑村徐书记共同商议如何真正帮张有红家渡过难关，并及时与开发区驻村工作队其他成员沟通请教。

经过多次商讨，结合他无法从事重劳动工作的实际情况，驻村工作队最后决定让张有红学习"江苏油条"烹饪技术，利用其现有庭院开一家油条早餐铺，增加张有红的家庭收入以供给儿子换肾后续治疗，让张有红一家尽快走出贫困的沼泽。

建强班子，带队伍，促工作

作为党务干部我深知党建工作的重要性，充分发挥自身单位优势，结合刘黑村党支部工作实际，重点抓了村党建工作，当好了党建"指导员"这个角色。把"三会一课"作为开展"两学一做"学习教育的基本形式，认真组织开展了"两学一做"学习教育。同时灵活运用"三会一课"载体形式，把党员活动日制度作为落实"三会一课"制度的有效抓手，深入开展以学习教育日、组织生活日、民主议事日、服务奉献日、联系群众日、文化娱乐日为主题的固定党日活动，确保每名党员每月都能参加一次组织生活，真正把"三会一课"制度抓在日常、落到实处，党组织活动实现了经常化规范化。目前，健全完善了村"两委"各项规章制度 11 项，新发展党员 1 名。通过"三会一课"制度开展集中学习 8 次、专题讨论 4 次，推动了"两学一做"学习教育有序开展。通过开展固定党日活动，建立了党员先锋岗 2 个、示范岗 1 个，先后组织开展了 12 次扶贫济困、走访群众等村务活动，修建下水道 420 米。2017 年七一前夕，开展了刘黑村庆七一暨"戴党徽，亮身份，忆初心，树形象"活动。针对刘黑村经济发展现状，组织村"两委"干部加大清理集体林地、闲置集体公用场所等公用资产工作力度，盘活存量资产，对外出租了村养老托管中心部分闲置房屋，增加集体收入 2.6 万元。另外，2017 年度村办自来水收费，村里搞好服务，增加集体收入 2 万元，2017 年村集体经济年收入达到了 4.6 万元。

　　驻村的生活是平凡的，也是多彩的，虽然很普通，却记录着驻村工作的点点滴滴，记录着驻村人的坚韧和情怀。驻村工作让我感受到基层工作的烦琐和艰辛，认识到基层工作需要有更多的耐心和责任心。农村是一个大舞台，它让我懂得要从基层干起，将来才能经得起更大的风雨。智慧源于勤奋，伟大出自平凡。我将以积极乐观的心态对待驻村工作，用青春点燃信念，以热情鼓舞梦想，用实际行动来回报组织对我的信任。

把实事办在群众心坎上

第一书记

曹桂兰 2017～2018 年度，任汶上县环境保护局驻汶上经济开发区桥口村第一书记。

在组织的安排下，我很荣幸地成为县经济开发区桥口村第一书记。在成为一名驻村干部之前，我对驻村生活充满了期待，也充满了好奇，曾千百遍地幻想着该怎样去干好组织安排给我的任务，前途、命运、抱负时刻徘徊于心，下定决心要满怀深情，真情帮扶，倾情为民办实事解民忧，切实解决村里的诸多发展问题，真正把党和政府的温暖送到老百

姓的心坎上。

为打开局面，找准工作切入点，摸准村情民意，我们尽快融入群众，逐户走访，带着尊重和感情与干部群众谈心交流，知道了群众所想所需所盼。桥口村位于汶上县经济开发区西北部，毗邻南二环路和汶南公路，与开发区相邻，虽四周交通便利，属于"城郊村"，但村里经济基础比较薄弱，没有工业和副业项目，没有集体收入；全村6个村民小组，256户1100人，耕地面积840亩。收入渠道主要靠种植粮食作物和外出打工；该村青壮年大多出外打工，留守的多是老年人、妇女和儿童，其中生活较为困难的有12户17人。

强班子，提素质，夯实战斗堡垒作用

驻村伊始，桥口村有党员27名，其中女党员7名，2014年组建的领导班子。这个村党员平均年龄偏大，文化程度低。多数农村党员、干部沿袭传统工作思路，思想僵化、工作被动、疲于应付，没有形成应有的梯次结构，党员的先锋模范作用发挥得不够明显，创新意识不强，带领群众致富本领不高。针对这种情况，工作组把强化班子建设、提升干部素质作为工作的首要任务。第一，进一步明确分工，严格落实民主集中制及各项规章制度，不断加强班子队伍建设，切实增强村"两委"班子的战斗力和凝聚力，确保工作上有新突破。第二，加强党员科技培训，充分发挥好农村现代远程教育的作用，定期定时播放有关科技教育片和举办培训班，使50%以上的党员掌握1~2门发家致富实用技术。第三，加强党员队伍管理。切实发挥好党员的先锋模范作用；严格落实"三会一课"、民主评议党员、外出党员管理等各项制度，加强对党员的管理；同时，进一步健全完善村级群团组织，充分发挥他们的作用。第四，加强村级规范化建设。进一步健全完善村民代表议事、村务公开、民主管理、村"两委"定时定点集中办公等制度，明确工作规范，严格落实责任，维护好干群关系，营造更加和谐稳定的局面。顺利完成了2017年的村"两委"换届工作，充实了新鲜血液，焕发了新的生机和活力。

搭桥梁，引富路，切实增加农民收入

我始终把进一步解放和发展农村生产力、建设现代农业、繁荣农村经济、增加农民收入作为帮扶工作的根本出发点和落脚点，夯实新农村建设的物质基础。首先，积极开展农民技能培训，按照培育"有文化、懂技术、会经营"的新型农民要求，整合利用各类培训项目和资源，发挥农村干部科级培训基地、远程教育网络、各类职业教育、科普大篷车等教育平台载体作用，适时开设培训班，开展农民科技培训、上岗证书培训、青年农民再教育、农村劳动力转移培训，提高农民依靠科技增收致富能力。其次，结合县委、县政府新农村建设的整体规划，依据桥口村实际、因地制宜，积极促进农业结构调整，力争促使桥口村形成优质高效农产品主导品种，培育出了金鑫物流公司，培植一个村级集体经济新的增长点，土地流转了 450 亩，为村集体年增收 4.5 万元。再次，结合发挥桥口村的地理优势，搭建桥梁，为广大村民提供招聘、加工、运输等信息，为村民增加致富门路。

重民生，解民困，加强乡村文明建设

在桥口村基础建设上，帮助桥口村村西第二条南北路、村北第一条东西路安装路灯 24 盏，村西第二条南北路新修下水道 360 米，在南二环桥口村路口安装了村标志牌。以上工作已作为 2017 年桥口村第一书记工作目标任务全面完成。因村集体经济薄弱，无固定收入来源，集资困难。工作组积极配合村"两委"，竭力争取项目立项和资金，并多方协调资金共计8.81 万元。另外，积极帮助包驻村搞好新一轮村庄规划和建设，宣传图板上墙，形成布局合理、特色突出、经济繁荣、功能配套的现代村居体系。同时，积极做好留守儿童、孤寡老人、低保户、困难老党员等生活困难群众的帮扶工作，筹资了 0.65 万元。

桥口村在最近十几年先后隶属于辛店乡、汶上镇、南站镇，先后出现多个规划，现又隶属于县经济开发区，现在还有一问题，一到夏季村民用自来水供给存在困难，怨声较大。工作组第一书记心系民生，为民排忧解难，2018 年桥口村第一书记项目定为农村饮用水工程，机井房设在桥口村内西部，占地约 24 平方米，配备有关设备等，预计投入资金约 12.38 万元，申请财政金额 5 万元，余款 7.38 万元自筹解决，2018 年 5 月份动工，10 月已竣工使用。

保稳定，促和谐，创建新时期幸福村居

我在驻村工作中，积极宣传党和政府的富农惠农政策、环境保护政策、社会主义文明新风和我县近年来通过努力在各方面所取得的成就，使广大基层民众了解相关政策和情况，扮演好宣传员和传声筒的角色。同时，在与群众交流过程中，对一些负面情绪进行耐心疏导，或进行政策咨询，帮助群众了解相关情况，或者通过力所能及的实际行动，帮助解决所存在的困难，及时有效地缓解疏导了农民群众的负面情绪。通过积极努力，密切党群、干群关系，有效维护乡村社会和谐稳定的大局。深化拓展"五好文明家庭""好媳妇、好婆婆""红白事简办""清除原植罂粟""文明生态村"等活动；健全村规民约，完善农村矛盾排查调处和社会治安防控机制，及时化解不安定因素；加强社会治安综合治理，依法严厉打击各种犯罪活动和黄赌毒等社会丑恶现象，维护乡村稳定。

在下一步的驻村工作中我将进一步用真心、真情、真实的工作激情，与桥口村新的村"两委"一道，同驻村工作队人员一起，群策群力，聚力建设幸福桥口村，共同打造美丽桥口村。

老唐，你把户口也迁到咱梁桥吧

第一书记

唐　明　2017～2018年度，任汶上县国家税务局驻汶上经济开
　　　　发区梁桥村第一书记。

"驻村干部就是为了帮助村民解决困难，做实事的，一定要做出个样子给大家看。"这是唐明到村暗自下定的决心。

初来乍到，人地生疏，面对陌生工作环境，唐明感到不小的压力。虽然对农村有一定的了解，但要想驾驭农村工作，成为行家里手，那就不像翻账本那么容易了，一切得从头开始。这位老税务扑下了身子，静下了心，从村情实际出发，从群众所需、所盼、所想出发。

通过调研发现，群众最关心最期盼的就是改善村"两委"办公条件和建设标准化卫生室。"村民来村里办理各种事项，连个坐的地方都没有，一律站着，人多了，屋里站不开，都要站到屋外。老人孩子有个头疼脑热，想打个针、输个液都要跑到卫生员家里，很是不方便。"唐明看在眼里，急在心里。

"唐书记，要想解决这个问题，俺和几个老党员早替你想好了，在现有办公室前面的空地上，建一个办公楼，一楼建设成卫生室和便民服务厅，二楼建成会议室和办公室。可关键是咱村里没有钱啊！"在一次党员民主生活会上，73岁的老党员龙茂兰的一席话，让他茅塞顿开。

经与村"两委"成员反复商议，新建一栋办公楼，不仅能解决村"两委"办公条件，改善村民就医环境，还增加了集体资产。同时，腾出的老办公房还能租给后面的服装厂和村里的幼儿园，增加村集体收入。

为了筹集资金，他多方奔走，争取到第一书记项目资金5万元，县组织部专项资金5万元，协助村委会多方筹资15万元。通过招标方式，项目终于在2017年8月初开工建设，在施工过程中，他与村"两委"成员一道严把施工质量，督促施工进度，整天泡在施工现场，经过近两个月的不懈努力，新的办公楼于9月28日修建完工，10月份项目顺利通过上级部门的验收。办公楼建好了，他又开始为配备办公用具忙碌起来。经过多方争取，县国税局赞助了会议室桌椅、便民服务厅四连座长椅、文件橱等价值近2万元的办公用具。"老唐你可真是给我们办了一件大实事哦！"村支书朱玉章兴奋地说道。

村里的低保户王朝泗身体残疾，失去了部分劳动能力，造成生活困难，一直吃着低保。在与本人及其家人充分沟通的基础上，唐明多次向县残联咨询，两次带着王朝泗去指定医院做伤残鉴定，办理了残疾证，并介绍他去附近村庄一家福利企业就业，每月收入800元，一下子摘掉了"贫困户"的帽子。贫困户朱兆才居住的房屋年代久远，比较破旧，已成危房，每逢恶劣天气，他都担惊受怕。唐明第一时间前去察看，为保障村民的人身安全，在与村"两委"商议后，通过帮助申请专项资金，为朱兆才家新建住房一处，保障了其生命财产安全。

一年多的时间，村里的狗从开始见到他时的狂吠变成见到他就摇尾巴，村里的大路小路上也留下了他往返多次的身影。他克服自己年龄大、身体有病、家庭事务多等种种困难，一心扑在驻村帮扶工作上，全力用在为民办实事解难题上，在平凡岗位上做出了突出业绩，受到所驻村干部群众的一致称赞，树立了共产党员应有的形象。

我在三官庙驻村的几件小事

第一书记

王长伦 2017 ~ 2018 年度，任汶上县老龄委办公室驻汶上经济
开发区三官庙村第一书记。

根据组织统一安排，2017 年 4 月我到汶上经济开发区三官庙村任第一书记，到目前为止已经一年多了，经历了很多，感触很深，感慨很多。在这期间离不开各级领导的鼓励与支持，还有村老党员以及朴实的村民的鼎力帮助。一年多的时间里，我们工作组付出了大量的心血，现在该村（社区）村民都知道来了个第一书记姓王。虽然给老百姓干了一点事情，他们却给了我很高的评价，我深受感动，同时也倍感压力。一点体会如下。

踏实扑下身子，深入群众进行实地调查研究

2017 年 4 月全县下派工作会议召开后，我们第一时间赶到村里，首先购

置了驻村工作生活用品，与村"两委"班子成员对接，召开了村"两委"班子会议，并在到任的第一天发放了党群联系卡，上面有我的联系电话，做到了每户一卡，有事可以直接找我反映。随后我们工作组成员分片走访党员和群众，查看真实情况，把村情吃透，详细了解群众所思所想所盼。我发现该村在 2011 年 8 月回迁进住社区后，村集体每年有一定的收入，不算是一个空壳村，但是因为部分干部不作为，村里形势有些不稳定。不过通过走访，我感觉到每位村民都希望有好的村班子团结带领该村加快致富，因此我们和村支部迅速开了个碰头会，决定找个突破口，让人心暖起来。我相信通过我们和村民的共同努力，一定能让三官庙村的村民过上更加富足美好的生活。

明确工作思路，干一件惠民心的工程

村民们最为关心的问题莫过于衣食住行方面的日常生活问题。通过走访，我了解到目前村民最急需解决的问题，就是自来水问题。实际上三官庙村回迁后，自来水已经通到楼上楼下，但是由于个别村干部不作为，未做好日常检修维修工作，从而导致水泵和电机经常损坏，自来水供给中断不正常的问题。为此，群众有许多不满和意见，这件事情也严重影响了村组织的形象。看到群众经常因为停水问题心生烦恼，楼上楼下抬水提水，生活十分不方便，我的心中非常不是滋味。因此，我下定决心，一定要让三官庙村老百姓用上正常自来水。上任第三周，我就向县老龄办冯建国主任汇报了这件事情，冯主任召集开了个主任办公会，在会上当场拍板在最短时间内为三官庙村修复好自来水供水设备，县老龄办出资购置新变频电机和水泵，修复了损坏的部分供水管道。同时，为了帮助老年人更好地生活，县老龄办出资金为全村 60 岁以上老人购买银龄安康保险，共 226 人，筹款 11300 元。看到群众开心的笑容，我的内心也非常欣慰。

深化干群直通，民主讨论通过部分村规民约

通过给群众修复自来水，购买银龄安康保险，温暖了他们的心，也感召了广大村民。我和党支部经过多次酝酿和讨论，感到召开一次党员扩大

会议的时机已经成熟。吸收部分村民代表参加，充分调动党员和群众的民主参与意识。在会上讨论通过了有关村规民约，会议上党员和群众代表都踊跃发言，大家都对这次会议赞誉有加，纷纷提议以后可以多多召开类似会议。令我感动的是，有好几个得过脑血栓的老党员都拄着拐棍参加会议。我们在此大会上形成了决议，村里的事情村民们有权讨论商议，以后有关村内重大事项全部由党员大会和群众代表会通过，任何人没有决定权，但是每个人都有参与权。全体与会人员响起了热烈的掌声。

加强组织建设，组织交流学习，扎实落实帮扶措施

建设过硬支部，把强班子带队伍贯穿全过程，定期开展集中学习，在带领班子成员办实事的过程中，增强村班子的凝聚力和号召力。县老龄办这次驻村帮扶非常注重村级党组织建设，老龄办主要领导多次到村调研，做到每周听汇报，每月一调度。庆七一时老龄办主任冯建国带领班子成员到帮扶村给全体党员上党课。我们带领大家学习了中国共产党党章、习总书记系列讲话和国家有关文件精神，给今后的工作开展指明了方向，加强了学习交流，提升了全体党员的理论素养。我还多次组织党员义务劳动，清理村内排水沟，帮助困难老党员和困难群众进行三夏生产麦收等活动。帮助村内 21 户困难群众申请办理了低保，对 21 户困难群众全部建档立卡，解决了他们的生活困难问题。

虽取得了一些小成绩，但我不会止步于此。在接下来的时间里我会继续从老百姓最关心的问题入手，改善社区卫生环境，建设一处老年人日间照料中心服务楼，对社区进行绿化、美化、亮化，铺设路沿石栽植绿化带。同时，要"输血"更要"造血"。我将会带领群众大力发展村集体经济项目，增加村集体经济收入，鼓励群众发展私营企业，特别是服装加工业、个体工商户，不断提高群众的致富能力和生活水平。

事实证明，只有将群众放在心上，群众才会将我们放在心上。这一年多来，为村干了几件小事，虽然付出了汗水，但也收获了感动。看到群众对我工作的肯定和支持，我的内心十分充实。我会继续奋斗努力，也希望在组织的关怀和帮助下，能够为群众带来更多福利。

我是队长

刘洪峰 2017～2018 年度，任汶上县南站镇党委副书记（挂职）、下派工作队长。

2017 年 4 月，我来到南站镇担任下派工作队长。南站镇是济宁市确定的 20 个重点扶贫乡镇之一，全镇贫困家庭 1042 户 2024 人。南站镇是千年古镇，村庄发展很不平衡，组织安排 4 个市派工作组和 4 个县派工作组进驻问题最多、贫困人口最多、最落后的 8 个村进行强力帮扶。面对困难，我没有退缩，勇于挑战，迎难而上，在新的岗位上书写了自己人生浓墨重彩的一笔。

来南站镇之前，我在徐堂村当过两年的第一书记。刚开始安排我驻村时还很不适应，一是不知道干什么，怎么去干；二是感觉自己成了非主流，变成了打杂替补的角色，心理上有一定的落差。随着入户走访的深入，发现村子里有许多需要解决的事情而没有人去主动解决，有许多急需帮助的孤寡贫困人口，还有一大堆的困难没有人去过问。面对这种局面我们就坐不下去了，就和村干部开会，凝聚人心，树立村党支部的威信。说干就干，我们协调资金10多万元建设了村民文化大院，不只是让村民有了活动场所，更是要让大家看到我们工作组干事的决心，让他们对我们充满信心，充分信赖我们。万事难在开头，有困难的村民陆续找到我们，我们前后为几十户村民解决了门诊医疗报销和子女上学转学的问题。2016年我们再接再厉，协调土方填平废弃坑塘，打造了2000多平方米的综合文体健身广场，同期新盖了140多平方米的标准化卫生室，引来周围乡镇的参观学习。两年的付出换来我们与村民的鱼水之情，也换来了组织的肯定，被授予金牌工作组的荣誉称号。

带着对徐堂村的深深眷恋，我走上了南站镇下派工作队长的岗位，深感肩上的担子更重了。有了两年第一书记的经验，我更能深刻体会到第一书记们的心理，更能感受到第一书记在每个阶段的想法及驻村工作的难点。作为南站镇下派工作队长我有责任也有义务带好第一书记，干好驻村工作，为群众服务好。

解决问题要从摸清基本情况入手，找准症结所在，才能理出解决问题的办法。很多第一书记长期工作在机关，刚入村，不知道怎样开展农村工作。于是我们就每星期召开例会，传达上级会议精神，交流沟通工作困难。第一次工作例会后，我们就开始了大规模的入户走访调查，通过走访，我们了解到有些贫困家庭的困难程度超出了我们的想象，真是不幸的家庭各有各的不幸，他们的困苦激发了大家工作的激情。石村有位孤寡老人，儿子早年触电身亡，老伴承受不住打击郁郁而终，如今大爷也丧失劳动能力，孤苦无助。第一书记王超就经常去他家说说话，陪他拉拉家常，帮助他收拾一下卫生，给他买来米、面、油等生活用品，老大爷重新燃起了生活的希望，逢人便夸共产党派来了好干部。龙集村第一书记刘峰整天长在村里，一次下大雨的时候顶风爬到一户村民屋顶上帮助抢收晾晒的麦子，自己淋成了落汤鸡，感动得村民见人就夸包村干部没架子，是自己兄弟。刘峰书记还承担起了5名亚孤儿学习费用，逢年过节都不忘送去衣服、书包和慰问金，让这些失去父母跟着爷爷奶奶生活的孩子感受到了社会大家庭的温暖。

解决难题的过程就是锻炼我们的过程，做难事必有所得。驻村帮扶的经历丰富了我们每一个工作队员的人生阅历，在我们所从事的专业之外，拓宽了对社会基层的认识，增强了自己的才干和社会担当。从我们第一书记身上，我仿佛也看到了自己的影子。王庄村第一书记付攀倾力为村民建设了党建主题文化广场，受到村民拥戴。可是面对超预算畸高的工程造价也犯了难，因为不懂建筑行业，预算外追加的工程量事先没有确定价格，完工后承建商自己报价并催着要钱，思想压力较大。他把情况汇报后，我帮助他进行了分析，找专业人员逐项核价，掌握了市场公道价格，做到心中有底后，邀请部分懂建筑的村干部和承包商一项一项地谈价钱，谈判桌上对方也不敢漫天要价了，最终工程价格回落到我们预期掌握的价格，双方合作圆满结束。这个事也给我们工作队全体上了一课，办任何事情都要遵守程序和规矩，凡事预则立。

抓党建促脱贫是驻村工作的根本任务，我们一直坚持务实苦干有效的工作作风。群众利益无小事。群众的一桩桩"小事"，是构成社会"大事"的"细胞"；小的"细胞"健康，大的"肌体"才会充满生机与活力。经过大家艰苦努力，2017年，南站镇贫困人口全部脱贫，8个包驻村集体经济实现破零攻坚，收入均突破3万元，2018年能全部达到5万元以上，有4个村有望突破10万元。我们工作队也收获了丰硕的成果，有4个工作组被评为"金牌工作组"荣誉称号。我是队长，我骄傲。

驻村那些事儿

第一书记

付　攀　2017～2018 年度，任汶上县人民政府办公室驻南站镇王庄村第一书记。

2017 年 4 月以来，付攀任县政府办公室驻南站镇王庄村第一书记。进村之后，他围绕下派工作重点，真蹲实驻，倾情帮扶，帮助王庄村在精准扶贫、集体增收、文化事业等方面做了一些实事、好事。

扶贫车间让贫困户看到希望

驻村后，他带领驻村干部挨家挨户开展走访调研，迅速摸透王庄村的村情。当走访到建档立卡贫困户郭文香家中时，付攀深受触动，郭文香50多岁，双腿残疾，行动不便，地里农活不能做，生活上还要靠家人照顾，谈话间，她流露出非常明显的消极情绪，感觉自己是整个家庭的拖累。走出郭文香的家门，付攀感慨颇多：怎么帮助郭文香及类似的家庭，让他们看到生活的希望，感受到党的温暖？

"授人以鱼不如授人以渔。"外在的帮助只是解决一时的困难，激发内在的动力才是解决问题的根本。可不可以为村里引进一个项目，让郭文香这样的困难群体足不出户就可以实现就业和增加收入。付攀带领村"两委"一班人通过多方考察，发现山东喜气洋洋喜庆用品有限公司的绢花来料加工项目适合。为使项目尽快落地，召开了村"两委"、党员代表会议，村民代表会议，决定对手工项目进行前期扶持，拿出村集体两间房屋作为工作地点。经过努力，村里与山东喜气洋洋喜庆用品有限公司签订合作合同，在村里设立了工作站。县政府办公室为工作站购置了新的工作台、办公桌椅、货架等，改善了工作站工作环境。郭文香现在在家就可以干活了，每天都有收入，脸上也露出了笑容，逢人就夸党的政策好。

订单农业让群众增收百万

解决了困难群众的增收问题，怎样让大多数老百姓增收，成了摆在付攀面前的又一个问题。王庄村和大多数村庄一样，种植结构非常单一，除了小麦就是玉米，每亩地的产出效益较低，农民种植积极性不高。

改变种植结构，实现村民增收。付攀的思路打开了，下一步就是怎么干的问题。在一次交谈中，县蔬菜协会得知这一情况后，提供了非常好的建议，做花生订单种植。经介绍，安丘大良花生专业合作社是一家花生种植专业合作社，在全国各地与农户签订花生种植及保底回收合同，由合作社提供花生种子，全程进行种植指导，收获后由合作社按照市场价进行回收，合同约定保底价格，当市场价跌破保底价时，按照保底价进行回收。该合作社与益海嘉里集团下属的胡姬花油厂进行合作，回收的花生全部供应胡姬花油厂。这样一来，既能增加村民收入，又降低种植风险。付攀和村"两委"研究决定麦收后种花生。

开了几次党员代表大会和村民代表大会，响应的群众并不多。原来村民反映种植花生，费时费工，投入高，效益并不好。为打消村民的顾虑，付攀组织群众代表参加了安丘大良花生专业合作社花生种植培训班。这样一来，村民的顾虑打消了许多，但是还有抱观望态度的。没有村民的参与，何谈种植结构的改变？

天下无难事，只怕有心人。通过了解，村里之前成立过种植合作社，但一直没有运转。付攀和村"两委"干部研究决定动员群众流转土地给合作社，村民收取地租，种植的事全程交给合作社。通过努力，有十几户群众愿意流转40余亩土地，总算解决了土地问题。

第一书记付攀自掏腰包开车带领村合作社专程去安丘大良花生专业合作社实地考察，并签订了合作合同，购买了花生种子。合作社还购置了花生播种机、收割机，大大节约了人力成本。在合作社的带动下，2017年秋后，王庄村流转土地800余亩开展订单种植，预计每年为群众增收100余万元。

文化生活让乡村更精彩

在一次调研中，村民提出能否利用村集体的闲置土地建设文体广场。付攀通过实地查看，发现村南头有一片集体闲置土地，荒草重生，垃圾遍地，异味扑鼻，村民深受其害。付攀积极协调建设资金，启动了王庄村文体广场建设，占地面积1300余平方米，地面硬化、绿化、健身器材、百姓大舞台、公厕等一应俱全。"党在我心中，永远跟党走""走进新时代，共筑中国梦""撸起袖子加油干"等党建主题标语，让老百姓打心底里感谢党的好政策、好领导。

有了场所，文体活动也多了，村民的精神文化生活也丰富了。村民在新建的文体广场上跳广场舞、锻炼身体，人人脸上洋溢着幸福的微笑。

漕流村的"潮流"书记

第|一|书|记

韩　波　2017～2018 年度，任山东汶上农村商业银行股份有限公司驻南站镇漕流村第一书记。

"老嫂子，吃完晚饭了吗，咱到广场跳会舞不？""走呀！快练练去！韩书记领着大家开跳啦！"在南站镇漕流村，几乎每天傍晚都出现这样的场景，晚上去广场上跳舞成了村民不可或缺的生活。

村民口中的韩书记，是汶上农村商业银行驻漕流村第一书记韩波。韩波每天带领乡亲跳广场舞，大大丰富了群众精神文化生活，带活了整个乡村。他待人随和，思想先进，赶潮流，被群众亲切地称为"潮流"书记。

自 2107 年 4 月，韩波驻村伊始，带领驻村干部吃住在村，详细了解了当地民情风俗、经济发展情况、村级发展计划、村里亟须解决的问题等。以村委会大院改造为突破口，让群众看到工作组干实事的决心。拆除了原村委会大院老旧危房 12 间，在原址上，总投资 10 万元新建起一处 1500 平方米的综合性文化广场，安装篮球架 2 个、石凳 25 个、石围栏 70 米、健身器械 10 件、路灯 4 盏，铺设下水道 80 米，垒砌检查井 6 个。如今，文化广场成为村民茶余饭后休闲娱乐的好去处，村民自发组织广场舞队、文化宣传队，极大地丰富了漕流村的文化生活，引领了漕流村的"新潮流"。

驻村无小事。为破解村集体"空壳"、贫困人口多的问题，韩波积极向镇政府汇报，协助村"两委"开展湖田地、试验田地、窑厂地承包工作，仅此一项就为村集体增加收入 10 万元。韩波结合漕流村特点，协调村委会扩大经济作物毛豆的种植面积，有效增加了村民收入。针对精准扶贫户脱贫问题，韩波大力推广庭院佛手瓜种植。将 200 余株佛手瓜苗发放给全村 68 户贫困户，请来专业技术人员教他们如何管理。佛手瓜每株产量达 500 斤，合计产量达到 10 万斤，贫困户除自己吃之外，将多余佛手瓜出售，仅此一项增加家庭收入 700 余元。对得再生性障碍贫血的完颜续娥、因胸椎肿瘤家庭困难的赵建勋申请办理低保。

2017 年恰逢村"两委"换届，韩波积极配合镇党委、政府圆满完成了漕流村的换届工作。在换届工作中早动手，早准备，主动听取群众意见，认真学习换届政策，不断提高自身素质。同时，深入学习贯彻"两学一做"，做十九大精神和中央各项涉农政策的"宣传员"，推动农村改革、稳定和发展的"业务员"，为农民群众解疑难、办实事的"服务员"。为村里购置全新办公设施 1 套，电脑 4 台，高标准建设农家书屋等，提升了村干部的办公条件，树立了良好社会形象。通过努力，漕流村 2017 年底评选时也由三类村进入二类村。

贫困户董大妈笑了

第一书记

王 超 2017～2018 年度，任汶上县发展和改革局驻南站镇石村第一书记。

又到了我入户走访的日子，在村里转了一圈之后，我走进了贫困户董大妈宽敞明亮的新房。董大妈正在忙活着收拾家具，见我走进来，她慌忙擦了擦手，欣喜地迎上来："王书记来啦！快点坐下！俺家穷，多亏你给操着心照顾着俺，给俺盖的这个房子，谢谢党和政府的好政策，感谢所有帮助我的好人。"一句朴实的话饱含着她对党对国家对好心人的感激之情。

董大妈名叫董秀英，2018年77岁，是南站镇石村三队村民，丈夫早年因意外去世，儿子患有重病瘫痪在床，董大妈没啥文化，她和儿子就靠家里的2亩多薄田勉强维持生活，是石村有名的精准扶贫户。三间破烂不堪的房子，年久失修，一遇到下雨天满屋里摆满了盆盆罐罐奏"交响乐"，生活苦不堪言。

进村报到后，我第一个就去了董大妈家。老人独自坐在破烂的门槛上，形体枯槁、脸色蜡黄，一副迷茫而警惕的表情看着我。支部书记王如勇介绍了我的身份，董大妈慌忙带我进院。不大的院子里，鸡屎鸭屎遍地都是，简直无处下脚，两辆废旧的自行车靠在屋角，一个生满铁锈的烂铁盆缩在房檐下。走进屋子，光线阴沉昏暗，发黄的墙面，屈指可数的简陋破旧的几件家具散放在房间里，董大妈的儿子躺在床上，身上盖着一床乌黑发亮、露着棉絮的棉被。看到眼前这个情形，我不禁鼻子一酸。

也许是看到有村干部领着，董大妈对我也放下了戒备，开始热情地招呼我们坐下。虽然生活如此艰难，她却非常乐观，说自己没什么文化，但是不管生活多么艰难，还是要踏踏实实地做个好人。这几年党的政策好，像她这样的贫困户，低保、新农合、新农保的钱都不用她自己交，逢年过节还给米、面、油、慰问金，邻居也常常给她很多的帮助。看着董大妈脸上淳朴的笑容，我产生了一个想法：为老人家盖新房！

我的想法得到了村支部书记的大力支持，我们建立了南站镇石村党员群，号召全村党员有钱的出钱有力的出力，共收到捐款1万余元，免费出工30余人。2017年4月，新房如期动工。在大家的共同努力下，不到一个月的时间，新房就建好了。董大妈看着拔地而起的房子，激动地拉着我的手一直没松开，嘴里一直嘟囔着："谢谢你了王书记，谢谢你，俺这辈子都没想到还能住上新房子，俺都不知道说啥好了！"

在此后的半年里，我经常去董大妈家转转，跟她重病的儿子谈谈心，劝他鼓起生活的勇气，乐观起来。了解到董大妈患有腰椎间盘突出，因为无钱支付医疗费，病情发作时只能自己忍痛趴在床上缓解的情况后，我和村党建指导员高主任到她家跑了好几趟，向她解释了贫困户特有的"扶贫特惠保险"政策，告诉她所有医疗费用由医疗保险处结算完毕后，剩余部分由保险公司支付，自己花不了多少钱。董大妈了解了政策后非常感激我们为她做的努力，向我们道了谢就抓紧去县里的医院看病去了。现在，董大妈的腰疼已经好了一大半，她和儿子住在宽敞明亮的新房里，笑声渐渐多了起来，生活越来越有滋味了。

驻村生活已经过去一年多，这一年多里，我深切地感受到，作为第一书记无论办什么事都要站在老百姓的角度上换位思考，才能获得群众的支持。对待困难群众要以诚相待，踏踏实实地为群众办几件实事好事，才能真正对得起"第一书记"这个称号。

一碗热水

第一书记

何敬奎 2017 ~ 2018 年度，任汶上县人民检察院驻南站镇大街
村第一书记。

一把褪色泛黄的暖壶，一个印着花边的大碗，一碗热气腾腾的白开
水，一双布满老茧的大手。56 岁的张庆会，将一碗热水捧到了第一书记何
敬奎的面前。初春天气还很冷，碗里的热水冒出的蒸汽分外浓郁，何敬奎
不禁眼睛一热，赶紧伸出双手接了过来。

事情过去好长时间了，何敬奎依然记忆犹新。这是他 2018 年春节后第
一次去张庆会养殖场查看鸡舍改造时的情形。何敬奎说，这不仅仅是一碗
热水，这是乡亲饱含感恩之心的深情。

从县检察院到南站镇大街村，何敬奎这个第一书记，干得有声有色。

村里新风扑面

在走访调研中，有村民反映村里红白事太过铺张浪费。何敬奎记在心
里，向村委会成员提出要把提高村民精神文化生活作为新农村建设工作重
中之重。经与村"两委"成员多次探讨，结合本村实际，制定出合理的村
规民约，并成立村民理事会。目前，喜事新办、丧事简办深入人心，蔚然
成风。在修订村规民约时，特别对村民办理宴席标准、参与人员、"份子
钱"项目、"份子钱"多少进行了规定。2017 年底，村民张映民打算为其
80 岁的老父亲过寿，预计办理宴席 16 桌。村民理事会得知后，立即到张

映民家做工作，晓之以理、动之以情，讲解铺张浪费的危害，张映民主动放弃了大办寿宴念头，仅在小范围内为父亲庆寿。"我孙子喝满月酒，3桌花了600多元，大大节约了开支，我们全家都很高兴。"村民张瑞说。

他带领村委会一班人对村委会大院进行了提档升级，建设了儒学讲堂、文体活动室、农家书屋，又为农家书屋争取到了价值2万余元的涵盖科技、养殖、农业栽培等内容的书籍，为群众送上了丰富的精神食粮。闲暇时，组织村民到村委会大院学习科学文化知识。"以前没事打个麻将、斗个地主，自从村里建起了文化大院，大伙就变了样儿，说话聊天的水平都提高了一大截。希望大伙以后都能科学种田，文明行事。"村民张海军说。

村内的文化广场年代久远，舞台上下的墙面早已褪了色。他多方筹集资金，新建了占地面积600平方米的文化广场，两处1000平方米的绿荫广场，文化广场中的百姓大舞台全部粉刷一新。还配备了音响、文体健身器材，组织村民成立了秧歌队、锣鼓队。

大街法意浓浓

记得何敬奎有一天在村里走访，听到大街上有吵闹的声音。原来是两位大嫂因孩子争抢玩具而大动干戈，引得街坊四邻都来围观，他和村干部苦口婆心才算劝好。为此，他暗暗下定决心，一定要提高群众的道德素质和文化修养，要让谦虚礼让之风、遵纪守法之风盛行于乡间民舍、田间地头。为此，他争取单位支持，制作悬挂了21块普法宣传图板，打造了大街村"法治一条街"，让政策法律法规以"润物细无声"的方式，滋润着群众的心田。同时，在村委会大院建立了调解室，对邻里纠纷进行调解疏导。调解室工作人员在日常邻里纠纷排查中，了解到第三生产组的代秀英老人家中两个女儿因赡养老人矛盾由来已久。亲姊妹相怨，一家人相互指责争吵互不来往，老人赡养成了大问题。调解人员分别将姊妹俩叫到调解室，对她们"动之以情、晓之以理、明之以法"，从道德、法律、社会影响、子女教育等方面进行劝解疏导。最终，调解人员的谆谆教育不仅让姊妹俩消了气，而且让她们认识到了自己的错误。姐妹俩在调解室里痛哭流涕，她们都为自己的行为感到羞愧难当。

致富有了盼头

村里的养殖户张庆会从事蛋鸡养殖已有 20 多年了，是村里少数先富起来的能人。前几年，遇到了市场行情疲软，产品销售难的困境，老张整天愁眉不展。养殖场与村委会大院一墙之隔，何敬奎也成了老张养殖场的常客。鸡苗什么价、鸡蛋什么价、饲料什么价，平时防疫人工什么行情，他简直就成了老张养殖场的得力参谋。通过长期观察了解，他发现养殖汶上特产芦花鸡是个好时机。于是他鼓励张庆会重新改造养殖场，上一个芦花鸡养殖鸡舍。可是这不仅牵扯到蛋鸡淘汰、更换养殖设备等问题，还有急需解决的资金问题。何敬奎帮助老张向有关部门递交了申请书，顺利获得了技术、资金等方面的大力支持，让老张的芦花鸡养殖项目顺利开工。何敬奎又联系环保、畜牧等单位，对张庆会养殖场污水粪便处理提出整改建议，争取了资金扶持。这着实让老张有了盼头，他正在准备扩大规模，筹划建设一个符合环保要求的新化粪池。目前，他还盘算着再吸纳几个贫困户过来就业，带领大伙共同致富。

一碗热水、一个微笑、一句感谢……这是大街村老百姓对何敬奎最朴实的褒奖，他们以最简单的方式印证了一位驻村干部在群众心中的满意度。

让信念在基层闪光

工作队长

王　峰　2017～2018年度，任汶上县康驿镇党委副书记（挂职）、下派工作队长。

2017年4月，到康驿去，和那里的群众一起走出一条致富路，这份使命神圣而又充满挑战，带着这沉甸甸的责任，我和其他22名工作队员一起走向了这片承载梦想和汗水的热土。

摸清村情村况，体察民情民意

"你们就是下来镀镀金的吧，待上两年就走了，有的连村委会大院门朝哪都记不住!"刚到镇上,我就和工作队的队员们一起挨个村地走访,在村口遇到一位老大爷,听说我们是村里的"第一书记",他这样说,让满腔热血的我们很是尴尬。

我虽然不知道这位老人家为什么对我们有这样的误解,但是我明白,要想消除这样的误解,那就得实打实地把镇情、村情吃透,脚踏实地地帮助群众办实事、解难题。我每天和党员干部、村民代表、致富能手、贫困户、信访人面对面地交流沟通,帮助工作队的成员找准各自包驻村发展的优势以及突出问题。

康驿镇位于汶上县最南端,和济宁市二十里铺街道接壤,辖区总面积88.6平方公里,人口7.1万人,有回族村民1200余人,是汶上县数得着的大镇。虽然经济发展水平较高,但是因为位于汶上、济宁、兖州交界处,情况也较为复杂,工作任务较重。

县下派办组织了几期精准扶贫工作的培训,加上县、镇领导同事给予的帮助,在一步步的实践中,我和工作队的成员渐渐树立了信心,拧成一股绳,在摸索中开始了我们的驻村帮扶之路。

现在,再说起镇里和帮扶村的情况,不用拿纸笔,我也能说得头头是道。这都是在一点一滴的日常工作中,慢慢熟悉的。而在我和工作队成员的共同摸索下,我们每个村的第一书记项目都有了较大进展。再也不会有人说我们是来镀金的了,我们用踏实做事、实在做事、高效做事的态度让群众重新认识了"第一书记"这个称呼。

建设过硬支部,加强基层党建

2017年七一,通过与汶上县永佳商贸有限公司协调联系,季先哲总经理带着1万多元的油、面条、面粉等慰问品,到20位困难老党员家中走访慰问,详细询问了他们的身体状况和生产生活情况,感谢他们对乡村发展和驻村工作的支持,并请他们出谋划策。当老党员拉着我的手,激动地说"谢谢,谢谢党和政府,谢谢王书记"的时候,我心底涌起一股强烈的责任感和使命感。后来的事实证明,在2017年底2018年初的村"两委"换届工作中,这些老同志积极参与,宣传有关政策,对于"两委"顺利换届起了极为重要的作用。2017 年是建党 96 周年，七一前后，组织开展第一书记上党课和重温入党誓词活动，进一步加强了党员干部执行制度的主动性和严肃性，确保了各项制度的贯彻执行。

2017 年 12 月，康驿镇村"两委"换届选举工作正式展开，为了确保换届选举工作顺利进行，我们对所包驻的九个村都进行了走访调查，特别是选民较多、村情复杂的村子。通过入户调查、上门走访、与管区干部座谈等方式，对摸排出的重点难点问题、突出矛盾进行蹲点化解，指导各工作组把问题和矛盾解决在换届选举之前。在选举过程中，突出正风肃纪，严厉打击拉票贿选和以暴力恐吓、诬告等不正当手段干扰破坏换届选举的行为。经过一个多月的努力，九个驻村工作组全部完成了村"两委"换届选举工作。

倾心项目帮扶，助力精准脱贫

"我们家这样的情况，连吃饭都成问题，你说这以后日子可怎么过？"走进小邵村张金丽的家中，看着她家里的情况，我的心情很是沉重。

张金丽的女儿患有先天性脑瘫，生活不能自理，儿子上小学，丈夫身体不好，无法从事重体力劳动，因照顾两个孩子，张金丽也无法出门打工，生活困难。

我和财政局驻小邵村工作组在走访中了解了这种情况，心里就像压了一座大山。如何帮助他们，让他们在家门口就能就业，成了让我们日思夜想的难题。

功夫不负有心人，当我们得知县里即将开展"壮大村集体经济　助残扶贫帮老"项目时，立刻组织张金丽同村里的 38 名留守妇女参加，帮助她们学会了插花手艺。然后和郭宗军书记，发动自己的人力资源先后到济宁、汶上各地进行考察，引进产业项目，助困难群众脱贫。汶上县喜洋洋婚庆公司的插花项目就是该村引进的村集体产业扶贫项目之一。张金丽在照顾家庭的同时每月还能拿到 1000 多元的工资。

"真是太感谢你们了，现在我在家门口就能赚钱，还能顾家，这是以前做梦也没想到的啊！"看着张金丽脸上终于露出了笑容，我心里的大石头也落了地。

在走访慰问中，最让我揪心的就是像张金丽这样的贫困户，他们大多数家中都是老弱病残，生活很是困难。

我按照贫困户的致贫原因，对贫困户情况进行分类汇总，定期到他们家中走访慰问，并制订精准帮扶措施。自扶贫攻坚工作开展以来，我镇共实施助学救助536人次、危房改造78户，残疾救助和医疗救助620人次，就业和技能培训100余次，产业扶贫108户。

多方争取资源，发展集体经济

"这里荒了好几年了，守着农贸市场门口，却起不了作用。我们看着就心疼，可是也没有啥办法！"在康北村走访的时候，在农贸市场入口，我们看到一块闲置的土地，里面荒草重生，几间破败的房屋更显得萧条。村里对这块地很惋惜，可是因为没有合适的项目，所以一空置就是好几年。

为了盘活闲置资源，实现资源效益最大化，推动新旧动能转换，我和工作队成员们努力协同，终于联系上了正在寻找投资地点的投资商。他们租用该闲置小学，建成了服装大卖场，既为农贸市场增加了客流量，又增加了村集体收入5万余元。

我们又协调县供电公司给前赵村安装总价值80万元的4台100千伏安变压器，铺设电缆3000余米，增加村集体经营收入3.2万余元；协助麻窝村流转土地700余亩、租赁变压器等，增加村集体经营收入2.1余万元；通过引进手工扎花项目、开展土地流转，增加小邵村集体收入3.2万余元等。适时开展技能培训，举办科技培训班，提高贫困户的创业意识和增收致富水平，达到农民脱贫致富的目的。带领李庄村2户贫困户参观寿光中国国际蔬菜科技博览会活动，先后到寿光、兰陵等蔬菜种植示范区进行实地参观考察；带领前赵村"两委"和部分群众代表参加泰安国际农业机械博览会，并在十一期间联系农机合作社对村1000亩耕地进行了免费深松作业；邀请县人社局进小邵村举办就业技能培训班2期，培训24人次；等等。

完善基础设施，建设新美乡村

"俺村里的水井打得浅，水碱太大，我们没办法，只能去别的村借水喝，你们一定要帮我们想想办法。"在英张村走访的时候，遇到用三轮车拉着水桶的村民朝我们诉苦。

我们了解到，长期以来，英张村村民吃的自来水是从临近的邵庄村引过来的。因处于管道末端，水量又少又慢，加之后来修路时部分水管管道被损坏，部分村民只好改吃自家压水井的水，不仅水质差，而且水垢多。吃水，成为村民的一块"心病"。

我们立刻向上争取扶持资金6万元，购买了压力罐配置、电机，完成了蓄水池建设等配套设备，为村民打了一眼160米饮用深水井，并对损坏管道进行更换，让村民们吃上了干净的饮用水。

通过努力，我们工作队共筹资近百万元，在九个包驻村建设第一书记项目九处。在康北村修建了一座连心亭和十余米的长廊，在李集村、麻窝村修建了下水道，为小邵村、李庄村硬化村中主干道，在东唐村新建1200余平方米的文化广场和百姓大舞台一处，多方协调资金在宋庄村建设村级自助式养老院一处。通过完善基础设施，大大方便了群众的生活。听着群众的赞美，我觉得，这就是共产党人的初心和使命。

一年多的时间，我在康驿镇这片希望的田野上，洒下了汗水，也收获了成长。看着村民们发自内心的笑容，我心中有骄傲，因为在这片土地上我付出过努力，为村民们的致富路添砖加瓦，但更多的是深深的责任感。在下一步工作中，我将会抓住山东新旧动能转换重大工程开展的良好契机，将自己所学所得投入到下一步的工作中，运用到实践中，在基层学习，在基层锻炼，在基层成长。

群众的"幸福感"是驻村的"指南针"

第一书记

信敬鹏 2017～2018 年度，任汶上县委办公室驻康驿镇李集村第一书记。

从一名普通机关干部到村级组织的"准班长"，从窗明几净的办公室走进田间地头……汶上县委办公室驻康驿镇李集村工作组第一书记信敬鹏牢记驻村干部的使命责任，与群众面对面、心贴心，帮助包驻村兴产业谋发展、解难题促脱贫，在李集村留下了一串串辛勤耕耘的足迹，用实际行动奏响了提升群众"幸福感"的时代强音。

访民情察民意，切实摸清包驻村底数

2017 年初，信敬鹏被选派到汶上县康驿镇李集村任驻村第一书记。他到村后的头一件事，就是了解村情民情，倾听群众心声，相继召开了村干部会、党员会和群众代表会，广泛听取党员干部及群众的意见建议，并对包驻村农户进行集中走访，对特殊农户进行重点走访。经过详细摸排，对这个有 6 个村民小组、423 户居民的包驻村村情村貌有了全面掌握。

李集村位于康驿镇政府北，105 国道贯穿村中，具有较好的区位、交通优势。该村人口 1765 人，农业资源丰富，现有农业用地 2060 亩，其中小麦、玉米 1160 亩，苗木 700 亩，高价值经济作物 200 亩，蔬菜大棚 40 多个，畜禽养殖场 4 家。2016 年底，全村工农业总产值 2 亿元，村集体收入主要来源于土地流转，年经营性收入 1.5 万元，农民年人均纯收入 1.3 万多元。

工作中，信敬鹏坚持吃住在村，对村情民情进行认真分析研判，在广泛征求村干部和村民代表意见的基础上，制订了一揽子工作方案，积极向上争取扶贫资金、协调产业项目，为李集村改善村容村貌、解决民生难题找思路、想办法。

强组织建桥梁，拉近与群众距离

"基础不牢，地动山摇"，习近平总书记在基层社区调研时指出加强基层组织建设的重要性。信敬鹏坚持以党建引领发展，从规范村级党组织生活做起，抓好 41 名党员的"三会一课"制度，坚持每月开展一次党员学习培训会，不断强化党员组织观念和看齐意识，实现了党组织生活正常化、制度化、规范化，提升了基层组织凝聚力、战斗力。

村务公开情况是影响干群关系的重要因素。经过深入调研、沟通了解，他积极引导村"两委"推行民主管理和"阳光村务"制度。在村里组织成立了理财小组，定期公开村内账务，将每月 8 日定为财务报账日，对涉及群众的难点热点问题，由党员大会和群众代表大会讨论通过。创新推出了"阳光村务，同声直播"模式，每年召开两次党务村务财务民主公开大会，通过村广播同声直播，增强了群众的知情权和参与度，得到了广大群众的欢迎和支持。

十九大报告指出，实施乡村振兴战略必须加强农村基层基础工作，培养造就一支懂农业、爱农村、爱农民的"三农"工作队伍。为解决村级人才队伍短板，信敬鹏协助村"两委"成立了村民理事会，制定了村民理事会章程，村支部书记任会长，吸纳优秀共产党员、致富能人、热心群众共6人为成员，搭建起村"两委"与村民沟通对话的桥梁纽带，让上级政策更好地落地，让群众所想所盼更好地落实。

"作为一名第一书记，要始终坚持守土有责、负责、尽责。不服务好群众，群众切身利益问题得不到解决，群众就不会跟你走。"信敬鹏从提升基层组织形象做起，探索卓有成效的实施办法，大力提升了村"两委"在群众中的威信和影响力。

抓基建解难题，改善群众生产生活条件

走访发现，李集村主干道两侧下水道破坏严重，污水横流，严重影响群众生产生活，群众对此反映强烈。经与周边村民交流了解到，当时下水道铺设正值初冬季节，刚刚建完就遭遇极端暴雪天气，导致下水道冻裂、损坏。为解决这一群众关切的问题，信敬鹏积极协调项目资金，着手疏挖维修村主干道两侧下水道。经过紧张施工，这个总长度700余米，总投资10余万元，涉及住户100余户的下水道工程于一个月完工并顺利投入使用，从根本上解决了村污水横流的问题，赢得了群众的广泛赞誉。

"下水道问题是我们村的一块心病，这么多年一直没有办法，信书记一到就为群众解决了大问题，为村里办了一件好事、实事，他真是我们群众的好干部。"看着修葺一新的两侧下水道，村民纷纷竖起了大拇指。

问需求找对策，多方协调解决民生难题

信敬鹏喜欢走访调研。他了解到李集村空巢老人和留守儿童比较多，村民如有身体不适一般都是自己到药店买药，只有得了重病才到医院检查治疗，主动进行健康体检的更是基本没有。围绕群众的健康需求，信敬鹏多方协调，组织县卫计局、县医院、县疾控中心、康驿镇卫生院等部门机构，到该村开展了免费体检诊治活动，包含了胸透、心电图、B超、血糖、

血常规等多个项目，在群众中引起了强烈反响。对于老年人和留守儿童，又分别组织了两次有针对性的体检。村民白观禹大爷说："工作组请来了专家，俺不用再往医院跑就能免费体检，真好！我查出了冠心病，还免费给俺送药，谢谢工作组。"村民们纷纷表示，信书记真是一个心里装着老百姓的好干部。

解决了村民的健康问题，信敬鹏又把目光放到了丰富村民的文化生活上。针对群众文化生活匮乏的问题，信敬鹏为村里跳广场舞的村民落实了固定活动场所，整合零散的广场舞小团体，组建了规范化的广场舞队伍，村民跳广场舞的热情更加高涨。为丰富群众文化生活，提升群众文化艺术品位，他还邀请济宁艺术剧团到李集村开展文化惠民演出活动，把舞台搭建在群众身边，调动群众参与的积极性，共同演绎和谐社会民生大戏，不仅让村民在家门口享受缤纷多彩文化大餐，同时还传播了"公益、慈善、健康、快乐、创新"文化观念，弘扬了社会主义核心价值观。"原来看戏要去剧院，现在工作组邀请了济宁的剧团，我们不出村就能免费看到市里的演出，老百姓可大饱眼福了。"村民王林生说。

驻村以来，信敬鹏几乎没有请过一天假。他始终认为，驻村工作是组织上的重托，包驻村是自己的阵地，村民的幸福感就是阵地的制高点，就是干部的工作指南。信敬鹏说："下一步，我将在县委、县政府和县下派办的正确领导下，严格落实各项工作要求，扎实有效地开展驻村帮扶工作，为村子的发展、村民生活的改善多付出、多贡献，决不辜负组织要求和群众期待。"

甘做幸福领路人

郭宗军 2017 ~ 2018 年度，任汶上县财政局驻康驿镇小邵村第
一书记。

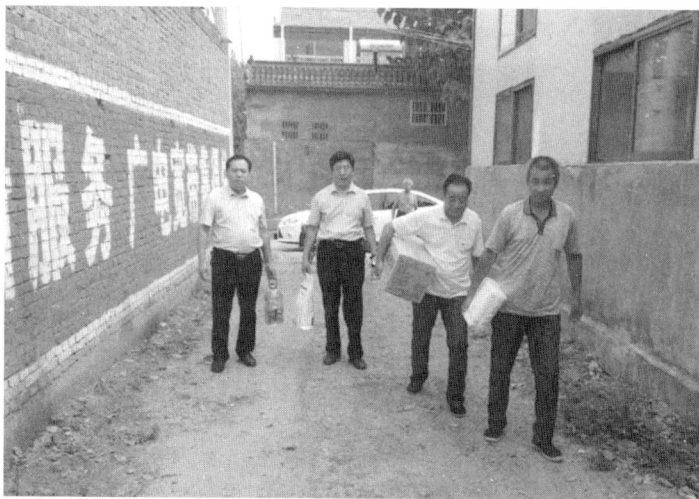

"组织派我下来，就是为老百姓服务的。我决不能辜负组织的委托和
群众的期盼……"汶上县财政局驻康驿镇小邵村第一书记郭宗军是这样说
的，也正是这样做的。

**"第一书记不是走读干部，驻村帮扶就是要在村里扎下身子，和村民
交朋友，做老百姓的贴心人。"**

小邵村位于康驿镇驻地西 8 公里处，地理位置较为偏僻。到小邵村担
任第一书记，这不是郭宗军第一次作为下派干部帮扶驻村了。接到派驻任

务，郭书记和工作组成员一道便第一时间下到村，吃住在村。凡事预则立，不预则废。入驻村里，他暗暗给自己定下的第一要务便是尽快摸清社情民意，做到心中有数。他不断深入群众当中，一时哪儿人多他就往哪儿扎，和群众打成一片。同时，他先后拜访了老党员、老干部、老模范，走访了困难户、富裕户、上访户，全村800多户，几乎一户不落。他扎身群众堆中，认真倾听民意诉求，与农民群众真心交朋友，以尽量短的时间和群众消除了隔膜，缩短了距离，建立起了家人般的感情。一个多月的时间，他便摸清了民俗村情，撰写了村情报告，紧接着通过座谈会、谈心交流等多种方式征求了村支部、党员群众和所在镇党委的意见，在此基础上制订了两年驻村帮扶工作规划和年度目标任务。村会计老马说："日子过了一年又一年，近些年村里一直没有太大的改变。现在第一书记来了，我们有了新指望了。"

"人孤心不孤，一个集体就是一个大家庭，一方有难，八方支援是我们的优良传统。驻村帮扶就是要把群众的冷暖时刻放在心上，做群众的暖心人。"

近年来，随着我国改革开放的不断深入，村里越来越多的年轻人外出打工，家里多数留下空巢老人和留守儿童。年轻人都不在家里，家里有事怎么办？郭宗军看在眼里，急在心上。经过深思熟虑，他广泛发动群众，让"两委"班子成员带头，在村里成立了爱心志愿队，为年老体弱空巢老人打扫庭院、洗衣服、理发，做义务儿女为老人送爱心；发动妇女志愿者关爱留守儿童，陪伴留守儿童，当留守妈妈为留守儿童送母爱。"有了他们，我再也不用担心害怕了。"一些孤独老人几乎逢人便高兴地说。

在村里，年仅6岁却遭不幸的儿童马骏驰一直牵绊着他的心。马骏驰妈妈已出走多年，爸爸没有劳动能力，生活全靠奶奶一人维持。屋漏偏逢连夜雨。2017年，小骏驰不幸患上了毒脓血病。为了帮助可怜无助的小骏驰，郭宗军带头捐款，号召村民献爱心，并在村幼儿园门口设置了爱心捐款箱。通过他的带动，广大村民慷慨解囊，踊跃捐助，当天现场便筹集善款13270元。"多谢大家！没有大家的帮助，我真的不知道该怎么办了。"小骏驰的奶奶说。

"一人富不算富，大家富才算富，村民全富才幸福。致富路上不能让一人掉队，总书记的话要牢记心间。"

"村里教给俺插花的手艺，俺这一天在家也能赚个四五十元了！"村民张金丽不禁感慨。为了壮大村集体经济，帮助困难家庭解决无法出门务工的难题，增加贫困家庭的收入，改善其生活状况，郭宗军和工作组驻村后，便和村"两委"一起，为壮大村集体经济"动起了脑子"，他利用自己的人脉先后到济宁等多地进行考察，以便引进合适的产业项目，助困难群众早日脱贫。与县喜洋洋婚庆公司多次洽谈，达成协议。村里先期派6名村妇联执委会成员到婚庆公司学习插花手艺，学成回村后在村培训中心再将插花手艺手把手教给村里有学习插花意愿的贫困户。先后有39人学习了插花艺术，借助插花手艺，村里大约有10户人家摘掉了贫困的帽子。

要想富先修路，村内道路硬化没有全覆盖，特别是村里对外交通主道路没有衔接畅通，给群众出行带来诸多不便。郭宗军经多方协调争取资金十余万元，硬化道路448米，首要解决了村里村外出入难的问题，从而为群众筑起了通往致富、幸福的连心路。

"帮扶在于脱贫。通过帮扶，让国家政策惠及所有村民，让村民有更多的获得感！驻村帮扶也有幸福感！"每当谈起驻村帮扶工作，第一书记郭宗军总是笑着这样说。

把麻窝驻进心窝里

第一书记

张继英　2017～2018 年度，任汶上县林业局驻康驿镇麻窝村第
　　　　一书记。

2017 年 4 月，我被选派到康驿镇麻窝村任驻村第一书记。麻窝村对我
而言既熟悉又陌生，熟悉是因为它位于 105 国道旁，每次回家都会看到醒
目的麻窝村村牌，陌生是因为还没有一次真正去过麻窝村。现在的麻窝村
对我而言不再是一个路标，也不是一个简单的地名，而是一份牵挂、一份
责任、一个大家庭。

改善村居环境暖民心

为了尽快地认识、了解这个村庄，刚到麻窝村，我没有直接去村委会
报到，而是沿着村庄小路认真察看这里的一砖一瓦、一草一木。看到有一
群老年人围坐聊天，我便主动过去和他们打招呼："大爷，你们好，我是
县林业局来驻村的第一书记。"其中一位 80 岁的老大爷很热情地说："我
倒听说过驻村，就是帮我们村发展，在俺村驻几年，带来了什么好政策
啊？"我回答："两年……"还没等我说完，老大爷打断我说："给俺村修修
下水道吧，下水道好多年了，一到雨季就堵，出行很不方便，好多邻居都
闹矛盾。"望着破损严重的下水道，我在心里盘算着："通过修建好下水道
不仅可以尽快适应工作环境、打开驻村工作局面，也会赢得大家信任和
支持。"

到了村委会，看到村干部已经在等着我了，听了村支书介绍，我了解到，麻窝村共有550多户，2000多人，有党员36名，村级班子比较健全。掌握村里的基本情况后，我便向村干部建议，下水道年久失修，丧失排水功能，一到雨季就成为群众的拦路虎，而且还是邻里纠纷的矛盾根源，要尽快解决。经过商议，村干部一致同意我的想法，但是面临的第一道难题就是"钱从哪里来"，村集体收入少，资金不够。我立即向上级做了汇报，争取上级驻村帮扶资金5万元，又向县林业局申请了资金3万元。钱的问题解决后，我又联系确定了施工队，对村里的整个排水管网重新规划设计，提高了建设标准，进一步完善了疏堵排水功能。为加快进度，确保雨季来临之前完工，我逐一入户走访，听取群众的意见建议，尽量确定一个让大家都满意的施工方案。由于工程量大、时间紧，许多村民自发进行垫土、清淤，在全村共同努力下，共修建下水道9700米，有效清理了积水污水，改善了环境。下水道通了，村民的心也不堵了。

发挥区位优势促增收

麻窝村坐落在105国道旁，交通便利、地理位置优越，许多村民都发展特色种植，主要有油桃、洋菇、青豆、韭菜、红苹果等。但是经过考察我发现，村里种植业呈散户多、大户少，品种多、优势产品少，我意识到麻窝村要想壮大村庄产业，带动村民增收致富，就要走规模经营的路子。于是我积极联系村里有创业意愿或者扩大经营规模需求的农户，收集相关供求信息，帮助咨询相关政策及办理程序，帮助他们成立了农民专业合作社，大力发展规模种植、养殖等产业，带动村民增收致富。麦收后，我又积极推动土地流转，对105国道东侧700亩农田进行流转，引导大户承包，年增加村集体收入1.4万元，按照每台500元对14台变压器进行确权承包，为村集体增收7000多元。

心系群众需求送温暖

为加强村班子建设，我制定了村务公开、党员民主议事、值班接访等多项制度，积极培训发展年轻党员和致富带头人，实现村务管理民主化、人际关系和睦化。结合移风易俗活动，引导村里健全和实施了村规民约，破除陈规陋习，倡树文明新风，大力宣传家庭美德、个人品德典型，促进形成良好的村风民风。为进一步拉进与村民的感情，帮助贫困户解决生活困难，我在七一建党节前夕，为2户贫困老党员送去慰问金和帮扶物资，多次走访慰问贫困户，为25户贫困户送去米、面、油等5000元慰问品。禁烧期间驻村工作组到禁烧一线慰问值班工作人员，送去饮料、火腿肠、蚊香、风油精等300元慰问品，极大调动了一线工作人员的工作积极性，受到他们的一致好评。

一年多的驻村经历，我深深体会到驻在村里就要沉到基层，扎扎实实为老百姓办实事，办好事，用自己的实际行动让麻窝村的生活更好、环境更美、人心更齐，在今后的工作中，将继续牢记党的宗旨，切实履行党员义务，立足该村实际，进一步解放思想，更新观念，锐意进取，不管是在政策方面，还是农业信息方面尽可能地提供一些帮助。工作中，将取长补短，恪尽职守，认真把在基层学到的理念和知识充分运用到工作中去，以实干的精神和创新的思维，推动工作再上新的台阶，争取做到不愧对"第一书记"这个荣誉称号。

实事办在群众心坎上

第一书记

张建　2017～2018年度，任汶上县环境保护局驻康驿镇英张村
第一书记。

"深水井"打在群众心坎上

"我们村里吃的水，水碱特别大，水壶用不了几天，里面全是水垢。

这驻村的张书记可真不孬，操心为村里打眼深水井，以后我们可就吃上干净的水喽！"在汶上县康驿镇英张村，村民张宣桂指着即将施工完的160米饮用水井项目很是高兴。

张宣桂口中的驻村书记张书记，是汶上县环保局下派驻康驿镇英张村第一书记张建。自驻村工作以来，通过走访，张建和工作组其他成员发现村民们饮用的自来水安全问题是村民们反映最集中、最迫切的问题。英张村村民吃的自来水是从临近的邵庄村引用的自来水，因处于管道末端，水量又少又慢，加之后来修路时部分水管管道被损坏，部分村民只好吃自家压水井的水，水质差、水垢多。让村民吃上干净的饮用水成了张建的一块"心病"，他通过向上争取扶持资金6万元，购买了压力罐配置、电机，完成了蓄水池建设等配套设备，为村民打了一眼160米饮用深水井，并对损坏管道进行更换，让村民们吃上干净的饮用水。

想群众之所想，急群众之所急

"张大哥，您在家吗？"2018年1月31日上午10点，汶上县康驿镇英张村张宣峰家响起了敲门声。听着熟悉的声音，坐在轮椅上的张宣峰知道，第一书记张建和驻村工作的同志们又来自己家串门了。

张宣峰今年45岁，因自小患有小儿麻痹症，双腿无法直立行走，父亲早已去世，他和年近七旬的母亲相依为命，是村里的贫困户。自2017年4月，第一书记张建等3名工作人员驻村以来，把精准扶贫作为工作的着力点，为全村12户困难群众和8名困难党员建立台账，并制订了相应帮扶措施，有针对性地对困难户实施救助。在了解张宣峰家的情况后，为方便其行动，工作组为张宣峰送来了轮椅；为使其树立生活信心，工作组经常来张宣峰家串门聊天，帮忙干农活，并送去生活用品和节日礼品。

"谢谢你们，你们对我，真是像亲兄弟一样！"看到第一书记张建他们送来的米、面、油等生活用品，张宣峰很是感动。

"驻村最大的任务是解决群众最需要的事情。"驻村以来，驻村第一书记张建从解决村民最迫切的小事做起，带领工作组成员积极走访慰问老党员、贫困户，为他们送去米、面、油等生活必需品。除了为张宣峰送去轮椅，他们还为全村 15 个贫困户每家每户送去了棉衣棉被。

张建带领工作组成员夯实党建基层，紧紧围绕"两学一做"活动，组织党员干部认真学习党章，落实忠诚信仰。每月开展一次党员培训课，累计培训 130 余人次，党建工作深入扎实，成立了三个党员活动小组，学习党的方针、政策、法规，通过设定党员示范岗，调动党员各方面积极性，发展入党积极分子 3 人。

张建带领工作组成员主动帮助村民找准致富路子，积极培植农民新的经济增长点，取经学艺增强脱贫本领和能力。2017 年开展劳动力转移培训 16 人次，劳务输出 24 人次，实用技术培训 30 人次。一是请进来教，邀请了有种网农业专家上门举办科学种植讲座，走到田间地头指导农户种植技术。二是走出去，先后组织村组干部分别到北京、杭州考察市场进行劳务对接。

张建带领工作组成员积极推进旱厕改水厕工作。结合农村环境综合整治，建设农村生活污水收集处理系统，在上级财政支持的基础上，积极帮助村里协调资金，对农家厕所进行升级改造。截至目前全村改厕工作已全部完成。

张建带领工作组成员在村里开展劳动技能培训 30 余次，提升就业村民就业能力；积极开展"四德榜"创建，村里善人善举蔚然成风。

小亭子，大民生

第一书记

王留功　2017～2018 年度，任汶上县经济和信息化局驻康驿镇康北村第一书记。

"感谢你们驻村的同志们，这么短的时间就为我们康北村建好了这个连心亭，使我们这些老年人能有这么好的活动场所，再也不受日晒雨淋了，还能和老兄弟们下下棋，打打牌，唠唠家常。你们真是为我们这些老年人办了件实实在在的好事呀！"康北村的郑本恩老人拉着县经信局驻康北村的第一书记王留功的手动情地说。

2017 年 4 月初，经县委组织部安排，县经信局的王留功、张军来到康驿镇的康北村驻村帮扶。工作组到位后，简单地收拾了一下，就进入了工作状态。在村委会有关人员的陪同下，逐户进行了走访，并连续多次召开了党员、贫困户、致富能人座谈会，通过走访和座谈，确实摸清了村情民意和目前急需解决的几个问题。一是康北村于2013年建成了康达社区，村里绝大多数住户都搬进了社区，住进了楼房，虽然住的条件改善了，但一些小的问题也随之而来。社区建成后，没有一处老年人活动的场所，特别是家里有接送孩子任务的老年人。送完孩子上幼儿园后，没地方去，回家吧，楼又太高，腿脚不方便，所以就在幼儿园附近溜达，有时还要忍受雨淋日晒。二是社区内没有一处公共厕所，社区里有些外来人口及流动商户，需要建一所公共卫生间。三是社区内的婚丧嫁娶没有场所，需要建设一处移风易俗大厅。针对上述了解到的实际情况，第一书记王留功通过多次与村民、村"两委"协商沟通，并取得派出单位领导的支持，决定分阶段解决上述几项问题。

解决老年人活动场所的问题。工作目标确立后，第一书记王留功和工作组其他成员就抓紧开展工作。先是选址，通过考察决定选在离幼儿园较近的社区西南部小湖旁边，环境也比较优美。然后他们与村民代表多次到嘉祥等地考察，最后决定建一座青石六角亭和十余米的休闲长廊以及部分附属设施。

石亭于2017年5月6日开工建设，期间还经历了石材企业限产，主亭建成后，长廊及附属设施不能生产而停工，后经他们多次努力，历时两个月，投资6万余元，2017年7月初顺利完成，取名"连心亭"。竣工当天来了村里的50多位老年人，他们每个人的脸上都露出满意的笑容，并说工作组为康北村解决了一处民生工程。

小连心亭，大民生情。连心亭成了老年人聚集活动之地，加强了老年人相互间的沟通和交流，丰富了他们的精神文化生活，也激发了驻村工作组干事为民的信心和决心，为构建和谐美丽新康北增添了一道亮丽风景线。

老人的赞扬，乡亲们的信任，更大程度地增强了第一书记王留功和工作组的信心，下一步他们将在工作中更加努力，积极协调和对接好上级的各项惠农政策，分阶段、分步骤提前完成康北村乡亲们提出的另外两项工程，为实现康北村的乡村振兴做出应有的贡献。

真心帮扶惠民生

曾东升　2017～2018年度，任汶上县公路局驻康驿镇宋庄村第一书记。

"解鞍欹枕绿杨桥，杜宇一声春晓。"怀着满满的热情，带着着实的真意，2017年4月，汶上公路局副局长曾东升作为县派第一书记，带着李国栋、胡建华两位同志来到康驿镇宋庄村进行驻村帮扶。"鸡鸣紫陌曙光寒，莺啭皇州春色阑。"一年多来，围绕"真帮扶、惠民生"工作思路，通过"普惠"式援建大众都能享受到的敬老院，对困难群体"点穴式"真心帮助，"点滴解困"式援助现金给村委会鼓劲、提气、壮胆，帮扶活动开展得丰富多彩、成效显著，得到了上级领导和广大群众的肯定和好评。曾东升包驻的宋庄工作组在 2017 年全县"第一书记"工作观摩评比活动中获得"金牌工作组"荣誉称号。

要想工作开展好，深入走访离不了

驻村以后，曾东升带领工作组成员立即细致走访，认真倾听民意诉求，问他们身边的问题，聊他们身边的事情，与农民群众交朋友，打成一片，建立了感情，为开展驻村工作打下了坚实的基础。通过走访活动，工作组发现只有说老百姓的话，问群众关心的问题，才能与百姓心融到一处，才能真正拉近与群众的距离。通过走访发现，一些群众对上级的惠民政策了解得不细致、不清楚，还存在一些疑惑。针对这一情况，工作组在走访的同时，积极向群众宣传各项惠农政策，解答了群众政策疑问，让群众明明白白享受实惠。

自身建设抓得牢，服务群众水平高

驻村工作组成员在机关工作的时间比较长，农村基层工作经验较少，成为工作中的一大"短板"。对此，曾东升和工作组同志形成一个共识，就是"打铁必须自身硬"，必须虚心向群众学习，坚持走群众路线。驻村一年多来，他们认真学习各项惠农政策、涉农文件和农业科学知识，经常向乡镇领导、村干部和村里的老党员虚心请教，学习他们的管理经验，了解村情村貌、风土人情和人情世故，不断加强自身素质的提高，力争做到自己受教育，群众得实惠。

多措并举抓帮扶，件件实事赢民心

跑部门、要政策，积极帮助村集体偿还债务。2016 年，宋庄村集中实施了"户户通"道路硬化工程，工程全长 22.2 公里，投资 438 万元，由于工程规模大、工期集中、项目立项慢、资金拨付流程长等原因，外欠施工单位资金 200 多万元，成为制约宋庄发展的首要问题。曾东升和工作组同村"两委"一道打破常规，不等不靠，积极协调有关部门，争得县、镇财政部门理解协助，得到了上级部门和乡镇领导的大力支持，2018 年前帮助宋庄村落实了上级第一笔工程资金 100 多万元，大大缓解了村集体的外欠资金压力。

帮助村"两委"建设"互助式养老院"。根据走访贫困户情况，工作组发现宋庄村贫困户中孤寡老人较多。为了让他们老有所养、病有所医、居有所住，曾东升和工作组积极协助镇、村干部向上级民政部门争取政策支持，利用村内闲置的原学校旧院，帮助村"两委"建设了一所互助式养老院。该养老院设置床位 24 张，包括 12 套一室一卫一厨、功能齐全的实用房，一处 90 平方米的多功能活动室，100 平方米的健身广场，基本解决了宋庄村贫困老人的饮食起居问题。该项目争取到省级补助资金 6 万元，市级补助 3 万元。曾东升还根据自身部门优势，协调 105 国道施工单位，投入人员、机械和材料，对养老院庭院进行铺装、硬化。

实施第一书记项目，改善村内基础设施。曾东升和工作组在广泛征求村"两委"成员和村民代表意见后，充分利用第一书记项目资金 5 万元，对村外一条年久失修的道路进行硬化。为了把好工程质量关，曾东升作为第一书记和工作组成员根据自身专业技术优势，一直在现场指挥施工，严把质量和进度，把这条路修成了全村的"样板路"，受到了广大村民的交口称赞。

实实在在投入资金，"点穴式"精准帮扶。宋庄村人口众多，村务繁忙，而且村原来的欠账较多，造成村"两委"资金运行存在困难，拖了村进一步发展的后腿。面对资金问题，工作组积极向局主要领导汇报、争取，得到了局领导的大力支持，向宋庄村拨付帮扶资金 10 万元，大大缓解了宋庄村"两委"的资金困难，给村委会工作提了气、壮了胆，有力地推动了全村工作的快速全面发展。

聚焦民生，"精准扶贫"工作成效显著。一年多来，曾东升认真学习研究了精准扶贫政策，深入走访，摸清底子，宣传政策，真心帮扶，扶贫工作成效显著。为了解决村里行动不便的老年人看病难问题，曾东升和工作组联合县、镇医院带着医疗仪器专门赶到村里，为全村的老年人免费体检 3 次 400 多人次。当他们看到还有个别贫困户的住房不安全，就申请上级"危房改造"政策扶持帮助贫困户，2018 年新春佳节之前，已有 4 户拆掉低矮破旧的房子，搬进了宽敞明亮的新房子。积极为困难群众申请低保，已有 2 户困难群众享受到了低保补助。七一期间，走访老党员 6 户，为他们送去了米、面、油等生活用品，让他们感受到党和政府的关心和温暖。

通过一年多的驻村工作，曾东升同驻村工作组的同志深刻体会到：作为机关党员干部如何把自己部门的职责落实到群众身上，对于维护和提升党和政府在人们心中的威信十分重要。让这些困难群众早日脱贫就是驻村干部义不容辞的责任和义务。

风雨铺就驻村路

第一书记

李同敏 2017～2018年度，任汶上县农业机械管理局驻康驿镇前赵村第一书记。

　　2017年4月，我受党组织的委派，到康驿镇前赵村担任第一书记。驻村以来，我按照上级党委的部署安排，围绕"党建＋扶贫＋N"工作思路，通过挨家挨户的走访、座谈，用心去聆听群众的呼声，从与村民息息相关的事情抓起，扑下身子融入农村生活，深入调查研究，选准帮扶路子，以强化村级党组织建设为抓手，以壮大村集体经济和精准扶贫为重点，以改善群众生产生活条件为目标，制订并实施了两年帮扶规划，取得了较好的成效。

我参加工作以来，一直在局办公室从事后勤工作，没有深入农村基层的工作经验，我们局林局长给我谈话后，我心里一直犯嘀咕：村里情况怎么样？村民好相处吗？会不会看我太年轻排斥我？"上面千条线，下面一根针"，村里工作千头万绪，我该怎么办啊？直到单位领导把我送到村里后，我还是一头雾水，感觉无所适从。在全县下派干部培训班上，我听了市委党校专家、县里领导的培训以及上届驻村优秀第一书记的先进典型事迹后，感觉找到了开展工作的努力方向和打开工作局面的"钥匙"。

　　驻到村里后，我立即着手制订走访计划，挨门串户，田间地头，走访党员干部、村民代表、致富能手、贫困户等，尤其与老党员、老教师面对面地交流沟通；与村"两委"和群众代表座谈，了解村情民意，梳理村情民意台账。前赵村集体一无自然资源，二无经营性资产，三无资金来源，是典型的集体经济"空壳村"。村级组织面临着较大经济压力，发展村集体经济迫在眉睫，作为驻村帮扶"第一书记"，我看在眼里，急在心里，第一要务就是发展村集体经济，带领群众致富。为了找到增加村集体收入的路子，我积极向局领导汇报，与局机关科室对接，寻求政策支持，并与村"两委"和群众代表多次座谈，想到了"借水行舟"，采取"资源变资产、资产变资金、资金变资产、资产变效益"的良性循环方式实现增加村集体收入。有了方向目标，我动力十足，特别是农机局领导高度重视，亲自指导我分析研判上级强农惠农政策，对接县级各职能部门待建项目。在2017年"三夏"期间顺利协调县供电公司利用麦收后玉米出苗前的有利时机，在前赵村实施"井井通电"工程项目，安装总价值80万元的4台100千伏安变压器，铺设电缆3000余米，每台变压器供300余亩耕地浇水。然后通过公开招标的方式把4台变压器进行了承包运营，为前赵村集体每年带来3.2万余元的村集体收入，为"抓党建、促脱贫"任务的完成奠定了坚实基础。第一件实事的顺利实施让我对农村工作有了初步的认知，继续干好工作更是信心百倍，也让我在面对接下来的工作时多了几分底气。

　　在老百姓的称赞声中，我由衷感到老百姓的淳朴和对我这个第一书记的认可，心中更是充满了干事创业的豪情，但是随后的一件事情让我着实无奈，对我触动很大。

记得那是一个下午，我正在村委会办公室撰写驻村心得体会，三组的赵大娘推门进来了："李书记，垃圾桶离俺家太远了，扔个垃圾得跑百八十米，我这腿脚也不大利索。"记得她老人家血压、血糖都偏高，孩子们都出门打工了，我赶忙让赵大娘坐下："大娘，您别着急，慢慢说。"原来，赵大娘反映的是村里环卫一体化配置的垃圾桶离赵大娘家太远，扔垃圾太不方便。了解到这一情况后，我找到村支部赵书记商量对策，准备去走访一下。赵书记边走边说："配置好垃圾桶后，全村四个生产组268户，只有三组的那一片存在这个问题。这个情况不是第一次出现，也不是一两个人反映了。问题是谁家都不愿意把垃圾桶放自家门口，村里好几次把垃圾桶放到规划的位置，晚上就有人把它送到村委会门口。"走访了赵大娘家附近的17户，普遍反映扔垃圾太远，不方便，但是都表示天热了，垃圾桶气味太难闻，就算是当日清，也不能放自家附近，就连反映问题的赵大娘也反对放她家门口附近。有些老百姓的心理"最好放在后面邻居家门口"，着实让人哭笑不得，更有一种"谁让步了就是谁家孬种"的思想在作怪，调解说服工作进行不下去了。驻村工作的第一次挫败让我深感无奈，体会到基层工作的艰难和辛酸。

　　经历过成功的喜悦和失败的无奈后，我逐步认识到干工作不能仅凭一腔热情，必须学会把握事物的基本规律、掌握因地制宜解决问题的办法。

　　光阴似箭，日月如梭，眨眼间到2017年9月，听说单位当年有土地深松项目，我和赵书记以及村"两委"的同志们一拍即合，全力争取1100亩的深松项目在前赵村实施。村里沟通好了，我立即回到单位相关科室了解情况：这个土地深松项目是2016年上报的实施方案，规划的项目实施地点是次邱镇和郭仓镇，而且作业机械必须安装卫星定位仪监测作业地点和作业质量。项目方案定了就不能再更改，这如何是好，我连自己单位的项目都争取不来，怎么给村里交代啊，我感觉一下子没底儿了。正当我为此事发愁呢，办公室的同事告诉我："今年秋季的惠农政策和惠农项目全县进行了有机整合，咱们的项目改变不了，可以请咱领导争取一下农口其他部门的项目。"我如醍醐灌顶，马上找分管领导汇报，向林局长请示。为了加强争取力度，我又联合单位另一个驻村第一书记一起向领导汇报，引起领导的高度重视，争取领导的最大支持。经过两天的漫长等待，林局长最终从县项目组里争取到1800亩的土地深松指标，不过需要我们自己联系机械设备。得到领导的指示，我豁然开朗，通过和另一个组协调、与村委会沟通，确定了实施1000亩的土地深松作业。

指标确定后，我心情愉悦地回到村里，和村"两委"商定作业时间、地点和成立作业质量监控小组等事宜。一切进行得非常顺利，到了9月底开始联系作业机具，从大型农机专业合作社开始，一通电话打完，所有的大型合作社不是参加全县的项目招投标，正夜以继日地赶作业进度抽不出时间，就是嫌前赵村离城太远，1000亩的作业挣不够路上的油费直接拒绝。大的合作社不行，再联系小的甚至个体户，50多个电话打出去，心里拔凉拔凉的，竟然没有一个愿意合作的。

怎么办呢？时间不等人，耽误了播种，地误一季，这可是老百姓的所有希望啊！！没办法，只好回"娘家"（单位）求助了，分管农机推广的刘副局长给我支着："现在农机作业马上进入高峰期，跨乡镇调车也不合适，村里有经营农机的最好结合一下，找个大型拖拉机专门深松，村里进行后续旋耕、播种作业，两天左右就能干完。"根据这一"锦囊妙计"，打了3个电话就与农机大户殷经理商定了作业时间和作业内容。10月4日，殷经理驾驶130马力四驱的大型拖拉机挂着最新型的深松机如约而至，看着"大铁牛"在田野了"撒起了欢儿"，我心里一块石头终于落了地。"李书记，这样干可不行。"听到这一嗓子，我放下的心又悬了起来。"地头有28公分，地中间也就是20公分，就是不要钱也不能糊弄俺老百姓啊！！"我和赵书记以及质量控制小组成员立刻赶到愤怒的赵大爷身边，面对越围越多的群众，我决定马上现场检测耕深，叫停机手询问。经过一番技术讲解、挖坑探查和数据测量，不管地头还是地中间耕深全部达到了28厘米以上，赵大爷顿时老脸通红，周围群众响起了鼓励的掌声。连续三天歇人不歇车，耕种机械轮番上阵作业，1000亩的作业顺利完成。不管走到哪儿，听到老百姓一句"李书记，有空去家里吃顿饭吧"，我感觉心里美滋滋的。从他们那笑逐颜开的脸上，感受到了他们的幸福和喜悦！

回顾驻村以来，多种滋味涌上心头，从刚驻村时的无所适从，到做好第一件事后的信心满满，到满怀信心做不成一件事情的无奈，再到历经反复终于成功做好一件事情的喜悦。可以说，驻村工作的酸甜苦辣让我受益匪浅，不但学到了基层工作经验，锻炼了处理复杂问题的能力，还加深了对农民群众的感情，给人生旅途增添了光彩。

小事印证帮扶情

第一书记

何敬银 2017～2018 年度，任汶上县农业局驻康驿镇李庄村第一书记。

2017 年 4 月，我被组织选派到汶上县康驿镇李庄村任驻村第一书记。通过入户走访、协调项目等驻村帮扶工作的开展，我深切感受到农村工作的辛苦和农民生活的艰辛，而能够为老百姓办成一件实事、好事更是一件快乐的事。

驻村伊始，我第一时间便与村"两委"成员进行积极对接，及时召开了村干部会、全体党员会和群众代表会，广泛征求党员干部及群众的意见建议，然后对包驻村农户集中走访，对老党员、老教师等特殊人群进行重点走访，了解村情民意，倾听群众心声，对该村的村情村貌有了详细了解和全面掌握。该村位于康驿镇东南部，南与任城区二十里铺镇接壤，日兰高速从村南穿过，西边离 105 国道 1 公里，地理位置优越。全村共 4 个村民小组，280 户 982 人，其中 24 名党员，现有农业用地 1300 亩，其中小麦、玉米 1160 亩，靠近村边园地 10 亩，林地 60 亩，蔬菜用地 60 亩（以大姜、大蒜为主），园林用树苗 10 亩，村集体基本没有经营性收入，农民年人均纯收入与康驿镇其他村持平，村民也没有优势产业。

干事就要从小事干起，从大处着眼。驻村以来我们的工作原则就是"群众利益无小事"，再小的事情也要认真做实做好。自开展驻村工作以来，我在村班子建设中充分发挥带头作用，首先把"党建＋扶贫，支部＋民生"作为工作的着力点和切入点。经过开座谈会，入户走访，经过广泛征求群众意见，我们了解到村里虽然有文化广场，但是村民们的文化生活单调，村民大多在家玩手机、看电视。为丰富村民文化生活，我积极向本单位领导汇报，寻求兄弟单位支持，从县文广新局免费协调广场舞服装 24 套、腰鼓 8 个、大鼓 1 个，引导村民自发成立了广场舞舞蹈队，以村文化广场为中心，定期为群众演出。2017 年 7 月下旬，积极协调康驿镇卫生院为部分村民进行免费健康体检，同时加强常见疾病预防等健康知识宣传，时刻把老百姓的冷暖放心上。联合镇妇联、管区等部门，组织村民进行"美德新星耀农家""好媳妇""好婆婆"等评选活动，传播正能量，弘扬优秀传统美德。响应镇党委号召，协助村委会召开村民代表大会制定完善了"村规民约""红白理事会制度"等，并结合李庄村实际，制定了红白事办理流程和经济标准，成立理事会，规范村民行为。

小事做实，实事做好。自驻村以来，我们始终牢记上级党组织嘱托的"党建＋扶贫＋N"工作思路，在一心一意抓党建促脱贫的同时，坚持以"实施项目"为引领，以"惠民生"为工作重心，扎实开展工作。

一是积极实施第一书记项目。在走访中我们驻村工作组发现，该村村南的一条主要进村路年久失修，路面破损严重，坑坑洼洼，晴天尘土飞扬，雨天泥泞不堪，成为村民们的心头病。解决村民的"心头病"是驻村工作组的头等大事，我们和村"两委"班子经过商议，决定争取上级支持，积极筹集资金，同时协调交通局有关技术人员现场指导，在李庄村村南铺设了一条长500余米、宽5米的村路。"这路是进村下地的大路，修了十几年了，这几年路损坏了，变得坑坑洼洼不好走，幸亏咱工作组操心修了这条新路，现在出门就畅快多了！"2017年11月11日，在李庄村的村南头，70多岁的李继才老人指着新修的水泥路，赞不绝口。

二是惠民生，解决村民吃水难题。驻村以来，通过走访了解到村西60余户农户吃不上自来水，我带领驻村工作组积极协调镇、管区、村委会，通过咨询水电施工人员，想方设法，多方协调筹措资金，先后投入1万余元资金，两次整修自来水主管道，仍然不能保障农民群众的吃水问题。后来通过多次协调镇领导，经过反复研究论证，为解决农民群众的吃水问题，协调康驿镇整合扶贫资金20余万元，新打160米深水井1眼，并完善各项配套项目。2017年10月中旬完工，真正实现"户户通水、不漏一人"，让全体村民全部吃上了放心甘甜的自来水。

三是立足壮大村集体经济，招引农业项目。我们依托驻村实际，决定以土地流转为突破口，实现农业项目引领，实行就业帮扶。以种粮大户、农民种植专业合作社为中心，结合秋收换茬的有利时机，帮扶3个种粮大户流转土地面积300余亩，吸纳贫困人员务工就业，增加贫困人员收入。其中协调农作物良种繁育面积150亩，以种植小麦、大豆为主，采取订单农业模式，签订回收合同，良种繁育基地建立后，容纳了10余名贫困人员到基地务工，帮他们增加家庭收入，尽快脱贫致富。在县农业局的关心帮助下，3次组织农业专家为村民开展科学种植讲座，走到田间地头指导农户种植技术，为村民进行农资产品咨询等，提高村民农业技术种植水平；利用传统节日开展走访慰问，为贫困户送资金、送技术、送慰问品等，对孤寡老人和贫困户进行精准帮扶，实实在在为村民带来实惠。

自驻村以来，我们从解决群众最迫切、最关心的问题入手，踏踏实实为村里百姓干实事。我深知，作为驻村第一书记，我有义务也有职责把群众工作做到位，驻村干部不仅要住进村里，还要住进群众的心里。

四轮驱动，倾情帮扶

第一书记

王运华　2017～2018年度，任汶上县公安局驻康驿镇东唐阳村
　　　　第一书记。

　　我是康驿镇东唐阳村第一书记王运华。2017年4月以来，我们汶上县公安局驻康驿镇东唐阳村工作组在县下派办和康驿工作队的正确领导下，通过入户走访，深入群众家中，了解群众之所想，并多次召开群众座谈会、党员代表会，掌握村情民意，认真贯彻市、县驻村帮扶有关工作精神，根据所驻村的实际情况，紧紧依靠村"两委"一班人，积极探索农村工作经验，大胆开展工作，驻村工作得到了上级领导和所驻村群众的一致

认可。结合一年多来的工作体会，我认为树立"四个一"意识，才能打好驻村第一书记帮扶攻坚战。

一片情怀

"以前外出打工就像'打游击'，东一榔头西一棒槌，离家远收入还不稳定。如今在自己村里苗木基地打工，这活咱在行，不用东跑西颠了，收入还稳定，俺真是打心眼里高兴啊！"2017年6月15日，汶上县康驿镇东唐阳村村民张有荣一边熟练地修剪国槐，一边高兴地告诉我这个驻村书记。

汶上县康驿镇东唐阳村位于康驿镇东北角，全村人口1290人，以前主要以种植玉米、小麦为主，一亩地一年下来就只能挣1000元左右。"要想走上富裕之路，还得发展特色产业。"东唐阳村书记徐祥成如是说。

该村立足本村资源优势，调整产业结构，因地制宜发展绿化苗木种植特色经济。据统计，该村共180户村民发展苗木种植产业，流转周边村镇土地2600亩。贫困户通过收取土地租金、就地务工等方式增加了收入，全村21户贫困户2017年全部实现脱贫。

苗木产业红红火火，但是发展的过程并非一帆风顺。"前几年苗木种植行情不好，看着地里卖不出去的树，我心里就像堵了一个疙瘩。"村里的苗木种植大户徐光勇说道。他承包了200余亩土地种植法桐、国槐等苗木，一提起前两年苗木种植遇到的问题还是不由得后怕："当时很多人没撑住，甚至把苗木砍了当柴烧。后来多亏县公安局治安大队的王运华书记，不仅帮我们联系了销路，还带着我们到外地参观学习，帮助我们分析市场行情。镇农办邀请农林专家定期给我们讲课，现在我们淘汰了老旧品种，引进了新品种，不仅成活率高，品相好，卖价还高，收购商都抢着来收购，我又从附近的石塘村流转了60亩地，打算大干一场。""以前我帮着别人收拾苗圃，学会了苗木种植技术，看着村里人种苗木赚钱，我也想承包土地自己干，可没有启动资金，只能干瞪眼。多亏了村里的第一书记帮我协调了贷款，流转了10亩地，现在地里的苗木快长成了，已经预定了出去。赚的钱不仅能还清贷款，还能再扩大规模。"该村贫困户孔祥森指着面前苗壮生长的树苗，充满希望地说。

为了提高种植户的种植技术，让苗木种植真正成为村民们致富之路，村里设置了致富讲堂，定期邀请苗木种植专家、镇农技专家、苗木种植大户为村民讲授苗木种植技术、分析市场行情，带动其他村民从事苗木种植。如今苗木种植成为东唐阳村的朝阳产业，村民在苗木种植铺就的致富路上越走越快。

一把柔情

农民群众是生动而具体的，是现实而感性的。经历改革开放三十多年的发展，新时期的农民群众有了一定的文化程度，随着电脑网络的普及使用，他们的见识也多了。随着通信技术的进步和移动网络的全覆盖，他们更是用上了手机 QQ 和微信，对外面的世界了解更多，法律意识也不断增强。这就要求我们在农村工作中必须转变观念，改变工作方法。比如，在方田建设清障的问题上，虽是为大局服务，但还是有些人不理解不支持，在自身利益和集体利益的天平上失衡。要解决这种难题，首先要重视做他们的思想工作，主动入户谈心拉家常，动之以情晓之以理，把他们思想上的心结给解开了，接下来的工作开展起来也就一帆风顺了。和群众交流沟通应该有水滴一样的绵柔劲，用柔情化解群众的矛盾，这是我们驻村书记做好工作的一项不可缺少的本领。

一种坚持

驻村帮扶可以说是一场持久战，帮扶不仅要实现村庄外在形象的提升，还要增强村庄发展的"内生"动力和自身的"造血"功能，打赢这场战争必须有坚定不移的信心和坚持不懈的毅力。我包驻的东唐阳村经济基础落后，家底薄弱，推动村庄发展、带领群众致富有许多困难需要解决，我们要量力而行，尽力而为，为群众办实事。在解决困难的过程中有些村民会不理解不支持，不过这是暂时的，要耐心细致地开导说服，千万不能意气用事当甩手掌柜，那样会让群众对我们失去信任和信心。东唐阳村目前发展水平低，部分工作群众不满意，如果没有一个坚强的、过硬的农村党支部，党的正确路线、方针政策就不能在村得到具体落实，就不能把东唐阳村的党员团结在一起，也就谈不上带领群众壮大村集体经济，发展农业生产力。作为第一书记就是要把落后的村党支部转化为有战斗力、凝聚力、生命力的新型战斗堡垒，以坚定不移的信心带领群众致富，这是我们驻村书记应该坚持认定的目标。

一身正气

在驻村工作中，作为第一书记，我积极协调，做好帮扶项目的争取和落地，能为村庄发展带来示范和推动作用。在 2018 年济北大道入口处安装村牌坊和文化广场建设中，我作为项目的主要负责人，在项目落实的过程中，认真完善各项手续，充分发挥村"两委"、村务监督会、村民代表大会这"四会"和村务公开栏这"一栏"的作用，公开、公平、公正地处理村务，从源头防止和杜绝发生不正之风。

"打铁还需自身硬"，作为驻村书记更要严格要求自己，做到守住底线、不碰红线，在廉政建设上以身作则，时刻激发自身的正能量，树立驻村第一书记在党员群众心目中的良好形象。

三月春风似剪刀，剪出南旺新生活

工作队长

孔令状 2017 ~ 2018 年度，任汶上县南旺镇党委副书记（挂职）、下派工作队长。

"日丽风和艳阳天，村里风光异从前。春播临近人忙碌，沃土新翻泥味鲜。铁牛高唱田野美，画图初展天地宽。十九大引活水来，前程似锦百花妍。"一转眼，我来南旺镇驻队已有一年有余，看着沐浴在三月春风里的南旺，感到万物生机勃勃，一股子向阳劲儿！

2017 年 4 月，我被县委选派到南旺镇驻队，担任乡镇党委副书记，带领 12 个驻村工作组,下沉到基层,帮助包驻村村级党组织建设,协助贫困村村集体经济发展。

因为生在农村、长在农村,工作起初,我错误地认为农村工作有啥难的,不就是下下通知、开开小会就行了。后来,经过一段时间适应性的工作和生活,彻底推翻了我的初想。一个村居的发展,最主要的是农民,农民组织意识强则能促进整个村的组织建设更强,农民生活水平提高则能带动整个村的生活水平,而我们下派驻村的最终目的,就是抓党建促脱贫,带领贫困村或党组织软弱涣散村共同奋进开创小康生活。

2013 年 11 月,习近平总书记到湖南湘西考察时首次做出"精准扶贫"的重要指示,那时我了解到,扶贫不是一件简单的事,脱贫不仅仅是让老百姓吃饱、穿暖的问题,而是让贫困群众共享改革发展的成果。到南旺镇任职后,下派工作给了我关于"扶贫"更准确的定义。

初到南旺镇,党委书记颜世旺同志对我们下派干部表示了欢迎,带领我们走访每个包驻村,为我们细细介绍村党组织建设及村集体经济情况,并着重介绍了 10 个省定贫困村的详细情况,让我们对包驻村的基本情况有了初步的了解,为以后工作的开展打好了基础。在此,我十分感谢南旺镇党委书记颜书记,在带领我们了解包驻村的同时,他对我们的食宿问题也很关注,把我们的生活工作安排得井井有条,让我们在驻村工作期间,不用再操心食宿问题!

自从下驻到村,我主动沉下身子,入户走访贫困户,了解他们的生产生活情况,询问是否有实际困难。寺前三村房姓贫困户,亲人因故早逝,独留老大爷孤身一人。我了解情况后,及时与镇村领导和局里领导联系,申请是否能给该户送去一些慰问物资。县住建局王局长获悉情况后,亲自走访贫困户,与老大爷话家常,倾听大爷心声,并为他送去米、面、油等生活用品,虽然物品价值不高,却也能聊解老人的一时之急。杏林村有一位田姓贫困户,自小腿部发育不良,行动不便,夫妻两人没有生活来源,虽然有国家政策帮扶,但两人身体太弱,常年打针吃药,汤汤水水花费不少。但老两口性格很积极,每次走访他们家,老大哥都会热乎地拉着我的手:"孔书记来了!来来来,快上屋里来坐坐!"田大姐还会拿出笼屉里新蒸的包子给我:"快尝尝,马蜂菜(马齿苋)的,我搁了不少油,专门给你留的，快尝尝!"咬一口，喷香!虽然老两口对待生活有着乐观的态度，有时坐一起聊家常，大姐时常还是不免会惋惜，"唉，我这腿也不中用，不然就能下地干点儿活挣点钱了"。2017年11月，针对一些贫困户"因病因残离不开家、自主创业拿不出钱、家有重病患者等不起时间"的实际困难，镇党委颜书记帮助省定贫困村杏林村引进了扎花手艺。鉴于该户老大姐的身体状况，我主动帮她联系镇、村干部，把扎花材料和手艺送到大姐的家里，让她在炕头上就能实现自己的劳动愿望。大姐很高兴，经常给我打电话："孔书记，你啥时候来俺家，我做扎花挣了不少钱，前天恁哥哥买了二斤肉我包了包子还给你留着呢!"授之以鱼不如授之以渔，帮助田大姐掌握一门手艺，以自己的劳动换取生活补贴，始终比一两次的现金慰问要实际得多!

扶贫，往小了说，就是"谁贫困就扶持谁"。也或者说，为了共同富裕的最终目标，我们要携手贫困群众，从生活上帮助他们，从精神上鼓励他们，带动他们战胜一时的困难，为更加美好的新生活奋勇前进!

如果说促脱贫是目的，那么抓党建就是先决条件。一个组织，党的建设是前提，只有建成了坚固的战斗堡垒，才能更好地发挥党员的先锋模范作用，才能带领大家尽快实现脱贫，共同迈向康庄大道。

换届选举工作应该是2017年党建工作的重头戏，每个村的情况都不尽相同，如何稳定有序地完成换届工作是一项艰巨而繁重的任务。自11月县委召开换届选举工作会议以来，南旺镇党委根据上级指示，结合全镇实际，多次召开专题会议，研究部署换届方案。会上，我仔细做笔记，尤其记录各位领导同事对于每个村的情况介绍，与他们多交流，认真分析村情村况。会后，及时召开下派干部工作会议，就换届选举等工作与他们交流意见，认真听取他们的意见和建议，并走访到村，与村民坐在一起，询问党员群众意见，做好记录，回到办公室主动向领导汇报工作动态。12月26日起，县委派驻南旺镇12个工作组包驻村稳定而有序地圆满完成了支部换届工作。新任支委干部大都年富力强，精神状态良好，能及时投入到新的党组织建设当中去，有的还是村中的种粮大户，带领村民发展壮大村集体经济有了新的希望。

抓党建促脱贫是我们下派干部的最终目的。一个下派干部，只有做好自己分内的工作，才能得到百姓的尊重。习近平总书记在《之江新语》中讲到"一切为民者，则民向往之"的"郑九万现象"。"一个偏僻的小村庄，因为他们的支部书记生病了，一天之内村民自发筹集了数万元手术费为他治病，村民们说'就是讨饭也要救他'。当地就有一些干部不由地发出了'假如我病倒了，会有多少村民来救我'的感慨!"感人至深的一段话语，让我感悟至深：做一个干部很容易，如何能做成一个"郑九万"式的好干部却非常不容易。今后的路还很长，任重而道远，让我们一起，收拾行囊，向着"好干部"的目标，为着南旺的新生活，不忘初心，继续前进!

为有源头活水来

第 一 书 记

姬传东　2017 ~ 2018 年度，任汶上县交通运输局驻南旺镇寺前
　　　　　一村第一书记。

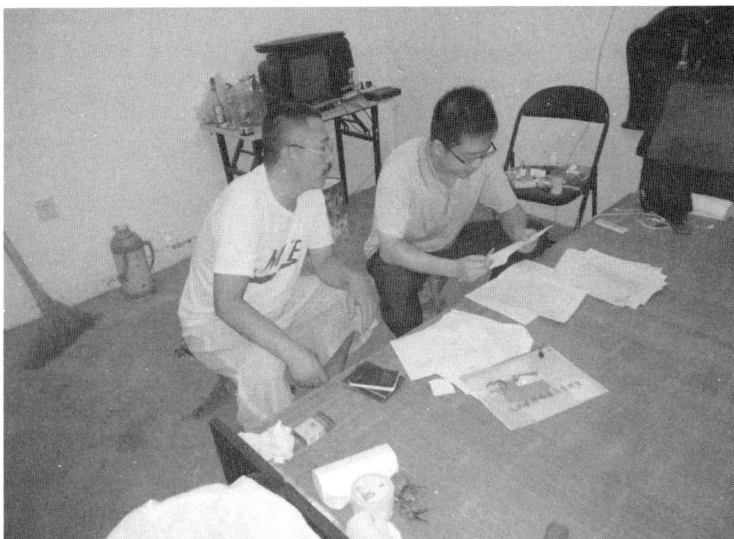

　　我是汶上县交通运输局一名大学毕业不久的年轻干部，根据县委、县
政府的安排，到南旺镇寺前一村担任第一书记。第一次来到村委会大院的
时候，很明显地感觉到这里的村支部就像一位年迈体弱的老人，缺少朝
气，没有活力，陈旧，滞后。映入眼帘的一台老式电脑已经落满灰尘，一
根折断的宽带光纤散落在屋角，墙壁上因为短路烧毁的插座不时发出滋滋
的打火声音。看到这些后，我决定，驻村工作要从打造一个有生机的村支

部开始。

我们工作组为村支部开通了宽带，购置了无线路由器、无线网卡等网络设备，为村办公场所覆盖了无线信号。我从自己家里搬来了一台电脑，搭建起便民利民的 O2O 服务平台，为办公室挂上"为民服务室"的门牌，自己动手更换了墙壁插座，维修了会议室和走廊的电灯。村支部书记看着村委会大院对我说："您来了没几天，咱们这里可真是有了大变化啊！"

随后，第一书记工作组从村民反映最强烈的道路硬化问题入手。为了赶在夏收前完成村内道路硬化，以便村民晒粮，我们放弃了五一小长假，倒排工期，赶制施工方案，协调项目资金，联系施工方和建材供应商。经过几个星期的赶工，道路硬化如期完成。村支书感动地说："你们真有干劲，假如我们村干部也有这种精神，村里工作肯定能做得更好。"听到村支书的话，我感到无比欣慰，并下定决心要更加努力，用自己积极工作的热情感染每一位村干部，带动大家的积极性，在两年驻村结束时，为村子留下一个有活力、有干劲的好支部。

当村民们看到第一书记能为村里办实事之后，经常去村委会找我，提出一些诉求，希望我能为村里带来更多变化。其中，提到最多的是村里有个污水沟。那里长约 200 米，宽约 4 米，地势低洼，常年积水。后来有人往沟里排放生活污水，倾倒垃圾，甚至有人搭建猪圈，渐渐地，那里便成了一条臭水沟，每逢夏季，散发异味，滋生大量蚊虫，附近的村民苦不堪言。这条污水沟已经存在了几十年，以往多届村支部的几番治理都没有起到好的效果。

工作组下决心要根治这个污水沟。我立即到县住建局邀请设计专家制作了施工方案。当村支书看到预算资金需要 20 万元时，可犯了愁，说："咱们这里又没啥集体收入，这 20 万元哪里来？"为了解决资金问题，我们工作组多方筹资筹劳，通过一个月的积极争取，先后得到了镇政府和有关单位的大力支持。第一书记派出部门又拨付了 10 万元的帮扶资金。最终资金问题得到解决，污水沟治理工程顺利启动。

为了确保工程质量不出问题，我们选用了高标准的直径为 1 米的混凝土排水管道。为了排水流畅，我们加大了管路整体的倾角，铺设管道的最低处甚至深挖了 10 米。其间，有位同事对我说："您弄这么好，最后用土填平了，也没人看得见啊。"我笑着对他说："咱们只有保证施工质量才能确保这里以后不会再出'症'，咱们拿着资金为村民办事，得对得起自己的良心啊！"施工队伍使用新土将污水沟填平，然后将道路夯实。污水沟填平了，排水系统做好了，困扰了村民们几十年的异味和蚊虫问题解决了，村民见到第一书记都热情地说好。

接下来，我们工作组出资为村内的健身广场和活动场所安装了照明设施。以往一到夜晚就沉寂的广场，现在热闹了起来。刚装上灯的那会儿，我经常在晚上去广场察看照明效果。有一次，听到一个正在广场上玩耍的孩子兴奋地问身边的人："是谁给我们安装的灯呀？"有位村民指了指我，告诉孩子说："他装的，他是第一书记。"孩子跑向我问："第一书记是什么啊？"我告诉他说："第一书记就是县委、县政府派来帮助老百姓解决困难的人。"

后来，工作组又为该村争取到市级扶贫村道的有关奖补资金10万元，工作组派出部门又为该村拨付了农村公路资金10万元。工作组将利用这些资金，为村里硬化更多的道路，实现村民期盼已久的水泥道路"户户通"。

针对该村没有集体收入的情况，工作组通过帮助村委会向外承包闲散土地，向外承包变压器，转包到期土地，合理利用机井，将已经废弃的灌溉沟渠变废为宝收取租金等方式，不断增加村集体收入，逐步摘掉空壳村的帽子。

在扶贫方面，工作组对往年的扶贫光伏发电设备进行了维修，坚持每天观测仪表，确保设备工作正常。工作组在工作经费中拿出钱来慰问困难党员。在中秋、春节等节日，第一书记带着米、面、油慰问贫困户。第一书记还联系了派出单位及相关单位的团员青年和团干部们，到村里开展走访慰问，亲情服务。工作组定期帮助贫困户整理"一袋清"贫困信息档案，统计核对贫困户收入信息等。当前，工作组正在为该村实现全面脱贫继续开展攻坚工作。

在一年多的驻村工作中，我和工作组成员坚持"吃住在村"，全身心融入村级工作。在村级会议、精准扶贫、防火禁烧、禁毒铲毒、信访维稳等工作中，都能看到第一书记忙碌的身影。第一书记的驻村工作，给村级班子注入了活力，拉近了干群关系，得到了村"两委"和村民们的一致认同。

路通了，灯亮了，群众的心暖了

第一书记

周广田　2017 ~ 2018 年度，任汶上县城市管理局驻南旺镇柳林
　　　　三村第一书记。

"再好的车进来也得原路回去，天黑了根本就不敢出门。"这是汶上县南旺镇柳林三村村民对村里以往道路的描述，不过这一印象随着村内中心街的修通已经随风而去了。

2017 年 10 月 18 日，由驻村第一书记周广田带头修建的水泥道路在村内中心街贯通，彻底改变了村民出门难的问题。现在人们看到的是一条干

净、整洁的水泥路和路两侧数十盏崭新的太阳能路灯，村民们驾驶着农用三轮车、电动车等交通工具，自如地来往于村间。熟识的老乡都纷纷前来和他打招呼，说着感激的话，听到这些，作为驻村干部，心中自豪感油然而生。

2017年初，组织上任命汶上县城市管理局党组副书记周广田担任南旺镇柳林三村驻村第一书记。4月2日，驻村工作组成员驱车来到所包驻的南旺镇柳林三村，发现村内中心街道路泥泞不堪、高低不平，留下了深刻的印象。路边几位村民在得知来者是县里派来的驻村帮扶工作组后，告诉工作组："村里路不好走的情况一直都存在，村里的路多数都是坑坑洼洼的，下了雨根本没法走，到处都是积水，出不来进不去的……""不下雨的时候，出门一身土，下了雨之后，又弄一身泥，晚上还没有路灯，经常有村民因看不清路而摔倒，出门买个东西也非常不方便！"说起村里的状况，几位村民都是愁眉不展的。

看到这个情况，驻村工作组暗暗发誓，当年无论怎么样，一定要为村民修好这条中心街。为了详细了解情况和村民的心态，工作组成员迅速开展工作，通过深入走访座谈，了解到村民对修路和安装路灯的愿望十分强烈，并多次到实地查看，发现该村不仅存在着中心街道路泥泞不堪，出入不便的问题，村内十字路口仅有的几盏路灯也都没有灯泡了，而且路两旁长满了杂草，村庄的村容村貌和环境卫生也相当差。

"村里也早就想修路了，只是目前村集体经济收入薄弱，收不抵支，村委会也是心有余而力不足。"村支部书记吕修洞无奈地说道。

面对存在的问题和实际困难，驻村工作组没有气馁，多次和村委会一起想办法、找路子，多方筹集资金，通过申请上级部门拨付、组织村民自筹、驻村工作组帮扶等方式，顺利地解决了困扰修路的资金问题。经过一系列前期准备工作，柳林三村中心街道路修建工程于10月3日正式开工建设。施工期间，驻村工作组成员天天靠在施工现场，遇到问题，及时和施工队沟通，保障了工程的顺利进行。在施工中，工作组也遇到了一些问题，当施工至一户村民家门口时，因为自己门口低矮的原因，该村民一度阻挡道路的推进。驻村工作组知道情况后，和村支部书记一道前往该村民家中，动之以情、晓之以理，从村情村貌、修路好处、群众期盼等方面进行调解劝说，该村民顿时醒悟，积极配合道路施工。经过 15 天的紧张施工，一条长达 1100 米、宽 4 米、水泥厚 15 厘米的高标准硬化道路顺利建成，同时开工进行的还有道路两侧路灯的安装，共计为村内道路安装太阳能路灯 50 余盏。

"现在出门心情畅快了，白天开车通畅了，晚上出门方便了。"一说起驻村工作组为村里修路这件事，在路灯下打牌的几位村民都高兴得合不拢嘴，纷纷为驻村工作组点赞。

一条连心路，盏盏照明灯，让驻村工作组得到了村民的认可，每每走在路上，村民都热情地和工作组成员打招呼，工作组成员也真切体会到了为老百姓做好事、办实事的自豪感和成就感。现在，工作组成员已经在琢磨着怎么疏通道路两侧排水沟、铺设花砖的事情了。路通了、灯亮了，让村民感受到了驻村工作组到来后带给村容村貌的新变化，让村民记住了县城市管理局驻村工作组和他们一起在柳林三村度过的美好时光。

唱好驻村工作"三部曲"

第一书记

姬广智 2017～2018 年度，任汶上县水利局驻南旺镇柳林一村第一书记。

"既然组织安排我们驻村，我们就一定要对得起组织的信任，对得起柳林一村的群众，尽职尽责把工作做好，为群众做点实在事。"2017 年 4 月驻村以来，县水利局驻南旺镇柳林一村工作组就把这句话当成了驻村工作的目标。短短 8 个月，他们多方奔走，全力以赴，唱好了自己的驻村工作"三部曲"，赢得了群众的信任和支持。

一部曲：摸村情、定计划

工作组到村后，第一时间召开了村"两委"见面会，与村"两委"成员进行座谈，就驻村帮扶工作进行探讨交流，了解柳林一村基本情况。与此同时，工作组积极走访老党员、老干部、老模范，走访困难户、富裕户、上访户。在此基础上，集中对村里群众进行逐门逐户走访调研，了解群众家庭生产生活、住房、收入等情况，获取村情民情的第一手资料。在走访过程中他们认真倾听民意诉求，注重搜集群众反映的热点难点问题，积极征求群众对村里发展的意见和建议。经过梳理汇总，与村"两委"深入研讨交流，科学制订了年度工作计划和两年发展规划，为做好帮扶工作打下了坚实的基础。

二部曲：找专家、解难题

通过走访座谈及实地察看，工作组找出村里急需解决的四个问题：没有路灯、吃水困难、环境脏乱、农田设施老化。针对上述问题，结合自身特点，工作组不辞辛苦，多方奔走，请来了各方专家将问题一一对症解决。一是完成太阳能路灯架设。根据施工条件和群众意愿，利用第一书记项目资金5万元，同时发动村民自筹，请来市政方面的专家进行现场查看指导，在本村主干道（光明大街）、三条进村道路（北大路、清华路、南开路）、学校周围等重点地段架设路灯。共安装太阳能路灯26盏，解决了群众夜间出行的照明问题。二是提升农村自来水饮水质量。2017年5月3日请县水利局农村公共供水专家到村，走访20余户群众，对供水泵站及整个供水管线都进行了现场查看，摸清了原因，了解了情况。经过考察论证，广泛征求村民意见，对自来水水泵进行了更换，解决了村民的吃水困难问题。11月上旬，又由县水利局出资近4万元安装了自来水消毒设施一套，保证了全村的饮水安全。三是抓好美丽乡村建设。针对村庄环境须加强治理的实际，积极协调有关部门拨付美丽乡村补助资金4万元，硬化学校周边重点路段共计1000平方米，极大地方便了群众出行、学生上学。四是完善农田水利设施建设。针对农田水利设施老化需维修的实际，请县水利局农水站专家对农水设施进行评估，报请市水利局、市财政局，获得《关于汶上县 2017 年市财政投入用于小型农田水利设施维护管理项目实施方案的批复》，其中涉及我村维护维修项目资金 8 万元，用于农田水利设施改造，打井 5 眼，并配备水泵、输水管等配套设施。目前已全部完成，为群众进行农业生产创造了良好条件。

三部曲：抓党建、促发展

打赢脱贫攻坚战，党政干部带头是关键。在做好解决村里实际困难的基础上，工作组还开展多项工作，促进基层党建，宣传党的政策，帮助困难群众脱贫致富。一是下大力气抓好党建工作。利用党员学习日、党员活动日开展好支部活动，组织党员干部群众认真研读党的十九大报告和党章，原原本本、扎扎实实、原汁原味学习好党的十九大精神，结合村里实际，激励全体党员干部群众上下同心、合力攻坚，努力在新时代中国特色社会主义新征程中为村级发展做出新的贡献。二是落实村级集体经济发展工作。与村"两委"充分研究本村的资源、资产等状况，找出自身优势，采取土地租赁、托管等方式，将园区附近的村民土地统一托管或承包，签订了合同，群众收入得到了保证，实现了村级集体经济收入 3.2 万元的目标。三是开展走访慰问群众收集民意活动。争取县水利局资金 5000 余元，分别在七一、中秋节前后，对困难党员、贫困群众老干部开展走访慰问活动，对全村困难群众、老党员、老干部逐一进行了走访，认真听取他们对村集体经济发展、美丽乡村建设、村班子运行等方面的意见和建议，并为他们送去了油、大米等物品。四是大力宣传党的惠民政策。为推动各项强农惠农政策的落实，让农民群众更加充分地了解、享受强农惠农政策，工作组自行印发了《强农惠农政策摘要》1000 余份，并积极深入农户，宣传强农惠农政策，做好政策讲解工作，广泛听取了群众的意见和建议。走访期间，积极为困难群众刘太明申请了助学贷款，为因病造成生活困难的刘传文、耿体育申报了低保救助等。

"不忘初心，方得始终。行百里路者半九十，深入基层是必由之路，砥砺前行是必经之路。"在工作组看来，被委以驻村的重任，既是一种肯定，也是一种担当。在联系群众的第一战线，不仅要深入贯彻落实习总书记关于抓基层，推动基层建设全面进步、全面过硬和精准脱贫的重要指示精神，还应牢记自身的重要使命，将驻村的工作职责当成联系群众的桥梁、干事创业的舞台，以群众脱贫致富为核心，改变村容村貌。在工作中，要和群众打成一片，常到农家地头，以群众的所见所闻，了解其所思所想、所愿所盼，用真心诚心取得群众的信任，帮助群众解决切身利益的每一件小事，这样才能在循序渐进的坚持中取得帮扶成效。

党在我心中，点滴传真情

张　锋　2017～2018 年度，任汶上县工商行政管理局驻南旺镇
南旺四村第一书记。

　　我叫张锋，是县工商局的机关干部。2017 年 4 月，根据上级安排，到南旺镇南旺四村担任第一书记。面对新的工作岗位，心里着实忐忑了一阵子，我虽是土生土长的农村人，还是南旺人，可是 20 多年的工作经历，几乎和农村工作不沾边。在驻村工作的两年时间内，能为乡亲们做点什么，为村委会做点什么，为贫困户做点什么，心里一点底都没有。怀着这种复

杂的心情，我住进了南旺四村的村委会大院内。

从入户走访入手，将自己融入变成村民

走访的第一天中午，我怀着不安，走进一吴姓农户家中时，正赶上这家人要吃午饭，看到我们进家，他们立即放下碗筷，热情邀请我们一起尝尝农家饭。我们虽然婉拒了，可真正感受到了农民的淳朴。这位中年汉子，毫不掩饰自己的观点，说上一届驻村的为村里修了路、安了路灯，解决了出行难的问题，你们又来了，村里肯定会有更好的发展。看着憨厚的笑脸，听着淳朴的语言，我的心也释然了。原来村民对我这个陌生的驻村干部还是接受的，至少是不排斥，这也给了我自信，坚定了驻村帮扶的信念。有了良好的开端，沟通顺畅了，对村的了解也更准确翔实了。集中走访中，我兜里时常装着一个小本，把村里的人口、土地面积、经济收入、党团员人数、低保户等基本情况都记下来，做到心中有数。除了力所能及地帮助村民解决一些困难外，还主动要求和村干部一起去接待村民来访，调处矛盾纠纷。通过走访、了解，我深切感受到了农村工作的辛苦和农民生活的艰辛，也深深体会到能够为老百姓办成一件实事好事更是一件快乐的事。

从思想工作入手，让村级班子强起来

村班子强，首先书记强。借 2017 年底"两委"换届的东风，通过广泛征求意见、多方考察，选出了年轻有为、有思路、敢担当的吴鹏为村支部书记，同时对村"两委"进行优化组合，新班子老中青结合、知识面广、视野开阔、胸怀群众、蓬勃有朝气，凝聚力增强了，活力提高了，成效显著了。在此前，村"两委"虽然健全，但成员之间沟通少、协作少，一团和气的背后是散沙一盘，各人只做分内之事，甚至分内之事可做可不做的就不做。这次换届后，在逐个成员交换意见的基础上，召开了几次民主生活会和支委会，针对以前存在的问题，大家各抒己见，谈想法、提建议、定措施，经过红脸出汗，村班子成员都敞开了胸怀，扔掉了自己的

"小算盘"。大家相互合作、优势互补、强强联合，事事拧成一股绳，尽己所能把事情做到最好，为做好村里工作安装了一台强有力的"发动机"。

从增加收入入手，让村集体经济强起来

南旺四村虽是镇驻地，但村里没有任何收入，是有名的"空壳村"，建档立卡的贫困户30户，接近全村总户数的10%，是省定贫困村。如何摘掉贫困村的帽子，这是摆在面前的首要课题。经过反复思考，借鉴其他村的成功经验，我和村"两委"商议决定，农村就要立足土地，从土地流转入手。土地是农民的命根子，刚开始，农民有点不理解不支持，我和村"两委"利用广播、入户宣讲，宣传土地流转的政策及好处。经过努力，流转土地500多亩，村集体增收3万元，农民兄弟在确保土地收入的同时腾出了双手和时间。让闲下来的农民有活干，再次增加农民的一份收入，这是我的又一心愿。在走访中发现当地的个体私营经济比较活跃，通过和这些私企老板做工作，让他们优先招用本村村民，尤其贫困户。现在仅南旺镇第一加油站就为20余名村民提供了就业岗位，村民月收入达4000余元，加油站利税突破100万元，在为本村脱贫致富、早日建成小康社会中做出了突出贡献，也为国家的发展贡献了自己的力量，实现了经济效益和社会效益的双丰收。

从村民冷暖入手，提高村民幸福感

贫困户吴兆俊妻子患有乳腺癌，只有一个女儿，因医疗费太多，孩子上学花费大，家庭困难，其妻子多次表露出轻生的念头。一定让她重燃生活的希望，这是我得知这一情况后的第一想法。我和村干部多次找她谈心，和她交流一个完整家庭对孩子健康成长的重要意义，并给她讲了许多顽强抗击病魔的故事，鼓励其树立生活的信心。在得知其独生子女证迟迟未发下来的情况后，我多次联系镇计生办，将独生子女证送到其手中并帮助其顺利领取了相关补贴。在领到补贴的当天，她还专门给我打了电话，表示感谢，还要给我交点电话费，说我在帮助她的过程中，肯定打了不少

电话。电话费我肯定不会收，但收到了很多感悟：真心可以换来真情，付出点滴汗水，赢得的是沉甸甸的回报。我深深感受到只有把群众当亲人，群众才会把我们当亲人，用一个个看似微不足道的事例演绎了自己作为一名驻村干部丰富精彩的生活。经过这件事情后，工作不论大小、轻重，每一件事情我都会用心去学、努力去做，力求做好。同时，还不断调整工作方式，自己主动找事做，积极向村民介绍自己。现在，闲暇时，我喜欢到老百姓家里走走、看看、聊聊，听听他们讲些只有本地人才会心一笑的故事，听听他们酒后哼唱的小调和爽朗的笑声，而我则在谈笑中，用他们的语言和他们能够接受的方式讲讲党的政策，在潜移默化中提高党的威信也提高了村民的幸福指数。

驻村工作是平凡的，但当一个个笑容绽放在群众脸上，一声声谢谢来自百姓口中，一份份满意拉近了自己和群众的距离，这份平凡却让我感动，让我留恋，让我的人生从此有了一份宝贵的财富。

把真情留给群众，让驻村丰富人生

第一书记

王升伟　2017～2018年度，任汶上县统计局驻南旺镇白庄村第
一书记。

根据组织部门安排，我自2017年4月担任南旺镇白庄村驻村第一书记，既感谢组织部门对我的信任，感谢各级党委为我提供了走近群众的工作平台，同时又深感担子沉重，责任重大。组织的信任，领导的嘱托，同事的鼓励，让我来不及犹豫，第一时间走出了机关大门。

白庄村位于镇政府驻地南1公里，东临337省道，村内总人口1368

人，村民收入少，复杂问题多，集体经济空壳，群众基础差。一到任，我从走村串户调查了解入手，从村庄美起来、班子强起来、村风和起来、村民乐起来、集体经济壮大起来抓起，跑遍了全村295户，详细掌握了每一户的情况。我坚持以村为家，用心服务百姓，为民创办实事，以自己的真情和诚意赢得了村"两委"和群众的信任，使白庄村由原来的全镇综合排名后进村一跃被评为先进村。包村工作不仅让我积累了宝贵的基层工作经验，锻炼了处理复杂问题的能力，加深了对农民群众的感情，更重要的是，搭建起了党群干群联系的桥梁，增进了群众对上级党委的了解和信任。

摸实情，理思路，做服务群众的"知心人"

驻村工作一开始，我们就把印有驻村干部姓名、联系电话等事项的同步小康便民利民联系卡分发给群众，使群众在家就能享受到各种便民服务，密切了驻村干部与农民群众的联系和沟通。为了尽快熟悉和适应农村的工作和环境，我和工作组成员李宝同志从走访农户开始，深入"听"、仔细"看"，面对面谈心，心贴心交流，打开了村民的话匣子。对长期在外务工人员，通过电话取得联系；召开了村"两委"干部、全体党员、群众代表座谈会十余场次，详细了解村里经济发展、组织建设、民生事业等实际情况和影响发展、稳定的突出问题。围绕经济发展、公益事业、精准扶贫、基层党组织建设等方面，制订了帮扶规划和年度工作计划，使各项工作开展能有的放矢。为维护农村和谐稳定，我们自带茶叶深入农户家中，用群众家的壶，喝群众家的水，宣传党的政策，征求群众意见，了解群众诉求，梳理热点难点问题。认真开展走访，耐心化解群众纠纷，共排查矛盾纠纷9起，成功化解8起。我们认为：只有怀着一份真感情，才会与百姓一起喝汤；只有真正沉下身去，才会与百姓一块下田；只有真正放下架子与群众打成一片，才会与百姓在一条板凳上聊天，在一个炕沿上唠嗑。

干实事，解难事，做为民办事的"热心人"

由于村里的基础设施较差，我驻村后，把整治全村环境、美化亮化村庄和开展丰富多彩的文化体育活动作为抓手，着力为人民群众营造舒适和谐的生活和工作环境，改善和提高群众的生活质量。我们驻村工作组跟村"两委"积极争取县级部门和镇党委、政府的大力支持，四处协调，积极寻求政策支持。通过努力，争取到了国家项目资金，铺设了一条长1400米的水泥路面，实现了"户户通"。积极协调县局资金2万元，重新装修了村文化书屋，并更换村办公桌椅等，为村民的衣食住行和精神文化生活带来了诸多益处。在广场成立中老年文化活动中心，聘请专业舞蹈老师为村里的广场舞队伍进行了技术指导，并争取到舞蹈比赛服等物资赞助，全村形成了崇尚健康、崇尚知识、崇尚文明的良好氛围。

在走访的村民里，令我印象最深刻的是白玉敏小朋友。白玉敏父母均患有严重的精神分裂症，她只能跟年迈的爷爷生活在一起。我和村文书去她家进行精准扶贫调查问卷的时候，她正在帮爷爷喂绵羊。小玉敏虽然生活条件艰苦，但是学习成绩在班级还是名列前茅的。白玉敏的爷爷也是一位老党员，思想觉悟高。小玉敏的情况我看在眼里，急在心里，只要一有机会我就为小玉敏鼓与呼，为她的美好明天寻找帮助途径。在爱心人士的帮助下，白玉敏终于去了曲阜夫子小学就读，我心中的一块石头也算暂时落了地。

以上所做的工作也获得了认可。在村"两委"工作了41年的白观记老人深有感触地说："一开始我原以为王书记是来镀金的，没想到王书记才来了这么短的时间就为村里的老百姓干了这么多的好事、实事……"

强班子、带队伍，做真情关怀的"贴心人"

党的基层组织是党的全部工作和战斗力的基础，也是保持党的先进性的基础。为了保证包村工作能够有力推进，我紧紧抓住"两学一做"学习教育这个载体，着力建设一支乐于奉献、能干实事、有责任、有担当的"两委"班子。从规范村级制度入手，帮助村"两委"整理印制了《关于加强党支部建设的意见》《党支部建设图解》等材料，完善了会议、民主决策、村务公开等规章制度，建立健全村"两委"工作流程和联席会议制度，大力推行村干部轮值坐班制度，让群众遇到问题第一时间找得着人，办得了事，有效提升村级组织建设规范化水平。先后完善各项制度 8 项，为群众办理事项 53 件，发展入党积极分子 1 人，党支部的凝聚力、号召力得到进一步提升。驻村以来，逢年过节，我都要带着"两委"干部到贫困户、军烈属、老干部、五保户家问寒问暖，拿出现金，为他们添置棉袄棉裤、菜肉面油，让他们时时都能感受到党和政府的温暖。在用过的民情日记上，我密密麻麻记载着经济作物种植面积、农户经济收入、党员花名单、留守儿童名字、低保户等基本情况……

有付出就有回报，2017 年，我很荣幸地被评为"汶上县驻村工作先进个人"。驻村工作的实践让我深刻地认识到：搞好调查研究，是做好驻村工作的基础；为群众办好事实事，是打开驻村工作局面的突破口；抓好村级班子及自身建设，是完成驻村工作任务的重要保证。我深知，"成绩是昨天的句号，奋进是永恒的主题"，下一步，我将借鉴其他驻村第一书记的经验和做法，积极探讨驻村工作的规律和方法，为建设"强富美高"新汶上做出自己应有的贡献。

让美丽乡村更美丽

第一书记

徐恩照　2017～2018 年度，任汶上县地方税务局驻南旺镇太平村第一书记。

2017 年 4 月，按照县地税局和下派办工作安排部署，带着组织的重托，我和局里另一位同志来到南旺镇太平庄村驻村帮扶。南旺镇太平庄村是省级重点贫困村，位于南旺镇南部、济梁公路东侧不到 1 公里处，距县城 31 公里，是南旺镇两个美丽乡村之一。全村共 4 个村民小组，483 户 1653 人，现有党员 31 人，其中 60 岁以上党员 7 人，外出流动党员 13 人，入党积极分子 2 人，一家村级卫生室，归集体所有，一处小学，现有教师 7 名，学生 83 名。该村现有农业用地 1560 亩，村集体机动地 200 余亩，人均 1.06 亩。其中种植小麦、玉米 1200 余亩，蔬菜大棚 150 亩，主要种植西红柿等蔬菜作物，分布在村西。养殖业规模较小，以养猪为主，目前共计 5 户，年出栏 600 余头，养羊户只有 1 户，年出栏 100 余只，分布在村东。村中青壮年大部分外出打工，主要从事建筑行业等工作，方式大都自发、松散。该村捕鱼传统历史悠久，目前部分专业捕鱼户分散全国各地。现有低保户和贫困户 34 个，其中低保户 31 个，残疾人比例较大，村集体收入为零，典型的集体"空壳村"。为做好驻村帮扶工作，我们按照下派办培训会议上"抓党建、促脱贫"的工作要求，结合南旺镇党委、政府工作安排，认真开展了工作。

送政策，解民忧，激发内生动力

驻村一开始，正赶上村里推进移风易俗、"户厕改造"等工作，驻村工作组和村"两委"大力倡导树立优良民风，引导群众自我管理、自我提升，倡导成立了太平庄村"红白喜事理事会"，村里哪家有红白事，驻村工作组和村"两委"都去帮忙，有效推进了移风易俗，杜绝了攀比浪费，有效减轻了群众负担。我们把走访调研和推进"户厕改造"宣传工作结合在一起做。"一个小坑两块砖，篱笆土墙围四边"的旧习俗，祖祖辈辈都这么过来了，村民特别是老年人，有些不理解，还抱怨连连，思想一时转不过弯来。我们积极宣传旱厕的危害，夏天蚊虫叮咬，臭气熏天，老人孩子极不方便，同时旱厕生出的蚊蝇更是各种疾病的源头，好多疾病都是粪便污染造成的。走访宣传过程中，我们发现越是文化层次高、经济收入好的越支持"户厕改造"，低保户、贫困户、残疾人家庭的支持率低。他们不但经济困难，也几乎很少识字。有些老人和残障病人常年看病吃药，家庭因病致贫，对重症慢性病补偿、大病保险等政策不了解或不知道怎么办理，我们驻村工作组积极负责办理银龄安康保险、特惠保险投保卡、新农合、低保救济、粮食直补、扶贫项目帮扶协议等事项，为他们建立了"一袋清"贫困信息档案，鼓励他们增强生活的信心，争取早日脱贫，着力解决"靠着墙根晒太阳，等着别人送小康"等思想。通过深入的思想工作，村民都积极投入到"户厕改造"工作中。从驻村第一天起我们到农田、进农户、议农事，宣传强农惠农富农政策。与群众面对面交流、一对一帮扶，在村上设立善行义举榜，评选好婆婆、好媳妇。村里31个低保户、3个贫困户我都一一走访，其中印象最为深刻是赵小妮和张行良两家。

刚到村不久，村民赵小妮的丈夫因车祸抢救无效不幸去世，原本幸福的一家四口人顷刻间失去了顶梁柱和经济来源，在抢救丈夫时还欠下了一大笔医疗费用。得知情况后我和驻村工作人员买了水果等物品去她家慰问，其红肿的双眼含着泪花，还沉浸在失去丈夫的巨大痛苦中。她近乎乞求地对我们说："我知道你们是县里派来的干部，他没了，我一个人还要养活两个孩子，还要替他还债，你们这些领导要多帮帮我们这孤儿寡母啊……"听着她的话语，我们也陷入了痛苦之中，但坚定地对她承诺说："你放心，有困难我们大家一起扛……"为此，我回到局里后，积极向主要领导汇报，从第一书记工作经费中拿出 2000 元以解燃眉之急，经领导同意后组织局机关干部积极为她家捐款捐物，并通过微信朋友圈为她家募捐到救助资金 1.2 万元，向民政部门申请为她家办理了低保证，同时还积极协调县公益组织爱心联盟为她联系插花的工作，让她在照顾孩子的同时，足不出户一天就能有几十元的收入。当我们再去她家走访时，她的精神状态明显好了很多，一个劲地连声道谢……周围邻居也为我们工作组的效率竖起了大拇指，我们的工作赢得了广大群众一致好评！

帮扶的张行良家，老两口没有儿子，张行良常年身体不好且双目失明，两口子住在 20 世纪 60 年代的土坯房里，透风漏雨，万一发生垮塌，后果不堪设想。为此，我积极向镇民政部门了解相关政策，并多次与村支部书记一起去县住建局协调有关事项，及时为张行良家申请了危房改造资金 1.5 万元。张行良住上三间宽敞的大瓦房时紧紧握着我的手动情地说："徐书记，今天俺终于住上新瓦房了，虽然我眼睛看不见，但心里明白你为我家的操劳和付出！"他的妻子眼中也闪烁着激动的泪花。

顺民意，办民需，解决民生难题

到村走访不久，村民对工作组的期盼就浮出了水面，大都是铺设道路、畅通排水、晚间照明等具体实在的事项。老济梁路路东太平庄村与寺前一村交界处，由于路两旁村民多年盖房抬高宅基，中间的路常年失修，损毁严重，阴雨天排水困难泥泞不堪，逐步形成了多处积水坑，一场大雨积水一米多深，一两个月都下不去，造成车辆通行不便，老人孩子不知摔了多少跤。行路难、排水难，成为村民最关心、最头疼的事。由于牵扯两个村，加上村集体缺乏资金，刚到村，村支部书记就把这个难题交给了我。经过和村"两委"实地查看、走访、做预算，大约需要 3 万元资金进行铺垫硬化，我积极向单位领导汇报，争取单位资金 2 万元，不足部分通过"一事一议"由村里筹集。麦收前终于解决了这个影响两个村 100 多户人家 500 多人行路的难题，深受其害的村民李元平说："徐书记，你给我们办了件大好事啊！"

解决了积水难题，工作组和村"两委"接着研究村内照明问题。通过了解，村里的路灯是几年前架设的，还是老式的路灯，因为村里资金紧张，线路老化，灯泡坏了没有修，街上零星有灯还亮着，而且亮度也不好，一到晚上村里几乎漆黑一片。村内小广场当时安的 4 盏太阳能灯还亮着，少数村民晚上聚集在这里跳舞、说话，利用这种机会我和他们拉家常、沟通，倾听他们的想法。通过和村民、村"两委"沟通商量，我们决定把县财政拨付给第一书记的"一事一议"项目资金用在亮化工程上。工作组和村"两委"积极行动，一方面搞好测量、线路设计、做好计划，一方面研究路灯选型、材料选购、安装施工。事后，我和村支部陈正伟书记到柳林二村实地观看了太阳能路灯安装效果，经过大家的共同努力，全村80 余盏太阳能路灯终于验收竣工了，还做到了全村不留死角。

真干事，干实事，惠及全村群众

一年多来，我们真心为村民着想，为群众办事。为了摸清村里的基本情况，我们走东家，串西家，做家访，抓党建，促脱贫，召开村党员干部会、村民代表座谈会，麦收期间帮助困难户和缺少劳动力户抢收抢种，24小时和镇、村工作人员值守在禁烧点。

为让村里孩子过一个欢乐的节日，六一儿童节，我们为村小学 83 名儿童发放了书包等学习用品，让他们从小享受到党的温暖和社会的关怀。

为让困难党员感受到党的温暖，七一前夕，我们走访慰问困难党员 5名，每户发放慰问金 300 元。

我们坚持勤走访、多亲近、交实心，先后走访帮扶户 200 余次，收集总结村民意见 30 余条，帮助贫困户整理"一袋清"贫困信息档案，带着组织的重托、群众的信任、肩上的责任为人民办实事、解难题，与群众成了一家人。

金杯银杯，不如老百姓的口碑

第一书记

张备战 2017～2018年度，任汶上县广播电视台驻南旺镇柳林二村第一书记。

"我这个黄土埋到脖子的人，自己又没有材料，看病花了那么多钱，要不是那个驻村的书记帮着想办法，这不是给孩子们造孽吗？多亏他们的热心帮助。"这里所说的事是柳林二村八十多岁的老人韩庆科，他2017年夏天不小心摔断了腿骨，2万多元的医疗费没有着落。我们在走访中及时提醒帮助他，国家为贫困户购买的银龄安康保险为他解决大部分的医药费。像这样事关群众利益的事还有很多。听到韩庆科老人的这句话，我觉得心里热乎乎的，这是群众送给我们驻村干部的最好口碑。

长期坐在机关堆砌文字，枯燥而乏味，当组织选派我去驻村时，我心中有了些许激动。在激动之余，内心又有些沮丧，从事新闻采访工作，经常深入乡间地头，报道农民、农村生活工作，但这次组织派驻农村任村第一书记，具体从事农村工作，还真有点丈二和尚摸不着头脑。因为实在不清楚能去干些什么，怎么干。脑海里翻来覆去地想象着自己在村里的各种情形。不论如何，这是上级对我的考验和信任，我下定决心一定要把驻村工作干好、干实。

2017年，春光明媚的4月，空气里透着浓浓的芳香，村东的大棚基地里的蔬菜生机盎然，我怀着一颗激动的心情来到了南旺镇柳林二村。蓦然回首，我在这里已工作一年有余了，时间虽短但对我的触动很大，收获也多。原来一直在行政机关工作，现在到农村工作，角色发生了较大的转变，开展的工作情况也大不一样，我深深感觉到，只有一切从实际出发，为群众切身利益着想，办一些群众用得着、用得上的事，才能让群众真正高兴起来，才能受到群众的拥护和支持。

驻村期间，我把"家"安到了群众中间，坚持吃住在村，目的是了解村情民意，经常下组与村民交谈，用心拉近干群关系，做到从群众中来到群众中去，了解他们的生产、生活情况，在实际工作中，虚心请教村"两委"人员的工作方法，因为对我来说既不懂农村工作方法，又不懂得各类实质性的政策，头脑里虽然想法很多，但又不知道该从何下手。在这种情况下村"两委"人员看在眼里急在心里，主动帮助和关心我，使我迅速找到了工作方向，为做好驻村工作打下了坚实的基础。

根据省、市、县各级对驻村工作的要求和坚决打赢脱贫攻坚战的整体思路，从贯彻"六个精准"要求，到实施"五个一批"工程，到精准"回头看"摸底，我基本掌握了困难户等特殊群体的生产生活情况，并协助村"两委"建立了帮扶台账，完善了各类上墙资料。工作中每到一户，就与他们拉家常，促膝交谈，给他们宣讲脱贫政策，倾听他们的意见和建议并记录下来，作为我们村"两委"在各项工作中还有哪些不足、哪些还需要改进的重要参考资料，既拉近了距离，又与他们拧成了一股绳，合力解决脱贫"着力点"，助推他们在脱贫攻坚路上早日致富脱贫。

驻村干部就是要把国家的方针政策传达到群众中去，充分发挥驻村干部宣传员、调解员的作用，把党和国家制定的政策、规定送到群众手里，让群众受益、受惠。国家针对农村农民的惠民政策很多，但农民群众大都不甚了解，有些农民火烧眉毛的急事难事，依靠国家政策就能解决，省钱甚至不花钱，而农民群众不一定知道，或不知道怎样享受政策扶持，使党的阳光雨露不能普照、普洒到农民群众身上，党的好政策不能及时传达到千家万户。村民李记银，夫妻俩都七十多岁了，还有疾病，家中有两亩耕地交给子女耕种，平时不经常出门走动，每月的花销都靠农保和国家发放的各种扶贫补贴，但自己并不了解这些钱款何时发放，也不知具体的数目。通过到家中走访，了解到他们的诉求后，我和村里一起把他的各种福利补贴一一用表格列出，建立"一袋清"贫困信息档案，发放时间和数量一目了然。并坚持每月到家中走访询问情况，听取他的意见，对一些不能及时发放的，都给他说明原因，通过他传达到村里的其他群众，消除群众对国家各项政策的误解。

工作中不计个人得失，讲付出、讲奉献，用一腔热忱做好驻村工作，时刻关心群众疾苦。2017年七一前夕，为体现党的关怀，专门召开党员座谈会，走访慰问困难党员，发放慰问金。新农村建设中的街道硬化后，村庄美化亮化成为村里需要着重解决的问题。通过调查、召开村民会议，把村庄美化亮化作为第一书记项目，村栽植绿化苗木1200余棵，粉刷公益宣传画750平方米，投资5.5万元，现已全部圆满完成，村容、村貌得到了较大改善。村里群众有热爱运动的习惯，但缺乏广场舞音响，我便为村里协调了音响一套和部分服装，满足了健身群众的实际需求。针对村内图书室缺失，又利用村办公场所，筹措图书建立了村图书室，满足了群众阅读愿望。

2017年是打赢脱贫攻坚战的关键之年，越是在这种情况下我们驻村干部和共产党员越要发挥先锋模范带头作用，勇于担当，适应新常态，保持坚韧不拔的工作劲头和求真务实的工作作风，认认真真地做好脱贫攻坚工作。要完善和健全基层党组织，使之与扶贫工作相结合发挥核心作用，成为带领群众致富的坚强战斗堡垒，使他们相信党、相信各级组织。

一分耕耘一分收获，我在驻村工作中真正体会到了学在深处、强信念提境界的意义，这是我人生的一大财富。我定会在今后的工作中更加努力，以更大的热情投入驻村工作，以实际行动践行初心，砥砺前行。

真心帮扶见真情

第一书记

孔德玲 2017～2018年度，任汶上县检验检测中心驻南旺镇柳
　　　　林四村第一书记。

"婶子，你的腿咋了，走路一瘸一拐的？"

"别提了，昨天晚上去你二大娘家，她家那个胡同的灯坏了，我也没
拿电棒子，摸摸索索地往前走，一不留心就把脚脖子崴啦，唉！"

这是我们村两位刘姓留守妇女的交谈，无意中被我听到了。看着大姐
一瘸一拐走路的样子，我抬头看了看路灯——因为年久失修，有的没有了
灯头，有的电线在杆上乱缠着，呈现出斑驳沧桑的样子，我心里一紧。驻
村以来，从了解村情到深入农户家了解民意，总想着能为老百姓做点什
么，从修缮办公场所、建设文化大舞台到铺设村里的胡同路，唯独没有想
到一盏小小的照明灯却关系着群众的安全。念及此，我放弃了继续走访的
念头，回到村委会大院，和村干部攀谈了起来。

通过了解，村里的路灯是几年前架设的，还是老式的路灯，因为村里
资金紧张，没有专人维护，坏了没人反映也就不管它，只有少数几盏灯还
亮着，而且亮度也不好，一到晚上村里几乎漆黑一片，村民们想串个门都
不方便。听到这里，我暗自懊恼，为什么晚上住在村里的时候，活动范围
仅限于村委会大院？如果到处走走转转，就能及时发现这个问题了，就不
会发生刘姓大姐因为天黑光线不好而受伤的事情了。我决定就在当晚和同
事到处走走，看看到底什么状况。到了夜晚，我和同事拿着手电筒，几乎
走遍了村里的每个胡同，看着街上稀稀疏疏、昏昏暗暗的灯光和黑暗的胡

同巷子，再与一直以来的城市生活相比较，倍感不适。晚上七点二十五分，在城里几乎是大家吃完晚饭出来散步的时间，可是在这里，家家关门闭户，路上几乎见不到人，我们走进了一家商店，店主告诉我们，一到晚上外面黑乎乎的，没有急用，村民一般都不会出来买东西，也几乎没有出来逛着玩的。第二天我就和村里的干部商量，是否把上级拨付给第一书记的资金用在环境建设上，给老百姓安装路灯，解决村民夜晚出行难的问题？我的提议得到了村干部们的一致同意，于是我们一边研究路灯选型、材料选购、线路设计、安装施工，一边准备上报的材料，做计划，我们的项目也得到了上级领导的大力支持，很快就通过了招标程序，进入施工阶段。工程进行得很顺利，仅仅用了十天的时间，我的第一书记项目就竣工并通过了验收。在路灯竣工验收那天，有不少的乡亲站在街上，看着并说着什么。刘家大姐来到我身边，拉着我的手对我说："俺真心谢谢你大妹子，从你们来到这里，就和俺拉家常、问困难，给俺讲解俺应该享受到的好政策，谁家里有活儿就帮着干，这还给我们安了新路灯，干的都是贴心的事儿。还是派下来的干部好啊，以前俺对您也有说话不中听的地方，担待着点儿，别跟我们大老粗一般见识。"听了这些话，我心中不由得升起一种自豪感和光荣感，当然，还有深深的使命感。

晚上站在大街上，看着一排排整齐的新型太阳能路灯在星光下闪烁，我激动的心情久久不能平复。这不禁让我想到了在驻村之前，我为自己制订的驻村原则——"做在前，说在后，大事帮不了，小事帮到底！"要想为村里办些事，就应先了解村情，了解村民们在想些什么，需要什么帮助。

记得 2017 年 4 月，我们刚到村里的时候，有不少村民对我们不屑一顾，说我们装样子，走过场，什么也给村里办不了，更别说老百姓能得到什么实惠了。对此，我们驻村的几位干部相视一笑，因为我们都清楚，只有做出了实实在在的事情，让群众亲身感受到了，他们才能接受我们，我们的工作才能更好地开展下去。

驻村一年多来，为了摸清村里的基本情况，我们逐户开展民情大走访，调查摸清核准村民基本情况和贫困户家庭实情，不定期召开村组党员干部会、村民代表座谈会，在街头巷尾，在农户家中，在田间地头，耐心宣讲强农惠农政策，主动融入群众，不忘初心，始终把群众呼声、群众需要作为工作的第一选择。

在柳林四村残疾人刘利友家中，刘利友的妻子紧紧抓住我的手激动地说："多亏孔书记，才让我们家看到了希望。"边说边把她刚蒸的包子装好要我们带走当午饭。原来，刘利友的儿子刘硕，参加2017年夏季高考，以优异成绩被中国科技大学录取，由于刘利友夫妇都是残疾人，靠收废品维持生活，无固定生活来源，家庭生活十分困难，学费和生活费成了刘硕上大学的拦路虎。我们得知详细情况后，积极协调村里和镇里为其捐助，我个人则拿出1000元现金捐助给刘硕。通过多方的资助，刘硕顺利步入了大学殿堂，圆了大学梦。这一助学举措得到了村委会班子成员和广大村民的一致好评。

麦收期间天气多变，我们活跃在田间地头，一边同镇、村工作人员值守在禁烧点，一边帮助困难户和缺少劳动力的农户抢收抢种，确保了夏收作物颗粒归仓，秋种作物不误农时。

为了家里的留守老人身体健康、在外打工的子女安心挣钱，我们协助镇卫生院工作人员，对全村266名65岁以上老人和糖尿病、高血压患者全部进行了健康检查。

为让困难党员感受到党的温暖，七一前夕，我们走访慰问困难党员5名，每户发放慰问金300元。

为了丰富村民的文化生活，为村里协调拉杆式便携音箱1台、棋牌桌1张、档案橱2个及其他文体设备，价值1万余元。

为解决群众夜间出行难的问题，我积极协调财政资金，利用第一书记"一事一议"项目资金5万元，为村里安装了太阳能路灯25盏，让群众感受到了实实在在的实惠，得到了群众的交口称赞。

"这些驻村干部踏实肯干！帮村里致富找门路，谁家有事儿帮解决，真给我们老百姓带来了切切实实的帮扶！"听着村民对我们的评价，我的心里稍微放松了些。村民们从最初的不理解到主动来谈心，大家对我们的认知一点点在改变，我相信，以我们脚踏实地的行动，努力实现对人民群众的承诺，老百姓会越来越信任我们，我们与老百姓的关系将会越来越密切，我们驻村帮扶工作的开展也会越来越顺利，我对我们村早日摘掉贫困村的帽子充满了信心。

驻村帮扶仍在继续，脱贫攻坚还在路上。我们驻村干部在联系和服务群众"最后一公里"的道路上，需要做的工作还有很多很多……

甘做群众贴心人

第一书记

郗来军 2017～2018 年度，任汶上县食品药品监督管理局驻南旺镇田楼村第一书记。

2017 年 4 月，我被上级选派到南旺镇田楼村担任驻村第一书记，当时心里既为领导的信任感到激动，又有些忐忑不安。到村里担任第一书记，这对我来说是一个全新的挑战。也曾经有过犹豫和担心，但我明白，迎接"挑战"其实也是对自己能力的锻炼和意志的磨砺。一年多的时间过去了，在田楼村这段时间里，我得到了上级领导的关心支持和群众的理解与信任。通过在村里帮扶，参与村里工作，与党员群众打成一片，我深切感受到镇村干部的辛苦和群众生活以及村庄发生的变化，而作为第一书记，能够尽自己的微薄之力，为老百姓办成一些实事、好事，也成为我人生中最幸福快乐的事情。

一来就给了个下马威

记得 4 月初我们驻村工作组刚进村，安顿好床铺锅灶之后，便和村支部书记强同峰同志到村里街头巷尾实地查看情况，很快就听到群众的一些闲言碎语。

"又来包村的了，你们带了多少资金啊，能给咱田楼干点啥事？！"有的群众甚至当街拦住我们，开门见山当面就问。

"感觉像是给咱们来个下马威！"工作组的老周这样悄悄对我说。

说实话，群众的关切和质疑，的确给我带来了不小压力。初来乍到，对村里情况不明，实在是心里没底儿，感到肩上的担子不轻。虽然以前也在乡镇工作过几年，和基层群众打过些交道，但是很少要这样天天吃住在村里，还要直接面对这么多群众。村里的大事小情说起来容易，但涉及群众切身利益，做起来也不那么简单，这让我有点担心，怕自己能力不够做不好。

"你家几口人？主要收入来源靠什么？对村里今后发展有什么建议或意见……"为了彻底掌握村里的基本情况，在村干部带领下，我拿着笔和本子，挨家挨户进行走访，与群众交流谈心，详细了解每户群众的家庭状况。同时，虚心向村干部请教，跟他们交流工作方法，询问风俗人情，学习工作经验。驻村不到两周时间，便将村里的基本情况摸了个透。

渐渐地，和村里的群众越来越熟悉，他们也不再把我们工作组当作"外来户"。走在村里，迎面遇到村民时也能热情地互相打个招呼。有的村民甚至直接找到驻村工作组的办公室，或是咨询政策，或是反映问题，或是拉拉闲呱儿，我们慢慢地成了村民眼中的"家里人"。

既然来了，就得干出个样子

田楼村位于南旺镇最北部，距汶上县城 15 公里，紧邻省道汶金线，全村有 3 个生产小组，共有 298 户 1270 人，耕地 1087 亩，建档立卡贫困户 30 户。该村集体经济底子薄，村民经济收入主要依靠传统种养业和外出务工维持，没有支柱产业和特色产业、村级债务沉重、历史遗留问题复杂等因素制约着经济的发展。

记得第一次参加村支部党员会，与村里党员面对面座谈，我就被老党员们朴质诚恳的发言深深打动。回忆过去，田楼村也曾是镇里的"一面红旗"，各项工作都拔尖儿，只是由于种种原因，最近几年人心聚不住，像一盘散沙，大家各干各的，村里发展也就慢了下来，一点点地就成了"后进村"。看着周边村发展得红红火火，村民们也都是看在眼里、急在心里。

"郗书记，咱村里地少人多，从地里一年到头也刨不出几个钱来，还有村里这几年欠的账也不少，下一步该咋办，你要帮我们想想办法啊！"

"没有退路，既然来了，我们就得干出个样子！"我这样对党员们表态。

在县局党组和镇党委的支持和指导下，我们工作组和村干部认真开展调查研究，并组织村党员干部和群众代表到任城区长沟镇水牛东村参观学习，通过亲身感受水牛东村近年来快速发展的新气象、新面貌，大家达成共识，确定把"扶贫帮扶、改善民生和促进村集体经济发展"列为村内工作思路和努力方向，并在此基础上制订出两年驻村帮扶计划。

家门口的路灯亮了

田楼村庄不大，全村共有一条主街，五条次街，十几条胡同。在走访中，听到有不少群众反映，这几年村里道路硬化了，广场也建了，可是村内以前安装的路灯因为年久失修，常年无法照明，一到夜里就漆黑一片，赶上雨雪天气，村民出行很不方便。

村民强同辉说道："眼看着电线杆子上有路灯，却都成了'摆设'，要是哪天晚上出门有个亮儿，那就太好了！"

我经过咨询，了解到安装路灯属于村内亮化工程，符合"一事一议"奖补政策。通过积极与村干部和党员群众代表座谈，决定将村内街道安装太阳能路灯作为当年的第一书记项目向上级申报。为了充分利用有限的资金，我和村干部逐街逐胡同进行实地查看，最后核算出全村需要安装25盏路灯，为此还专门到外地考察路灯生产厂家。经过半个月的紧张施工，将村里街道废旧路灯拆除，全部更换为节能高效的太阳能路灯。

"家门口的路灯真亮啊！"当夜幕降临，大街小巷里太阳能路灯亮起来，走在村里整洁的街道上，听到村民们望着路灯发出由衷的感叹，我心里也觉得亮堂堂的。

扎实做好每件工作

2017年，帮助村里完善了办公条件，健全完善了民主理财、便民服务、移风易俗等制度，定期组织开展"三会一课"、党员活动日等活动，逐步提高村党支部的战斗力、凝聚力和号召力，村里党建工作稳步开展，田楼村2017年底也第一次扛起了"先进党支部"的红旗。

2017年，积极开展扶贫帮扶，团结和带领村里党员，与全村30户贫困群众进行了结对帮扶，有针对性地制订帮扶措施，帮助贫困户解决实际问题。我还先后为贫困儿童强天乐争取到爱心联盟近2000元物资支助，为贫困党员强同合争取价值1500元的康复床1架，为贫困户强继清申报危房改造，2017年9月底前完工并顺利通过上级验收。

2017年，协助村"两委"将闲置荒废的村委会旧院对外租赁，用于开办村卫生室，方便了村民就近就医，同时也增加了村集体收入，使田楼村甩掉了空壳村的"帽子"。利用田楼村地理区位优势，整合村集体"三资"，通过土地流转和重新发包，发展壮大集体经济，顺利完成了年集体增收3万元的任务目标。

2017年，帮助村里争取上级支持，新建"妇女儿童活动之家"1处，增添了书架、电子琴、棋牌、球类等文体器材，并为村图书室捐助图书500余册。率先完成了户厕改造任务，大力宣传移风易俗政策，积极组织开展广场舞活动，提升了村民文明意识和生活品位。在村里设立咨询站，开展食药安全知识宣传活动，并为村里20名贫困老年人办理了银龄安康保险。

在田楼驻村这段时间，我开阔了眼界，增长了见识，也找到了自己的差距，对如何做好农村工作有了进一步的认识和思考。我始终坚信，只要有上级党委、政府的关心和支持，坚决跟村里党员、群众一条心，真心实意地为群众做实事、办好事，就没有什么事是做不好的。

驻 村

张培国　2017 ~ 2018 年度，任汶上县公安局驻南旺镇大店子一
村第一书记。

在驻村点我着实调侃了一把久江"二哥"：都快退休的年龄了还和二
嫂视频聊天秀恩爱。"二哥"只是幸福地一笑说：你二嫂人很好！

我的驻村战友陈久江，原车管所指导员。我对他的称呼是"二哥"，
我觉得很亲切。因为我们一块儿驻南旺大店子一村，随着时间的推移，对
"二哥"逐渐有了更深的了解。二嫂的贤惠培养了"二哥"三不会：不会
做饭，不会开车，不会用电脑。但"二哥"又是个勤快人，买菜、烧水、
打扫卫生、倒垃圾、洗碗刷锅全包了。这不，又干起了提矿泉水桶的活，
这让我这个做小弟的惭愧了好一阵子。

一块进村入户，"二哥"说：你是第一书记，你走访我照相。于是很
多照片多了我的形象少了他的身影。

刚入大店子一村的时候，"二哥"说：大店子很好找，联通铁塔就建
在村委会大院，老远就能看得到。村委会办公室很特别，农户压着村委会
房顶盖，四间房子一个门。在村委会办公室有急不能解决，没有厕所。我
笑着对他说，你到大运河边树林里解决不就完了？

随着驻村工作的深入，我们走街串巷，入户调研，和老百姓拉家常，
到贫困户家嘘寒问暖，我们了解了贫困户的具体情况，也和他们拉近了
距离。

为了丰富党员组织生活，提高党员干部素质，我们组织在家的党员、

预备党员到县党员干部党性教育基地进行了集体重温入党誓词活动。通过参观学习，大家感受了当年艰苦的斗争环境，为革命先烈不屈不挠的革命精神所鼓舞，加深了对党的革命精神和优良传统的理解和认识，受到了深刻的党性教育。大家纷纷表示，要继承优良传统，发扬革命精神，齐心协力加快大店子一村发展，以实际行动为党旗增光添彩。回村后，村"两委"召开了座谈会，大家畅谈学习心得体会，纷纷表示，作为基层的农村党员，充分发挥党员先锋模范作用，凡事走在前头，不计较个人得失，勇于奉献，带领群众敢闯、敢干、敢试，走出一条好路子，为实现共同富裕、建设幸福和谐的美丽乡村而贡献自己的力量。

我和"二哥"为了给贫困户一级残疾人刘庆春送轮椅，跑乡民政、县残联，当我们把轮椅交到其手中的时候，看到他那高兴劲儿，汗流浃背的我们也欣慰地笑了。

早晨，漫步在大店子桥，远处依稀的树木和村落蒙上了一层面纱，突起的喇叭声惊动了运河里的一对水鸟，一只徘徊飞向远方，一只犹犹豫豫地不肯离去。东方开始放亮时，运河渐渐揭去了神秘的面纱，一抹红色映红了河面。面对此景，虽时当清晨，"落霞与孤鹜齐飞，秋水共长天一色"的诗句却闪现在脑海，作为初唐王勃盛赞滕王阁的佳句，其与唐代崔颢咏黄鹤楼"黄鹤一去不复返，白云千载空悠悠"、宋代范仲淹叹岳阳楼"先天下之忧而忧，后天下之乐而乐"同享文采，同妙绝唱。

东方的太阳红亮了脸，羞答答地探出头来，问候我，也问候着这水、这村、这美丽富饶的土地。

情系杏林村，汗洒帮扶路

第一书记

徐海军 2017～2018年度，任汶上县委组织部驻南旺镇杏林村
第一书记。

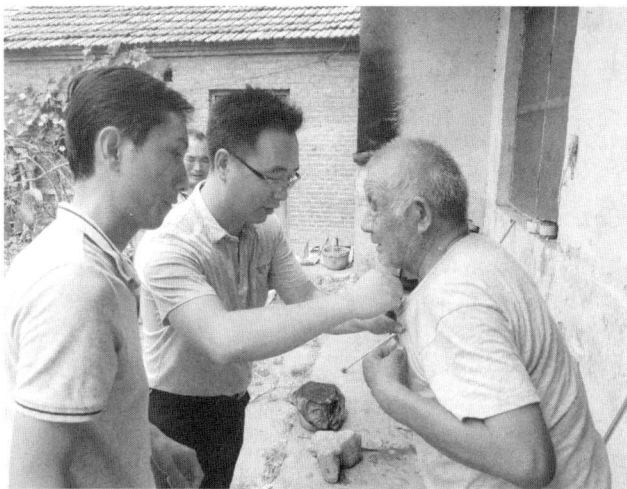

南旺镇杏林村位于镇驻地东北方，与南旺枢纽考古遗址公园相邻，汶
嘉线穿村而过，交通便利。全村共765户3345名群众，每人平均耕地只有
0.7亩，长期以来都以农业为主，是精准扶贫重点村，在部分群众看来，
依然是增收无保障、致富没希望。

2017年4月，我被组织任命为杏林村第一书记，开始了我由机关干部
向农村基层干部的"角色转换"。"怎样才能当好驻村第一书记？"这是我
到村后的第一反应。上任后，我的第一件事就是了解村情民意，白天走村

入户，和干部、村民无话不谈，哪家最困难，哪家种田最拿手，村里的传统产业是什么，什么产业村民感兴趣……都逐一了解清楚。田延道屋顶漏雨，宋印合浇地困难，王桂花反映跳广场舞没场地，赵立冬计划搞肉牛养殖等问题，都被我密密麻麻地记录在笔记本上。晚上，我会将白天所见所闻所思所想整理汇总，思考接下来该从哪里入手改变现状，自己能在哪些方面解决问题。不到一个月的时间，我找到了杏林村发展缓慢的主要原因：产业发展滞后、基础设施薄弱、集体经济空白。针对杏林发展三大短板，我和村"两委"成员对症下药，确立了"强化党建引领、助推精准扶贫、发展集体经济、倡树文明新风"的发展思路。

"火车跑得快，全凭车头带。"作为一名组工干部，我深知，杏林村要想发展得好，建强支部是核心，建优"两委"班子是基础，凝聚民心是关键。我首先从强化支部建设入手，健全完善了"三会一课"以及村干部坐班值班、民事代办、党员议事、村务党务财务公开等十余项制度，规范了支部日常运行。我将转变党员群众发展观念、凝聚发展信心作为工作的重中之重，借助开展主题党日活动这一载体，每月5日定期组织党员学习，积极分析村庄发展前景，传达学习中央关于乡村振兴战略、农村集体产权制度改革最新方针政策，不断开阔党员的眼界。同时，开展党员承诺践诺、党员结对贫困户等活动，推行党员划片定岗联户、党员亮化记分管理等制度。2017年以来，全体党员为村民代办事项167件，解决群众诉求238件，进一步增强农民对党支部的认同感，使我们对未来充满信心。

要带动更多的村民致富，还需更大的产业支撑。杏林村原有几户群众在村内养猪，长期污水横流、臭气熏天，让周围群众苦不堪言。打造一处绿色、环保、安全的村外养殖基地对杏林村而言，既能解决群众诉求，又是一次难得的发展机遇。对原有养殖场扩建的想法在我心里悄然萌生。可说起来容易，做起来难，建设一处标准化生猪养殖基地，保守估计资金也要几十万元，这可愁坏了我。我将这一想法向单位领导做了汇报，得到了大力支持。在部领导积极协调下，争取到政策资金103万元。用了不到3个月的时间，养殖基地扩建项目顺利完工，养殖规模从原来的1200平方米扩大到3600平方米，年出栏肥猪3200头左右，年可实现毛利润64万元。为将养殖风险降到最低，我积极协调畜牧部门，帮助村里与嘉祥六合养殖公司签订合同，实行精细化管理，最大化保证了贫困户收益分红。俗话说，救急不救穷，单单依靠输血不能彻底解决贫困问题，必须提高村民自力更生意识，变"输血"为"造血"。为此，我积极对接喜气洋洋喜庆用品公司，帮助贫困户承接手工插花业务，足不出户就能增加收入，为贫困户脱贫又增添了一份保障。新时代的村庄要想发展得更好，就要把所有能利用的资源用起来。解决完"大项目"之后，我把目光投向了"大工程"。2017 年 9 月，在我努力下，启动实施废弃老窑厂复垦项目，新增集体耕地百余亩，每年可为集体增加收入 8 万元。

发展优势产业可以有效解决一代人的增收致富问题，但是如何摆脱贫困的代际传递，教育成为我必须直面的问题。在前期走访调查中，我听到反映最多的问题，就是村内小学建设操场因缺少资金而停工。为解决群众期盼，我下定决心，不管再苦再难，也要帮助村里把学校操场硬化好，为群众"圆梦"。我积极争取，协调到项目资金 30 万元，在实地勘测、规划设计基础上，对操场路面进行硬化、亮化，为 300 多名师生提供了锻炼身体的平台。此外，我还非常重视丰富群众文化生活。2017 年 11 月，协调县文广新局开展"送戏下乡"活动 1 次，发放音箱 1 个，丰富广大村民文体生活。2017 年重阳节前，邀请县人民医院、县中医院专家到村义诊。2017 年 8 月，牵手佛都志愿者协会走访慰问 10 户贫困学生，为他们送去书包等学习、生活用品，其中爱心人士与 3 名贫困学生结成对子，随时了解关注孩子在校学习、生活情况；2017 年 9 月，协调爱心服装公司捐赠100 套全新衣物，为学生提供无私帮助，传递满满情意；2018 年 3 月，开展"文明家庭、好媳妇、好婆婆"评选活动，表彰先进典型 60 人，宣传尊老爱幼、孝敬父母的美德，推动形成邻里守望、家庭和睦、互帮互助的浓厚氛围。成绩是一件一件小事堆成的，信任是一点一滴慢慢积累的。原先对我持有怀疑态度的村民宋印合不禁夸赞："真没想到徐书记工作干得那么扎实，这么好，以后不管干什么俺都支持！"

修操场、建猪场、炸窑厂……2017 年对我来说，成绩是辉煌的。但辉煌属于过去，成绩只是坐标。2018 年，我有更大的目标，在部领导积极争取下，将实施高标准农田建设项目，对农田所有道路全部硬化，配齐机井、桥涵等设施。展望未来，幸福的曙光已经迎面而来！

驻村帮扶舍小家，不忘初心顾大家

工作队长

王广岩　2017～2018 年度，任汶上县刘楼镇党委副书记（挂职）、下派工作队长。

2017 年 4 月，我被县委组织部选派到刘楼镇担任下派工作队长。我到刘楼镇工作之前，一直在县直部门工作，对农村基层了解较少，更没有农村工作经验。乍一接触驻村帮扶工作，我内心确实有点忐忑，有些茫然不知所措，但随着工作有条不紊地开展，我慢慢调整了过来，静下心来。在工作中，我不断告诉自己：既然组织上安排我担任刘楼镇下派工作队长，就是对我最大的信任，我绝不能辜负组织上对我的厚望和重托，我要倍加珍惜这次锻炼机会，扑下身子干一番事业，为刘楼发展流汗出力，助力加油，增光添彩。既来之，则安之。我第一时间坚定了信心，将全部心思投入到驻村工作上来。我连夜制订了工作方案，确定了驻村帮扶的工作目标和方向，为今后的工作推进理清了头绪，拓展了思路。在我主持召开的第一次驻村工作会议上，我向驻村的第一书记们郑重表态："从我做起，攻难克坚，狠抓落实，向党和人民群众交一份满意的答卷！"

"一切为了群众，一切依靠群众……走群众路线，要把入户走访调研摸实情作为驻村第一项重点工作抓实抓好……"县委主要领导铿锵有力而又殷切的嘱托不时在耳边回响。当入户走访听到很多刺耳的话时，当和第一书记在村内街道上看到异样的目光时，我总是不由得回想起领导谆谆的话语和希冀的神色。

老百姓是朴实的，农村的大爷大娘们其实很好接触。从我放开胸怀，耐住性子，认真倾听他们的"张家长李家短"开始，与其说我打动了他们，不如说善良朴实的他们完全接纳了我。有付出就有收获。从我停下脚步的那一刻起，我就完全与群众打成了一片。我每到一户，村民都会热情地为我搬凳子、倒茶水，跟我熟络地打招呼。有时临走时握住我的手不想松开，非得要"整俩菜，喝点"……

工作局面进一步打开了：村民们从不理解、不相信，到替我们做工作、想办法，特别是老党员、老干部给予我们很多的信赖与支持。在工作中，我深入一线进行摸排调研，查找问题、分析症结、对症下药，全面贯彻全县扶贫攻坚的工作部署。

我和杨集村第一书记张明健到西杨集村走访，来到村委会办公室，我惊呆了，这里是一个简陋的农家小院，房屋陈旧，党员活动室摆放着几张桌椅，"两委"办公室竟然和广播室合用。通过和村"两委"干部座谈，我了解到原来村里没有办公场所，这个小院子还是租赁的民房，更别谈村里的文体广场。村"两委"干部也有打算建设的想法，可村里没有集体收入，办公依赖组织运转经费，宅基地荒片分得一干二净，想找一片地方搞建设也是难题。我和前岗村第一书记毛家坤在一场雨后到前岗村入户走访，发现好多村民正忙着排放院子里的雨水，有的挖地沟，有的用脸盆往门外舀水。通过和村民聊天，我了解到村里虽然完成"户户通"工程，但后续工程没有跟上，没有及时修建排水沟，以致一下雨就会出现积水现象。在徐牛村走访时，村民反映该村一胡同坑洼不平，一到大雨天，积水到达脚脖，严重影响孩童上学和村民出行，尤其是上了年纪的老人更是苦不堪言，群众意见很大，多次在O2O便民服务平台和县长热线反映要求修路，但苦于没有资金，至今没有解决。在梁村，村民反映村内没有深水井，现在是和邻近的辛海村共用一个井吃水，但由于地下水位下降，管道年久失修，跑冒滴漏严重，离井远的村民根本用不上自来水，吃水难的问题亟待解决……整整一个月的时间，我把所有包驻的村庄全部走访了一遍，每到一处我都细心听取村"两委"干部和党员群众的意见建议，认真整理第一手资料，梳理出村民的所需所盼，细心地记录在工作日志上。

以问题为导向，找出找准问题，必须以解决问题、群众满意为驻村工作的出发点和落脚点。根据梳理、了解的各村情况，我和各位第一书记共商解决方案、工作措施。先是向县包保村单位和镇党委、政府汇报相关情况，最大限度争取支持；然后下村层层召开支部党员大会、村民代表会议，还通过每月一次的主题党日活动，从中吸取好的意见做法。本着因村制宜、对症下药，一村一案、切实可行的原则，我带领各村第一书记制订了驻村工作实施方案，明确了工作重点和具体工作措施。

说起来容易做起来难，这话一点不假。面对一座座高山，只有奋勇攀登，勇往直前，才有希望登上顶峰。我一遍遍为自己更为我带领的第一书记们鼓劲。工程施工时，我和驻村干部天天靠在施工建设现场，取土垫坑，规划测量，同邻居做好思想工作，配合施工。村民们被我们的诚意所感动，也积极主动参与到工程建设中来。施工恰逢7月，我们头顶烈日，汗流浃背，仍顽强坚持；蚊叮虫咬，饥困难耐，也毫不退缩。我和各位第一书记发扬不怕苦、不怕累、钉钉子、啃骨头的精神，分头作战，齐头并进。经过3个多月的紧张施工，杨集村一排明亮的大瓦房矗立起来，占地300平方米的文体广场让村民眼前一亮；前岗村800米的排水沟通了；徐牛村坑坑洼洼的路不见了；梁村村民再也不为吃水难发愁了。虽然我和第一书记们脸晒黑了，累瘦了，但是看到村委会办公室亮堂的工作环境，看到村民在广场上载歌载舞的笑脸，我感到很欣慰，很幸福，感到付出是值得的。

完成村民渴盼的硬件设施问题，我把精力转移到抓党建、强经济、促脱贫上，把发展壮大村集体经济摆在首要位置，坚持因地制宜，一村一策，采取盘活资源、开发租赁、反租倒包、土地流转等形式，致力于探索一条适合发展实际的新路子。孔庄村开发租赁鞋帮加工厂、李大庄村土地流转等取得良好效果。2017年7个包驻村集体经济增收已全部达到或超过3万元。2018年都能突破5万元。

精准扶贫是一场攻坚战，也是政治任务。我们把走访贫困户作为经常性工作，调研了解家庭生活生产情况，帮助制订脱贫策略，用心尽力解决实际难题，每逢节日入户慰问。徐牛村的徐恩洽年老体弱，房屋多年失修，外面下大雨，屋里下小雨。我和第一书记共同为其争取危房改造项目，靠在现场督促项目保质保量按时完工。搬进新房的老徐紧握住我的手，连声感谢，激动得流下了幸福的泪水。

家，是幸福港湾。驻村以来，回家的次数少了，为了大家顾不上小家。2017年7月19日，我在杨集村施工现场，父亲突发急性心肌梗死，疼痛难忍的他给我打来电话，要我送他去医院，可正在工地忙碌的我没有办法及时赶回去，让家人打了120。等我抽出时间赶回去时，父亲却因送医院较晚，抢救无效猝然离世……

父亲的离世是我终身的痛！"舍小家顾大家"，说起来容易可做起来难。一个人只有经历了"切肤之痛"才能够真正地理解"子欲养而亲不待"的内心痛楚。我想，深明大义的父亲，他一定会理解我这个"不孝子"的苦衷的！父亲的离世对我的打击很大，但当我看到我们驻村干部为群众办成的一件件好事，看到群众满意的笑容时，我的内心倍感欣慰，倍感踏实！我想，远在天堂的父亲也会为我感到自豪的！

心　愿

第一书记

张明健　2017 ~ 2018 年度，任汶上县机关事务管理局驻刘楼镇杨集村第一书记。

　　"金杯银杯不如老百姓的口碑。"这是一句大家耳熟能详的名言，但当我通过亲身的感触，真正理解这句话所蕴含的内在深意的时候，是在我成为"第一书记"的那年。正是在那一年，我的人生观、世界观和价值观发生了翻天覆地的变化，我的精神世界在忙碌中充实着、纯粹着……

　　我是县机关事务管理局驻刘楼镇杨集村的第一书记。2017 年 4 月初，当我得知局党组研究决定派我进驻杨集村任第一书记时，我的内心是忐忑的。因为，刘楼镇广大机关干部中一直有着"宁降三级，不下河西"的说法，而我要进驻的杨集村是河西管区中最典型的"三无"空壳村——多年来没有正式的办公场所，没有集体经济，没有集体收入。

"经济基础薄弱不可怕，底子差也不可怕，只要你始终牢记自己作为一名共产党员的责任和义务，先从'精神脱贫'开始，在工作中团结好村'两委'班子，强化发展意识和带头意识，谋思路、想出路，就能尽快改善村民们精神上贫瘠的土壤，改变杨集村的精神面貌，提高老百姓的生活质量。这是党交给你的任务，更是党执政为民的美好心愿……"事务局翟局长一番真情嘱托彻底打消了我的顾虑。4月10日，带着局领导的嘱托和希望，我和工作组成员岳伟园同志正式入驻杨集村，光荣地当上了"第一书记"！

第一次和村"两委"的同志们见面，是在村"两委"临时租住的大院里，同志们对我们的到来表现出极大的热情。座谈中，从支部书记杨奉国和村主任郭宝银的话里，我明显地感受到村"两委"对新建办公场所重塑党组织阵地的迫切心情和没钱没地方的无可奈何，同时也了解了杨集村农业产业发展的基本情况，了解了农村困难家庭日常生活的酸辛以及老百姓对幸福生活的向往和追求，我的心不由得沉重起来……

没有调查就没有发言权，在杨书记的带领下，我们开始了入户走访。来到村民杨承枫家，映入眼前的是一排翻新的瓦房、方正的院落、气派的大门，但院墙却年久失修、残缺不全，给人的第一感觉这是一个贫困但又"强装门面"的家庭。就是这样一个"体面"的庭院让我如鲠在喉，一时心酸不已。

"我今年已70多了，已是大半截入土的人了，老伴有间歇性精神障碍。为了给已经30多岁的儿子找个对象，我求奶奶告爷爷，拉了'一腔'的饥荒翻盖起了这四间房子，好不容易给儿子娶了媳妇。可没一年，儿媳妇却患上了脑瘤，治病又花了一大笔钱，我这旧账未还又添新债……我上辈子这是造的啥孽啊，可怜我那最终没有出世的孙子哟……"在杨承枫老人断断续续哽咽的叙述中，大家沉默着无言以答，每个人的眼眶都是红红的……

夜深人静，在村临时住所里，我躺在床上辗转反侧，满脑子都是白天座谈和走访的情景，反复思考针对这种因病返贫、因病致贫的农村现状，应该如何开展工作。一个又一个的方案刚见雏形，又被否定、推翻，大半夜过去了，依旧毫无思绪。一闭上眼，与杨承枫老人交谈的画面，不由得又浮现在眼前，我突然想起了他当时说过的一段话："我告诉老婆子，老婆子，要好好活着，你和儿媳妇不是什么大病。大夫都说了你娘俩都是精神方面的病，平时要多和街坊走动，跳跳广场舞啥的对缓解病情有好处……"是啊，对一个人来说，生理上的疾病并不可怕，心理上的疾病才是最大的打击，精神愉悦、心情爽朗可以大大激发人体对疾病的抵抗能力。不知怎么回事儿，杨大爷当时那无奈的表情并没有引起我注意，但此时却清晰地显现在我的脑海里。我一遍遍地回放着走访的场景，突然，脑中一道灵光闪过，我仿佛抓住了点什么……

早晨简单洗漱后，我便兴冲冲地出门去找杨书记交流我的工作思路。

一出大门，一股清爽、自然的泥土气息扑面而来。村民们早已起来了，他们都忙碌着：有的打扫庭院，有的收拾墙外空地的菜园，有的三三两两地结伴送孩子上学……

我微笑着过去打着招呼，大家都客气地回应着，我心里美滋滋的，想着先混个脸熟，为以后驻村工作打下基础。

"哎，他二婶，过去的那个黑大个是谁啊？"

听到背后的"小声"问话，我一个趔趄几乎摔倒在地，美好的心情在瞬间跌到谷底。

"唉！小声点，别让小伙子听到，人家是县里派来的干部。"

"哦，我还以为是谁家的'贵客'呢！行，这小伙长得接地气，一看就像咱农村人，实诚……"

"农村人""实诚"，我在心里反复咀嚼着这两个词语走到了杨书记的家里。

与杨书记见面后，我将自己的工作思路和盘托出，没想到稳重的杨书记激动地站了起来，握着我的手连道了几声"好，好，太好了"！在我疑惑的目光中，杨书记平复了一下心情，缓缓地给我讲起了他激动的原因："建设村委会办公室和文化广场，是我们杨集村老百姓和村'两委'多年的心愿。大家伙都给我们提意见，说相邻的下王、罗庄、大坝口都有广场、戏台，人家饭后跳跳广场舞、听听戏啥的热闹非凡，就我们杨集天一黑，死气沉沉的。有的村民还说'两委'班子不作为，没本事，闹着去镇里投诉我们……我理解乡亲们的感受，我们也想弄，可是你也知道村里的状况。镇里也想改变村里的面貌，奈何僧多粥少，一直发展不起来……"

在和杨书记一番交流后，我们很快达成共识：集思广益、群策群力，克服一切困难也要完成村"两委"和乡亲们的心愿！在随后的日子里，我和村"两委"一班人忙碌起来，大家分工协作，"白加黑"连轴转。白天一路跑资金，另一路征寻建设用地；晚上召开碰头会，通报一天的工作情况和完成进度。

就在大家伙都铆足了劲忘我工作时，困难和问题却纷至沓来……

首先是工程的选址问题。在党支部会议上，大家一致决定将村委会办公室和文化广场一块建设。这样既实现了全体党员的一大心愿，彻底终结杨集村租住办公场所的尴尬历史，也能相对节约资金，突出党建对文化的引领。由于杨集村没有集体用地，原定购买的宅基地地处偏僻，面积狭小，不适合作为办公场所和广场用地，大家考虑再三只有重新选址，否则一切将前功尽弃。可选在哪儿好呢？又着实令我感到头疼不已！

召开村民代表会议，大家集思广益，纷纷献计献策，虽然没有解决关键的问题，但老百姓情绪高涨、干劲十足的会场气氛令我感动不已，我暗自下定决心要迎难而上，要在杨集村干出个样来，干不出成绩绝不收兵！

经过实地走访查看，我发现杨集村虽说没有一点集体用地，但废旧坑塘很多，要想建设办公场所，只能在坑塘上做文章。村中心位置有一个坑塘，恰好村东头靠近环乡公路处也有一个常年闲置的大坑塘。我想，如果借助建设村委会办公场所挖土的机会，两个废旧坑塘合并开发，其中村东头坑塘深挖压实，放水养鱼，建设一个高标准的垂钓园或者发展水产种植都可以，而村中心的坑塘则回填用作建设用地。这样一来整理后的坑塘无论是出租还是自己发展，都可以为村集体创造收入近万元，初期保守估计也有 3000 余元，将彻底改变村集体经济收入为零的历史；二来将东头坑塘挖出的土回填到村中心的坑塘，省时省钱。因为光回填所需土方钱就近 7 万元，仔细算下来不光节省了一笔不小的开支同时还大大加快了工程进度。

选址问题完美解决后，资金问题又是摆在眼前的最大困难。翟局长得知杨集村面临资金困境后，马上召开了局班子成员会议，研究决定在局办公经费已经相当紧张的情况下，挤出 2 万元作为立项启动资金，此外，领导又帮助协调了组织部办公场所奖补资金 5 万元和县财政"一事一议"帮扶资金 5 万元……

资金、用地有了着落后，大伙的干劲更足了。在调度会上，经我和村"两委"提议，村民们自发成立"乡贤理事会"，聘请村里德高望重的老人担任会长，成员扩展到北京、济南、东营等地，杨集村在外乡贤听到村里要建"大工程"，也纷纷慷慨解囊，助力兴乡，共襄盛举，共筹得善款 6 万余元。

为了保证村委会办公室和文化广场保质保量地完工，我几乎每天 24 小时靠在工地上，一天三顿饭就在工地上自行解决。不到一个月，村委会办公室主体建成封顶，百姓大舞台、公共厕所进展迅速，文化广场初具规模。虽然在这个过程中，我暴瘦了十来斤，本就不白的皮肤更加黝黑闪亮，但我的内心却无比愉悦，充满力量。从乡亲们的眼里，我看到了他们对我的那份信任，从乡亲们的嘴里，我感受到他们已经把我当成了自家兄弟、自家爷们。

我永远忘不了 2017 年 11 月 14 日，那天是杨集村父老乡亲们期盼许久的一天，也是他们心愿达成的一天，更是杨集村奋力进取、蓄势待发、翻开新的发展篇章的一天。那天风和日丽，车水马龙，刚刚竣工的村委会办公室和文化广场上人山人海，鞭炮齐鸣，县领导、镇领导、局领导、在外乡贤代表齐聚杨集，共同见证这庄严的时刻，举行了隆重的竣工庆典。那天，在庆典之后的乡贤捐赠仪式上，孤寡老人杨延平用颤抖的手从怀里掏出一块包裹严实的手绢，层层打开后，里面赫然是新旧零整混杂的人民币，清点完毕整整是 1000 元，在场的群众无不为之动容……

竣工仪式上，我站在台下不起眼的一个角落默默地看着眼前的一切，心里正感慨着这来之不易的成果，突然，台上发言的济南商界精英杨尊会提到了我。他声情并茂地说："我很感动，我要感谢我们村的第一书记张书记，确切地说，是他打动了我。一个 30 出头的小伙子，为了我们杨集的发展，亲自开车带领村'两委'奔赴千里找到我，一见面，水没喝一口就给我画了一张'大饼'：他向我提出了'恢复发展传统大荸荠、白莲藕养殖以及垂钓园等项目'。说实话，开始我是不以为然的，但一看到小伙很实诚，就抱着支持村务建设的想法捐了 1 万元。今天来家一看，荸荠苗已种养成功，文化广场和村委会办公室也落成了，可张书记却晒得更黑了，但更像咱兄弟爷们的亲人了，我发自内心地感谢张书记！在这里我也表个态，只要张书记招呼，要钱有钱，要物出物……"杨尊会的演讲在台下父老乡亲善意的哄笑声中结束。听到"亲人"的称呼，我心里乐滋滋的。

"老婆子，那不就是小张书记。"我回头一看，原来是杨承枫大爷和大娘赶来了。我赶忙过去打招呼："大爷、大娘，杨哥和嫂子没来？""来了，这不人多，他俩在那边健身呢。"杨大娘微笑着回应道。我连忙往广场健身区瞧去，可不，杨哥和嫂子两人站在踏步机上笑吟吟地不知聊着什么，嫂子脸上绽放着青春的笑容，看得出非常高兴。"我们杨集得有多少年没有这么热闹了，小张书记，你可是干了一件大好事啊！"一旁的杨大爷感慨地说。我刚要回话，冷不丁地耳边传来了急切的问话："大兄弟，听说你从县里申请了几台轮椅，是不是真的？"我这才发现自己不觉间被前来观礼的乡亲们围住了，而问我话的是村南头的小杨嫂子。作为帮扶对象，我经常去她家看望她瘫痪多年的老公杨保心。我知道她问这个事情的用意和对轮椅的渴望，我点了点头，告诉她："嫂子，放心吧！轮椅来到后，我第一个先给保心哥送过去。咱广场也建好了，到时你就可以推着保心哥来广场上转转了。""真的？太谢谢你了大兄弟，你要是不嫌弃，中午到我家来吃顿饭呗，嫂子给你做鸡蛋手擀面。"小杨嫂子激动地说。"嗨，你要是能让张书记跟着吃顿饭，我就请大伙去镇里饭店撮一顿。""你这个家伙，不想请客就直说，谁不知道张书记整天自己下面条吃，我还真没见过他吃过谁家一顿饭哩。""可不是嘛……"眼瞅着大家你一句我一句地乱夸，我实在有点招架不住了，赶忙对大家连说了几声谢谢，借此机会向大家宣讲起党的便民、利民好政策，告诉大家县委、县政府"党建＋扶贫＋

N"的工作思路……

望着大家意犹未尽，但轻松愉快的身影，我长长地舒了口气，多日来的疲惫一扫而光，脑海中不由得又响起了另一句话：金奖银奖不如老百姓的夸奖！驻村帮扶就是来为老百姓服务的，就是来实现农村、农民兄弟的一个个心愿的。是啊，能够让老百姓们过上幸福快乐的日子，不正是我们每一位共产党员共同的心愿吗？

泉河岸边倾真情

第一书记

毛家坤 2017～2018 年度，任汶上县交通运输局驻刘楼镇前岗村第一书记。

2017 年 4 月初，当我开车沿着狭窄的乡村小道驶进前岗村时，第一感觉是村庄太偏僻、太老旧了。所幸村委会办公楼是刚起的二层楼，但是里边空荡荡的，破桌烂椅胡乱摆了几个，其他像样的家具一个也没有。在给我安排的房间触目可见一个个烟头、一张张蜘蛛网、一片片废纸，脏乱差到了极点……这让我望而生畏，有了一些忧愁，一些不适。

但一想到驻村第一书记肩负的责任和使命，想到组织的信任和重托，很快我便稳定了情绪，消除了不适，坚定了信心。于是，我自己动手，打扫卫生，屋内屋外，忙个不停，铺好床被，布置妥生活用品，紧张忙活了两个多小时，才总算有了个"家"！

当天下午，我就召开村干部见面会，调查了解前岗村的情况，可会上只见到了书记、会计和计生专干三名同志。"组织阵地半壁堡垒都没人"，这样的情况令我始料不及。就在我到村后的第二天，村里第一次开党员大会，会上有名党员一身酒气，且不停抱怨：人家那谁能办低保，为啥我就不能办，党员就该不着吗？后来我了解到的实际情况是，他有儿有女，都在外打工挣钱，并不符合享受农村低保的条件。"没事瞎串什么门？如能帮俺儿娶上个媳妇，那谁都会说你们驻村干部好！"在第三天的走访调查中，村民没给我好脸色，更没给我好话。

几天的走访调研，让毫无基层工作经验的我基本上摸清了村情，对前岗村的人口、耕地、党员、集体经济、贫困户现状、群众需求等有了详细了解，使我对抓好村里工作有了正确认识，更有了明确方向。群众刺耳、难听的话也提醒了我，要从干实事入手，让群众得到实惠，由此村党组织的凝聚力自然会提升，战斗力自然会加强。

万事开头难。长期以来，村组织软弱涣散，党员宗旨观念淡薄，利己思想严重。我想开展好工作的关键点，就是获得群众的认可，有了受群众信任的村党支部，前岗村就有了彻底改变落后面貌的组织和思想基础。首先，每周一召开村"两委"例会，商量解决一周要办的工作。完善"三会一课"、轮流坐班、民事代办等制度，定期召开村党员大会和村民代表大会，每月5日开展党员活动日活动，集中学习上级的各项方针、政策、决议。另一方面，我组织村"两委"成员到其他乡镇先进村，学习美丽乡村建设、村集体经济发展的先进经验，增强干好工作的责任感和紧迫感。同时，聘任德高望重的党员、群众代表、贫困户组成"领导小组"，监督村务工作，确保村内矛盾不上交。

迈出了第一步后，我又马不停蹄，结合村情和群众要求，从具体实事入手，有条不紊地开展工作。前岗村虽然盖起了两层的办公楼，但村集体没有一分钱的收入，是个空壳村，外债达20多万元，近年来民生事业欠账很大。村支部书记林宪恩恳切地对我说："毛书记，现在村里有几个事很迫切，村中心大街排水沟由于资金紧张，前期没有建设，下雨时排水不畅、积水严重；建设村委会办公楼时，把原来的健身广场拆除了，需要新建健身广场；村委会办公楼盖起后，资金困难，一直没有配备办公家具；村内太阳能路灯年久失修，需要维修更换。您要是把这几个事干成了，前岗村的父老爷们都感谢您。"我说："组织上派我来驻村，就是来办实事，做好事，解难题的。我也看到了，这四个事迫在眉睫，我马上去找工作队长请假回单位向领导汇报。"

局领导听过我的汇报后，高度重视，召开党委会研究，决定拨付资金10万元用于项目启动资金。再回村里后，我和村干部又外出拜访村外能人，募捐资金6.7万元。我亲自和施工队商量施工方案，为减少人工支出，我和村"两委"成员全程参与，义务劳动。经过1个月的紧张施工，建设了一处500平方米健身广场和800米排水沟，更换了村内28盏年久失修的太阳能路灯电池，对村内盲点区域增设8盏路灯。去宝莱办公家具城为村委会办公楼配备了沙发、办公桌椅、会议桌等办公家具，找广告公司制作安装了党建上墙内容。当健身广场完工投入使用的时候，在场的父老乡亲无不兴高采烈，感激万分。村里的老党员孙庆成更是拉着我的手说："全村人都谢谢你，你是我们村的大功臣啊！""只有心里真正装着群众，真心实意地为他们着想，帮他们做好事，群众才把驻村干部当亲人看待。这一声'谢谢你'，在我的内心深处，只有感动，这是我一生当中听过最美的声音。"当天晚上，我在驻村日记中写下了这段肺腑之言。

完成了民生工程后，悬在我心上的一块石头算是落了地，可还有一件事让我挂在心间，令我寝食难安。那就是村集体经济的事，前岗村位置偏僻，交通不便，党员干部思想固化，缺乏创新意识，村集体没有任何收入。为了破解这一难题，我广动脑筋，因地制宜，协助村委会流转土地400亩承包给种粮大户，每亩收取50元的服务费。将村西老泉河河道两侧荒地50亩经营权承包出去，每年增加村集体收入1万元。在该村养殖黄粉虫的特色项目上，村集体投入资金，成立养殖专业合作社，为养殖户提供后勤服务，在网上找销路、找原料，消除环保隐患，使得养殖户年收益70万元，带动了6名人员就业（其中2名贫困户），村集体每年提取分红3万元。养殖户付吉祥说："还是年轻干部思路活，脑子快，帮助我解决了很多困难，扩大了养殖规模，增加了收入，村集体也得到了好处。"

弹指一挥间，我到前岗村已一年多了，驻村生活，丰富多彩，苦辣酸甜，全都尝过，让我感受到了做好农村工作的烦琐和艰辛。现在，我已经习惯了这里的一切，走在村里的街道上，很自然、很亲切地和村民打招呼，给村里活泼可爱的孩童送上一个甜甜的微笑，那种熟悉、亲切的感觉，让我觉得自己就是一个土生土长的前岗人…

下王庄村党旗红

第一书记

王　蕾　2017～2018年度，任汶上县委统战部驻刘楼镇下王庄村第一书记。

　　2017年4月，我受组织选派到汶上县刘楼镇下王庄村担任第一书记。在全面摸排掌握村情的基础上，从加强党的基层组织建设、指导村庄经济发展，帮助贫困户脱贫致富入手，用自己的实际行动，诠释着"第一书记"为民爱民、带领群众致富奔小康的情怀。

　　"大智兴邦，不过集众思。"作为县派第一书记，刚一到完全陌生的村庄开展工作，面对的情况简直是千头万绪，难以着手。我采取盯紧靠上的"土办法"，一天到晚待在村里，按照"五必访五必问"的要求，到老党员、退休的支部书记、支部委员、群众代表、致富能手、贫困户家中走访座谈，征询他们对村庄发展的意见、思路。经过近一个月的深入走访调研，终于将村情民意摸清吃透。为拓宽党员群众发展经济的思路，带领村里十余名党员干部和群众代表，到兖州、汶上古城考察农业种养殖项目，学习借鉴外地的致富经验；在多方征询党员群众意见的基础上，集思广益地制订出下王庄村新农村建设规划、贫困户脱贫致富计划、村级党建工作规划、2017年党建工作要点、2017年党员教育培训计划等相关规划，整理了村级制度建设汇编，为帮包工作的有序开展奠定坚实基础。

针对一穷二白的村集体状况，我认真研读学习省、市、县扶贫政策及有关文件，熟悉扶贫精神，用足用好优惠政策，全力为帮包村办实事、办好事。

在经过实地调研，与村委会磋商后，我们准备在对外承包坑塘上做文章。下王庄村共有4个大坑塘，面积均有20亩以上，目前由5户村民种植树木。我与村委会成员深入群众家里，与村民谈心交流，动之以情晓之以理，向他们讲明壮大集体经济的重大意义，并承诺对砍伐树木给予补偿，以低于市场价的租金向这5户村民承包。村民终于被第一书记的诚心所感动，砍去了树木为村委会对外承包让路。经过严格的招投标等程序，把4个大坑塘全部对外承租出去，用于养鱼种藕，2017年村委会光租金一项收入达到3万元，终于摘掉了几十年"空壳村"的帽子。同时多方奔走，帮助上述5户村民打通市场，把树木卖了个好价钱。村民脸上笑开了花，一边数着钱一边竖起了大拇指，说：跟着王书记有钱花，以后你说啥，我们就干啥。

在走访调研中，发现村里的留守老人居多，这些老人大多体弱多病，想找一所敬老院养老，但是就近没有心仪的院所。我与村委会协商，如果我们村有一所敬老院就好了，老人们在家养老心里多踏实啊。在我和村委会多方奔走、四处"化缘"后，共协调经费10余万元，建起了一所"敬老为主、利润反哺"的夕阳红敬老院，600平方米，床位24张，休息室12间、活动室2间、厨房1间、餐厅2间，可同时容纳24人住宿和就餐，实现了"养老、增收、壮大"的发展集体经济新模式，2017年敬老院收入1万元。老人们说饭菜可口，汤水充足，激动地拉着我的手，说："你真是个细心的好闺女，替我们解决了吃饭的难题啊。"

了解到个别残疾人身体不便但因家庭困难无力购买轮椅，联系县残联为3位残疾人购置轮椅，把残疾群众扶到轮椅上，推着他们出去散散心。同时，联系10家爱心企业为贫困残疾人赠送价值2000元的家具。在2017年8月的一次群众座谈会上，群众刘继刚紧锁眉头，一言不发，我耐心询问，了解到刘继刚的儿子刘雪松刚刚收到大学录取通知书，一家人在欣喜的同时又犯了难，刘继刚妻子残疾无法劳动，父母重病卧床，常年的医疗费用使这个家庭负债累累，现在儿子大学学费更是左支右绌。了解情况后，我积极发挥统战部门联系广泛的优势，协调中国泛海集团助学基金5000元，同时，与汶上知名企业家联系，一名好心企业家自愿每年赞助5000元直到刘雪松大学毕业。刘雪松下定决心："一定不会辜负王蕾姐姐的苦心，通过教育改变命运，将来回报社会。"

1岁8个月的小浩宇生活在单亲家庭，由爷爷奶奶抚养长大，命运并没有对从小失去母爱的浩宇垂怜。2018年1月，浩宇持续高烧2周，经济宁医学院附属医院确诊患有急性淋巴细胞白血病。浩宇因为没有户口，无法享受大病医保，这个本就贫困的家庭仅有浩宇父亲一人打工维持，短短几个星期，就已花费了8万多元的医疗费。为了给孩子治病，这个并不富裕的家庭已经花光了所有的积蓄。而后期治疗费用、手术费用等更加高昂，他们已经无力承担。我开车奔走多个单位，联系医院、派出所、民政、人社，短短两天为浩宇办理了户口登记，浩宇当月便能享受医保。发动社会爱心人士，筹集善款7.7万元。一是将孩子情况转发至水滴筹筹款平台，通过平台筹集到3万元的捐款；二是鼓励村民和社会人士踊跃捐款1.4万元；三是协调县慈善总会和县红十字会3.3万元救助款。尽快地将善款送到患儿家属手中，鼓励他们树立起战胜病魔的信心。

在得到群众认可的基础上，我定期组织召开党员大会、组织生活会，组织带领村党员学习党章，领会党的十九大报告精神，掌握省、市、县、乡的有关政策文件，鼓励带动党员积极建言献策，找寻好的发展思路；开展批评和自我批评，使党员找准自身在思想、工作、纪律、作风上存在的问题，提升党员的综合素质，增强班子的凝聚力、战斗力；积极开展各类活动。以开展活动为契机，很好地将党员群众团结在党支部周围。一是召开三八妇女节暨创业交流座谈会，就该村党的建设、村庄规划、村集体增收、贫困户脱贫致富、妇女搞创业等议题广泛征询意见建议。二是在六一儿童节时，为全村6名贫困小学生每人赠送了一台电视机、一张书桌和一套书籍，在为孩子带去欢乐的同时，进一步拉近了与村民群众的距离。三是在七一建党节、春节期间，开展走访慰问活动，为9户特困户党员购买米、面、油等慰问物品，并组织全体党员召开座谈会，重温入党誓词，加深党性教育。四是开展"好媳妇""好婆婆""全家福拍照"活动，发放倡议书200余份，春节期间评选"好媳妇"3名，"好婆婆"3名，并发放了荣誉证书和奖品，"拍摄全家福照片"300张，并装裱发放到每户，带动提升村民的精神文明风貌。五是开展关爱困难群众过暖冬活动，为敬老院10名老人送去棉大衣、棉被、花生油、面粉。

欲问秋果何所累，自有春风雨潇潇。自从儿子康康入了幼儿园，作为妈妈的我从来没有接送过孩子，没有为孩子做过一顿可口的早餐，每天都奔波在帮扶的路上。因为我是党员，要为下王庄村干点实事，要为下王庄村脱贫致富贡献一份力量，要让飞扬的党旗飘扬在村民的心中。

灯　塔

第一书记

李明乐　2017 ~ 2018 年度，任汶上县地方税务局驻刘楼镇李大庄村第一书记。

　　2017 年 4 月，经组织选派，我到刘楼镇李大庄村任第一书记。说实话，接到通知后我心情复杂，紧张不安。组织的重托与信任，我能不能担负起来，脱贫帮扶，我能不能沉下心甩开膀子干起来？我越琢磨越没有底气，但又一想到组织的信任，只好硬着头皮"走马上任"。

　　到村第一天，在与村"两委"的碰头会上，村支部书记、主任李正新说："谢谢组织上的照顾，给我们派来了年轻有为的干部，老百姓的幸福日子指日可待了。"乍一听到这句客套话，我心里的压力陡然间增大了起来，我暗自下定决心，一定尽己所能地为本村父老乡亲解难事，办好事，做实事。

随后几天，我走村入户倾心调查走访，深入群众广泛征求意见，共走访调查了200余户，发放调查问卷200余份，做到了在家人口户数全覆盖，了解李大庄村面积、人口、邻里矛盾等村情村貌，梳理了村党支部和村干部中存在的问题和不足，结合全村经济社会发展实际，制订了详细的实施方案，明确了指导思想、目标任务、方法步骤和重点举措，根据日程安排，扎扎实实地根据上级精神和帮扶文件开展村级各项工作。

为落实村级"零招待"，我组织召开全村党员干部动员会，一致通过了村集体和村干部不接受吃请，账目不开支烟酒等各项决定，并立下军令状互相监督。有一次天气突变，临近中午时下起了瓢泼大雨，由于没有料到突发性的天气状况，原定去集市买菜的计划顿时泡了汤。知道情况的李书记和村委会其他成员纷纷邀请我随他们回家吃饭，但都被我婉言谢绝了。因为，我深知定下的规矩就要带头遵守！有没有菜没关系，煮上两包方便面也能充饥，老百姓的眼睛是雪亮的，广大党员干部心中都有一杆秤，作为上级委派下来任第一书记的我更要以身作则，方能不辜负组织的培养和信任！

为加强制度建设，我广泛征求群众意见，参考其他"明星"村的先进做法，健全了村里的各项规章制度，强化党员干部学习教育，完善议事规则和决策程序，推进村务、党务、财务、重大事项公开，加强了村级"三资"监管力度，奠定了党建工作基础，使村各项工作开展更加有序。村支部书记、主任李正新说："现在干部做事按程序，有规定，公开透明，矛盾少了，办事顺了，当干部的风险小了，心情舒畅多了。"

为贯彻落实全县精准扶贫工作精神，我带头成立了村扶贫攻坚领导小组，召开专题会十余次，会开到组、开到农户，街道张贴标语，扶贫政策家喻户晓，大家想点子、谋办法，集思广益。召开村组干部及代表会，核定贫困人员并公示。2017年底，对贫困户走访慰问时，村委会大院旁边的李老汉一直拉着我的手说："谢谢李书记，谢谢党和政府的好政策，在年末岁尾还给我送东西，今年得过个好年。"

为推进村庄绿化，我奔走田间地头做规划、搞预算，积极协调上级有关部门，投入资金 2 万余元，植树 3000 棵并绿化通村公路 1 公里。在搞好村级生活垃圾收集与处理后，我又和村"两委"成员改建厕所 190 余个，使全村的老百姓都用上了干净整洁的冲水厕所。我所做的一切，朴实的老百姓们都看在眼里，记在心头。年近 80 岁的李凡臣大爷说："我活了这么大年纪，一直用的都是旱厕，没想到有生之年还用上了这么干净的厕所，看着这么干净，还舍不得用哩。"看着李大爷发自内心的笑容，我为自己一番辛勤的付出，换来老百姓们真诚的微笑而高兴！我不由得从内心感叹：还有比让老百姓们满意更值得高兴的事吗？

欲问秋果何所累，自有春风雨潇潇。怎么做才是共产党员，怎样干才是党的好干部？我想，把组织交代的工作做好，想群众所想，急群众所急；不求干什么大事，从小处着手，关注他们的柴米油盐，尽己所能帮助老百姓解决身边的问题和难题；不以事小而不为，谨记"百姓生活无小事"，与他们心连心、肩并肩地将汗水倾洒在李大庄这片热土上，不断地磨砺和锻炼自己。我想，只要心里始终装着百姓，我就一定能够成为他们心中的"好党员、好干部"！

汗洒徐牛　情系乡亲

第|一|书|记

郭玉建　2017～2018年度，任山东广电网络有限公司汶上分公司驻刘楼镇徐牛村第一书记。

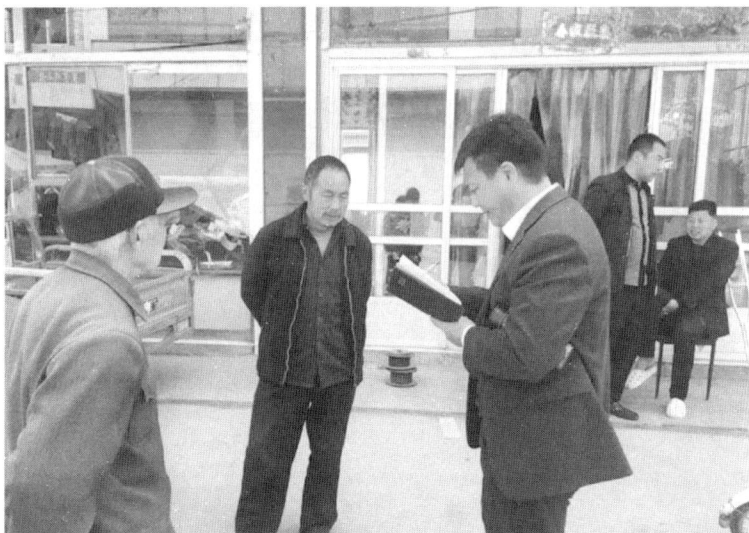

　　从机关干部变成村级组织的"准班长"，从宽敞明亮的办公室走进田间地头，汶上广电网络公司郭玉建下派刘楼镇徐牛村任第一书记以来，牢记使命责任，与群众面对面、心贴心，帮助任职村兴产业、建制度、解难题，用实际行动奏响了农村发展脱贫攻坚的最强音，在该村留下了一串串辛勤耕耘的足迹。

　　"农村要发展，农民要致富，关键靠支部。"面对徐牛村党员干部涣散问题，驻村第一书记郭玉建深知，要想让该村党组织"活"起来，必须狠抓党建工作，只有拥有一个富有活力的支部班子，才能激发党员的责任感，真正让村党组织这个"引擎"焕发活力。

为此，郭玉建以"两学一做"学习教育为契机，从健全完善规章制度入手，不断加强该村基层组织建设。定期组织全体党员开展"说说心里话"活动，让党员把压在心里的话说出来，并针对党员提出的意见一一回复；组织全体党员开展学习党章党规等，经常与他们谈心交流，做思想工作，渐渐消除了他们的矛盾隔阂。

谈起村里的发展，郭玉建笑言自己除了驻村扶贫干部外，还有一个身份就是"推销员"。事因是在 2017 年 6 月，村里的种植大户徐西瑞看着丰收的大蒜犯了愁。由于当时大蒜市场萧条，如果销售，不但成本回收不来，还得亏本近万元。如果用冷库保存保鲜大蒜倒是可以，可问题是自己并没有冷库。那丰收的大蒜怎么卖掉？一时间，素有"白黄金"之称的大蒜成了徐西瑞一家心头难以消散的乌云。

郭玉建得知这个情况后，立刻赶到徐西瑞家了解情况，通过市场调研走访，跑市场，联系做大蒜生意的朋友，最终帮助老徐协调到储存大蒜的冷库。这件事情过后，郭玉建就成了村民们言谈中的郭"推销员"。老徐笑称有了郭"推销员"再多的大蒜不愁卖也不用担心赔本了。在郭玉建的鼓励下支持下，2017 年底徐西瑞先后承包 50 亩地，种植土地达到 90 亩，极大地带动了左邻右舍发家致富。

要想富，先修路。徐牛村中心大街大部分路面损坏严重，遇到下雨天还存在积水问题，长年未得到解决。为方便村民夏秋收耕出行方便，郭玉建与村"两委"干部共同商议后，把修路问题提上重要工作日程，决定对损坏道路进行硬化修复。

郭玉建多方争取扶持资金 6 万余元。通过组织召开村民代表会议，对工程进行议标，确定了实力较强的工程施工队伍。道路硬化修复工程于 2017 年 7 月 20 日正式开工建设，经过 3 天紧张施工，于 22 日下午顺利竣工，共硬化路面 220 米，880 平方米，总造价 6 万多元。郭玉建与村"两委"干部头顶烈日、挥汗如雨，靠在施工现场，清除障碍、严把质量，确保了工程顺利完成。驻村工作组把硬化修复道路作为第一书记项目，察民情、办实事、解民忧，以实际行动给徐牛村村民们交上了一份令人满意的答卷。

徐牛村位于刘楼镇东南5公里，全村共有2846人。郭玉建了解到，徐牛村民在过去几十年中，由于条件限制，只能吃井水。地下水位长年下降，机井年久失修，水质情况较差，村民饮水安全不容乐观，吃水难的问题亟待解决。

在充分了解情况后，郭玉建及时同当地水务部门进行联系对接。多次往返于县、镇两级有关部门，经协调，最终筹措资金3万余元，打了一口150米的深水井，同时对每户进行电表安装，家家户户通上了自来水。彻底改善了村民用水条件，提高了村民生活质量。

驻村后，为了准确掌握第一手资料，摸清徐牛村的基本情况，郭玉建采取多种形式，自行编制了贫困户基本情况调查表、贫困村基本情况调查表、村民住房照片信息表，深入实地开展调查工作。精准识别"贫困户"。他与村干部一起，起早贪黑，利用近一个月的时间，走遍全村每一家农户，了解掌握贫困户贫困原因。听取群众对全村脱贫致富的意见和建议，有选择地重点访问老党员、种植养殖能手、困难户等村民代表，了解村民真正想什么、盼什么，需要为他们解决哪些问题，真实地了解村民生活现状和实情。通过深入实地调查了解，精准识别清退出9户贫困户，现有建卡贫困户43户75人。

郭玉建走访中发现杨现朋老人家庭特别困难，杨现朋老人由于患病常年卧床，儿子患有癫痫综合征，整个家庭全靠62岁的妻子打短工来维持生计。郭玉建及时协调县民政部门，督促村委会上报材料，对杨现朋一家申请了低保。杨现朋一家得到该消息后，老人热泪盈眶，委派妻子对工作组当面致谢。

"担任第一书记就多一份责任，就要为老百姓干点实实在在的事。"驻刘楼镇徐牛村第一书记郭玉建是这样说的，也是这样做的。一年多来，郭玉建俯下身子为群众排忧解难的事迹不胜枚举，2018年初，驻村工作组被县委组织部评为2017年度"先进工作组"荣誉称号。如今，随着驻村任职工作不断深入，第一书记已经在我县各村树立起了一面面鲜艳的红旗。把群众当亲人，是第一书记的庄严承诺；让群众过上更好的生活，是第一书记的工作目标。在新的征程上，郭玉建表示必将持续发力，真正把脱贫攻坚记在心上，把党建工作扛在肩上，把基础设施抓在手上，为我县更好发展注入新的活力。

心系群众，服务为民

陈延敏 2017 ~ 2018 年度，任汶上县盐务局驻刘楼镇梁村第一书记。

"陈书记，天这么热，你还天天来'监工'啊？"

"这工程可直接关系着咱村家家户户的吃水问题，我不看着不放心啊。"

"放心吧，陈书记，我们施工队这些人都是咱自己村里的，这自来水工程就是自家的事啊！"

听着施工队队员亲切地称呼我"陈书记",往事一幕幕浮现在我的眼前……

2017年4月,县委组织部选派我到刘楼镇梁村担任第一书记。自接到任务,我既激动又忐忑,激动的是接下来的两年,我将会和梁村村民一起奋斗,共同工作,充分发挥"第一书记"的引领带头作用,为村里贡献自己的一份力量;忐忑的是自己农村工作经验不多,怕辜负组织的信任和群众的期望。于是我暗暗下定决心,不管前面有再多的困难都要努力克服,利用这短短的两年时间真真切切地为群众做些实事。

没有调查就没有发言权,到村第一步就是走访。没想到走访的第一天,我和工作组成员第一次敲开村民杨大叔的家门就受到了质疑。

"大叔,我是咱村新来的第一书记。"

"哦,第一书记?来包村的?你是哪个单位的?"

"大叔,我是县盐务局的。"

"盐务局?也是个清水衙门,能给村里办啥事?以前村里也来过包村的,都是走走过场。"

……

杨大叔的话语虽然刺耳,但我能够理解,我暗自下定决心要干出个样子来,给自己、给梁村一个交代。

接下来一个月的时间,我和工作组成员通过对全村413户在家村民进行全面入户走访,了解到多年来,该村村民生活用水比较困难,虽然借用邻村深水井,但由于人口增加,管道老化损坏,漏水严重,仍然有半数村民用不上水,解决群众用水问题是当务之急。

说干就干,我立即组织召开村"两委"成员和党员代表、村民代表会议,立即着手研究怎样解决这个问题,可是打井选址并非易事,必须解决选址问题、资金问题以及施工问题这三大块。为了合理确定选址,我们多次找专家进行研究论证,查找水文资料,确保选址能保障全村的村民吃上自来水。我们和专家通过多次论证,终于选好了打井的位置。接下来就是资金问题了,通过前期预算,此项工程总造价9万余元,我和其他驻村干部四处奔波,与政府有关部门协商,多方协调,申请到"一事一议"奖补资金5万多元,同时挨家挨户做工作,由村干部和党员带头筹集资金,通过不懈的努力，发动村民自筹资金 4 万元，解决了资金问题。最后就是联系施工队了，我们通过招标、考察，确定了最合适的施工队。项目开工了，我和工作组成员靠在施工现场，组织施工队挖管道、更换水管，这才出现了文章开头的那一幕。

经过艰苦施工，当供水项目工程完工，看到家里的自来水通了，村民们开心地笑了，村民们 24 小时都能用上自来水，我作为村里的一分子也感到内心无比的欣慰和高兴。

"驻村工作组还真能为咱办实事哩，真不是来走过场的。"第一次走访时对我们存在质疑的杨大叔在家里通上自来水后啧啧称赞！

"陈书记，感谢你们驻村工作组帮我们解决了吃水问题。"这是村民们在村里遇到我时经常说的话。

通过解决村内群众的吃水问题，我们工作组逐步得到了群众的理解和信任，村民们把我当成了村里的一分子，有事也愿意找我调解。

一天，村民杨某某和张某某因宅基地发生纠纷，两家人互不相让，扭打起来，几个村民急慌慌跑到我的住处找我："陈书记，杨某某和张某某打起来了，你快去看看吧！"我立即赶到现场，在群众的帮助下进行了制止，防止事态进一步扩大。小矛盾不解决就可能变成大事，为了解决问题，我对两家进行分开调解。虽然两家人对我态度还算友好，但对问题死不松口，我对他们讲道理、摆事实，晓之以理，动之以情，反复劝说。

"今天你们说什么都没用，我非要和他家闹到底。"看到杨某某还是有些急，我一边安抚着他的情绪，一边从法、情、理上一再给他做工作。过了许久，他慢慢说道："陈书记，你们到村里干的事，我都看在眼里，为我们村做了不少好事，为了我们两家的事，你们连中午饭都没吃，我很感动，说实话，我只是咽不下这口气。"我一听有门，连忙趁热打铁告诉他，如果继续这样闹下去，造成严重后果，就不是邻里纠纷的问题了，是要负法律责任的，是要吃官司的。再说低头不见抬头见的，打架解决不了根本的问题，等等。经过一天的努力，两家最终达成了协议，共同协商解决了问题。

一年多来，像这样为村民调解邻里纠纷、宅基地纠纷的事屡见不鲜，群众有矛盾第一时间再也不是大打出手，而是说"走，咱找陈书记评评理去"。虽然这些都是一些不足为外人道的小事，但我这个"调解员"却乐在其中，感觉自己受到了群众的信任和尊重，他们把我当成了自家人！

驻村以来，感触很大，感受很多，但最直接的感受就是我热爱这里的村民，热爱这里的一切，这里就是我的家，我愿意奉献自己的青春和热血，充分发挥自身优势，紧密联系群众，发挥特长，创新思路，努力工作，扎根基层，让我的"家"越变越好。

难忘驻村那份情

工作队长

孟宪营　2017～2018年度，任汶上县次邱镇党委副书记（挂职）、下派工作队长。

　　街还是那条街，只不过两边栽种的核桃树已经结果，绿油油得惹人喜爱；时间还是每天的下午五点，只不过楼上传来了朗朗的读书声，稚嫩的声音让人陶醉；村委会还是在老地方，只不过已建成洋气的楼房；还是那些平静慈祥的老人，只不过已经搬进新建的老年公寓，描绘着夕阳别样红的美丽画卷——这就是我2014年驻村帮扶的次邱镇黄庄村。

发展"边角经济",美了村富了民

汶上县民政局工作组进驻次邱镇黄庄村以后,在与村"两委"座谈和走访村民中,了解到村中坑塘、道路等空闲地较多,约有300亩空闲地,2014年刚完成"户户通"工程,道路两边需要绿化、美化。栽种花草、灌木没有经济效益,过去也曾栽过,但慢慢都被勤劳的村民蚕食种菜了。栽种杨树虽有经济效益,但存在安全隐患,曾出现过树倒砸屋伤人的事故,村民颇有怨言。在了解村民意愿的基础上,经村"两委"研究后,决定种植经济果木,一来果木长不高,二来能增加经济收入,三是美化环境。大家一开始选择的是柿子树,但柿子不便储存,最后选定核桃。定好方案后,我们到沂源、泰安等地询问产量、苗木价格、种植条件等等。初步了解核桃8158、香玲、元丰等优良品种单株产量25斤左右,按目前市价最低20元/斤计算,单株年收益500元左右。按每户6株计算,足不出户即可增收3000元,全村可增收300万元。1米以上嫁接好的苗木价格15~40元不等。回村后,工作组在广播上多次宣传发动,宣讲种植核桃的好处。

村民宋莲芬成为我们的义务宣传员,她娘家在白石乡北泉村就有核桃园。她现身说法,向邻居讲解了娘家种植核桃带来不错的经济效益,村民动心了,想种但又担心没技术。村民的疑惑也正是我们驻村人员的忧虑,我们发挥部门优势,与白石核桃协会取得联系。然后带领部分村民代表、村干部前往白石昙山拜访了白石核桃协会会长刘庆福。刘会长带领我们参观了他的核桃园、核桃苗圃,介绍了核桃品种,向大家讲解了核桃的种植经验,打消了群众疑虑。当有人问起核桃苗的价格时,刘会长慷慨地说:"过去民政局给我帮了不少忙,价格就由孟局长定吧。"最后商定品种为刚获金奖的优质香玲2号,100棵免费提供给村里,其余400棵以半价卖给村民,同时免费提供技术,以高于市场价格回收核桃。树苗找到了,技术问题解决了,村民的疑虑解除了,村民种植的积极性提高了。核桃苗一运到村里便被村民抢购一空,村干部发扬风格,先让村民挑选,剩下的自己要。

我们与村委会商定,100棵核桃苗优先种植在村主要街道两旁,核桃树产生的经济效益用于村集体支出。这样既绿化了街道又让村里有了经济收入。据初步估算，丰果期村里能增加经济收入 3 万元。明年村"两委"打算凑春节村民回家过年期间进一步扩大宣传，让黄庄变成"核桃村"。

温情守护，为留守儿童撑起一片蓝天

县民政局驻村工作组在走访群众、了解社情民意的过程中，发现许多家庭年轻力壮的都外出打工去了，家里只剩下奶奶爷爷带着孙子孙女生活，爷爷奶奶普遍文化程度较低或不识字，孩子有了不懂的问题无法解决，有些孩子初中还没有毕业就中途辍学了。现在许多人都外出打工挣钱供学生，而学生由于教育缺失，学习积极性不高，成绩不好，中途辍学或考不上好的大学，又被迫加入打工族，再背井离乡，撇家舍业，他们的孩子又成为留守儿童，从而形成一个恶性循环。

驻村工作组同村"两委"在召开党员群众座谈会时提出开办留守儿童义务辅导班，受到党员群众的一致赞同。办班首先要解决教师问题。通过同几位退休在家老教师座谈，原小学退休校长王正声愿意义务执教，另一名老教师近期退休后也愿意任教，两名驻村工作组人员分别担任教员，同时向社会招募志愿者。村"两委"成员轮流值班，负责维护秩序和做好后勤工作。由退休老校长王正声任校长，场所定在村会议室。周一到周五，每天下午 5：00—7：00 上课；星期六、星期日全天，义务为学生辅导作业，负责答疑解惑，其间教唱歌、传统文化、励志教育、舞蹈等等，辅导班不收取任何费用。留守儿童义务辅导班的兴办，解决了留守儿童教育缺失问题，拉近了干群关系，受到了群众的一致好评。

有的村民说："俺老两口都没文化，孩子他爸妈都不在家，我们光逼着小孩子学习去，做不做，做得对错也不知道。现在有人义务辅导，就是收钱我们也高兴地了不得。"有的村民反映，过去我们家孩子回到家，一头扑到电脑上玩游戏，我们也管不住，一说先做作业，他就说老师没布置，实在管不了；进了义务辅导班以后，不再迷恋电脑，学习也有兴趣了。人心没有隔肚皮的，农民最纯朴，给他们办点实事，就能连住民心，受到群众称赞。原来我们驻村干部入户走访，他们先问干啥的，再问问题就说问这干啥，不配合，不理会，戒心很重；还有的村民在干部走后就说：走形式，干不了啥实在事！现在可不一样了，进门有说有笑，喝水让烟留吃饭一条龙。孩子更不用说，围着你又蹦又跳，还主动到下家帮你敲门。在街上见了一口一个老师，喊得你如果不下功夫教他们，你都感觉不好意思。

为农村空巢老人建一个"家"

县民政局驻村工作组通过走访调研，发现该村普遍存在空巢老人现象，儿女外出打工，老人生活无法照料。县民政局驻村工作组通过前期充分调研，与村"两委"多次协商，争取局里支持，争取部分福彩公基金，为村里修建老年公寓。决定利用原黄庄小学部分校舍，在黄庄村建立次邱镇老年公寓。驻村工作组充分发挥自身优势，积极协助该村办理项目审批立项等各项手续，并积极争取上级扶持资金。该老年公寓建筑面积5800平方米，设计床位180余张，配套建设了卫生室、阅览室、游戏室、健身广场、超市、百姓大舞台等设施。老年人不离开自己熟悉的故土和人群，同龄人住在一起又可以聊天、游戏、就医、购物、吃住，非常方便。充分解决了独居老人、空巢老人"出门一把锁，进门一盏灯"的孤独寂寞现实。

每次路过黄庄，总是忍不住放慢脚步；每次听到别人提到黄庄，总是忍不住多打听几句——今年的核桃收成怎么样，那个贫困户王闯生活怎么样，路敦涛的孩子学习怎么样……黄庄！我魂牵梦绕的第二故乡，祝愿你的明天更美好。

路通了，心也通了

第一书记

郭德鲁　2017～2018年度，任汶上县城市管理局驻次邱镇荣庙村第一书记。

2017年6月5日，芒种这一天，次邱镇荣庙村第一书记郭德鲁驾车缓慢行驶在荣庙村的柏油路上。村民看到他的车就大声招呼，有事没事来到车旁，熟络地跟他拉几句家常。村支书刘利文说道："些白的（挺白的）小伙，你这些天也跟着晒黑了！"

6月2日，由驻村第一书记郭德鲁带头实施的道路硬化项目竣工，彻底改变了村民出门难的问题。人们现在看到的是一条干净、整洁的柏油路，村民们驾驶着农用三轮车、电动车等交通工具，自如地来往于村间，熟识的老乡都纷纷前来和他打招呼，说着感激的话，听到这些，作为驻村第一书记的郭德鲁，心中自豪感油然而生。

2017 年 4 月，县城市管理局法制科科长郭德鲁被组织上委派担任次邱镇荣庙村驻村第一书记。驻村前，郭德鲁也多次思考，自己能否胜任这一重担，是否还有这么大精力来回奔波，万一干不好，怎么对得起组织上的信任，但最终作为一名共产党员的责任感要求他必须去，必须在这个岗位上诠释一名共产党员的价值。

在走访过程中，郭德鲁了解村中道路年久失修，因为资金、地方矛盾等各方面因素，造成村民多年来出行不便，也严重制约着当地经济社会发展，群众修路的愿望十分强烈。看到老百姓满心期盼，他心中暗下决心，当年无论怎么样，一定要为村民修好这条"疙瘩路"。一路通，百业兴。要带领群众走上致富路，把路修好是第一步。

郭德鲁深知修路的重要性，为尽快启动这个关系全村百姓的项目，郭德鲁向当地党委，政府和所在单位进行了汇报，争取项目支持。在他的积极协调下，顺利解决了资金来源这一大问题。经过一系列前期准备工作，荣庙村中心路修建工程正式开工建设，看着推土机、挖掘机、平地机、压路机、摊铺机等大型机械陆续进入村庄，村民既惊讶又高兴，没想到村里几十年来没有解决的问题，马上要被刚来的第一书记解决了。道路的质量问题一直是村民最关心的事情。在道路施工过程中，郭德鲁和王建稳始终靠在一线，遇到问题，及时和施工队沟通，保证了工程顺利进行。

郭德鲁每天迎着烈日忙碌在施工现场，从"白书记"晒成了"黑后生"，村民们看在眼里、记在心里。其实，郭德鲁刚来村里时，不少村民对他抱有怀疑，认为局机关来的第一书记不了解基层情况，对解决村里的问题起不了多大作用。然而，面对陌生的工作环境和从未有过的压力，郭德鲁头脑清晰，坚定信念，始终把人民群众的所需所盼挂在心上，用吃苦耐劳的精神，用实实在在的行动，赢得了村民的信任和支持。

金杯银杯不如老百姓的口碑，金奖银奖不如老百姓的夸奖。道路竣工通车成了村里的一件大喜事，那天村民无不欢呼雀跃。提起郭德鲁，村民们个个都伸出大拇指，人人都夸他为村里做了大贡献。村民王庆德高兴地说："现在出门心里踏实了，白天可以开车了，晚上敢出门了，我们要为第一书记点赞。"作为第一书记，郭德鲁真正沉下身子、兢兢业业地工作，修通了中心路，解开了群众的心疙瘩。路通了，村民的心通了，日子越来越好。

驻在村里，住在心里

第一书记

王林燕 2017～2018 年度，任汶上县房地产管理局驻次邱镇朱庄村第一书记。

　　我叫王林燕，是汶上县房管局一名机关干部。2017 年 4 月，按照上级安排，我带领房管局驻村工作组第一次走进朱庄村。顺着窄窄的道路，看着破旧的房屋、年迈的老人和留守儿童，第一感觉整个村子没有一点活力。村民热情接待我们，怀着满眼的期待，我的内心被深深触动。我立志要尽我所能，解决群众的困难，带领群众脱离贫困，让朱庄村的贫困群众摘掉贫困的帽子。

在接下来的一个月内，我们认真地对朱庄村的村情进行调研。接触一段时间后，感到村支部书记朱红军和村"两委"班子都充满干劲，改变朱庄村贫困现状的想法比较强烈。我们深入每一户，面对面走访调研。围绕群众所需所盼，立足村庄发展实际，按照"党建＋扶贫＋N"的工作思路，制订了两年发展规划，壮大集体经济；按照"一托三"的模式，针对每户群众的困难，进行一对一帮扶，让群众感觉到驻村工作组的"光和热"。

筑牢战斗堡垒，激发干事创业热情

第一书记抓党建促脱贫，关键是把群众工作贯穿到村庄发展中去，在带领群众脱贫致富的过程中，让群众感受到党的温暖和关怀，感党恩，跟党走。通过与村党员干部群众的交流，我深刻领会到了"村看村，户看户，群众看干部，关键在支部"这句话的含义。加强党员队伍建设，是所有工作的重中之重，要干给他们看、带着他们干、让他们在具体干事创业的实践中开阔思路、提升能力、锤炼作风。

工作组入驻以来，积极推进基层党组织建设，抓好"三会一课"，贯彻落实"两学一做"学习教育常态化制度化，完善"四议两公开"运行机制，完善党员民主评议等制度，提高党员素质。在民主生活日，为全体党员发送《毛泽东领导理论与实践》等学习材料，七一期间带领村全体党员到金乡县羊山爱国教育基地培训学习。让党员干部积极参与到村建工作中，每月开展党员生活日，与党员干部一起探讨村建工作的各项问题，集思广益制订村发展规划，充分调动村内的每一份力量。

建项目促增收，发展壮大集体经济

经济是村发展的基础。朱庄村是传统的农业村，村民世代都是地道的农民，收入全部依靠土地，多年以来一直坚持"一麦一棒"的种植模式。农民被束缚在这片贫瘠的土地上，收入甚少。我看到这种情况，心里想要增加农民收入、增加村集体收入，就必须改变传统种植模式，调整农民种植结构，鼓励村民开展多样化种植、生产和加工。我带领村"两委"干部去兖州、邹城考察学习蔬菜种植和村办企业，到宁阳、肥城、泰安考察学习了果树种植，又在滕州、微山考察学习了种养殖混合模式，后到寿光、桓台等地考察学习了大棚种植的经验模式，等等。最终，驻村工作组和村"两委"研究决定成立明远合作社，规划建设农业示范园实现传统农牧业向现代化农牧业的转变，开发白莲藕为品牌的特色农业，实行多种经济作物轮番种植的模式，发展集体经济，实现集体、村民、贫困户三方受益的发展模式。

农户通过两种方式入股参与经营：一是以土地折股金，每亩土地以1000元入股；二是以现金方式入股，则至少以5万元入股，5万元折合土地为50亩。工作组入驻后，积极推动农户入股，目前总股金为120余万元。在2017年合作社西瓜迎来了大丰收，却遇到几年来最严重的滞销。这50多亩的西瓜，如果不及时处理，就会烂在地里，让村集体合作社受到严重的损失，村民犯愁了。得知这个情况后，我就带领工作组跑市场，联系商贩，成立了"朱庄西瓜"微信群，通过微信朋友圈等方式，发动身边所有亲朋好友一齐推销，还协调县里摄影协会会员，专程到西瓜地里采风，拍广告、做宣传。

"这些天连续下雨，俺以为今年的西瓜要滞销赔钱了！"次邱镇朱庄村的朱传东，家里种了10亩西瓜，眼瞅着一地瓜卖不出去，一时间愁坏了朱传东。"王书记，幸亏你当起了'卖瓜郎'，亲自去联系买家，还帮忙去做广告，光今天就卖了一万五千斤西瓜，每亩净赚2000余元呢！"朱传东笑眯眯地盘算着。在我与驻村工作组同志们的努力下，在10天内销售西瓜40余万斤，看着村民满脸笑容，点着辛苦换来的钱，我心里也踏实了。在种植采摘蔬菜的季节，我和村"两委"提议优先雇佣贫困户，使贫困户每年增收5000余元，让群众在家就能自立脱贫，照顾留守儿童。

打赢脱贫攻坚战，脱贫路上一个都不能少

朱庄村有贫困户14户，共计25人，除一户高龄精神疾病患者外，其余贫困户全部自主脱贫，这一户贫困户村已用合作社分红的集体扶贫基金

以托底的形式使其顺利脱贫。工作组还特定帮扶了一些困难群众，如筹措资金1000元，为20名贫困村民办理了银龄安康保险；为贫困村民宋爱香协调申请2000元的贫困母亲救助金；协调圣泽中学为4户贫困家庭学生减免全部学杂费；为一名刚考上大学的贫困学生协调教育救助金4000元。

打造美丽乡村，助力政德教育建设

工作组入驻以后，我与村"两委"干部多方协调，积极争取省级美丽乡村建设资金200万元、市级乡村旅游发展资金10万元，用于朱庄村乡村儒学体验村居、现代旅游农业片区基础设施建设。村内道路扩建、新建涉及多户村民，工作组积极与村民进行协商。特别是该区域内贫困户朱玉志家，迁移有家庭克服不了的困难。我和村"两委"同志各方协调争取安居工程指标，让两位老人住上新房，老人流下了感激的眼泪。除了建设项目，我还加强农村环境卫生建设，对村内垃圾进行清理，督促对村级专职保洁员的管理，做到村容整洁，环境清洁。争取资金为村里增设了垃圾桶，通过合理布置，方便了群众收集处理生活垃圾，同时加强对村民进行环境保护宣传工作，提高环保意识，让广大村民一起参与到美丽乡村建设中。

据《汶上县志》记载，公元前501年，孔子任中都宰时曾在次邱镇朱庄一带讲学，朱庄村现有孔子宰中都故城、孔子讲学堂、孔子钓鱼台等遗址。为充分发挥传统文化优势，县委、县政府制订了朱庄村乡村儒学体验村居建设总体规划，实施了政德教育基地教学点建设工程。在得知建设资金缺口大这一情况后，驻村工作组积极筹措，为政德教育基地教学点建设捐助资金20万元，目前政德教育基地教学点主体已建设完毕。

在驻村帮扶的日子里，我深刻体会到，只要围绕着群众身边最急需解决的问题，解决困难，就能让群众记在心中。在以后的工作中，我将围绕"抓党建促脱贫"这一主线，不断发展壮大集体经济，推进美丽乡村建设，按照总体规划，参照中央一号文件提出的"田园综合体"发展模式，逐步将朱庄村打造成集现代农业、休闲旅游、田园社区为一体的乡村儒学体验村居。

拉家常打开"驻村门"

第一书记

华　梅　2017 ~ 2018 年度，任汶上县住房和城乡规划建设局驻
　　　次邱镇孙口村第一书记。

"华书记，你又来看着了？昨天就没休息。"

"这修路，咱老百姓的大事，我不看着不放心。"

"伙计们，华书记又来监工喽！都利索点、麻利点！"

百姓口中的"华书记"就是县委组织部委派的汶上县住建局驻孙口村
第一书记华梅。担任孙口村第一书记的时间里，华梅与乡亲们同吃同住同
劳动，村民们都亲切地称她"华书记"。

"三进三访"打开大门

"大娘，您好，我是咱村新来的第一书记。"

"第一书记是干啥的？"

一位六十多岁的妇女站在自家小院的门口满是疑惑，甚至还有些戒备，丝毫没有想请进门的意思。1983年出生的第一书记华梅第一次进村走访，就这样被村民拒之门外。想起当初"被拒"的尴尬，华梅理解地说道："村里多数老人都不了解，他们认为第一书记就是走个过场，来看看就回去了。"

第二次进村走访的时候，华梅看到村民聚在小院门口，就过去坐在旁边的石头上，听他们聊起了家常。"我老家也是农村的，我也是从小在村里长大的娃娃。"听华梅这么一说，乡亲们突然觉得跟这个年轻的第一书记还有点共同语言。就顺着这个突破口，华梅大致了解了村民衣食住行等基本情况。

华梅第三次入户走访调研，村民主动拉着华梅走进自家小院，给她看院子里种的菜、栽的花，看到村民如此热情地邀请，她知道连续走访终于有了新进展，村民接纳她这个第一书记了。就这样，一回生二回熟，华梅从院门到屋门，感觉自己和乡亲们的距离拉近了，便把和村民拉呱儿中获得的信息汇总整理，百姓有哪些困难，村里有什么问题，她都一并提出自己的建议，再去村民家的时候，把自己的想法讲给大家听。时间久了，村民对华梅有了信任，也渐渐对她打开了心门，一些原来不敢说，或是不愿说的话，渐渐吐出口唇，华梅不由得感慨："村民能把心里话都告诉我，这份认可就是最值得的。"

村里有了"民心路"

聊家常的时候，村民反映最多的就是希望改善村庄环境。首先就是道路问题。"华书记，今天别进村了，这么大的雨你也进不来！"大清早华梅接到村民电话，原来村外主要道路损坏，导致一下雨积水严重，雨天一走就是两脚泥。于是等雨一停，华梅就开始着手修路的事情。以前村里交通极其不便，严重影响村民正常生活。对此，华梅与村"两委"研究，一起制订了详细方案，并通过努力，多方筹资80余万元对村里"三纵两横"主要道路进行了路面柏油铺设，同时又申请5万元对村内道路安装26盏光伏板太阳能路灯。"路修好了灯也亮了，咱村现在可好了。"村民满意地说。

路修好，村民最迫切的愿望实现了。华梅借着修路这股热乎劲儿，引领群众脱贫致富。工作组通过积极向有关部门争取项目资金，着手发动村民搞种植业。为打消群众顾虑，先鼓励村"两委"干部包地种植甜玉米，以进一步增加了家庭收入，并起到示范引领的作用。华梅和村"两委"积极向有关部门协调，计划将村西南头 30.5 亩闲置土地建成养殖场对外招租，从而增加村集体收入。

环境有了"清洁桶"

百姓生活有了保障，"腿快手勤眼尖"的华书记又在村里"溜达"了起来，通过"溜达"发现，村内垃圾桶数量少，位置分布极不均匀。美丽乡村建设，环境卫生整治是首位，整洁的村容村貌也是全体村民的共同期盼。华梅依托本单位职能优势、资源优势开展工作，为村内新增了 5000 余元的垃圾桶，通过合理布置，方便了群众收集处理生活垃圾，也进一步带动了村民追求优美居住环境的意识。同时严格加强对村级专职保洁员的管理。认真落实公共卫生党员义务包保制、卫生模范民主评议制，签订门前三包责任书和禁烧责任书，彻底消除秸秆燃烧造成的不良影响。

一年多的时间匆匆而过，华梅和乡亲们同吃同住同劳动，谈起这一年多的工作，华梅感触颇深。"来之前我爸就跟我说，给老百姓办事，一定要实在，融入他们，我觉得我做到了。"华梅说孙口村就是自己的第二个家，她满怀热情而来，本想帮助村民脱贫致富，无形之中也得到村民的诸多帮助。正是村里的乡亲父老让她的人生变得更厚实，内心变得更温和，她说："乡亲们的一声'好闺女'，就是我作为第一书记最珍贵的财富。"

打开华梅的民情记录簿，扉页写着这样一句话："村民就是我的亲人，他们有难处，作为一名党员、'第一书记'，我不帮忙解决，谁来帮？"正是有着这样为群众办实事、解难事，谋民利、解民忧的宗旨，在驻村帮扶、脱贫致富、融入群众、扎根基层的这条路上，华梅带领着她的工作组正越走越远，越走越宽。

听民声，办实事，悟真经

第一书记

郭　伟　2017～2018 年度，任汶上县委政法委驻次邱镇谷桥村
　　　　　第一书记。

　　放眼望去，在次邱镇谷桥村即将完工的文化广场上，十几位村民正干
得热火朝天。走近一看，村民们脸上挂满的汗水在诉说着辛苦，但每个人
脸上却都洋溢着兴奋的表情。"麻利地建好文化广场，吃完晚饭咱也能和
城里人一样跳跳舞、健健身，也有'夜生活'了。多亏了驻村工作组的同
志们，要不是他们帮忙，指不定啥时候才会有广场。"村民张大爷由衷感
叹道。村民们所说的驻村工作组就是县委政法委和县人民银行驻次邱镇谷
桥村工作组。

为摸清村情民情，工作组到村以后，迅速进入角色，坚持吃住在村，天天迎着朝阳、踏着余晖进行走访调研，逐一走访老干部、老党员、困难户、能人大户和普通党员群众，倾听他们的心声，征求他们对本村发展的意见和建议，为下一步更好地在村里开展工作打好了基础。

倾听村民心声，从小处着手建广场

工作组自入驻谷桥村以来，一直致力于发现解决群众关心关注的"热点焦点"问题。经过前期走访调查，很多村民反映村里缺少休闲健身的场所，而且村民们也热切盼望能像城里人一样，有一个扭扭秧歌跳跳舞、打打太极健健身的地方。为满足村民的文化生活需求，驻村工作组先后召开了村"两委"班子和群众座谈会，全面考察了谷桥村情地貌，并多次深入其他村居学习经验，通过多方协调、反复研究、积极推进，最终确定了建设文化广场这一目标。

为尽快满足谷桥村广大群众文娱活动的强烈需求，驻村工作组迅速将建设文化广场一事向单位领导做了专题汇报，县委政法委和县人民银行领导专门到谷桥村进行调研走访，表示将在资金上和物资上给予大力支持。支持到位、资金到位、准备到位，工作组和村民的干劲儿也一下点燃了起来。目标确定后，驻村工作组请来了规划队和工程队勘查现场，制订规划。村民们也自发组织起来，义务参加广场建设，干些清理建筑垃圾等力所能及的活儿。其实，这些活儿根本不用村民干，工程建设方会负责打扫干净的，可村民们热情高涨、干劲十足，人人都想早点儿把广场建好，早点儿让这个村民们都挂念着的舞台热闹起来、欢腾起来。

经过大伙儿的不懈努力，一座功能齐整、规范标准的小广场已经初具雏形。广场南北长 25 米，东西宽 23 米，占地面积 575 平方米。广场建设包括沙土填坑，安装健身器材，建设百姓大舞台、绿化，安装宣传栏、安全围栏、百姓大舞台、高标准厕所等。待到建成后，村民可在文化广场进行健身娱乐活动，极大地提高村民身体健康水平，丰富群众精神文化生活。项目共计投入资金 12 万元，通过"一事一议"申请到第一书记项目资金 5 万元，县委政法委和县人民银行帮扶 7 万元，目前广场已经全部完工并正式投入使用。

满足村民期待，办实事悟出帮扶经

"脚上沾泥土，心底聚真情。"第一书记从城市到农村，从机关到基层，第一步就要"下得去"，真正融入农村，切实做到"接地气"。广场虽小，却承载着村民们真真切切的渴望，凝聚着工作组实实在在的付出；广场虽小，包含着的却是工作组办实事、办真事、办好事的真实体现，是工作组问政于民、问计于民、问需于民的真情实感；广场虽小，但是工作组和群众之间的感情却建立起一个广阔的大舞台，这个舞台不仅仅承载着老百姓的欢声笑语，更可以帮助老百姓遮风挡雨。

农村老百姓也是非常纯朴、爽直的，情感真挚、不要心眼。为他们办实事、急事，解决最需要解决的问题，是做好驻村任职工作的突破口和切入点。农村工作，看似单纯，实际复杂。所以我们必须通过工作实践的磨炼，弥补工作经验的不足，这样才能有一把做好工作的"利刃"，再困难的工作也会迎刃而解。要勤于向领导、向基层干部、向人民群众学习，只有掌握了农村的各项方针政策和解决疑难复杂问题的本领，善于与群众打交道、善于与群众交朋友、乐于与群众交真心，讲求工作方法，才能出色完成工作任务。

做好驻村工作，郭伟概括为三个词：信心、磨炼、服务。信心就是无论遇到什么困难都要有信心去解决它，不能退缩；磨炼就是用艰苦的工作环境锻炼自己的意志和品质，让自己更加坚定为人民服务的信心和勇气；服务就是变驻村帮扶为驻村服务，为老百姓做些力所能及的实事。只要我们牢牢记得自己为什么驻村，驻村的目的是什么，就一定会为驻村工作交上一份满意的答卷。

女书记驻村三部曲

徐凤梅 2017～2018年度，任汶上县农业机械管理局驻次邱镇攒庄村第一书记。

2017年4月，听说上级派了工作组来村帮扶，领头的还是个女同志，各种质疑、猜测成了街头巷尾最热门的话题，连支部书记都抱着怀疑的态度：两个女同志能干成啥事呢？面对质疑，我没有气馁，暗下决心，我一定要脚踏实地干，用自己的实际行动证明给大家看，女书记照样能开辟一片驻村好天地。一年多过去了，攒庄村发生了日新月异的变化：村"两委"班子成员整体素质提高，班子成员齐心协力为村民办好事、办实事；村集体经济快速增加，2017年村集体经济增收3万元，2018年有望增收5

万元；村内环境也发生了翻天覆地的变化，村内的下水道不再冒臭气，村民们也有了健身娱乐的广场，每天晚上村民随着音乐翩翩起舞……

发展变化，需要一套好班子

2017年4月，我来到次邱镇攒庄村，立足村庄实际，从建强基层组织，增加集体经济收入，建设美丽乡村入手，积极投身到驻村帮扶工作中。经了解，全村共两个村民小组，180户690人，共有党员28人，全村共有农业用地636亩，主要种植小麦、玉米及大豆。村民收入主要来源是靠外出打工、土地种植和养殖，收入不稳定。村集体资产、资源较少，村集体经济空壳，村内基础设施相对薄弱，下水道裸露，不安全，易发生儿童跌落事件，村内的娱乐场所也需要建设。面对如此艰难的基础环境，怎样才能为村民们蹚出一条发展变化的路呢？

我进村入户通过调查走访，广泛征求意见，认真梳理了村党支部和村干部中存在的问题和不足，及时制订了详细的实施方案，明晰了指导思想、目标任务、方法步骤和重点举措及日程安排，扎扎实实地开展各项工作。一是帮助村"两委"制定完善了学习制度、会议制度等各项管理制度，建立健全了村级财务制度和村务公开制度，村级管理实现了规范化、制度化、公开化。村党支部书记、主任马洪江说："现在干部做事按程序，有规定，公开透明，矛盾少了，办事顺了，当干部的风险小了，心情舒畅多了。"二是通过召开党员大会等多种形式的党员活动，激发党员工作热情，起到模范带头作用。利用每月5日的党员活动日，进行集中学习，开展"两学一做""解放思想大讨论"活动，并要求党员在家自学，不断提高党员干部素质。三是积极组织村"两委"班子成员对党章、十九大精神等进行学习，定期研究工作，极大地提升了村"两委"班子成员的理论水平，也提高了村"两委"班子为村民服务的能力。

村集体经济增收，需要一些好措施

"徐书记，我们村没有集体财产，又没有企业，怎么才能增加集体经济收入呢？"刚来到村里，面对村支部书记的困惑，我也有些不知所措。在多次召开村组干部会议、村民代表会议和走访调查后，我得出了这样的结论：把土地整合流转给种地大户，为种地大户解决种地所需要的水、电、路等基础设施问题，提供优质服务，收取一定的服务费，增加村集体经济收入。

一是通过做村民的工作，整合土地400亩，承包给种植大户，每亩地收取50元的服务费，为村集体增加收入2万元。二是积极争取市农机局项目资金，免费为全村600亩土地开展深松作业，土地增收增效，种植大户及村民都受益，都夸奖村里来了一个好第一书记。三是在村内能人在外开办的企业上做文章。通过调查了解，村内能人在外开办的企业主要有三类：建筑业、电信业、颜料业。三类企业都需要大量的工人。针对这种情况，村"两委"与企业达成协议，为在外企业开展劳务输出，确保其有足够的工人开工，既解决企业缺乏劳动力的后顾之忧，又增加了村民的收入，同时又收取一定的劳务费，增加村集体经济收入，可谓"一箭三雕"，受到大家的好评。

在外能人马洪进、马胜利两兄弟，为感谢村委会的帮助，2017年春节为村委会捐款购买米、面、油等慰问品，慰问了村内所有60岁以上的老人。

建设美丽乡村，需要改善村居环境

驻村以后我挨家挨户进行走访。村里下水道冒臭气，还时不时发生儿童跌落事件，村民对村里的下水道意见很大，同时村里还缺少一处健身广场。了解到这些情况后，我积极寻求资金帮助，准备利用第一书记项目为村民修建好下水道及健身广场。下水道一直是村民的心病，一听说要修建下水道，大家都热烈欢迎，积极出工出力，进展很顺利。然而修建健身广场时却遇到了麻烦。

经村"两委"班子成员开会商议，计划在村西头修建广场，但修建广场的土地属于村民承包的荒地，并且荒地上有种植的树木。该荒地承包户听说要修建健身广场，开始同意了。等到施工队来施工了，准备伐树的时候，承包户不乐意了，站在荒地上不让施工。这下我们可犯了愁，一方面施工队等着施工，一方面村民不让伐树。面对这种情况我们只能先让施工队停下来，然后苦口婆心地给该户村民做工作，许诺保留能保留的树木，同时减少承包费，但该承包户说啥也不让施工。我们只能慢慢做他的工作，动之以情晓之以理，经过几天的上门做工作，该户村民终于同意了村委会在其承包的荒地上修建广场的计划。望着施工中的健身广场，我长长地舒了一口气。

这件事让我颇有感触，"有困难不怕，只要大家齐心协力，就能办成办好"。经过我们的不懈努力，目前攒庄的下水道和健身广场均已建好，村民再也不用担心孩子掉进下水道，闲暇之余村民也有了休闲健身的好去处。如今，走在路上，村民见了我都高兴地竖起大拇指，直说真不能小瞧"花木兰"。

驻村的那些小事

第一书记

张红霞　2017～2018年度，任汶上县农业局驻次邱镇张村第一
　　　　书记。

　　新一轮驻村工作又开始了，我自愿在单位报了名，我打心眼里喜欢驻村，因为我喜欢农村老百姓的淳朴与热情，喜欢农村田园般的生活，更喜欢在农村的这片蓝天热土上做点小事情，从那里可以找到真实的生活，也充实锻炼自己。

拉呱儿拉出"驻村情"

2017年4月5日，我带着一份责任来到包驻的次邱镇张村。张村村庄不大，815人，754亩耕地，村庄规划整齐，环境优美，一排排整齐的瓦房，一盏盏明亮的路灯，感觉格外敞亮。张村的产业以种植韭菜、菜花等蔬菜为主，农民收入也比较高，农村劳动力大多数不外出打工。

我时常去田地里与干活的妇女们拉拉呱儿，了解蔬菜的价格，看看年收成如何，也拉进了我与老百姓的距离。老百姓也很愿意与我说话，问我是哪个单位的，来干什么工作的。每走访一户，我就记录下他们的家庭情况及收入，有什么困难，便于我今后有针对性地开展工作。老百姓对现在的生活都比较满意，许多人都说党的政策有多好，给修了路，安了路灯，有时还能跳跳广场舞。在轻轻松松的拉呱儿中，我顺利完成了全村村民的走访任务，记下一本子民情记录。

精心改造，让自来水民心工程更得"民心"

在走访群众中，老百姓有的反映对村自来水的供水时间不太满意。于是我与村"两委"班子进行了座谈，了解村自来水供水存在的问题。村支部书记说："自来水改造已经十几年，部分管道失修，每个农户每年无论用水多少，每月只交一元钱，大家对用水也没有节约意识，造成很大的浪费，所以每天定时放水，给生活带来不便。村里也想对自来水进行改造，可是又没有资金。"

自来水改造所需资金总预算大约5万元，我一听眼前一亮，驻村第一书记帮扶项目资金就能解决这个问题。村"两委"班子召开了村民代表会议，商议此事，村民代表一致赞同，村"两委"班子立即联系了施工队，开工建设。部分老百姓不理解，觉得安装了自来水表增加了自家的费用，更有的农户以不长期在家里住为由持反对意见。我与村"两委"成员通过走访入户讲明道理才得到了认可。经过一个月的施工时间，自来水改造工程顺利完工，户户安装了水表，管道进行了改造，新安装了压力罐，确保农民能吃上干净的自来水，而且能够实现全天候供水。

质检设备为韭菜农户吃上"定心丸"

张村村民以韭菜种植为主导产业，而且韭菜产业的收入都比较高，每亩收入 9000 多元。2017 年 11 月山东省农业厅规定对韭菜实行双证管理，所有的韭菜种植农户对外销售韭菜都要出示韭菜合格证。张村的韭菜种植农户纷纷到办公室问我怎么办，合格证是什么样式的，由谁来发放……我及时回到工作单位农业局，向分管领导做了汇报，局里制订了方案，组织实施双证管理的规定，首先印发了合格证，按程序给种植韭菜的专业农户发放，张村的农户这才放了心。但是过了不久，又传来泰安一农户因种植韭菜检测不合格被罚款 7000 多元。张村的农户又担心起来，问我种植韭菜怎么才能药物不超标，我聘请了农业质检站的何站长进行了细心的讲解与答复，并与何站长协调借助济宁市农产品检测项目列支检测设备一套，共计 4 万多元，2018 年 6 月投入使用。检测设备能帮助农户对韭菜进行质量检测，农户也能放心地卖他们的韭菜了。

在次邱镇张村驻村，我与村干部、老百姓建立了深厚的友谊，我常常觉得驻村不是倾注多少资金，也不是干多么惊天动地的事，只要带着一份热情、一份感情去融入自己包驻的村，真心实意为老百姓做点事，老百姓都会记得咱这个第一书记，这样也对得起组织给予我们"第一书记"的称号。

一个80后女第一书记的驻村故事

第一书记

井兰朋 2017～2018年度，任汶上县食品药品监督管理局驻汶上县次邱镇赵村第一书记。

"小井书记，又走访呢，来家里坐坐，喝点热水吧。"从贫困户马美容老人家走访出来，赵村村民和我熟络地打着招呼。时当年初，冬日的阳光暖洋洋地洒在村内的屋顶上、道路上以及晒暖的老人和嬉笑玩耍的孩子们的身上，我的心里暖极了，往事一幕幕浮现在我眼前。

2017年4月的一天上午，次邱镇赵村村支书赵聿军来到镇上，迎接我这个驻村第一书记。看着我这个个子不高，还略带腼腆的80后女书记，他有些失望，嘴里嘀咕："咋就不派个有农村工作经验的来呢，咋还是个女的。"听说上级派了个80后女同志来当驻村扶贫第一书记，很快村内充满了各种质疑、猜测。

山重水复疑无路，柳暗花明又一村

到村的第一天下午，我便迫不及待地在村干部的带领下进行入户走访，可刚走一户就受到"冷遇"。当村干部向贫困户赵聿启大叔介绍我以后，他便上上下下打量了我一圈，一脸失望地嘀咕着："咋派这么个年轻的女同志当书记，能干啥？手不能提、肩不能扛的……"听到这些嘀咕声，我故作镇定地笑了笑，心里想："那您就等着瞧瞧，我能不能给村里干点啥！"后来又陆续走访了几户，看到他们或多或少对我露出质疑的目光，回去的路上，我便暗自下定决心，就算现在我是什么都得从零开始，但我会好好干、认真干、干实事，将来用结果证明自己！

通过前期的走访、座谈，我了解到赵村位于南二环、西二环、汶金线交界处，地理位置、交通条件十分优越。全村 456 户 1345 人，却是典型的"空壳村"，无集体资产，集体收入也少得可怜。村里连办公的地方也没有，是借的村民的房子办公。这样一来，新建村办公场所就是首先要解决的问题。但由于赵村离城较近，又建设了白马河社区，半数村民不在村内居住，造成筹资困难。我和工作组其他成员多次与村"两委"成员、村民代表召开座谈会，让大家说说自己的想法和意见。村支书赵聿军说："建办公场所倒是有地方，目前最大的困难是缺钱，村里集体经济收入非常薄弱，根本拿不出钱。2017 年修路让村民筹资已经非常困难了，建场所再让村民筹资恐怕行不通。"听了村支书的话，我心想：决不能再让村民筹资，增加村民的负担了，肯定会有别的办法，不能放弃。

会议结束后的第二天，我就到镇里找相关的领导"取经"，看看有没有这方面的上级扶持政策。还别说，收获还真不小，原来上级为壮大村集体经济收入，有个"千村集体经营场所示范"建设计划，可以建设门面房、超市、大棚等村集体经营场所，通过租赁形式增加集体收入，验收合格后有 5 万元左右的资金扶持。我想我和村"两委"规划的建办公场所的位置，正好处于村主干道的沿街位置，这样可以把村办公场所和集体经营性场所进行整合，盖一座两层的楼房，这样二楼可以作为办公场所，一楼用于门面房向外出租，以租赁费来增加集体经济收入。仅仅 5 万元的经营性场所的扶持资金肯定是不够的，但是一楼沿街的门面房位置非常优越，非常适宜进行商业经营，可以说非常抢手，不愁出租的问题，可以在开工前提前招商，谁想承租，可以提前支付租赁费用，签订合同。这样把提前收取的租赁费和上级的扶持资金整合，差不多钱的问题就解决了。

回到村里我立即组织召开村"两委"成员和党员代表、村民代表会议，把自己的想法给大家说了说，大家非常赞同，一致通过。三天后，村内的一位村民赵恩常就来到村里谈承租一楼门面房的事，最后双方同意以每年 2000 元的价格出租，提前一次性交付 30 年的租赁费 6 万元，这真是——山重水复疑无路，柳暗花明又一村啊！钱的问题终于解决了，说干就干，一个月后，项目完工。整体建筑上下 2 层，砖混结构，上下层各 4 间，上层 4 间用作办公场所，下层 4 间用作经营性场所，每层长 14 米，宽 7 米，加上附属空间总体面积约 224 平方米。不久一楼的经营性场所通过市县验收，争取到上级经营性场所建设资金 5 万余元；二楼的新办公场所也在装修中，预计 2018 年底村委会就能在新的场所进行办公。

路灯亮了，我们的心更亮了

"井书记，我昨天晚上 9 点下班回来，都不用开电动车灯了。"路灯安装完的第二天上午，村民辛凤莲大姐见到我高兴地说道。由于村集体经济收入薄弱，村里的路灯亮化工程一直未能实现，晚上漆黑一片，村民出行极为不便。

我积极与村"两委"和群众代表座谈，考虑后续电费实际，决定为村内所有主要街道全部安装上太阳能路灯。前期通过多方打听联系路灯供应商家，通过实地考察，反复对比价格和质量，挑选最适合的商家供应路灯原件，核算出全村需要安装 57 盏路灯，每盏 1400 元，需要 7 万多元的资金。我了解到安装路灯属于村内亮化工程，符合"一事一议"奖补政策，可上级的"一事一议"奖补资金只有 5 万元，还有 2 万多元的缺口呀！这时候我就积极向自己的"娘家"食药监局求助，局领导听了我的汇报后，认为这是为村民办实事、办好事，非常支持。在我局经费非常困难的情况下，特批了 2 万元，用于路灯安装。

当赵村街道上新装的 57 盏太阳能路灯同时亮起来时，村民们激动地奔走相告，孩子们欢呼雀跃。路灯不仅照亮了道路，也照亮了老百姓的心。"路灯亮了，我们的心更亮了。"此次路灯的安装，让群众感到了党和政府的温暖和关怀，受到了村"两委"和群众的一致好评。

一年多的驻村工作，有苦也有甜，有成功的喜悦，也有受挫的伤感。有时感觉，在农村办点事真难，办事就要钱。有时又觉得，只要肯动脑，办法还是比困难多。新建了村办公场所和经营性场所，村内每条街道都安装了太阳能路灯，村集体经济收入突破 3 万元，村内 25 户贫困户全部脱贫，为村里协调来新的办公桌椅，为贫困户购买了银龄安康保险，节日慰问困难老党员，党员活动日带领村党员参加义务劳动……一幕幕往事不断在我眼前闪现，我这个"小井书记"也成了村里实实在在的一员。

实干，拉近了我与群众的距离

第一书记

闫　涛　2017～2018 年度，任汶上县粮食局驻次邱镇黄庄村第
　　　　一书记。

我叫闫涛，是汶上县粮食局一名机关干部。2017 年 4 月，按照组织安排，我到次邱镇黄庄村开展驻村工作，担任第一书记。刚开始，我心里存有误区：驻村工作嘛，也就是走走形式，抽空到村里转转，做点儿面子工作，对上级有所交代，不出大问题就行了。两年的驻村时间，实际上就是暂时离开繁忙的本职工作，给自己放个长假、好好休息一下罢了。

出于这样一个心态，自己的内外在表现都很浮躁，在村里象征性地转转，就认为万事大吉了，极为轻松自在，好像找到了驻村工作的"初步感觉"。但是我慢慢发现，在与一些群众沟通交流时，大家的态度都比较冷淡，总是爱理不理，弄得自己心里很别扭。一次偶然的机会，我问街上的几位群众都有啥想法，没想到其中一位老大爷来了几句话："你问俺有啥想法？俺的想法多着哩！像你们这样来村里光是做样子，糊弄个年把走了，能给村里干点儿啥？俺的想法给你说有啥用！"

面对群众的冷淡和质疑，我的内心受到极大的触动，忽然意识到，如果继续像这样"混天撩日"，到时候不仅完不成组织上交给的工作任务，也对不起黄庄村的群众，自己对组织、对群众都无法交待，是时候必须有所实际行动了！

在之后的一段时间里，自己将精力放在村里，深入进行走访，与村干部、广大党员和群众进行了广泛交流，逐渐摸清了村里的实际情况和迫切

需求。我发现黄庄村最大的特点是人多、地多：全村共 12 个村民小组，740 多户，3400 多口人，农业用地 3650 亩，土质肥沃，拥有很好的种植基础。而我在粮食部门工作，完全可以在粮食种植经营上做文章！而粮食种植经营的趋势是规模化，为何不把村里的种粮大户组织起来，搞规模化的种植经营呢？于是，我和村支书把村里的种粮大户召集起来，进行了长时间座谈。当我把自己的想法给大家说出后，大家的积极性都很高。通过一番讨论，大家决定把手里的土地整合起来，组建黄庄村"农民种植合作社"。

短短几天，大家推选出了合作社理事会、理事长，制定出了章程等运行规则。为把合作社做大做强，我又多方联系协调，争取枣庄银行在黄庄设立了金融服务点，为合作社、社员和当地群众提供资金支持和便捷服务；与济宁惠农科技有限公司进行了多方洽谈，确定由其提供优质种子、有机肥料、生物制剂和技术服务，在合作社推广有机无公害绿色粮食种植。通过紧张筹备，"黄庄农民种植合作社""枣庄银行黄庄服务点""200亩有机粮食种植基地"三大项目于 2017 年 9 月 25 日一起投入运营，并展现出良好的发展前景。大家决定在原来的基础上，逐步把有机粮食种植面积扩大到 2000 亩，在创造规模效益的同时，带领村民共同增收、促进村集体经济快速发展。

从这以后，我发现村里群众对自己的态度发生了根本变化，从最初的质疑和回避，变得愿意和我说心里话。现在不断有群众时不时地到驻村工作组的住处坐坐，拉拉家常，提出了许多合理化建议。看到他们信任的眼睛，我也增强了干事创业的信心。

借助县里第一书记项目扶持资金的机遇，通过与大家合计商议，我们决定把村里两条没铺完的水泥路进行延伸铺设，彻底解决村内群众出行的老大难问题。为此，自己一方面与村里组织召开群众代表会议统一思想，一方面积极与镇下派办、镇经管站沟通协调、申报项目。同时与施工方谈条件、签协议，并协调了部分机械设备，确保工程如期开工。期间，自己与村干部吃住在现场，随时协调解决出现的问题，并严格监督检查工程进度和质量，有时忙到深夜，待铺完养护膜后才休息。经过连续奋战，两条水泥路终于铺设完成，成功验收。目前两条路已经成了村民出行的要道，极大方便了周围群众。

如今，每每走到村里，看到身边的诸多变化，我心里总有一种幸福感和充实感，但同时又越发觉得自己干的工作太少、自己的力量太小、亏欠群众的地方太多，一些想做的事情受限于多方因素而无法实施。而另一方面，压力也是动力：2018 年，自己又拟订了新的工作计划和方案，并有决心和信心把计划和方案落实到位。特别是，我们决定利用第一书记项目扶持资金实施村内亮化工程，在村里主要路段安装路灯，解决群众夜间出行难的问题。目前村班子会议、群众代表会议已经召开，获得了大家一致赞同。同时，工程方案、施工合作意向等已基本落实，工程前期筹备工作正在抓紧进行，并将于近日正式开工，七天内即可施工完毕。

近日，一件小事让自己感动不已：工作组住处停电，无法烧水，附近一位 70 多岁的老大娘得知后，默默提着一大壶开水，跟跟跄跄送到了我们的住处，并一再嘱咐：有啥困难及时说，别不好意思。——按说一壶水算不得什么，但我却觉得它体现出了群众对我们工作组的真正接纳、认可和肯定，其价值是无法衡量的。

路不漫漫也不修远，作为一名普通的驻村干部，自己没有太多期望和奢求，只想扎扎实实把身边的事情做好，无愧于组织，无愧于群众，也无愧于自己。

用心驻村，用情暖人

第一书记

张　蕾　2017～2018 年度，任汶上县文化市场综合执法局驻次
　　　邱镇东温口村第一书记。

　　我是汶上县文化市场综合执法局干部张蕾。2017 年 4 月，我被组织选派到次邱镇东温口村担任第一书记。我和工作组的同志带着组织的重托，开展驻村帮扶。我们工作组一起到村内每家每户走访。村民对我们的态度十分亲切，想来是之前的驻村工作组在群众中赢得了良好声誉。

　　东温口村位于次邱镇政府西邻 2 公里处，共 6 个村民小组，360 户1563 人，耕地面积 1780 亩。共有党员 41 人，贫困户 21 户 48 人。没有集体经济收入，属集体经济"空壳村"。我们初次走访时，村支部书记李崇

学介绍道："我们村的基础设施建设基本完备，但是，因为没有集体经济收入，很多时候开展工作有点捉襟见肘。"

走访中能感受到村民的精神面貌不错，但是大多数青壮劳力都外出打工了，只有老人和孩子在家。"我没事出去遛个弯，找几个老伙计打个牌下个象棋什么的。但是村里没有大点的地方，聚在一起人一多往往就把路堵了，车来不能过，让路次数一多我们的兴致又坏了。所以啊，村里要是有片大点的地方让我们娱乐休息就好了。"这是村民魏连章在我们走访的时候告诉我们的，其他村民也纷纷表示希望有个广场。我觉得这是村民的真心愿、真想法、真期待，我要帮他们实现"心中所想"。

为此，我和村"两委"召开座谈会，商议这个问题。"想有块大点的地方聚会，不如直接建个文化广场，安装一些体育器材，又能聚会又能健身，一举两得。"支部书记李崇学在会上确定了目标。我们迅速将建设文化广场的事宜向单位领导做了专题汇报，县文化市场综合执法局和威海市商业银行汶上支行领导专门到东温口村进行调研走访，对文化广场建设事宜提出宝贵意见，并表示将在资金上和物资上给予大力支持。2017 年 4 月底，我们就在会议确定的位置——村中心一处 650 平方米左右的荒地上开始修建文化广场。工程开建后，村民们经常到工地上义务劳动，帮助清理建筑垃圾。青年壮劳力虽然比较少，但是一样对广场建设做出贡献，加快了建设进度。从沙土填坑到安装健身器材，从建设百姓舞台到堆砌花坛，从铺设地砖到广场墙体绘画，广场建设有条不紊、紧张有序地进行。到 8 月，广场建设完成。每日傍晚看到村民在文化广场进行健身娱乐活动，我也满是欣慰，觉得自己的驻村有价值，觉得自己没辜负老百姓的期待，他们笑容多了，我也就跟着开心。这件事情让我深深懂得，如果在工作中打不开局面，找不到方向，就以群众的实际需要为突破口，坚持"从群众中来，到群众中去"，自己工作干得不费劲，村民也实实在在拥护，皆大欢喜。

整个驻村工作，让我印象深刻的还有精准扶贫工作。在村里走访中了解到村民刘庆国是残疾人，他身有残疾但仍有部分劳动能力。他也表示希望自己能自食其力，不想总靠政府和社会救济。我们发动村委会垫资 5000 余元，助其经营一处冷饮生意，使其生活能够自给自足，并偿还了之前村委会的垫资。然而，天有不测风云。2017 年底，刘庆国因重病彻底丧失劳动能力，瘫痪在床。我们又为其申请了五保和大病医保，一方面帮助他治疗疾病，另一方面则是满足其日常生活所需。在我们的努力下，刘庆国的精神状态很好，在他病重后，我们有时间就去看望他，拉拉呱儿，聊聊家常，希望让他感受到集体的温情。然而病魔还是把他的生命夺走了。"感谢党和政府的关怀，我这副身板儿如果没有大家的照顾，早就不行了，能够撑到现在，知足了，这辈子没机会了，下辈子我再报答大家。"刘庆国2018 年初离世前动情地对工作人员和好心村民说。

时光在一天天中走得很快，在东温口村开展驻村工作的日子里，我也和村干部、老百姓结下了深厚的友谊。有些人单纯地以为驻村工作做好与否，看单位倾注了多少资金，这是片面的。我认为只要带着一份热情、一份感情去融入自己包驻的村，真心实意为老百姓做事，对得起组织给予我们的"第一书记"称号，老百姓就会记得咱这个第一书记。

耕耘在希望的田野上

工作队长

李怀平　2017～2018年度，任汶上县寅寺镇党委副书记（挂职）、下派工作队长。

　　走访群众3000余户，争取各类投资200余万元，硬化道路10万平方米，建设文化广场5处，改建办公场所3处，协调帮扶物资20余万元……在汶上县寅寺镇，有这样一支队伍，他们是群众心中最可爱的人。"大兄弟""贴心人""主心骨"……是老百姓对他们最亲切的称呼。这就是汶上县寅寺镇驻村工作队。

无论在田间地头，还是在乡村院落，群众看到最多的是驻村工作队忙碌的身影；无论在机关，还是在企业，群众谈论最多的是驻村帮扶给生活带来的新发展新变化。寅寺镇驻村工作队长李怀平带领的 7 个驻村工作组犹如七颗闪亮的新星，绚丽多姿，群星闪耀，照亮了汶西沃野大地。他们用责任和汗水追逐时代梦想，用苦干和实干托举驻村干部的为民情怀，用爱耕耘在这片希望的田野上。

乡村的"呼唤"

"工作队帮扶什么，怎么帮扶？"2017 年 4 月，驻村工作一开始，问题就摆在了寅寺镇驻村工作队的面前。"没有调查就没有发言权。我们驻村后，多方走访调研，立足镇情村情，摸清群众呼唤什么，渴望什么，要真正把驻村帮扶帮到老百姓心坎上！"李怀平介绍说。

2017 年以来，李怀平带领工作队紧紧围绕"抓党建促脱贫"任务目标，开展"党在我心中、驻村当先锋"主题走访调研，不断加强党的建设，完善村级基础设施，提升便民服务水平，多渠道增加村集体收入，助力精准扶贫。走访村里老党员、老干部、困难户、富裕户、上访户，认真倾听民意诉求。仅驻村第一年，共走访群众 3000 余户，制作宣传图版 30余块，发放惠民政策明白纸 3000 余份，收集意见建议 300 余条。召开村"两委"会议 60 余次，制定制度 10 种，在广泛征求意见的基础上，结合村情实际，制订了驻村帮扶两年规划。

为了一方美丽

在东李村文化广场，村里秧歌队在百姓大舞台上载歌载舞，孩子们在篮球场上尽情玩耍，老人们在健身区休闲锻炼……"以前，这里是一片垃圾场，蚊蝇满天飞，污水遍地流，如今却成了我们健身休闲的'后花园'！"2018 年 3 月 10 日上午，村民李曰秋不禁感慨。这是东李村 2018 年启动实施的第一书记项目文化广场建设，建成后极大丰富了群众的精神文化生活。

驻村以来，李怀平大力推进乡村振兴战略，建设美丽乡村，改善村民宜居环境。累计协调上级资金 200 万元，硬化村内道路 10 万平方米。其中，胡楼村投资 60 多万元，硬化道路 780 米；东李村投资 20 多万元，硬化道路 600 多米，修建排水沟 350 米；林堂村投资 7 万元，拓宽街道 1000 米；路楼村投资 12 万元，铺设沥青街道 768 米。县审计局出资 7000 元购买电缆 1000 米，解决路楼村群众浇地难的问题。为解决群众无文化健身广场的问题，累计投资 50 万元，新建胡楼、信庄、石东、东李、栓庄村文化广场 5 处。协调健身器材 30 套，安装路灯 10 盏，价值 20 余万元。投资 22 万元，改建东李村、攒庄村、胡楼办公场所 3 处，极大提升了基层为民服务水平。驻胡楼、东李、林堂村工作组协调办公桌椅、沙发 30 台套，空调 7 台，价值 18 万元，驻石东村工作组建设文化书屋 1 处。

走进群众心里

"俺学历低，没啥技术，一直出不去门。这不省里专家把岗位送家来，在家门口就找到了工作！"近日，家住胡楼村的于秋菊不禁感慨。

40 岁的于秋菊家里孩子小，出不了远门，一直没找到合适的就业门路，家庭也较为困难。在县商务局驻胡楼村工作组开展的"送岗进家门，情暖贫困户"活动中，她与离家不远的服装厂达成了就业意向，一个月能拿到近 3000 元的工资。

为解决农民就业无门路、致富无出路问题，帮助农村贫困家庭尽快脱贫致富，李怀平协调省里的人力资源咨询专家和外派用工企业，走进胡楼村开展"送岗进家门，情暖贫困户"活动，帮助农民"把脉问诊"找工作，"量身定做"送岗位。活动现场，专家和用工企业通过现场咨询解答、一对一就业指导、发放宣传彩页、走访慰问困难群众等方式，让村民了解就业创业政策和技能培训等优惠政策。活动中，共为村里 100 余名劳动力提供就业咨询，答疑问题 120 个，发放就业宣传资料 1000 余份，达成就业意向 78 人。

民生无小事。李怀平始终坚持民生为本，扎实开展系列帮扶活动，把民生"大礼包"送到群众心坎上。深入贫困户家中开展调查摸底，分析各户致贫原因。为每户制订一个帮扶措施，确定一项增收项目，落实一名干部包抓，帮助其发展产业脱贫致富。目前，包驻村的145户贫困户全部实现了脱贫。开展"义诊送健康"活动。县委宣传部聘请山东省消化病医院知名医疗专家来村坐诊，为周围村民免费义诊300余人次。协调镇卫生院为群众免费体检2000人次。开展"爱心送温暖"活动。县商务局驻胡楼村工作组，开展爱心进校园救助活动，为困难孩子捐赠了衣服、书包、文具等爱心物品，总价值1.3万余元。县委宣传部驻东李村工作组开展"金融扶贫"活动，邀请金融部门为养殖户提供帮扶资金15万元。开展扶贫慰问送温暖活动，在不同节日慰问贫困户，慰问100余户。开展"扶贫送文化"活动。县委宣传部驻东李村工作组开展送戏下乡惠民演出，四天的时间演出12场次，价值近2万元。胡楼、信庄等村工作组积极邀请县山东梆子剧团为村民唱戏，邀请县电影公司为村内免费放电影，累计50余场次。县精细化工区管委会驻石东村工作组联系爱心企业开展"发挥文化优势，推进精准扶贫"图书捐赠活动，共筹集图书1000余册，价值3万余元。开展"三夏在行动"活动。县民政局驻攒庄工作组为做好秸秆禁烧工作，出资1.5万元配置了帐篷5顶、铁锹20把、扫帚20把、水桶10只。

"抱团"的力量

资源共享补短板，借力发展解难题。李怀平充分发挥7个工作组的优势，取长补短，资源共享，让第一书记"抱团取暖"帮农民圆梦。

2017年秋天，东李村全面开展土地流转，流转土地发展蔬菜种植。为提高种植效率，种植大户对部分地块进行托管，但种植户对土地托管模式缺少经验。在每周召开的第一书记工作分析研判会上，东李村第一书记刘长春提出了"救援"请求。于是，李怀平召集第一书记共同分析研判，寻求解决问题"门路"。县物贸办驻信庄村第一书记李继广，以前在供销系统工作，有土地托管经营的经验。李继广充分利用自身资源，在他的沟通协调下，县供销社到东李村一线指导土地托管工作。最终，东李村成立了合作社联合社，采取"支部+联合社"模式，推广土地托管，不仅为种植大户提供种服务，还为村里的粮食收储合作社、农机合作社或种粮大户服务，收取监督管理和服务费用，提升村集体服务能力。目前，全村已发展辣椒种植 200 亩、地瓜 100 亩、大蒜 300 亩、牛蒡 400 亩，实现集体年增收 4 万多元。

谈起第一书记们"抱团取暖"，李怀平介绍说："集体研判、献计献策、资源共享、短板互补，这是我们工作队能打胜仗的秘诀所在。第一书记们像亲兄弟一样，有亮点大家一块'取经'，有困难大家共渡难关，整个工作队是一团和气，正能量十足，这样既提振了工作队干事创业的精气神，还营造了工作组之间'比学赶帮超'的浓厚氛围。"

好的团队，源于好的制度。李怀平严格各工作组考核，加强人员队伍建设。把制度建设作为一项重要的基础工作，建立了分析研判制度、例会制度、工作动态上报制度、宣传信息上报制度、巡查制度、考勤制度、请销假制度等管理制度，确保了帮扶工作有章可循。加大工作督导，不定期到村检查在岗和工作开展情况。为确保下派干部在基层肯干事、干成事、多干事、不出事，每个月不少于 2 次全面检查。严格考核村集体经济增收，按照县委要求，强力推进"破零扶强"工程，结合村情，因地制宜，因村制宜，挖掘村集体现有资源，通过盘活资产、土地流转、引进产业等形式，壮大集体经济，全部消除了"空壳村"，2017 年各村实现集体年收入 3 万元以上，2018 年全部达到 5 万元，有 4 个村突破 10 万元。

用脚印丈量民情

第一书记

刘长春　2017～2018 年度，任汶上县委宣传部驻寅寺镇东李村
第一书记。

　　每到夜幕降临，走进汶上县寅寺镇东李村文化广场，村里秧歌队在百
姓大舞台上载歌载舞，孩子们在篮球场上尽情玩耍，老人们在健身区休闲
锻炼……这是东李村 2018 年启动实施的第一书记项目文化广场建设。文化
广场是村民们盼了多年的事，第一书记来了以后，终于带领大伙儿建成
了，极大丰富了群众的精神文化生活。

　　"村里大事小事，大家都喜欢找刘书记，无论是化解纠纷，还是处理
矛盾，多么棘手的工作，他都能拿下来。"说起东李村的第一书记刘长春，

村民李曰秋言语间满是羡佩。

2017 年 4 月，刘长春受组织委派，任东李村第一书记。刚开始，进村儿都没人搭理，村民们认为他就是"匆匆过客"，是来镀金的干部。然而，刘长春把第一书记当作自己干实事、看实绩的"炼金熔炉"，绝非走形式、添履历的"镀金作坊"。他没事就拉着村委会成员陪自己深入大街小巷、门庭院落、田间地头走访入户，挨家串门儿，聊天唠家常，了解群众的所需所盼所想。渐渐地，村民们对他也从冷漠、怀疑到热情相待。如今，他已经成了大伙口中的"俺村人儿""自家兄弟"。截至目前，走访群众 470户，发放惠民政策明白纸 2100 余份，累计为民办实事 73 件，为村里协调各类投资资金 50 余万元，化解矛盾纠纷 2 起。在全县第一书记抓党建促脱贫攻坚现场观摩暨"金牌工作组"评比活动中，工作组取得了全县第三名的好成绩，荣获"金牌工作组"荣誉称号。

抓党建聚合力，让班子强起来

东李村位于镇驻地东南 3 公里处，距县城 8 公里，辖 11 个村民小组，有 506 户 2026 人，其中党员 49 人，精准扶贫户 27 户 46 人。村里无集体收入，是当地有名的空壳村。

村民富不富，关键看支部；村子强不强，要看"领头羊"。刘长春深知，第一书记的目标是"抓党建促脱贫"，其重点在于抓好党建，关键在于发挥基层党组织战斗堡垒作用。以前，村里情况复杂，基础设施建设滞后，农民增收缓慢，群众意见较大，时有矛盾纠纷发生。"责任心不强，发展思路不清，群众意见大，什么事都干不成。"党支部书记李争光告诉笔者，第一书记刘长春带领我们解放思想、提升境界，按照基层党支部组织生活"十条标准"，从严规范党内组织生活，开展主题党日活动，提高党员素质，增强基层组织的凝聚力战斗力。

深入开展"党在我心中、驻村当先锋"系列主题活动，发挥第一书记抓党建促脱贫攻坚的先锋引领作用。开展"戴党徽，亮身份，做表率"活动，发挥党员模范带头作用。邀请单位主要负责同志到村里开展专题调研，召开村情分析研判会。围绕学习贯彻十九大精神、庆七一，召集全体党员上党课。走村入户，深入农田院落，向群众宣传党的十九大精神。带领党员到汶上县第一个党支部纪念馆、红色教育展馆、家风家训馆参观学习，接受红色文化教育。组织村"两委"班子成员、党员、群众代表认真开展学习，通过组织召开座谈会、分析研判会，深刻剖析村里存在的问题，研究解决办法，研判发展思路，制订了帮扶规划，凝聚了发展共识。还带领村班子赴周边先进村学习，找准不足，正视差距。"班子团结了，拧成了一股绳，群众看到村干部动了起来，工作做起来了，也感受到了村干部带头转作风、改面貌的决心和信心。"李争光说。

强基础惠民生，让乡村美起来

为群众办事一定要实，要科学务实、真抓实干、注重实效，绝不能"嘴上说说、墙上挂挂"。刘长春是这样想的，也是这样做的。

2017年6月22日下午，一场大雨不期而至。雨后，刘长春刚出村委会大院，眼前一幕让他惊呆了：村中心主路成了河，积水不能外排，水深到膝盖，"大路能撑船"。刘长春顿时心里一阵作痛，"群众出行是大事啊，积水问题解决不了，群众如何看我们，我们又如何向群众交待"。他立即召集村"两委"召开会议，研究道路积水问题。得出原因是道路下水道老化堵塞，导致水不能外流。他立马带领村里30多名党员、村民，挽起裤腿，穿上靴子，拿起铁锹，抡起镐头，刨路面、清淤泥、除杂草，忙活了整整一下午，终于使雨水顺利排出。而后，又调来挖掘机对村中心主街下水道进行疏挖，贯穿了村东西主路、文化广场，至村东排水坑塘，连接了村胡同下水道，形成了长达350米的地下排水管网，有效解决了雨天积水问题。

东李村委会办公室是1987年建设的，四间瓦房，因年久失修，四处漏雨，已成危房，且配套设施落后，无法满足正常办公需要。还有，偌大的村子没有一处文化广场和百姓大舞台，村民闲暇之余没有休闲娱乐的场所。"办公场所改造、文化广场建设是群众期盼的，我们说干就干，干就干好！"在村"两委"会议上，刘长春发出了动员令。

他相继召开了村干部会议、村民代表大会、全体党员大会、村办公场所改造议事会、文化广场建设议事会等大小会议 14 次，研究讨论办公场所和文化广场建设。还多次到县组织、财政、交通、文广、教体等部门沟通对接，积极研究上级政策，加大对上争取力度。最终决定在村委会大院南集体荒芜地块规划建设文化广场，总面积达 1200 余平方米，配备了价值 11 万元的健身器材和太阳能路灯，建设了百姓大舞台。办公场所改造采取"修旧补新"的方式，在原址基础上进行建设，面积 210 余平方米，设置了便民服务室、党员活动室、阅览室、棋牌室等。工程总投资 30 余万元，资金来源主要采取上级政策扶持、第一书记项目资金、村民自筹等方式。无论是项目规划、工程预算，还是施工方案的拟定，都经过反复推敲、精打细算、认真琢磨、四处打听、多方争取。目前，村办公场所改造和文化广场建设项目已全部完工。为改善村民出行条件，刘长春还协调国土部门，投资 20 余万元，对村南 600 多米的方田路进行修建。建成后成为东李村连接外界主干道。

扶危济困，惠及民生。他还走访慰问困难党员、贫困户、困难儿童，熟悉贫困户家庭情况，带去慰问物品累计 6000 元。邀请省消化系统疾病防治中心举行"扶贫送健康 义诊暖民心"送医下乡活动，为 300 余村民免费体检。联合县爱心联盟救助 4 位困难儿童，送去 2000 元慰问金和学习用品。倡导移风易俗，弘扬社会新风，选出配强红白理事会，提倡婚事新办、丧事简办。开展送戏下乡惠民演出 12 场次，让万余群众在家门口饱尝文化盛宴，协调广场舞设备、书橱、农家书屋等，助力文化扶贫。目前，全村 27 户精准扶贫户全部实现脱贫。

"破空壳"摘穷帽，让钱袋子鼓起来

"等俺这些肉兔出了栏，就能净赚 5 万多元！"2018 年 3 月 12 日下午，在李恩华的肉兔养殖场，老李笑着说，"这不，村里第一书记又牵线搭桥，帮俺争取资金，等秋后俺还得新上 1000 只兔苗。"

李恩华养殖肉兔有七年多，是村里出了名的养兔专业户。因缺少资金，一直未能发展壮大。刘长春积极联系中银富登村镇银行走访致富能人、养殖户等，开展了"金融下乡 助力扶贫"活动，与 9 家种养殖大户和贫困户结成互助发展对子，为他们做强产业、增收致富提供了资金保障。他还带领村民采取"合作社＋基地＋贫困户"的方式，把肉兔、生猪养殖打造成家门口扶贫基地，让村里 5 名贫困人员到基地打工，人均每年增收5000 元。

村民钱袋子鼓了，摘掉了"穷帽子"。如何让集体"破空壳"、腰包鼓，又摆在了刘长春的眼前。

他在走访时发现，村里年轻力壮的都出去务工了，留在家里的只有老人和孩子，导致土地撂荒、土地产出率低现象严重。他心里便有把这些零散的土地整合起来发展产业、增加集体经济的念头。他与村"两委"商量，并和村支部书记通过走家串户与村民沟通土地整合事宜，最后他的想法得到了一致认同，村民都愿意把自己零散的土地利用起来。大家取得一致意见，最后决定统一流转发展经济作物。村集体为种植大户提供服务，按每亩 20—50 元收取管理服务费用。

他还带领村民成立了沃农种植农民专业合作社、粮食收储合作社、农机合作社和养殖合作社，村委会发起成立了联合合作社，开展土地托管，采取"支部＋联合社"模式，推广土地托管，为沃农种植农民专业合作社、粮食收储合作社、农机合作社或种粮大户等服务，收取监督管理和服务费用，提升村集体服务能力。目前，全村已发展辣椒种植 200 亩、地瓜100 亩、大蒜 300 亩、牛蒡 400 亩，实现集体年增收 4 万多元。下一步，还将对村里 60 余亩废旧窑厂、近 50 亩废弃坑塘进行整合利用，将增加集体收入 10 万多元。

将使命根植于乡村，用脚印丈量民情。刘长春用责任和担当追逐梦想，用心血和汗水播撒希望，用苦干和实干诠释第一书记为民情怀。他把爱洒向一方热土，用心换取百姓的幸福，吹响了第一书记服务群众"最后一公里"的时代号角。

"小田书记"办大事

第一书记

田　丹　2017 ~ 2018 年度，任汶上县商务局（招商局）驻寅寺镇胡楼村第一书记。

　　之前去过寅寺镇胡楼村的人都有印象——简直是落后的代名词。路年久失修，坑坑洼洼，雨天积水严重，房屋没有规划，乱搭乱建严重，三分之一是 20 世纪六七十年代的老式房子，甚至土坯房都不在少数，残垣断壁、杂草丛生，无村"两委"办公场所，无休闲健身去处。

　　2017 年是行政村重新划分的第一年。作为 4 个村之一的胡楼村，面积最大，人口最多，基础最薄弱。而同时，汶上县商务局（招商局）驻寅寺镇胡楼村第一书记田丹也到岗了。

支起摊子

村里基础差，底子薄，这是现实。田丹刚到村里，面对他的就是如何支起摊子，带领村"两委"成员干事创业。

"小田书记，小田书记，不好意思，我来晚了！"村里临时负责人胡克庆紧紧握住田丹的手，"我们就盼着驻村工作组来啊。"田丹打量着这个黑黢黢的汉子，裤腿半挽着，一双解放胶鞋上面全是泥，一惊！"我在棚里浇地，接到电话就赶来接你了，还是晚了，咱们先去看看办公的地方！"田丹内心一喜，想这个负责人倒是个利索人。

老胡领他来到一处民宅，说这就是办公场所，其实村里根本就没有办公场所，是临时租用的民房。室内仅有几个凳子，这让田丹感到有种被欺骗的感觉，内心一落千丈。在狭小的房间里，田丹召集部分在家的党员和村委会成员召开了第一次会议，对村里的概况有了大致的了解。

一开始，田丹总感到村民用异样的眼光看自己。甚至有人在背后嘀咕："一看书生气这么浓，也干不成什么大事！"第一次会议以后，田丹与工作组成员迅速进入工作状态，走访群众，了解村情。他了解到胡楼村有1120人，党员36人，农业用地1580亩，其中小麦、玉米1450亩。他从建档立卡的贫苦户开始，到农户家中，到田间地头，与群众拉家常，说些暖心话、交心话，倾听群众的心声。为了与广大群众打成一片，坚持吃住在村，白天入户走访调研，晚上与群众拉拉家常，听村民心声，问群众诉求。几天内，两年的驻村规划逐渐在田丹心中成形，工作思路也越来越清晰。

甩开膀子

喊破嗓子，不如甩开膀子。摊子支好了，田丹心想一定要打破被动局面，甩开膀子，为老百姓干些实事。

如何真正走入群众的心里，与群众打成一片，这是田丹面临的考验。了解到村里留守儿童较多，且生活较为困难，田丹想着帮助一下孩子们，于是通过以前的业务关系和朋友关系，积极联系爱心企业和爱心人士，协调了崭新的书包和衣服等爱心物资，并在办公经费里拿出部分资金购置文具盒、铅笔、橡皮等文具。在2017年儿童节当天，走进胡楼小学，开展了"爱心进校园·欢乐庆六一"爱心物品捐赠活动，活动捐赠物品价值1.3万余元。这一活动得到了村民的认可。

为解决部分村民就业无门路、致富无出路的问题，帮助贫困家庭尽快脱贫致富，田丹结合商务部门自身职能，寻求解决方案。先了解了村内贫困劳动力数量、年龄及文化结构，并收集贫困劳动力就业、创业意向及培训愿望等信息，建立了贫困劳动力资源台账，然后根据他们自身就业能力和就业愿望，邀请省里的人力资源咨询专家和外派用工企业，开展"送岗进家门，情暖贫困户"活动，帮助农民"把脉问诊"找工作，"量身定做"送岗位。专家和用工企业通过现场咨询解答、一对一就业指导、发放宣传彩页、走访慰问困难群众等方式，让村民了解就业创业政策和技能培训等优惠政策，部分贫困劳动力几天后就走上就业岗位。

出行问题极大影响了村里发展。为解决村内出行难和排水难的问题，田丹积极协调资金60余万元，新修了长780米、宽4米的混凝土道路及下水道。村里动起来了，其他党员干部也参与到村里工作，义务帮忙紧盯进度，顾不得喝水，甚至有的吃饭都不愿回家，端着碗蹲在路边吃。只要是修路用得着的工具，村民不讲条件马上就送到。老党员们发挥了义务巡逻员的作用，设路障，轮换值班，确保了道路没有遭到任何破坏。

七一建党节，田丹与村"两委"班子成员商量后，决定开展党员集体活动。把所有党员召集在一起，齐聚一堂，邀请县商务局领导上了一堂生动的党课，佩戴党徽，重温入党誓词，找到了党旗下的庄重，党员特别是老党员脸上笑成一朵花。活动后，慰问看望困难党员10人，送去了慰问品和党组织的关怀。

闯出路子

思路决定出路。村里基础好了，环境美了，条件改善了，但集体如何增收，长远发展路子在哪里，这又摆在了田丹面前。

他多方考察，想办法、寻出路，做好做足土地文章，发展特色农业，闯出了发展的新路子。

田丹充分利用胡楼村资源，积极利用政策资源，立足自身职能优势，加强协调对接，争取在项目上、资金上得到扶持。其间，他带领村里致富能人赴次邱地瓜种植基地、寅寺春华蔬菜种植基地、县开发区服装厂、郭楼假发厂等地寻求合作机会，发展壮大集体经济。在他的努力下，胡楼村与春华蔬菜种植基地结成帮扶对子，大棚发展到 31 个，占地 46.5 亩，每年增加集体收入近 10 万元。

村里发展有了新路子，集体腰包鼓了，服务群众的能力也提高了。为丰富群众精神文化生活，建设了 1000 余平方米的文化健身广场。为确保工程能按期完工，仅用了一天的时间，与群众商谈土地和树木补偿事宜，清理了地上附属物。第二天平整土地，通过招标的形式邀请施工队进驻。五天就完成了文化广场和百姓大舞台建设。竣工当日，邀请汶上县山东梆子剧团开展惠民演出，给群众送上了丰富的文化大餐。

如今，走进胡楼村，村办公场所宽敞明亮，文化广场上群众载歌载舞，真是大变样。村民每当见了田丹，就竖大拇指："小田书记，真了不起！确实能办大事！"

实干 + 奉献

刘敦峰　2017 ~ 2018 年度，任汶上县审计局驻寅寺镇路楼村第
　　　　一书记。

　　2017 年 4 月，我被组织选派到寅寺镇路楼村担任第一书记。工作环境从机关到基层，工作性质发生了从点到面的变化。自己认识到，要想做好驻村帮扶，要做到务实苦干、无私奉献，做到"三要"。一要深入农家院落、田间地头；二要风里来雨里去，一身泥一身灰，工作不分节假日，忙碌不论早中晚；三要融入村组，融入百姓，了解乡亲们的需求和愿望。

　　面对陌生的环境，要想成为驾驭农村工作的行家里手，一切得从零开

始，从村情实际出发，从群众所需、所盼、所想出发。为了做到尽快转换角色，熟悉工作环境，坚持做到"三勤"。一是勤于学习，增进沟通。扑下身子从实践中学，放下架子从群众中学，静下心来跟村干部学，做到多交流、勤沟通。二是勤于调研，熟悉村情。入村初始，我坚持进村入户开展调查研究，详细了解困难群众的基本情况，摸清村情民意，弄清群众目前急需解决的热点、难点问题。在大量调查研究的基础上，结合村的实际，与村"两委"班子一起克难攻坚，解决村民一些实际困难。三是勤于锻炼，积累经验。为尽快认知、熟悉和掌握农村基层工作经验，通过调研，与村"两委"成员一起，制订工作计划，着力改善村基础设施建设。

任职以来，我紧紧围绕农村工作大局，抱着一颗为民务实的心，吃住在村里，走村舍、访民情，了解群众意愿、帮助群众解决困难，做群众的惠农政策"记事本"、"民生晴雨"笔记本。

做惠农政策"记事本"。刚开始入户走访时，碰到村民咨询土地流转、土地承包、新农合政策、农村低保等相关惠农政策，这让没有从事过农村工作的自己有了"书到用时方恨少"的感觉和体会。为及时全面帮助群众解答惠农政策咨询，自己抽时间认真研读党和国家各项惠农政策，熟练掌握惠民新政、办理低保、土地流转、残疾人救助、新农合报销、农资补贴等政策规定，硬逼着自己成为群众身边的惠农政策"记事本"。每次走访入户，面对村民的咨询，总能及时、准确给予答复，并用通俗易懂的语言进行解释，使群众足不出户便能掌握和理解国家的各项惠农政策。

做"民生晴雨"笔记本。无论是到街头巷尾、田间地头，还是走访群众，每到一户群众家中，都详细了解群众家里人口、经济收入，是否有特殊情况等等，并一一记在自己随身携带的"民生晴雨"笔记本上。对于村民提出的诉求更是用心听、用心记，时刻想办法帮群众解决困难。通过深入走访，收集民意，针对群众反映的路难行问题，决定以改善基础设施条件为突破口，多方协调，完成了768米道路硬化工程，方便了群众出行和生产生活需要。

作为第一书记，首要任务就是加强基层组织建设。推进"两学一做"学习教育制度化常态化，制订"两学一做"学习方案，悬挂"两学一做"

图版，对全村 32 名党员进行"灯塔党建在线"实名注册。落实每月 5 日党员学习日活动，持续提升党员队伍能力素质。定期召开会议听取普通党员对村"两委"工作的意见建议，召开党员大会，使普通党员参与到村重大事项的决策中，增强党员的责任意识。加强党内关爱，七一期间，为村内困难党员送去面粉和食用油，带去组织的关怀和温暖。

信庄，信任

第一书记

李继广 2017～2018 年度，任汶上县物资贸易管理办公室驻寅寺镇信庄村第一书记。

我是县物资贸易管理办公室李继广，2017 年初，组织给了我一个"新家"——寅寺镇信庄村。同时，我又多了一个新的职务，信庄村驻村第一书记。

得知此消息后，同事、朋友们都疑惑地问："你这个年龄了，还是考虑和领导申请一下换个人去吧，驻村可不是闹着玩的，你怕是吃不了那个苦哦！"当接到这项任务，自己也感到底气不足。可是，脑海里浮现一个想法：能力不够不可怕，最可怕的是连去证明自己能力的勇气都没有！

信庄是有近 2000 人的大村，也是典型的农业村。来到村里，看到村里有"一摊子"要办的事，望着群众期盼的眼神，想到组织深切的嘱托，心想自己一定要扛起这份责任和担当，立足一个"信"字，赢得信庄村民的信任。

民意诉求靠入户

从驻村的第一天，我便告诫自己做到"三要三不要"，让群众信任咱。一要尽快转换角色。甩掉平时坐办公室办公的习惯，走村入户熟悉村情民情，访民困、询民难、解民忧。二要时刻把群众的诉求记心上。群众诉求无小事，解决问题关键在行动上，小事不解决，白来村里跑一趟。三要努力当好四员：农村工作"调研员"、党的政策"宣传员"、矛盾纠纷"调解员"、乡风文明"传播员"。一不要真把自己当成"县太爷"凌驾于群众头上；二不要有贪图小恩小惠等违规办事行为；三不要不务正业，驻村干部不是下村旅游、吃喝玩乐、不务正业睡大觉。

走村入户第一天，我和村干部以及驻村工作组同志，一块到建档立卡贫困户家走访。来到信一营家，试探性地问到他家是否有卫生厕所时，他甩下一句："那些东西有什么用，那是你们城里人才需要的，我们老百姓不喜欢。"显然是对我们的突然来访不太欢迎。问他有什么困难需要帮助没有，也都爱理不理，妥妥地吃了一顿闭门羹。为了真正多掌握实情，多了解民意，增加工作的底气。通过几天的走访，发现只走访贫困户是不行的，必须改变工作方式。接下来我们走进更多非贫困户群众家中，同老百姓多交流、增进情感，拉近与群众的距离，把群众想什么了解清楚，知道了去如何帮助，进而完成帮什么、促什么的任务。随着走访的深入，心情也随之越来越沉重，我感慨良多，还有这样挣扎在苦难边缘的群众。我们在安逸舒适家里的时候，在宽敞明亮办公室的时候，是否想着在农村还有生活那么困难的家庭？

信任还得靠实事

"李书记，村里的广场无法施工了，你能不能去解决一下啊？"一大早，施工队伍就到村委会来反应。真的是怕什么来什么，自己没有什么农村工作和处理矛盾纠纷经验，又听说有小部分群众性格偏激，处理不好较易引发情绪冲突。虽然心里犯怵，但硬着头皮也得上。

记得那是驻村以来遇到的第一个问题，居然就这么棘手。到了现场，姬长水看到我们来访很是不高兴，说道："你们要建广场我没任何意见，但是要占用我家的地就是不行。"讲政策、摆事实、通道理都是没用的，对方根本就听不进去。见此情形，我们便先回活动室商量怎么去突破他家的问题。通过多方了解，全面突破，多次交流沟通，经过我们多次"用心用情""拉关系""摆家常"，最终姬长水信任了我们，同意让出地来建广场，如今广场已经全面完工。"一沙一石建起了高楼大厦，一溪一川汇成了汪洋大海。"这些都离不开我们驻村队员的坚守和默默付出。

解忧助困靠帮扶

"我一个孤寡老人无儿无女，你们时常惦记着我，经常来看我。屋顶漏雨的问题也帮我解决了，感谢党的好政策，感谢你们！"姬老太太激动地说道。

老人家是村里的贫困户，左手有毛病，平时行动不是很方便。一天午饭过后，我和同事一起去她家想了解卫生厕所修建后的使用情况，喊了半天也没人回答。走进去一看发现她正架个梯子捣鼓屋顶的瓦片，见此情景心中一悬，赶紧先把老人喊下来问问是什么情况。得知她居住的房屋由于年久失修，天一下雨，屋内就不断漏水。再到老人家家中四处一看，才发现老人家由于手不方便连被子都没铺好，我立马和工作队员一同为老人家重新换好了被子，把床铺平整。同时把老人家房屋漏雨缺少维修资金的情况反应给单位主要领导，申请为老人家解决房屋维修资金，第二天便带来了施工队帮老人家房瓦全部修缮好。

距离拉近靠真驻

"李书记，今天下来忙什么哪？""中午到我家吃碗便饭。"……村民们一句句简短的话语，都包含了真挚、朴实的感情。

时光倏然，从驻村的第一天算起，我的驻村生活已经快两年了，在这段时间里，认识的不仅是村干部，更多的是村民，如今走在信庄村乡间的小路上，我总有一股熟悉而亲切的感觉。毕竟这个村与我"零距离"已经600多天了。

记得刚进村时，从村民的眼神里似乎可以看到他们并不信任还有所戒备。但我坚持和村干部到村民家，与他们攀谈，跟他们"东家长，西家短"地交流，逐渐地拉近彼此之间的距离。随着自己同村民相处的时间越来越长，对扶贫工作的不断熟悉和深入，村民对我的生分和拘束慢慢减少了，逐渐地改变了对我的态度，逐渐不把我当外人。在这过程中，我也逐渐熟悉了他们，路上碰见，大家热情地互打招呼，也可以知道他们家里人目前在做些什么、忙些什么、需要什么，甚至可以直接讨论他们那些在外地打工的孩子的近况等等，这也为自己更深入地体会他们内心的喜怒哀乐愁创造了条件。

后记

在信庄，群众信任我，这是我驻村来最大的收获。驻村以来，我认认真真地做事，真心实意、以心换心地和群众打成一片，树立了党员干部的良好形象，为他们过上更加幸福的生活、创造更好的生活环境，贡献着自己的绵薄之力。我想，村民不仅仅是对我的信任，更是对党的好政策由衷的感激。

徐书记驻村记

徐先民 2017～2018年度，任汶上县民政局驻寅寺镇攒庄村第
一书记。

徐先民自2017年4月10日驻寅寺镇攒庄村任第一书记以来，立足抓
党建促脱贫，围绕本村实际，真心实意办实事，扎实开展各项帮扶。

攒庄村位于镇驻地西南部5公里处，南郭线以西。全村有10个村民小
组，836户3016人，有党员70名。以前，村集体无积累，无资源，无收
入，是典型的空壳村。徐先民立足村情，带队伍，强班子，建章立制抓党
建，扑下身子促脱贫，真抓实干谋实事，让攒庄村变了样。

调查研究，制订规划。徐先民开展以"受教育、长才干、做贡献"为
主题的入户走访调研活动，和党员进行面对面交流谈心，激发他们发挥先
进模范带头作用。深入群众家中，帮助精准贫困户、低保户查找困难根
源，分析贫困症结，制订脱贫规划，与村里致富能人探讨致富经验，鼓励
他们带动帮扶贫困户增加家庭收入。截至目前，共走访党员、致富带头
人、困难群众98户526人。对村集体空壳现状和"两委"班子分析问题
存在的原因，找出症结根源，对症下药。

建章立制，规范管理。从建章立制入手，帮助村"两委"建立健全工
作学习、"两学一做""三会一课"制度，完善"四议两公开"工作方法，
重点落实村情民意恳谈会制度、"两委"班子议事制度、村务公开制度，
协助村党组织推动党员活动日、村干部轮流坐班、民事代办、困难党员群
众帮扶救助等各项制度落实。目前，对村内道路进行了硬化、绿化，全部

铺设了下水道，建设了农民文化广场。

立足实际，谋事办事。针对村级办公场所破旧状况，筹措资金 6 万元，对村委会院落进行改修。新建场所面积 150 余平方米，设置党员活动室、图书阅览室、便民服务站等。并对 210 余平方米的村委会大院进行了绿化和硬化，极大地改善了办公环境。发展壮大村集体经济，积极盘活闲置学校，引资 75 万余元，建设了一处 1150 平方米的标准化厂房用于服装加工，2018 年 3 月投产使用。投产后每年将增加村集体收入 3.6 万元，解决 30 余名劳动力就业，每年增加农民收入 120 余万元。推进土地流转，流转土地 300 亩，年增加集体收入 1.5 万元，促进农民年增收 300 多万元。

群众工作无小事

第一书记

王春生　2017～2018年度，任汶上县精细化工区管委会驻寅寺镇石东村第一书记。

　　2017年4月，我来到寅寺镇石东村任职第一书记。一年多的时间里，从群众中来，到群众中去，体民生之艰，解百姓之急，近距离感知乡亲们热情良善、勤苦辛劳，收获满满，感慨良多。作为一名机关干部，农村工作经验一片空白，身处陌生环境，面对陌生群体，一切工作都要从"零"开始，深感责任重大，压力自然也很大。但是，换个角度想，这里乡风淳朴，只要把群众当亲人看，就能融进去，做得好；只要把群众关心的事当大事谋，就一定能赢得信任。

走进群众心里

任职伊始，作为一名驻村干部，从何处着手，往哪儿突破，工作重点怎么把握，都需要认真考量。然而，百思不如一行，就从简单的地方着手，拜访老党员、老干部、老模范，走访困难户、富裕户，和村"两委"干部面对面座谈。通过入户走访调研，走进群众心里，了解到石东村班子建设、村容村貌、土地状况、农业结构、集体收入等情况，初步摸清了"症结点"，找准了"着力点"。有一天，当走访到崔正华家，刚进家门，就见夫妻俩正唉声叹气。细问才知道，他家种了15亩蔬菜大棚，地里的西红柿叶片变黄，有的甚至焦枯，正愁得不知道怎么办。了解情况后，我第一时间联系县农业局的技术专家实地诊断，发现西红柿患了枯萎病。所幸，通过及时有效的治疗，得以避免损失。通过走访了解到，石东村村民收入以种植和养殖为主，没有农家书屋，迫切需要相关的书籍和知识指导增收。发现这一问题后，我积极联系化工区内的4家爱心企业，先后筹集图书1000余册，建设了农家书屋，让群众有书可看，有知识可学，既有实用价值，又丰富了农村文化生活。

巧妇难为无米之炊

通过农家书屋建设，村里老少爷们逐渐认识、走近我这个第一书记。我从攀谈、实地走访中发现，村委会大院南侧有个废旧的坑塘，是村里孩子的"乐园"，由于土石集聚，尤其是雨天极易积水，经常有孩子受伤，造成极大的安全隐患。提到坑塘，群众每每怒气冲冲，多次到村委会反映。村"两委"也多次寻找解决之策，无奈"巧妇难为无米之炊"。填充坑塘需要大量的土方，但是又能去哪里买土呢？资金又从何而来呢？现实困难导致这个问题多年悬而未决。我暗下决心一定要想办法帮助群众解决这个大难题。于是我开始寻求各方支持。功夫不负有心人，不久，阳城煤矿至汶上化工区蒸汽供应工程开工了，我便找到了项目施工方，几番恳切交谈，施工方最终同意把挖出来的土方免费送到村里填坑。

乡村里的欢笑

坑填平了，最大的难题解决了，群众的心也暖了，我与村民成了"自己人"。他们无事愿意找我攀谈，遇事也愿意找我反映。村里一位老大娘的话深深地触动了我："别的村都有文化广场，老年人跳跳舞，娃娃们健健身，逢年过节还能排练节目。咱能不能也建个文化广场呢？"村里最缺少的就是娱乐文化场所，说到不如做到，我一定要把广场建起来。于是我把这个项目列入了第一书记项目。争取到财政扶持资金5万元，启动资金有了。通过派出单位支持、广泛发动村干部、村民自愿捐资、到企业宣传募捐等方式，顺利筹到了剩余的资金。是不是能同步建设健身广场呢？器材从哪来？又一个新的问题浮上心头。通过多方打探，了解到县教体局有一批扶持农村发展的健身器材，便积极跟对方联络争取，取得了教体局领导的支持，免费给村里送来了12件健身器材。2017年，天朗气清、惠风和畅的深秋，村文化广场、健身广场终于全面开工。不到半个月，一个现代化、多功能广场就以全新的风貌坐落在村子里。听到乡村里的笑声，我在工作中也收获了内心的甘甜。

行胜于言。哪怕只给村民做成一件事，只要踏踏实实，群众就会信赖你，支持你，把你当成"贴心人"。"群众利益无小事"，只要心中装着百姓，行动为了人民、脚踏实地、肯干实干、扎根基层、服务基层，把群众当成自己的家人，认认真真办几件实事好事，切切实实改变村容村貌，群众就会信任支持我们，我们才能真正对得起"第一书记"这个称号。

驻村工作队长那些事

工作队长

杨尊振　2017～2018 年度，任汶上县郭楼镇党委副书记（挂职）、下派工作队长

2017 年 4 月，我受组织委派，到郭楼镇任党委副书记、包村工作队长。将单位的工作简单交接后，我便走马上任了。

提到"队长"这个词，眼前就浮现出父亲年轻时当生产队长忙忙碌碌的身影，我认为包村工作队长跟父亲的生产队长一样"抓革命，促生产，埋头苦干在一线"。当认真学习了《县下派工作队长职责任务》和《济宁市第一书记管理办法》之后，我才知道包村工作队长的角色定位没有那么简单。包村工作队长既要抓生产，深入一线、打造"第一书记示范村"，

为第一书记带好头、做表率；又要抓管理，管好带好驻村干部队伍，落实驻村联户工作任务，参与镇党委的决策；还要抓创新，蹚出增收路子，建设过硬支部，带领脱贫攻坚。生产、管理、创新，这每一项都是硬杠杠、硬任务。

抓管理，激发第一书记干事创业的激情

上任伊始，我便从抓管理、抓学习，激发第一书记干事创业的激情入手，带领第一书记反复学习《济宁市第一书记管理办法》，锤炼第一书记队伍。我坚持以身作则，同时做好第一书记和各工作组成员的管理和服务工作，把执行县下派办各项规定作为硬纪律，坚持每周一次工作例会，平时坚持微信点名，不定期查岗。

一开始，我发现第一书记对在村吃住制度坚持得不好，我便逐一到村与第一书记座谈，并与他们一起阅读学习习近平总书记《我是黄土地的儿子》的文章，用习总书记在梁家河插队落户艰难渡过的"四大关"鼓励大家，教育大家真正扑下身子，扎根农村，受教育、长才干、做贡献。到村去的次数多了，我又发现驻村干部大多都是自备午饭或吃方便面，在村里开伙不习惯、怕麻烦。后来，再去村里，我就去集市上买些排骨或熟肴之类的东西带过去，名义上是给第一书记改善生活，其实是"逼"其开伙。大家慢慢地就习惯了，各位第一书记隔三差五地就主动邀请我和邻村的第一书记到村聚餐，大家边吃边谈，交流经验，很好地解决了吃住在村的问题。

2017年5月，一场突如其来的狂风暴雨袭击了郭楼，即将收割的小麦出现大面积倒伏。群众利益无小事。我意识到这是展示驻村干部形象、与群众融为一体的机会，早早地在郭楼驻村工作群里发布了通知，要求驻村干部第一时间到村，在村党支部的领导下积极开展生产自救，统计受灾面积，积极向保险公司索赔等。驻村干部与村干部一起到麦田里察看灾情，丈量受灾面积登记造册，拍照锁定证据，真正做到了一身汗、两腿泥，成为群众的主心骨，受到了群众称赞。

随后，驻村干部积极参与到镇党委、政府部署的铲除罂粟、禁烧值

班、移风易俗等中心工作中去，很好地与村干部融在一起，驻村帮扶各项工作顺利开展起来。

工作队因势利导，督促指导第一书记村进行"两学一做"常态化制度化学习教育，积极组织第一书记开展"党在我心中、驻村当先锋""学习十九大精神、第一书记上党课"等系列活动，促进了村级治理规范化，村班子战斗力显著增强。2017年来，7个包驻村发展入党积极分子5名；引进瓜蒌种植、小工艺品加工等致富项目3个；联系爱心企业为精准扶贫户捐赠价值6000余元鸡苗2000只；为33名肢体残疾人适配轮椅33台，健康体检1000余人次，为100多名老人办理了银龄安康保险。工作队累计为村筹集协调各类帮扶资金100余万元，新建村内文体广场1处，完成村庄街道美化工程6处，修路里程4.23公里，安装路灯60盏。2018年春节，协调县畜牧局等单位专项资金12.8万元，各类扶贫物资68宗价值3万余元，对全镇737户精准扶贫户进行了春节慰问全覆盖，得到镇党委、政府和群众的高度称赞。

抓生产，打造"第一书记示范村"

到郭楼任职后，我便自我加压，主动要求包保崔园村。崔园村辖营房、陈庄、崔园3个自然村，人口1410人。我得知2014年11月刚当上支部书记的陈兰勋带领村班子积极探索走集体承包土地搞增收的路子，已迈出可喜一步。我当即到村调研，告诫他们切忌浅尝辄止、小成即满，要乘势扩大承包地面积，鼓励他们成为全县村集体增收的一面红旗。扩大承包地面积，村干部因为资金问题有些畏难发愁。我提出先与农户签订合同，待集体种植作物获得收益后，再支付农户承包费，利用这种滚雪球的方式向前发展。并与村干部一起研究论证，改变传统的种植模式，增加土地产出。为此，镇政府多次带领村班子成员到金乡、济南等地学习蔬菜、苗木的种植，我也发挥在县政府办公室工作的优势，邀请农业专家到村现场指导，探索出了林下套种的立体种植模式。承包地采取多元化种植，栽种了红梨、桃、苹果等经济作物，采用前期蔬菜养果树，后期果树养药材的种植理念，既增加了收入，又减轻了种植果树头两年没有收益的资金压力，同时利用塑料大棚，养殖黑木耳、银耳、平菇等菌类作物。2017 年，村集体承包土地 300 亩，初步形成了规模化种植，年产洋葱 10 万斤，大葱 30 万斤，芸豆 5 万斤，茄子 3 万斤，平菇等菌类作物 8 万斤，集体实现收入 28 万元。

做给第一书记看，领着第一书记干。为发挥崔园村的示范引领作用，我多次召集驻郭楼镇 7 个村第一书记和其他村干部到崔园村参观学习、召开现场会等，督促引导 7 个第一书记村因地制宜上项目，努力发展村级集体经济。

抓创新，大力发展村集体经济

驻村帮扶工作的一项重要任务是蹚出村级增收的路子，如何增加村集体收入，对于我来说也是一个崭新的课题。2017 年 5 月，我即带领各包驻村支部书记、第一书记和镇下派办工作人员到次邱镇考察学习村集体增收项目。回来后召开工作会议，要求各村结合本村实际，"八仙过海，各显其能"，积极发展增加村集体收入项目。但会议开过了，各村却迟迟不见行动。我当即与镇党委组织委员一起下去调研，各村的情况基本一样，就是发展集体经济方法不多、路子不广，缺乏资金，村干部畏难发愁。如何打破僵局？我们又逐村召开干部群众座谈会，先了解村里有什么种植养殖传统，群众有什么技术优势，再问村集体有什么样的闲置资产，做到心中有数。然后让大家发表意见、看法，帮着村里出主意、想办法。杨集村干部谈到村北有一处废弃的养牛场，养牛设施一应俱全。包驻这个村的正好是县畜牧局的工作组，我当即给县畜牧局郭局长打了电话，说明情况，请求支援。县畜牧局联系汶上现代牧场有限公司给杨集、王府庄两个村各捐赠了 6 头小牛犊。杨集村委会利用废弃的养牛场养殖肉牛，聘请村精准扶贫户林宪荣为饲养员，最后卖牛收益由村集体与饲养员各按 50% 分成，县畜牧局驻村工作组无偿提供技术指导和卫生防疫。杨集村的肉牛养殖项目实现了盘活闲置资产、增加村集体收入、帮精准扶贫户脱贫等多赢效果。随后，古城村借助美丽乡村建设，发展乡村旅游，流转土地 600 亩，种植决明子、板蓝根、乌豆等中药材，年收入达到 25 万元；王府庄村除养殖肉牛外，流转土地连片种植瓜蒌中药材，整治老学校周边荒片和整修废旧坑塘，进行包租或养鱼增加村集体收入；营墙村成立了农村合作社并实施了土地流转，依托镇驻地区位优势种植了 20 亩的白莲藕，规划占地 50 亩的草莓采摘园也已初见雏形。

2017 年，郭楼镇 7 个第一书记村集体收入均超过 3 万元，同时，镇党委、政府也充分发挥第一书记村的辐射带动作用，号召各村依托本村优势，大力发展集体经济，全镇集体经济发展一举走在了全县前列。2018 年初，我向镇党委、政府提出建议，制定出台了《关于发展壮大村级集体经济的实施意见》，对发展村集体经济的原则、路径、奖补政策等进行明确规定，并总结杨集、古城等村的经验，形成了"党支部 + 公司 + 农户"的发展集体经济的郭楼模式，"统一种植规划、统一生资供应、统一技术指导、统一销售服务、统一结算分配""五统一"的具体操作流程，都写入了文件，在全镇形成了可推广、可复制的工作经验。2018 年，各村发展集体经济的积极性更高了，路子更广了，目标更高了（第一书村集体收入不低于 10 万元，其他村确保 5 万元）。

忙并快乐着，累并幸福着。一年多的包村工作队长经历，让我对人生岁月中的酸甜苦辣有了别样的体会；一年多的包村工作队长经历，让我省略了很多无聊感叹，让我充满了奋斗的激情和对未来的憧憬；一年多的包村工作队长经历，让我遇到了那一张张可爱的笑脸。那些曾经的人，曾经的事，曾经的泪水与欢笑，它们将随着时间的流逝沉淀为我人生中最宝贵的积累与记忆。

从"书记"到"老弟"的转变

第一书记

姬广新　2017～2018 年度，任汶上县住房和城乡规划建设局驻郭楼镇营墙村第一书记。

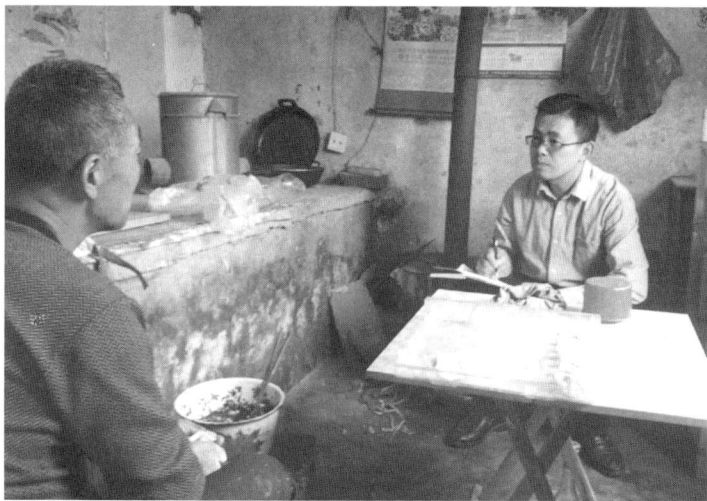

　　2017 年 4 月，我被派到郭楼镇营墙村担任第一书记，很荣幸成为一名驻村干部。接到任务后，我对驻村工作充满了期待，时刻想着该怎样去干好组织安排给我的任务。考虑到我对农村工作的了解还只是停留在表面，心里没有底。单位领导给我鼓劲："你只要带着真心为群众服务，下大决心了解百姓的需求，就一定能够换来老百姓的真情！"带着领导的谆谆教诲，我踏上了驻村工作的征程。经过一年多的驻村生活，通过真帮真扶真实干、同吃同住同劳动，我与群众之间的联系越来越密切，渐渐地，和群众拉着家常聊着天，群众也渐渐从称呼"姬书记"到亲切地喊起了"老弟"。

刚来到营墙村时我的心里也有些忐忑。全村共2个村民小组，150余户，670余口人，基础设施落后，怎样才能为村民们蹚出一条致富路成为摆在我眼前的第一个问题。

俗话说"群雁高飞头雁领，船载万斤靠舵人"，一个团结向上的村"两委"班子是带领群众致富的前提。我通过"抓班子，强支部，育骨干"一系列办法凝聚班子，与村干部一起先后制定了村务公开、党支部和村委会联席会议等多项村级管理制度，严格执行"三会一课"、组织生活会等制度。并完善了由村民代表和党员组成的村务、党务监督领导小组，定期听取各项工作的落实情况汇报，避免了以往各项制度贴在墙上得不到落实的现象。同时在重大事务的决策上让党员、群众代表参与，让一切工作都晒在阳光下，摆在百姓眼前。

我生在农村，长在农村，是一个地地道道的农村娃，成长记忆中蕴含着浓厚的乡土气息。我暗自想："我绝不能成为一个过客，我要让父老乡亲走好路、吃好水……"

入村走访的第一天听到村民反映最多、意见最大的就是村内垃圾问题，聊天中村里的老党员徐新林大爷告诉我，村里前后屋、坑塘里垃圾成堆、杂草丛生，气温一升，臭味呛人，每到夏天，附近村民的窗户都不敢轻易打开。我了解情况后邀请两家保洁、清运公司为村内环境卫生"把脉问诊对症下药"，安排保洁人员对村内房前屋后的积存垃圾、白色垃圾、废弃物等杂物进行清理，同时为营墙村协调垃圾桶11个，按照便民原则，将垃圾桶摆放在村内主要街道，便于收集居民生活垃圾，彻底改善了村内环境。

村北部有80多亩地因机井年久失修而导致"靠天吃饭"，我积极与村"两委"商议想方设法解决灌溉问题。通过与村委会一道积极协调水利部门资金6万元，为营墙村新打机井8眼，铺设PVC输水管道500余米，改善了营墙村的农业生产条件，解决了困扰营墙村多年的农田灌溉问题。紧接着，我协调供电所更换价值20余万元共计1.2万余米的电线用以解决电线老化的问题。通过土地流转，将村内80余亩土地承包，实现村集体收入

1.1 万余元……一件件惠民实事的落实，换来了老百姓脸上真诚的笑容。

对困难群众的帮扶，我也是抓在手上、放在心上。七一期间，对村内5 户家庭遭遇突发事件、因病致贫返贫的党员进行了走访慰问，每户送去现金 300 元；对村内 10 户特困家庭进行了走访慰问，送去油、大米、面粉等生活用品。村里徐某某因本人重病，唯一的女儿正在读高三，家庭非常困难，我及时送去了 1000 元慰问金。为村内 30 名老人办理了银龄安康保险，受到群众一致好评……正是因为对困难群众的帮助，我才能真正走进群众心里，受到群众赞扬。

我在帮助村民脱贫致富的同时也得到村民的诸多帮助，也正是村里的乡亲父老让我的人生变得更加厚实，而父老乡亲们的一声"老弟"，就是我作为第一书记最珍贵的财富！

不负重托，砥砺前行

第一书记

时益涛　2017～2018 年度，任汶上县纪委驻郭楼镇古城村第一书记。

　　我是县纪委的一名年轻干部。因为"第一书记"，从 2017 年 4 月起，我的人生就与郭楼镇古城村紧密地连在一起。

　　生在县城、长在县城、工作在县城的我，对农村工作一窍不通，两眼一抹黑。到岗的第一天，群众一句"城里来的，能做啥事！"更是让我尝到了不被信任的滋味。不服输的我，暗自下定决心：一定要帮助一些人，做成一些事，让老百姓刮目相看。

从驻村的第一天开始，我便坚持按规定吃住在村里，认真学习党的脱贫惠民政策方针和有关文件精神，积极转变身份，力争快速进入"第一书记"的角色，与村班子成员按照"交朋友、摸实情、找路子、筹资金、促增收"的思路，全身心投入驻村工作。通过走访摸情况、座谈听意见等方式，一个月就熟悉了全村情况和每户贫困户的致贫原因。2016 年，古城村被明确为组织软弱涣散村，集体经济几乎为零，是典型的"空壳村"。

"喊破嗓子，不如干出样子，只有干部扑下身子，群众才能跟你掏心窝子，我们的一言一行，群众都看在眼里。群众为什么不满意？关键还是我们工作没有做好。"在参加第一次村"两委"会议时，我就推心置腹地对大家说。为了尽快扭转古城村的落后局面，我与村"两委"干部反复磋商，一致认为只有实实在在的工作成绩才能赢得群众的支持和信赖。

古城村村委会成员年龄偏大。在当下电子科技时代，电子办公已经是家常便饭，为提高班子成员使用电脑办公的能力，我现场办起了电脑培训班，经常给村委会班子成员上办公软件学习课，教大家怎么用电脑。"一大把年纪了，我现在也会用 QQ 传东西给别人了。想都想不到的事情，时书记不愧是老师，有耐心。"村委委员黄新华高兴地说。

摸清村情后，我开展的第一步工作，就是严抓基层组织建设。狠抓班子建设，把基层党建、"三会一课"、产业扶贫规划等资料放在村委会的宣传栏上，严格规范上墙制度。利用每月的主题党日，带领党员、周边群众、贫困户等在古城村沿线打扫卫生，为创建省级美丽乡村片区保驾护航，推进主题党日活动常态化、制度化。

在我带领下，古城村基层组织得到完善健全，村里找"两委"办事的人多了，召开大会来的群众多了，村干部要干的事也多了。如今，现在的古城村人人称赞支部班子坚强有力，党员干部人心思进，村容村貌明显改观，发展思路逐步清晰，人民群众安居乐业，豪情满怀，干劲十足。

"既然被选派到农村驻村，就要到项目一线，就要能真正推动工作。"我驻村工作第一天是这么说的，也一直是这样做的。

来到郭楼镇了解到古城村现在最重要的中心工作就是"美丽乡村"建设，我就带上行李到古城村住了下来，深度挖掘古城历史，紧盯各项工程进度，调解矛盾纠纷，白天要盯着各标段施工，晚上还要组织群众开会，周末和节假日更是不用提了。

在建设过程中，我与村干部靠在一线带头干，通过5个月的紧张施工，我们修复了护城河，硬化了路面，粉刷了墙面，打造了景观岛、三乐岛、景观桥、仿古街、廉政文化街等景观，老村旧貌换新颜，提高了群众满意度，增强了党组织的威信和凝聚力。2017年底，古城村顺利入围市级美丽乡村片区。

院落整齐划一，围墙古朴高雅，青青的杨柳在整洁宽敞的村路两旁随风摇曳，盛开的鲜花争奇斗艳，馥郁宜人。温馨干净的农家小院里，老人们面带笑容在一起唠着家常，孩子们在宽敞的文化广场里嬉戏玩耍，农闲的人们伴随着优美的音乐跳起广场舞。这一幅幅生动、祥和、闲适的和谐画面，仅仅是古城村美丽乡村建设的一个缩影。"村子一年大变样，我们自己也没想到能变得这么好！"在与村民的交谈中可以感觉出来，他们非常认可"第一书记"和村"两委"这一年来的工作。

"美丽乡村是我家，农村不比城里差。"这已经成为古城村村民们的共同感受。如今，群众生产生活条件得到大幅改善，农村面貌发生了巨大变化，置身于美丽古城，眼前美丽舒适和谐的人居环境让人流连忘返——村子变美了变靓了，村民们的笑容写着幸福、透着欢乐。

我来到古城村后，通过走访、座谈，得知村内的主街道是水泥路，路面狭窄，年久失修，很多地方都是坑坑洼洼，因为缺乏资金，该条道路一直未得到修缮，给村民生产、生活带来极大不便，道路出行难的问题一直困扰着大家。我向单位领导汇报后，领导高度重视并充分支持，要求驻村干部一定要从古城村民利益出发，为村民铺好路，再也不要让村内崎岖不平的街道成为影响村民发展的"最后一公里"。我通过多次与村"两委"干部、党员代表、群众代表座谈，制订了修路方案，借助美丽乡村建设的东风，将村内的主干道进行修葺，在原有水泥路面的基础上铺设一层沥青，既节约了成本、减少了工期，又美观大方。筹资采取单位帮扶一部分、村民集资一部分、镇里补助一部分的方式，多方筹措资金近10万元，硬化路面1302米，其中东西干道前街全长560米，路面宽度由4米拓宽至5米；东西干道后街全长522米，路面宽度由4米拓宽至6.5米；南北中心街全长 220 米，路面宽度由 4 米拓宽至 5 米。

"太好了，看着心里就高兴啊，以后下雨出门都不用愁了。"82 岁的李张氏老人在 38 摄氏度高温下依旧站在家门口看铺路。"驻村干部好啊，给我们修路，我这么大年纪了还能走上这么好的路。"

我与村"两委"干部一起集思广益，在充分征求贫困户意见的基础上，为每户量身定制了脱贫计划，初步形成了发展农业产业和旅游农家乐的工作思路。

"要让群众脱贫致富，古城村特有的历史文化资源得充分利用起来。"我跟村干部商量。说干就干，接下来的几个月，我和村干部一起，借助美丽乡村建设的东风，开发了采摘、观光、垂钓等一批旅游文化项目，吸引四方游客。与上海孙桥溢佳农业技术股份有限公司合作，重点发展休闲农业和乡村旅游产业，着力打造田园综合体，投资 700 多万元建设完成了集农业示范、育种、无土栽培为一体的高效观光玻璃大棚，面积约 3000 平方米；村里还为该企业流转了 200 多亩土地，建设了冬暖式塑料大棚，仅此一项，每年为村集体增加收入 10 万余元。

我还积极争取奖补政策，新（改）建民宿 8 栋，开办农家乐 3 家；流转土地 600 亩，规模种植中药材，引导群众在家门口务工就业；引进"农村 e 邮"和"农村淘宝"，让中药材、农副土特产品触"网"俏销。目前，全村有近一半的村民和五分之四的贫困户参与旅游项目经营和种植基地务工，年人均增收 3000 多元。

谁曾想，曾经的软弱涣散村，人均收入不过万元，一年多的时间，翻身成为一类村，群众的生活水平和幸福指数更提升了一个档次。

通过"文明家庭""清洁庭院"评选等活动，有效调动了群众参与环境整治和美丽乡村建设的积极性。随着广大农民群众对环境的关注度不断提高，自身的卫生意识日益加强，良好的习惯也逐步养成。2017 年，古城村被评为市级文明村。

作为单位派驻基层一线的驻村干部，我积极在村里与单位之间搭建联系平台，勤跑"娘家"求资助，先后从县供电局申请 18.6 万元项目，对古城村电网进行了改造，保证了村民的用电安全；申请扶贫资金 50 万元，用于村庄路面硬化和下水道改造；联系单位到村走访慰问，发放慰问物品及慰问金 3000 元；为残疾人申请轮椅 4 辆。

"第一书记小时好啊，不仅提出了为我村发展集体经济的思路，还为村里面争取了好多东西，隔三差五来我家问问缺什么，时不时给我送来生活用品。"计生困难户王福珍这样评价。

用脚步丈量民意、用心灵倾听民声，把汗水洒在古城村，带领群众脱贫致富，作为第一书记的我将不忘初心、砥砺前行，用"以村为家"的情怀，以第一书记的准则，用心浇灌出鱼水干群亲情。驻村的脚步从未停息，精彩故事仍在继续。

我到姜店去驻村

第一书记

陈胜喜　2017 ~ 2018 年度，任国家电网山东省电力公司汶上县供电公司驻郭楼镇姜店村第一书记。

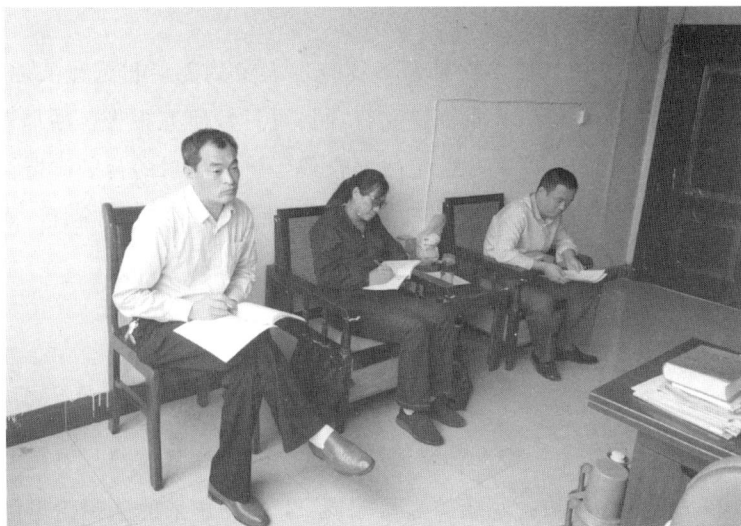

接到驻村帮扶任务后，我作为县驻村工作的一分子，感到无比光荣，同时也感到了责任的重大。我通过认真学习驻村工作指导文件如《中共济宁市委关于健全完善干部驻村联户工作长效机制的意见》《济宁市第一书记管理办法》等文件，领会文件精神，迅速进入角色。通过入户走访调研活动，快速融入农村、深入群众。重点拜访老党员、老干部、老模范，走访困难户，认真倾听他们的诉求，做到"三知四清"，摸清所驻村人口、资源、基础设施、群众生产生活条件、惠农惠民政策落实、党员群众需求等情况，认真完成村情报告的撰写。

在摸清村情民意、问题困难、群众诉求等情况的基础上，理清帮扶工作思路，制订了驻村两年工作规划和年度目标任务。根据工作计划，针对姜店村实际——该村近年来一直有种植牛蒡、大蒜等经济作物的经验，决定努力引导村民扩大特色农业种植规模，持续促进村民增收。

要想致富，电力保障来开路

对于基础设施建设，我们充分发挥自身单位的优势，围绕用电问题做文章，积极联系协调公司相关部门，为解决姜店村配电网薄弱问题进行研究。公司领导朱清总经理和赵华廷书记也多次召开工作协调会，决定给予力所能及的支持。

分管生产副经理刘伟多次带领工程技术人员到姜店村进行实地勘察，要求公司网改办公室设计人员加快制订项目可行性研究报告，尽早列入省市公司的评审计划。通过相关部室的配合最终将姜店村的台区改造计划列入公司2017年的改造计划中。该工程的实施使该村的用电安全性、可靠性水平得到极大提高。该工程项目总投资80多万元。

机井通电，浇了麦田润了心田

"田里机井通了电，浇起地来真方便；以电代油降本钱，农民心里乐翻天；有了党的好政策，小康路上好温暖。"村民送来的感谢信里的这段话，说明机井通电给他们带来了看得见、摸得着的实惠。统一的建设标准，统一的外观标志，新建的配电台区格外醒目，新架的高低压线路整齐划一，一座座崭新的电力排灌设施挺立在姜店村的田间地头，成为田野上一道靓丽的风景线。

2017年雨水较少，再加上持续高温，姜店村旱情严重。面对严峻旱情，针对姜店村农灌台区老化，长年维护缺失，用电安全隐患较大的实际情况，公司领导亲自安排，对农灌的报装接电、启用等业务开辟"绿色通道",简化报装手续,优先处理。镇驻村工作队领导与供电公司领导亲临现场指导,在 7 月上旬该工程开始实施,电力工人冒着近 40 摄氏度的高温,顶着烈日,战酷暑为姜店新增 3 台 100 千伏安农田灌溉变压器,配套敷设低压线路 6500 余米,覆盖该村的 30 余口机井,解决了姜店村 2000 余亩土地的农灌问题。机井通电后,姜店村用电更安全,浇地更方便、成本更低,促进了农业的发展和老百姓的脱贫致富。姜店村彻底结束了已往私拉乱扯电线、地趴线和使用柴油机灌溉的时代,广大农民真正用上了安全电,不但降低了灌溉成本,还减轻了经济负担。工程受到了村民的热烈欢迎。

"用心服务"方便农村客户

协调各方力量,积极为村困难户解决实际问题。及时向派出单位领导汇报村困难户生活情况,2017 年 9 月 30 日,公司党委书记赵华廷到村走访慰问困难群众和老党员,郭楼镇副书记、驻村工作队长杨尊振,组织委员王涛主任陪同。公司筹集资金 3000 余元,走访慰问困难群众 10 户,送去了面粉、食用油和月饼,送去了党和政府的关怀,致以美好的节日祝福,并与他们促膝交谈,详细了解身体状况和生活情况,鼓励他们进一步坚定信心,在政府和供电公司的帮助下,奋力攻坚,携手共进,早日脱贫致富。并表示供电公司一定按照政府领导的要求,严格落实扶贫政策,立足电力行业优势,强化电网建设,提高配网建管水平,提升优质服务水平,为姜店村脱贫致富贡献应有的力量。

全力以赴做好助残工作。通过走访,我了解到村内有多位行动不便老人和伤残人员。通过多方联系,在县残联争取到轮椅 10 辆,一次性解决了村里行动不便人士的出行问题,得到了村民的交口称赞。

电足路通,姜店村再不是旧模样

村里发展的电要足,路也要硬,有水又有泥的"水泥路"是不能再走了,要让村民户户门前都通上真正的水泥路。我与村"两委"成员讨论后，多方筹措资金，对姜店村主要街道进行硬化。还多方协调筹措资金，积极推进第一书记项目的实施，完善改善姜店群众文化场所，为村文化广场铺设大理石300余平方米。新安装路灯34盏，改善村民文化活动条件。加大对村民的环境保护宣传力度，使村民养成自觉爱护环境，保护环境的意识。引导村民自觉将生活垃圾倒入垃圾桶，健全完善垃圾分类处理工作。

农村精神文明和社会稳定工作方面，在母亲节前，评选出好婆婆、好媳妇60多人，引导村民邻里互助、团结协助、孝敬老人，加强农村精神文明建设，培育优秀的民风村情，减少了矛盾的发生，为杜绝各类纠纷发生奠定了基础。做好精神文明宣传工作，加强教育宣传力度，利用村规民约达到村民自治。加大矛盾纠纷排查化解，做到小事不出村，大事不出乡，无越级上访事件。村民治安满意率达100%，并形成长效机制。

如今走进姜店庄，白底灰墙粉刷一新的房子、干净的水泥路、大功率的变压器、一排排崭新的路灯，无不向人展示着村庄的变化。

驻村帮扶不知不觉已经过了一年多，从刚接到任务时的焦虑迷茫，到培训结束后的激情澎湃，再到入村后一系列项目开工后的紧张忙碌，我渐渐进入角色。"有电做靠山，我们撸起袖子加油干，就一定能早日实现习近平总书记提出的'绿水青山就是金山银山'的目标！"我信心百倍地在村"两委"班子会议上深情地对大家说。

"潮平两岸阔，风正一帆悬。"在党的十九大精神的指引下，姜店村正大步流星迈上全面建设小康社会的新征程。

扎根基层解民忧，服务群众助脱贫

第一书记

张恒银　2017～2018年度，任汶上县畜牧兽医局驻郭楼镇杨集村第一书记。

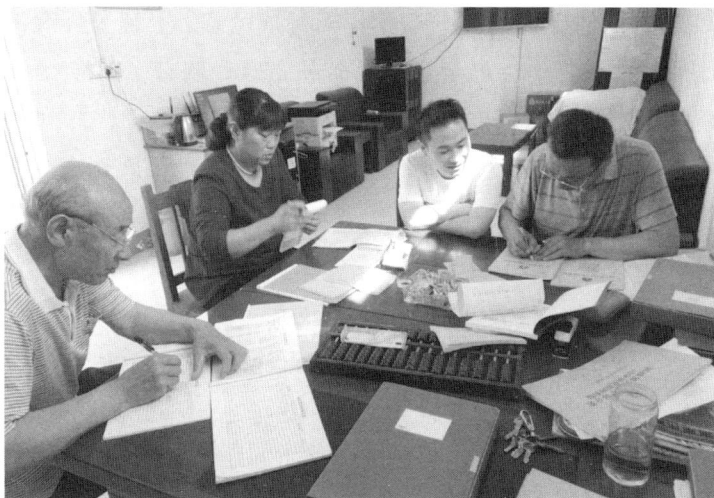

　　自担任第一书记以来，我时刻牢记"党建＋扶贫＋N"的工作使命，不忘初心，积极作为，打好"组合拳"，推动了驻村帮扶工作的扎实有序开展。

　　记得刚接到驻村的任务，特别是要担任第一书记时，我心里确实没底。"组织派我到村工作，怎么开展工作、怎么才能把工作干好"的问题就像沉甸甸的石头一样压在我的心里。当然，刚到村开展工作，也听到了很多风言风语，比如"你这么年轻，到我们杨集来包村，我们村的工作可不好干""来镀金的吧，估计干不了什么事"等等。听到这些不信任和不理解的话语，并没有打消我的积极性，反而激发了我做好工作的斗志。我从小在农村土生土长，相信只要诚心诚意为老百姓做事，一定会得到老百姓的支持和肯定的！

"没有调查，就没有发言权。"为了尽快掌握村情民意，收集第一手资料，我和工作组成员张明科同志一起走街串户，与群众面对面交流，抱着虚心学习的心态，以谦虚谨慎的态度向群众学习请教。有位老大爷曾当面问我"你们工作组是干啥的，能为我们干啥事，解决啥问题"，我当即就答复道："大爷，能干什么，能解决什么问题，我也没底啊，这要听您老人家和咱村父老乡亲的意见和建议。你们所想的，所期盼的，就是我们所努力的方向啊！"听了这些"大实话"，老大爷顿时打开了话匣子，从村庄历史到家长里短，和我们一一谈了起来……就这样，我们工作组对杨集村260户人家一家一户地走访调研，摸清了村情民意，了解了群众诉求。经过认真梳理，我们工作组确定了几个帮扶重点，制订了两年帮扶工作规划，为两年的驻村帮扶工作绘制了蓝图。

帮钱帮物，不如帮个好支部，这是我入村以来的最大体会。作为第一书记，我深深感受到"抓党建、强班子、带队伍"的责任和担当。党的建设关键在于制度落实。我与支委会成员一道完善了各类制度，严格执行"三会一课"等基本制度，从"打造过硬支部"上下真功、出实招。

在村"两委"换届工作中，为了推选出群众基础好、呼声高、工作能力强、真心为民服务的好干部，我们工作组深入党员群众家中，拉家常，听意见，解诉求，谋发展，杨集村顺利选出新一届支委会和村委会班子。原村主任于国庆当选为支部书记，致富能人杨召凯当选为村主任，顺利完成了换届任务，为杨集村的未来发展构筑了坚强组织堡垒。

党员的学习教育工作是党建工作的重中之重。为开展好"庆七一·迎国庆·当先锋·做贡献"活动，2017年6月20日，邀请县畜牧兽医局党组书记、局长郭宗伟为全村党员上了"两学一做"学习教育专题党课，大力推进"两学一做"学习教育常态化制度化。党的十九大以来，我把学习贯彻党的十九大精神摆在了党建工作的首位，指导支部制订了学习计划，开设了"第一书记党的十九大精神宣讲"课堂，采取个人自学和集中学习的方式，为每位党员发放了学习笔记，对部分老党员实行了"一对一"的专题辅导，与党员群众同学习共进步。

"张书记自从来了以后，经常组织我村党员开展学习活动，为我们上党课，带来了新知识、新思路和新理念，要求我们党员发扬先锋模范带头作用，提高了我们支部的整体战斗力，我觉得非常好！"老党员杨庆合说。通过研讨和学习，杨集村全体党员认真学习领会习近平新时代中国特色社会主义思想，坚定维护以习近平同志为核心的党中央权威和集中统一领导，全面贯彻落实党的十九大精神，为杨集村的未来发展奠定了思想基础。

在走访过程中，我发现困难群众反映最多的问题就是身体不好，无法出门打工挣钱。贫困户林宪荣的情况就很特别。林宪荣是部队转业士兵，原本该有一个美好的前程，可是一场无情的车祸，差点夺走他年轻的生命。虽然经过抢救，挽回了生命，由于头部受伤严重，丧失了正常劳动能力。目前与80多岁的父母相依为命，生活十分困难。杨效民夫妇，年近70岁，老两口身体不好，生活十分艰难。像这种情况还有不少。贫困群众经营性收入低，生活十分困难，我看在眼里，疼在心里，一直在思索发展良策。

心想"授人以鱼不如授人以渔，要想老百姓摆脱贫困，必须探索出一条可持续发展之路，让老百姓不再受贫穷困扰"。经过查阅资料、学习先进地区典型，结合杨集村实际，我提出发展"庭院经济"思路，让贫困群众在家中搞一些小规模养殖、做一些来料加工的活计，不出家门就能增加收入，解决生活实际困难。

为此，结合派出单位优势，我向局领导努力争取，协调爱心企业捐赠鸡苗1000只，免费送给贫困群众在家中饲养，我为群众提供免费技术服务，定期为老百姓上门服务。"咱村工作组给了我35只鸡苗让我养，经过5个多月的精心饲养，没有伤亡1只。公鸡可以拿到集市上去卖，母鸡产的青壳鸡蛋微量元素含量高、胆固醇含量低、蛋壳颜色新鲜，再加上是吃自家产的粮食长大的，非常受欢迎。鸡蛋可以卖到1元一个，增加了我的收入，解决了我们老两口的生活困难，谢谢工作组张书记了。"杨集村贫困户杨肇渠说道。结合实际，我又为在家的群众联系编假发小辫的活，既没有时间上的限制，又能在家把活干了，一举两得。每天二十几元的收入，困难群众解决了生活上的部分困难，增强了通过个人劳动脱贫致富的自尊心和自信心，建立了通过劳动脱贫的长效机制。看到杨集村的困难群众通过发展"庭院经济"增加了收入，完成脱贫任务，我非常欣慰。

在走访过程中，大部分群众反映，杨集村一直没有进行"小农水"改造，群众浇地非常不方便，看到别的村已经改造了，插卡就能浇地，十分羡慕。我与村"两委"积极协调镇政府相关部门，争取到节水灌溉等项目，投资100多万元为杨集村新打机井30眼，新上2台灌溉专用变压器，全部地段埋设地下涵管和电缆，直接铺到田间地头，改变原来挖垄沟、塑料水管浇地的灌溉模式，大大节约了水资源，方便群众浇水灌溉。项目建成后，浇完全村耕地由原来的半个月缩减为3天，大大方便了群众，提高了工作效率。"工作组为我们村所有土地都配备了机井、电缆和地下涵管，群众一插卡就能完成浇地，非常省事省工，没花我们村里和群众一分钱。今年我村的小麦浇灌就用上了这套新设备，老百姓非常满意，这要感谢我们的张书记。"杨集村党支部书记于国庆说。

为实施好第一书记项目，我积极听取群众意见和建议，先后3次召开党员和群众代表会议。大家一致认为：村内道路已经全部硬化亮化完毕，怎么做到美化是当前亟须解决的事情。为此，我们一致通过，为东西主干道两旁铺设路沿石和人行道，整理绿化苗木，打造美丽乡村，营造良好人居环境。2017年10月，我们高标准实施了第一书记项目，为杨集村东西大街两旁铺设路沿石和石板人行道，整理道路两旁绿化苗木，总投资7万元。该项目的实施大大改善了村容村貌，方便了群众生产生活，提升了村民生活品质，优化了群众居住环境，受到群众的一致好评。

欲问秋果何所累，自有春风雨潇潇。能够得到群众的肯定和支持，我倍感欣慰，哪怕再苦再累我也觉得是值得的，因为这是一名普通共产党员应该做的。下一步，我一定坚持"不忘初心、牢记使命"，把为群众谋幸福当作自己最快乐的事，用真心、真情和实干，为群众做一些实实在在的事。

走进百姓门，就是庄稼人

第一书记

孔爱云　2017～2018 年度，任汶上县畜牧兽医局驻郭楼镇王府
庄村第一书记。

我生在农村，长在农村，参加工作后为农村成千上万的养殖场（户）
服务，天天和他们打交道，到王府庄驻村工作，就跟回老家的感觉一样，
亲切自然。走进村里门，就是村里人，2017 年 4 月，我和工作组成员吕祥
劝开启了驻王府庄村的新生活。

"各位村民注意啦，各位村民注意啦，下个通知，县畜牧兽医局驻村
工作组孔爱云和吕祥劝同志到我们王府庄入驻，孔爱云同志任第一书记，

吕祥劝同志任组员。先在广播通知一下，今后就住我们王府庄村啦。大家先交流交流，沟通沟通感情……"刚刚走进村委会大院，支部书记张传正（书记、村主任原来都是养殖致富带头人，我们认识多年）就用村广播把我们驻村的事情告知了村民。

"噢，孔爱云，多年前就认识。""村里来了驻村工作组，来了驻村第一书记。"刚入住，淳朴民风扑面而来。虽然村民们现在大都不做养殖了，许多人对我还有印象。从村西头到村东头，我一路和20世纪90年代的养殖户老朋友们打着招呼，我自己感觉像回老家一样。从农村来，再回农村，自己感觉和村民们是浑然一体的。来了就干，放下行李，立马进入工作状态，走访入户，了解近期村意民情。王府庄村位于郭楼镇东南方向，全村共4个村民小组，242户1026人，共产党员43人。全村现有农业用地886亩，全部为小麦、玉米地，无其他种植用地。主要以农业为主导产业，二、三产业基本没有，作为主导产业的农业科技含量不高，农产品单一，村民主要是种植和外出劳务，年人均收入不高。该村现有23户低保户，12户精准扶贫户在2016年底实现脱贫。目前村里没有集体收入，基础设施建设正在进行中，有欠债，村级发展需要资金支持。

收集了村里的相关情况，刚想整理整理，丁零零、丁零零……电话响了："是孔书记不，我是王府庄村的土地承包户吴省，想和你们探讨探讨今年种啥比较好，你们是县里来的专家领导，经验比较多。来村委会吧，我们共同研究研究。"经过多次磋商调研，王府庄村开启了103亩瓜蒌和100亩菜豆种植新模式，与安徽皇仁科技有限公司签订订单生产。根据不同节气，瓜蒌架下种植莴苣、荠菜、洋葱，增加土地产出能力，增加收入。同时，安排村里有劳动能力的村民和贫困群众在基地育苗、拔草、搭瓜蒌架、摘毛豆角、挖荠菜等活计，增加村民收入，帮助他们脱贫致富。2017年金秋十月，站在瓜蒌架下，看着挂满枝头的瓜蒌果子和脚下绿油油的荠菜，自豪感油然而生，我为自己能够带领村民致富，能够参与到县委组织部下派办部署的"抓党建、促脱贫、增加村集体收入"的光荣任务而自豪。12月27日，成功邀请阿里巴巴产业带汶上华儒电商王小二经理到王府庄谈2018年特色种养发展思路，谋划在田间地头销售农牧产品，期待电商进村，增加农产品附加值。2018年我和村

"两委"及党员、村民代表商议，打算在5月底育芦花鸡苗，7～8月份把芦花鸡放养在瓜蒌架下，想着芦花鸡在瓜蒌架下嬉戏觅食，发展种养结合，为社会提供绿色环保优质农牧产品。大家都说好，我心里也美滋滋的，有点成就感（这不单单只是田园生活，而是诗和远方啊）。我心里明白，要将想法变成行动，行动转成成果，需要带领村民继续撸起袖子加油干。

"这是我最后一次的党费。"王立志手里攥着要交的党费，声音细若游丝，对前来探视的我和王府庄村"两委"一班人如是说，眼泪盈眶。

医院已经下达病危通知书，78岁的老党员王立志28天不能进食了，弥留之际，手里攥着预交的党费。

王立志，1939年生人，1972年入党，历任王府庄村二队生产队长、大队生产队长、村委委员，带领王府庄村民励精图治、发展生产，曾获得汶上县劳动模范荣誉称号。2018年初诊断出食道癌，已扩散。老伴孙玉荣患有心脏病、糖尿病，每天服药，饮食起居需要人服侍，儿子王印河先天眼疾，胳膊有伤，儿媳胡焕玲先天弱智，没有劳动能力。现在唯一放不下心的是孙子王中旺——在郭楼镇二中上初二，曾获得过全市统考第二的优异成绩——担心孙子中途退学。

"感谢驻村的孔爱云同志。了解儿子家庭状况后，孔同志帮助跑县民政局、镇民政办，张罗召开村民代表大会表决，并按程序申请国家困难救助，目前已审批到位。"王立志拿着儿子家的低保证，泣不成声。

看望老党员王立志，我和村"两委"拿出500元慰问金，聊表心意，王立志哽咽了……我们不由得心生泣感，在以后的驻村帮扶工作中，要帮助王印河一家达到"两不愁、三保障"。如今王印河一家已不再担心王中旺上学的事了，但王府庄村的精准扶贫工作依然在路上。

每天固定的走访成了我既定的任务和习惯。在走访村民刘凡刚大爷家时，刘凡刚说："孔书记，你看看能帮俺把这三十多棵山楂树卖卖不？我年龄大了，脑袋不听使唤，干不了农活了。"刘大爷今年73岁，患有渐行性小脑萎缩症，生活自理能力下降。我二话没说立即通过微信、QQ等自媒体发布售树信息，信息刚上传，军屯乡驻村第一书记就提供购买山楂树的信息。2017年12月26日，刘凡刚的山楂树交易已经全部谈妥，刘凡刚拿到了 1000 元定金，一周内山楂树全部移出后付其余树款。刘凡刚拿着卖树的钱，眼睛眯成一条缝，高兴得合不拢嘴。

"孔书记，你看看俺家前面的坑塘，野草丛生，看看能整治整治不？村北的坑塘都修好了，人家出门能呼吸新鲜空气，我门前的坑咋不修呢？"村民王金华大爷有点激动地说。在我耐心的安抚下他虽然稳定了情绪，但是看得出来他内心的急躁和期盼。在和书记张传正与村"两委"协商后，我们到了镇里。镇村建办刘伟主任和我们一块把情况向县水利局汇报，一星期后得到县水利局答复，王府庄村南废旧坑塘纳入增补修缮计划。在坑塘修建过程中，70 多岁的村民王金华义务出工，忙前忙后，做着各种打杂小活计，能看出他满心的欢喜。目前，一期工程投资 10 万元，已建设完毕。近期刚打了一眼井，二期工程建设完毕后，准备在修建好的坑塘内种植白莲藕，然后在藕池里放养一些鲤鱼苗。美丽的画面跃然心头，美不胜收。在村里住的时间长了，村民和我越来越熟，只要看见我，就热情地招呼家里坐坐，一杯热茶、一碗热饭已是平常事，多一双碗筷一点也不费事，村民大都如是说。不觉间，我已成他们自己的家庭成员啦！

"孔书记，我房前的下水道不通啦""孔书记，我家门口的路灯不亮啦""孔书记，我家的母猪咋怀不上猪崽啊（我是一名兽医工作者）""孔书记，我家还缺一排房""孔书记，我的危房改造啥时候给修建啊"……

驻王府庄村一年多的时间里，我们驻村工作组无时无刻不在为王府庄村民答疑解惑，为他们解决生活中出现的各种问题，每天忙碌着，尽管感到非常疲惫，但看到解决问题后村民脸上堆满笑容连声感谢，劳累烟消云散，收获的是满满的成就感！

2017 年 12 月 16 日至 2018 年 1 月 15 日，王府庄村"两委"换届选举工作如期举行，村里老党员张华说："我看孔同志行，我选她。""我看着也非常行。"一些党员随着说。听着党员、村民代表的话语，村民真的接纳了我，认可我是他们中的一员，我感动得热泪盈眶。王府庄村以全镇第一的成绩顺利完成村"两委"换届工作。

路漫漫其修远兮，在以后的工作中，我们畜牧兽医局驻王府庄村工作组一如既往地全力帮助村"两委"班子发展各项村级事业，紧跟时代步伐，建设美丽富饶的新王府庄，加快乡村振兴步伐，提高全村村民幸福指数。

心灵之旅

第一书记

李彦伟 2017～2018 年度，任汶上县安全生产监督管理局驻郭楼镇孙庄村第一书记。

2017 年 4 月，党组织选派我到郭楼镇孙庄村担任第一书记，任期两年。上任伊始，心中五味杂陈，我能适应吗，我能干好吗，局里是不是把我一派了之，撒手不管？孩子还小，妻子会同意吗？面对新的工作环境，我如果连试一试的勇气都没有，还是一名党员吗？

在局领导的关心下，局办公室的同志为我们采购了充足的生活用品，在乍暖还寒的初春让我们心里热乎乎的。

初到村里，看见成排的房屋，整洁的柏油路，村里一班人真诚热情的笑脸，心中的担忧一扫而光，在随后驻村的日子里我渐渐爱上了这个美丽的乡村和乡村里朴实的村民。

第一天晚上住在村委会大院里，夜幕深沉，听着偶尔传来的几声狗叫，突然有了小时候在老家的感觉。心中不由得发出一阵感叹：农村是我们的根啊！我要抓住这个机会好好建设她。我暗暗地想着，沉沉地睡着了！

农村最忙最焦心的时节就是麦收季节，在临近麦收的十几天前，天气突变，一阵大风使大量丰收在望的小麦倒伏，有的种粮大户减产量在百分之四十左右。倒伏的小麦只能靠人工收割，除去承包土地的费用，还要付人工费，可以说这部分小麦已入不敷出，但更不能看着它烂在地里！风过去了，雨又来了！这不，种粮大户王福龙大哥准备将收获的小麦在广场上晾晒，夫妻俩刚把粮食摊开，小雨就飘下来了。适逢我刚从镇上开完会回来，见到后赶紧把自行车放在一旁，抄起一把木锨就去帮忙。这时，周围邻居们也赶来了，大家把粮食迅速聚成堆，然后用塑料布盖起来。一阵手忙脚乱后，终于赶在雨成势前，把刚收的小麦收拾妥当。福龙大哥今年40岁出头，黑黑壮壮的汉子，他2017年一次性承包了160亩地，每年的麦收时节就是和风雨赛跑，还好，在大家的帮助下终于有惊无险地保住了粮食。看着福龙大哥紧绷的脸上终于露出了笑容，我由衷感到我们的农民兄弟是多么的不容易，但又是多么的朴实！

骄阳似火，热浪滚滚，又进入了人们调侃的"烧烤模式"。人们都减少了室外活动，更不用说体力劳动了，但在村口却有一群人有说有笑在平整着路面。孙庄村村民响应村"两委"号召，积极参加集体劳动。既有老人，也有妇女、放假的孩子，还有像我一样没有参加过体力劳动的小青年。人群中有一位头发花白，看起来身体瘦弱的老人，他就是已经66岁的村党支部书记张荣安。"大家伙都觉得建设美丽乡村就是花钱，我却不太认同这样的观点。"老书记说，"孙庄村集体经济薄弱，和其他地方比富不行，但这并不能妨碍村里建设美丽乡村。我们钱少，但是人多、心齐，我年龄大了，只要我还干得动，我就带着大家一块干。美丽乡村的最终受益者就是村民，就是我们的子孙后代，村子美丽了，城市美丽了，大家的言行举止文明了，国家也就美丽了。"多么朴实无华的话语，这是多么令人尊敬的老人！

在村口开超市的张百强，50多岁，身体不太好，干不了体力活，给义务劳动的村民送来了矿泉水和香烟。看着气喘吁吁的张百强，村里施工队的张国防眼珠一转说："张叔，你自己都不舍得喝矿泉水，天天喝白开水，这不会是过期的水吧？"老张气得拿过一瓶，打开后，"咕咚咕咚"喝了两大口，还把印有生产日期的瓶盖拿到刚才说他的人面前，说："看看，啥时候生产的！"周围的人看着老张涨红的脸，一阵哄堂大笑，大家说："老张，你上当了，国防是看你从来不舍得喝，用激将法想让你也尝尝。"老张恍然大悟，也跟着笑了起来……

三组村民李清华，妻子患病去世后留下两个年幼的女儿，家庭积蓄也花费殆尽。原本开朗、乐观、勤奋的李清华变得日益消沉，两个年幼的孩子让人看在眼里，疼在心里。如何让李清华振作起来，重新恢复生活的信心，把两个孩子好好抚养长大？让李清华从悲伤和贫困中走出来，是我一直在考虑的事情。

李清华有手艺，会干建筑，我和村委会一班人就在周边给他联系建筑队。一方面方便他回家照顾孩子，另一方面增加家庭收入，让他心情轻松。经过一段时间的工作，李清华木讷的脸上开始有了笑容，人也变得精神了。

村里换届，村"两委"和村民代表一致同意由李清华任三组组长。这件事，激发了李清华干事的信心，他积极参与村里的大事小情，主动联系建筑队寻找活干。他的大女儿初中毕业后，表示愿意学习职业技术，我又帮忙联系了县职业技术学校。家庭状况目前已经有了明显改观，如今的他整天精神饱满、信心十足地奔走在工地或村委会，以往的颓废一扫而光。

驻村一年多，我的皮肤晒黑了，体重下降了，但我自己以往浮躁、焦虑的脾性却消退了，视野也变得开阔了。我开始时常反思、审视自己了，因为我已经懂得：脚踏实地，才能厚积而薄发。

作为驻孙庄第一书记，我有很多很多的话想对孙庄的大爷大妈、大叔大婶、大哥大姐们说，如果要把心里一直积蓄的感情和想说的话浓缩为两个字，我想，那就是——感谢！感谢自己驻村所经历的，感谢自己驻村以来所遇见的，感谢你们对我的无私帮助和支持！一颗朴实的种子已经发芽，我会永远珍惜爱护它！

百姓无小事

王明军 2017 ~ 2018 年度，任汶上县政务服务中心驻郭楼镇梁庞庄村第一书记。

2017 年 4 月，我作为第一书记，被组织选派到郭楼镇梁庞庄村任职。时光荏苒，日月如梭，转眼间在梁庞庄驻村已一年多了。回顾自己一年多来的驻村工作，感触颇深。作为一名驻村第一书记，在基层工作的短短时间中，我与广大村民建立了深厚的友谊。在日常工作中，更能深刻领悟党关于农村的大政方针和各项惠农政策，在学中干，在干中学，学到了知识，增长了本领。

在初到村里的那段时间，县委组织部有关驻村干部的工作要求和单位领导的谆谆教诲，让自己感觉肩头压了一副沉重的担子，新的工作环境和工作要求，又激发了自己作为一名共产党员干事创业的激情和信心。在和村支部书记梁吉祥深入接触之后，我发现他是一名心中有韬略、温和宽厚的长者，已经 60 多岁了，仍然把村里各项工作布置得井井有条，多项工作在镇里名列前茅，多次获得市县的嘉奖。我暗下决心，一定要干出一番成绩来。

驻村后，在村"两委"的大力支持密切配合下，克服种种困难，认真细致地开展调查研究。根据农时安排，参与村"两委"干部座谈会，参与村"两委"工作会议，研究党建、环境治理和扶贫开发等工作。深入梁庞庄村居角落、田间地头，走村串户倾心交谈，与村干部、村民拉家常、谋发展。走访所在村老干部、老党员、经济能人、退休教师等，基本掌握了梁庞庄村的优势和劣势，从中了解分析制约经济发展的主要原因，做到边调查研究，边宣传党的支农惠农政策，边思考探索帮扶方案和措施。

调查了解了村情之后，我给村里先后提了三条思路。一是根据本村靠近镇驻地的地理优势，在村南靠近镇主要街道的路边建设门面房，由村委会牵头，置换路边土地，建成沿镇主要街道的20～30间门面房，出售一部分偿还建设资金，剩余的作为村集体资产出租收益。这一想法因镇党委、政府对镇驻地有统一规划而搁浅。二是利用村集体70亩集体土地进行特色种植，种植黑玉米，但承包合同尚未到期，这项工作正在推进之中。三是针对两座因环境综合治理而关停的养鸭棚，打算引进蘑菇种植，筹划了一个多月，却没有村民愿意承包。

一次次的碰壁，让我有点灰心，但作为一名共产党员和一个驻村干部的责任感和事业心，又促使自己必须做出成绩来。人过留名，雁过留声，在梁庞庄村要工作两年时间，如果不能干点事情，那就是最大的失败。天气越来越热，我的心情也在纠结中煎熬着。

没有调查就没有发言权。我没事就到村里转转，逮着谁就和谁聊，从聊打工挣钱到国际形势，从孩子学习聊到房屋价格，我相信自己在深入了解村情民意之后，总能找到突破口。

2017年7月5日下午，在村南和几位大妈聊天时，天边乌云压了上来，一阵雨前风裹着沙土扑面而来，这时一位聊天的大妈提及修建的排水沟满是浮土，这几天刮得家里可脏了。听到这句话我心里一动，连忙打了声招呼，就快紧回村委会将自己的想法进一步细化。

在梁庞村南，镇政府新建了一条污水收集管道，本意是让老百姓有个干净整洁的环境，但由于借用原先的村南沟渠，管道掩埋后土质疏松，逢大风天气就会扬起尘土，搞得临近农户颇有微词。我想如果在沟渠上铺设花砖，然后再进行绿化，整个村容村貌不就更整洁漂亮了吗？而且村民也多了一处休闲娱乐的场所。

次日，我找到梁吉祥书记把自己的想法详细告知，他高兴地当即喊来了村"两委"成员开会研究。随后的一个月我们分头行动：给镇里打报告，联系环保部门，找施工队商谈，寻求单位领导帮助等一切事宜。忙忙碌碌一个月，终于把计划落实了。和村"两委"成员多次开会商讨，因村里的原有绿化树法桐根系粗壮发达，对村民的房屋宅基造成一定的威胁，决定把村里的法桐移栽到村南，在村里种植樱花和大叶女贞。由于工作量大，施工周期长，树木移植具有季节性又是个技术活，所以花砖铺设和绿化树栽种到 2018 年 3 月底全部竣工。

付出就有回报。如今，我每次经过村南，看到从村东到村西一排高大的法桐，感觉它们就像放哨的卫兵日夜守卫着梁庞庄；村民和孩子们在树下平坦漂亮的场地上休息、玩乐，心中不由自主地涌起一股幸福和自豪的感觉。听着孩子们悦耳的笑声，看着大娘、大爷们自得其乐的悠闲生活，我暗下决心：我将在新的驻村年度里，继续努力，为梁庞庄村建设尽自己最大的力量。

真情驻村办实事，真心帮扶暖民心

刘灿国 2017 ~ 2018 年度，任汶上县郭仓镇党委副书记（挂职）、下派工作队长。

村民眼中，他亲民随和，真心实意为群众办实事，是县里来的好干部；干部眼中，他经验丰富，重实干严要求，是个好"头雁"；队员眼中，他干劲十足，有担当有能力，是位好队长。他就是郭仓镇下派工作队长刘灿国。

驻村以来，刘灿国带领下派工作队全体成员，行走在村头巷尾、田间地头，足迹踏遍村里每个角落。为保和谐稳定，他入农户察民情、化矛盾解民忧。为村子发展，他多方奔走"化缘"，拉项目搞建设。村民们都觉得这个从"上面"派来的干部不娇气、能吃苦，肯定也能干成事，都亲切地称他为为群众办实事的"刘队长"。而刘灿国这个初来乍到的下派工作队长也深深感受到了"压力山大"。不过，压力也是动力……

他来后，基层堡垒筑得更牢了

"给钱给物，不如建设一个好支部。村党支部的作用发挥好了，才能像吸铁石一样把群众紧紧凝聚在一起。"对于如何建强村级组织，刘灿国有着深度的思考和成熟的思路。

为留下一支"永不走的工作队"，他坚持把党建工作摆在驻村工作的首要位置。在郭仓镇党委的支持下，积极组织各驻村工作组开展党组织联建活动，突出抓好基层党组织建设，健全各村"三会一课""四议两公开"等各项制度。他不断强化村"两委"班子建设，积极探索建立基层干部规范管理机制，着力破解村党支部书记"难选、难管、难干、难留"的"四难"问题。目前，7个包驻村"两委"换届已顺利完成，还发展预备党员1名，转正1名，培养后备干部6名。

"在思想上教育引导，工作上鼓劲加压，思路上出谋划策，生活上关心关怀……"驻村一年多来，郭仓镇很多村民经常会看到刘灿国跑前跑后与村干部促膝交流的场景。大家都觉得，新来的这位驻村工作队长雷厉风行，干事利落，是要下定决心提高村干部的综合素质。

农村富不富，关键看支部；支部强不强，全靠领头羊。路家茅滩村支部书记路敦厚说："刘灿国和驻村工作组来以后，给村里办了很多实事，解决了许多实际问题，还指导我们怎么干群众工作。以前村干部威信低，如今村干部说话，愿意听的村民多了，工作也好做了。"

他来后，基础根基夯得更实了

为杜绝驻村帮扶工作队员"三天打鱼、两天晒网"的现象，确保工作在村、吃住在村，零距离服务群众，刘灿国认真履行驻村工作队长的职责，着力加大督促检查力度，要求各驻村工作组必须扑下身子"接地气"，做到"眼睛亮能发现问题，耳朵灵能掌握信息，嗅觉敏能见微知著，嘴巴勤能指出问题，手脚快能解决问题"，切实用脚步丈量民情，用头脑思考问题，用行动破解难题。通过积极开展"庆七一·迎国庆·当先锋·做贡献"十个一活动、"党在我心中，驻村当先锋"活动，切实增强下派干部干事创业的热情；坚持真蹲实驻，确保每名驻村干部每月吃住在村时间不少于 20 天；积极参与郭仓镇中心工作，在秸秆禁烧、安保维稳等重大政治任务中，更是严格要求，确保 7 个第一书记在岗在位；在工作上实行目标管理，强化工作调度，坚持每周召开一次第一书记工作例会，每月召开一次工作队全体人员会议，确保驻村帮扶工作顺利开展。

同时，在他的带领下，郭仓镇下派工作队充分发挥第一书记和派出单位作用，以"党建＋扶贫＋N"项目建设为统领，在充分研判村情村况的基础上，确定了 7 个第一书记项目。截至目前，所有第一书记项目均已竣工。新增文体设施 4 处，电力设施 2 套，铺设道路 2 条，新建日间互助养老院 2 处，改造村级办公场所 7 处。累计投入帮扶资金 60 余万元，争取社会资金 15 余万元，改善了村级基础设施，为人民群众的生产、生活提供了良好的环境。

他来后，百姓腰包变得更鼓了

刘灿国积极组织工作队开展村情分析研判工作，在他的带领下工作队累计走访党员群众 1400 余人次，召开座谈会 55 次，为包驻村各项事业的发展想办法、谋思路。

"只有把准脉搏，才能对症下药。"刘灿国说，老百姓想什么盼什么，扶贫重点在哪里、难点是什么，优势怎么发挥、短板怎么补齐，这些都要搞得清清楚楚、明明白白，来不得半点儿虚假。

"像犁地一样把包驻村'犁'了一遍。"通过对 7 个包驻村 129 户建档立卡困难户 252 人进行走访，各家各户的家庭情况、经济收入、贫困原因、群众心声等，他和工作组成员全都写在本子上，记在心里头。

基础设施差、交通不方便、产业发展滞后、致富没门路、种养缺技术、创业少资金……针对制约村级发展"病因"，刘灿国和他的工作队开出"良方"，提出了"道路通、产业兴、环境美、农民富"的脱贫攻坚奔小康思路，描绘出了脱贫"蓝图"：村要展新貌，户要换新颜，人要露笑脸。

蓝图绘就，目标明确。工作组和村"两委"从改善基础设施入手，将一件件"实事"变成"事实"。

刘灿国和工作组为壮大发展村集体经济想思路、想方法、想举措，积极找寻各村集体经济增长点。东海村东南角有一片50亩的荒地，刘灿国和工作组通过多次与村"两委"、村民代表讨论研究，现场考察项目可行性，认为这片荒地很适合作为土地复垦项目。为促进项目落地，真正为东海村群众把好事办成办好，刘灿国和工作组成员多次往返在国土局、财政局、郭仓镇政府之间，准备相关资料，邀请县国土局土地复垦整理中心、土地规划科及测绘公司工作人员进行现场勘界认定。土地复垦项目争取到资金35万元，土地复垦后承包出租，每年将增加集体收入5万元。同时，刘灿国和驻村工作组在土地上做文章，2017年，东海村全村670亩土地流转出450余亩，承包给种蒜大户、苗圃种植大户及企业，把农民从土地中解放出来。他和工作组带领村"两委"班子成员到兄弟乡镇学习土地流转的经验，探索自己的发展思路，对积极引进高价值经济作物的种植户，实施"农村土地服务新模式"，由村"两委"提供有偿服务，每亩收取50元服务费，每年增收2万余元。

效果立竿见影。通过"三资"清查、土地流转、兴办村级企业、土地复垦等方式，拓宽增收渠道。截至目前，全镇7个第一书记包驻村已经成功摆脱"空壳村"的帽子，村集体经济收入均超过3万元，其中有2个村集体收入超过10万元。

"干群齐心谋发展，共建和谐富农村；驻村干部来到村，惠民政策暖民心。"这首顺口溜，道出了村民们对驻村干部的欢迎。现在，只要说起这个刘队长和驻村工作组，村民们都赞不绝口。郭仓村党支部书记刘栋说："刘队长会做事、能干事，他和工作组办的都是为老百姓造福的事，都是群众最关心的事。"

刘灿国说："我从小就生长在农村，最能体会农村人的心情，为老百姓做点实事好事，老百姓开心我更高兴。"

没有豪言壮语，唯有务实作风。刘灿国和所有驻村工作组所做的一桩桩、一件件实事，正如春雨润物，又像春花烂漫，在郭仓镇无声绽放，让郭仓镇悄然改变着模样。

真心真意察民情，用心倾心做答卷

第一书记

刘　然　2017～2018 年度，任汶上县人民政府办公室驻郭仓镇夏庄村第一书记。

　　2017 年 4 月，经组织选派，我到郭仓镇夏庄村担任第一书记。一年多来，在县政府办公室、县下派办的支持下，在郭仓镇党委、政府和县下派工作队的指导下，在阳城煤矿的帮助下，按照"抓党建促脱贫"的要求，立足夏庄村实际，抓住机遇，科学帮扶，用实际行动赢得了群众的广泛认可。

　　夏庄村位于 105 国道西，北园大街北。共有夏庄、佛店、双楼、邵庄 4 个自然村，260 余户，1000 多人。夏庄村民风淳朴，村内和谐融洽。长期以来，村集体经济非常薄弱。在下派干部见面会上，郭仓镇领导为我们介绍了夏庄村的基本情况，使我对夏庄有了初步的了解。见面会结束后，我和工作组成员就在村干部的陪同下来到村委会大院，开始了驻村的日子。

深入调研，科学规划画蓝图

为尽快进入工作角色，我和工作组成员吃住在村，走街串户，与村民聊天拉家常，敞开心扉谈心交流，倾听他们的想法和建议，进一步了解村情民情。同时，积极与村"两委"搞好对接，召开村干部会、党员会和群众代表会，广泛征求党员干部及群众的意见建议，并逐条进行梳理。经过座谈了解和实地查看，群众在道路、文化广场、农田灌溉、移风易俗、壮大集体经济方面给我们出了很多主意，这为我们制订帮扶计划提供了第一手资料。

为把夏庄建成美丽夏庄、畅通夏庄、人文夏庄，在县委副书记、市驻汶上县下派干部工作团团长马平和阳城煤矿的大力支持下，邀请专业设计公司对夏庄村进行总体规划设计。根据规划设计，结合夏庄村实际，形成了夏庄村村情报告，制订了夏庄村两年帮扶工作计划。计划做好后，我们又召开了村"两委"、村民代表会议征求意见。整洁靓丽的村内主干道，南北通畅的环乡路，美丽的文化广场，美好蓝图的画面逐渐呈现出来，也得到了群众的支持和认可。

真抓实干，用心倾心做答卷

蓝图绘好了，接下来就要把绘好的蓝图变成现实。为此，我和工作组成员、村"两委"干部一起想办法、出路子、跑项目、筹资金，全身心扑在项目建设上，用心倾心做好我们的答卷。

要想富，先修路。夏庄村内的道路基本上是 2008 年以前修的，路面大多坑坑注注，部分路段更是破损严重，特别是下雨天，路面积水严重，出行极不方便。在走访中，多名群众说到了修路的问题，都非常盼望能够把路修好。由于修路需要大量资金，村里集体经济薄弱，根本拿不出钱来。面对资金问题，刚开始我心里也犯嘀咕，觉得无从下手。为了能够把路修起来，我积极向镇党委、政府汇报，与阳城煤矿进行沟通，最终郭仓镇党委、政府和阳城煤矿给予了大力支持，确立了两条路的修建计划。对村内的南北主干道，结合全市乡村连片治理项目建设进行修建，并建设文化广场；阳城煤矿也把"一路一街"的改建纳入了帮扶计划。为把道路建成高质量、高标准工程，我和村"两委"成员一道，对道路进行丈量清障，列出工作方案，从规划、施工、监理等各个环节进行细化。经过紧张的筹备，两条路开工建设。为确保工程质量，我和村"两委"成员靠在工程一线，同时动员村里有威望、有责任心的群众一起进行监督，严把工程质量关。在大家的齐心协力下，投资34万元的"一路一街"完成铺油；投资90余万元的乡村连片治理项目顺利完工，520多米长的村内主干道铺上了沥青路面，两侧也修筑了路沿石、排水沟，栽植了绿化树木，安装了太阳能路灯，并对沿街墙壁进行了粉刷，1700多平方米的唢呐文化广场也建成投入使用。项目的完成，既方便了广大村民的生产生活需要，又满足了人民群众的精神文化生活的需求。望着整洁的道路、美丽的广场，村民们脸上都洋溢着幸福的喜悦，纷纷为我们点赞。

群众的需求就是我们奋斗的目标。在走访中，群众反映农田里机井少，且年久失修，浇水很不方便。为解决打井的问题，通过积极争取，上级拨付了10万元的专项资金。为了不误农时，经村"两委"商议，确定在冬季农闲时施工，这样开春群众就能用上新井了。为把项目实施好、切实满足群众需要，我们对农田里现有机井进行了全面摸底，并绘制了现状图，对需要新打井的地方进行反复论证，最终确定了新打10眼机井及配套工程的目标，并把新打井的位置——在图上标注出来，制订了项目实施方案。经过一系列准备后，项目于2017年11月开工建设并顺利完工。为了使项目长期发挥效益，首先要解决管护问题，特别是机井配套的水泵、浇水管等。项目建成后，按照"谁使用、谁管护"的原则，及时把配套的水泵、浇水管移交给了村民小组，以村民小组为单位，实行专人管理，明确管护责任，确保工程长期发挥效益。2018年春节过后，开始浇小麦返青水，新井就发挥了作用，群众纷纷对我们的工作表示赞许。看到群众高兴满意，我感到很欣慰，也为我们做好下一步帮扶工作增强了信心和动力。

为切实做好驻村帮扶工作，我还积极与镇党委、政府和上级有关部门沟通协调，及时捕捉项目信息，加大争取力度，努力为群众办实事、解难题。一年多来，先后配合村"两委"完成了改厕任务；协调乡镇卫生院，对全村 65 岁以上老年人进行了免费健康体检；大力开展移风易俗宣传，开展了"四德"评选活动，健全了红白理事会制度，倡导"厚养薄葬"、喜事新办、丧事简办，文明新风在夏庄村得到进一步弘扬，夏庄村也被评为省级文明村。

精准施策，凝心聚力促脱贫

作为第一书记，做好精准扶贫是义不容辞的责任。夏庄村共有建档立卡贫困户 23 户，为全面了解掌握贫困户家庭情况，我们在走访的基础上，制做了"贫困户基本信息表"，根据不同情况，积极帮助他们争取各项惠民政策。村里老人焦桂英，80 多岁了，常年瘫痪，行走不便，我们为她协调了轮椅，给她送去的时候，她流下了激动的泪水，嘴里连说谢谢。为让贫困户过上一个欢乐祥和的春节，我积极向县政府办公室领导汇报，争取办公室支持，开展了送温暖走访慰问活动，对所有贫困户进行了走访慰问，为他们送去了食用油、大米、面粉等物资，并送上节日的祝福。通过调查走访民情，了解社情民意，我在得到帮扶第一手资料的同时，也与他们建立了联系，拉近了距离。对我这个来村任职的新成员，群众也由最初的疑虑戒备，慢慢变得认同认可了。

强基固本，打造过硬好支部

农村富不富，关键看支部；支部强不强，关键是头羊。为了把夏庄村支部建成全镇的示范支部，首先要把建立起的制度执行起来，按照"两学一做"学习教育常态化制度化的要求，坚持定期上党课，严格落实"三会一课"制度。坚持一月一个主题，每月 5 日都组织开展党员活动日活动，通过活动的开展，党支部的组织力、凝聚力越来越强。2017 年 10 月 18

日，党的十九大召开，为第一时间学习十九大精神，我们一早就组织党员干部在村委会集合，集中收看十九大开幕盛况。会后，又制作了宣传画册，及时将会议精神传达到群众手中。同时，为改善村级办公环境，协调组织办对村委会大院和房屋进行了粉刷，购置了办公桌椅，安装了LED显示屏。针对村干部坐班值班坚持不好的问题，村"两委"制订了整改方案，实行轮流坐班值班，对群众咨询的问题，建立台账，及时研究解决并回复，通过整改，赢得了群众的广泛认可。其次要选好带头人。火车跑得快，全凭车头带。2017年是村"两委"换届年，为选好配强村"两委"班子，我和工作组成员一起，积极配合镇村做好换届工作，从严从实抓好换届工作，顺利完成了村"两委"换届工作，新一届村"两委"班子力量得到了加强。夏庄村集体经济非常薄弱，村级资产少，缺乏造血功能，只能靠组织经费办一些力所能及的小事，诸如修路等基础设施建设，村里根本无能为力。只有村集体发展了，解决了资金的问题，才能更好地为群众服务，办实事、解难题。为壮大村集体经济，我和工作组成员、村"两委"抢抓阳城煤矿帮扶的机遇，积极争取他们的支持帮助，确立了产业扶贫的方式，在村内建设"一厂"，变输血为造血，这一举措，为村集体经济发展注入了新的活力。同时，借助村庄紧邻105国道的区位优势，号召村民进行土地流转，种植高产作物，在促进农民增收的同时，多渠道增加村级集体收入。

通过一年多的驻村工作，我学到了很多，也收获了很多。人民群众是最善良的，也是最容易满足的，哪怕你做了一些微不足道的事情，只要解决了他们的问题，他们就会对你心存感激，就会为你点赞。看到群众脸上洋溢着的笑容，听到他们的一声声谢谢，我感到肩上的担子更重了，责任更大了。面对群众的期盼、组织的重托，我将继续真心真意察民情，用心倾心做答卷，全力做好下一步驻村帮扶工作，在广阔的农村舞台上书写好自己人生的华章。

驻村之体验

第一书记

郭金斌　2017 ~ 2018 年度，任汶上县教育体育局驻郭仓镇西杨庄村第一书记。

不知不觉驻村已经一年多了……

在这一年多的驻村生活中，我仿若开启了一扇通往生命新体验的神秘大门，扑面而来的，是汗水中的酣畅淋漓、泪水中的真诚笑颜和浓厚的情感酝酿中那另类的酸甜苦辣生活……

初始篇

记得一年前，按照县委组织部的统一安排，我被下派到郭仓镇西杨庄村任第一书记。初次接到驻村任务，心中充满了欣喜、激动，可转眼，自己不免又担忧起来，工作怎么开展，生活怎么打理，如何才能担得起第一书记这个称号等等一系列的问题随之而来，让我辗转不寐。带着一系列的问题，带着一丝惶恐，带着使命，带着期待，我带领工作组三人，一头扎进了西杨庄村，开始了驻村生活。要驻就要驻出名堂，要驻就要对得起组织的信任，要驻就要对得起百姓的期待。驻村工作从什么地方下手，我通过向领导请教，向老第一书记们学习，决定从学习开始，从深入摸查开始。

镇、村两级领导长期从事基层工作，对农村的最新情况比较了解，有非常丰富的农村工作经验，是学习从事新时期农村工作的最好宝库。走上新的工作岗位后，我们充分抓住各种机会，虚心向镇、村干部请教，进一步充实开展农村工作的办法。我们还经常向村民请教，有人说过，群众是最好的老师，要做好农村工作，深入了解农民的想法是不可缺少的环节。驻村以后，我们有意识地向村民了解他们对村"两委"干部及村内各项事务的意见、建议等，并结合自身实际进行对照检查，查找差距，努力提高从事农村工作的水平。我们与村"两委"干部逐一交谈，对本村的基本情况有了初步的了解。有人说过，群众的眼睛是雪亮的。对本村的具体情况，村民最有发言权。驻村后，我们抓紧时间走门串户，在村民中展开广泛深入的访谈，对村情民情进行全方位的了解。

经过一段时间的摸查，我们对西杨庄村的村情民情有了较为深入的了解，也有了初步的工作思路。经过认真分析，在与村"两委"干部充分讨论的基础上，我们制订了第一书记两年工作规划、第一书记2017年工作计划、"党建＋扶贫＋N"项目和第一书记项目。驻村的神秘大门被打开，我们不再困扰，不再担忧，不再犹豫，更多的是想把事情干好的信心和决心。蓝图织就，接下来就要用酣畅淋漓的汗水，踏实为老百姓做事。

实干篇

驻村后，我们认真贯彻落实下派办各项文件精神和制订的工作计划，结合西杨庄村的实际，与村"两委"密切配合，开始了一段艰辛而又充实的驻村征程。

都说"新官"上任"三把火"，我们来到村里为老百姓办事的第一把火烧在哪里？经过再三考虑，决定从装修村办公场所开始。西杨庄村办公场所始建于1982年，年久失修，已显陈旧，已经不适应新常态下服务群众工作的需要。我们积极与镇组织对接，争取政策和资金，完成了对村办公场所的修建。我们为村办公楼两层楼均铺设了地板砖，墙体通刷一遍，购置了空调4台、办公座椅14套，并重点打造了便民服务室，方便群众办事，得到了西杨庄村老百姓的一致好评，事迹还被《济宁日报》加以报道。

通过装修村办公场所，打造便民服务室，我们在百姓心中树立了良好形象，为我们下一步开展工作奠定了良好的基础。"郭书记，你们能装修村委会，能不能也争取点资金，给我们西杨庄村的老百姓建一处文体广场呢？这是我们西杨庄村老百姓多年来的希望。"西杨庄村民韦大爷拉着我的手动情地说。"大爷，建广场是大事，我们需要合计合计，商议商议，但只要有一丝丝的可能，我们也要把文体广场建起来！"之后，工作组就文体广场建设事宜深入走访农户，了解到了广大群众对文体广场建设的强烈需求。我们多方筹措资金20万元，在西杨庄新建了2000平方米的文体广场。"人家新来的第一书记真是说话算话，说给咱们建文体广场，真就给建起来了，咱们这些老人也能有活动的地方了。"在文体广场竣工的那天，张大爷高兴地说。看着文体广场上健身的群众高兴的神情，我们的欣慰感成就感也油然而生。

可以说通过扎实的工作作风，我们一步步地赢得了群众的认可，我们修建文体广场的事，更是获得了全村老百姓的高度好评。随后，我们又开展一系列的"暖心工程""强教工程""村集体增收工程"等系列活动，使西杨庄村的村容村貌得到了极大改善，杨庄小学的教学质量显著提高，留守儿童、困难群众、老党员得到了关爱，村集体收入得到大幅度提升。看到西杨庄村老百姓一张张洋溢着幸福的笑脸，我们下一步的工作步子更加坚定了。

展望篇

驻村工作一旦开始，就无法停止。我们知道，我们的驻村时间还剩不到半年，留给我们的时间已不多，可我们要做的工作还有很多很多……

文体广场的健身器材还没有安装，村内道路还没有绿化，村南头四条东西街的排水设施还没有修建，西杨庄小学的粉刷工作还没完成，村民李大帅家的房子还没有为他修建好，新"两委"班子还需要增强理论学习，村集体经济还需要进一步壮大，等等，留给我们的工作任务还很重，需要我们为老百姓去做的事情还有很多很多。展望未来，通过一年多的驻村工作，我们已经变得更强，我们已经准备好，我们相信，在县委、县政府，郭仓镇党委、政府，县教体局、县新华书店，还有社会各界的大力支持和帮助下，西杨庄的明天将更加美好！

凝心聚力谋发展，心系群众解民忧

第一书记

赵相建 2017 ~ 2018 年度，国家电网山东省电力公司汶上县供
电公司驻郭仓镇路家茅滩村第一书记。

赵相建，县供电公司光明公司主任，2017 年 4 月受组织选派到郭仓镇
路家茅滩村担任第一书记。履职以来，他兢兢业业，牢记第一书记的责任
和使命，迅速走访调研掌握村情，积极向上争取政策和项目，从加强党的
基层组织建设、发展壮大村集体经济、加大村基础设施建设等方面，积极
投身到驻村帮扶工作中。

勤走访、深调研，理清发展思路

路家茅滩村共 2 个村民小组，143 户 506 人，其中党员 20 人。小村不

大，问题不少，村内集体经济收入微乎其微，没有集体资金，发展更是困难。面对千头万绪的复杂情况，这个没在农村工作过的城里干部一开始难以着手，但是对于解决问题，他却采取了接地气的"土办法"。

为了更好地摸清村情和老百姓的需求，他一天到晚待在村里，到老党员、退休的支部书记、支部委员、群众代表、致富能手、贫困户家中走访座谈，征询他们对村庄发展的建设意见、发展思路。经过近一个月的深入走访调研，终于将村情民意摸清吃透，在第一时间进行汇总，向派出单位主要领导汇报，进行针对性的帮扶。

村集体经济比较差，没有集体资金，每年村收入 0.56 万元左右，增加村集体收入感觉压力重大。为拓宽党员群众发展经济的思路，他带领村里 10 余名党员干部和群众代表到宋村学习"三资"清理先进经验，了解工作方法具体情况。整合资源打好底子，制订方案，规范村级账务管理，做好"三资"对外招租工作，完成村集体收入 3 万元的目标。2018 年为了更好地发展壮大村集体经济，利用好村内的经营性闲置场所，他跟随镇招商办、组织办到县开发区如意玉蝉毛巾厂、喜气洋洋婚庆用品加工厂对接项目，积极为村内的集体经济和村内劳动力开创发展空间。

抓班子、带队伍，筑牢党建基础

村内的发展离不开一个强有力班子的带动，加强村"两委"班子的战斗力和凝聚力，调动党员群众的积极性对村内发展尤为重要。赵相建利用灯塔－党建在线学习平台，让党员干部从思想上拧成一股绳，为人民群众服务做贡献，不断发挥先锋带头作用，在村内的发展道路上出谋划策。

除此之外，他还积极与派出单位对接，请供电公司的党委书记到村为党员讲党课，在讲党课之后充分开展谈心谈话活动，了解党员的思想动态。在他的努力下村党支部的活力不断激发，"三会一课"制度落实更加严格。路家茅滩村的路敦厚书记提起第一书记赵相建，总是竖起大拇指说："别看我当了几十年的书记，但是咱们这第一书记的办事能力我服气！"

村党支部组建了红袖章志愿服务队，党员根据自身的特点情况踊跃报名参加，充分调动了党员参加志愿服务的热情。赵相建书记虽然话不多，但无论是在炎炎夏日，还是在北风冷冽的寒冬，他的身影总是出现在村内小巷子里。赵相建用他的党性感染着每一位党员，用他的热情感动着每一位村民。

忙"输血"、促"造血"，抓好项目建设

为了更好地促进村集体经济的发展，更好地为人民群众提供服务，赵相建积极向上争取互助养老院建设项目，想办法、出主意，到束村、沙沟村学习互助养老院建设项目，和沙沟村党支部书记交流现在风俗人情和存在的问题。

按照互助养老院标准化要求，通过具体规划设计，质量监督，对院内破损严重的房屋进行修葺，并新建房屋8间。房屋建好了，针对用电安全赵相建又进行了一次又一次的排查。针对互助养老院改造的旧房，进行室内照明线路实地测量和计划编制，向公司申请互助养老院房屋室内线路改造材料，得到公司领导的大力支持。经领导批复后，获得材料费4000余元，安排施工人员30余人次，并且施工人员生活费由公司承担，完成了室内全部线路、灯、插座的安装。

为了能用有限的资金为互助养老院提供更多更好的改造项目，赵相建顶着大太阳一趟趟跑建材市场和家具市场，对互助养老院的铺砖、粉刷、吊顶、床品的购买与施工方和售货方进行多家比对，与村"两委"的工作人员一起既当采购员又当安装员。目前，一个崭新的互助养老院呈现在我们的面前。

铺电缆、增设备，改善电力基础设施

"赵书记，咱们浇地浇到一半又跳闸了！"从地里着急忙慌跑到村委会大院的一组村民跟赵相建述说着每次浇地遇到的困境，赵相建赶紧去帮忙解决问题。对于村内的电力设施，赵相建来村之后就进行了初步的调研，没想到到了农业生产的用水高峰期，跳闸断电现象这么严重。很快，他就

联合驻村工作组和公司的相关技术人员对路家茅滩村电力基础设施进行实地考察，发现该村农业灌溉低压电力设施比较差，水泥杆利用旧 10 千伏线路水泥杆和已经淘汰的 7 米圆型水泥杆，导线为 16 平方毫米钢芯铝绞线和单股 BLV－10 平方毫米铝塑线。不仅线路存在问题，用电安全也令人担忧，线径细、低电压、多处露出导线接头，横担用木棍、拉线用尼龙绳代替绝缘子，存有严重安全隐患。

为了改善路家茅滩村电力基础建设，提高用电安全，保障基本农田灌溉，赵相建协调公司网改办及设计院的同志们到路家茅滩村调研驻村电力基础情况，制订电力改造方案，新增 100 千伏安变压器 1 台，采用低压地埋电缆，更加安全地改造电力设施。项目计划在 2017 年 5 月 12 日得到公司批复。为了消除隐患，减少人身伤害，经过公司多部门积极协调资金、物资和施工单位，提前安排施工，工程于 2017 年 6 月 19 日开工，6 月 27 日就完成了埋设和安装，极大地方便了路家茅滩村村民的生产生活用电。2017 年末，为了给群众提供更加安全的生活用电，赵相建书记再次奔波于村与公司之间，积极协调公司项目，对所有群众家中的入户线进行了升级改造。

"他就是我们的电力书记"，提到第一书记，一组村民路敦彬不由得感叹，"他来了之后我们村再也没有出现过用电高峰期跳闸停电的现象，我们家里的空调、冰箱、洗衣机也终于能安心使用了。"

面对困难的局面、软弱涣散的村子，他积极投身其中，充分发挥自身优势，一次次争取单位及上级项目支持。对于群众的夸赞，他总是微微一笑，说，自己做得还差得远，两年时间很长又很短，争取在最短的时间发挥最大的作用，真真正正为百姓做点儿实实在在的事儿。

真情帮扶办实事，当好群众知心人

第一书记

李德文　2017～2018年度，任汶上县国土资源局驻郭仓镇东海村第一书记。

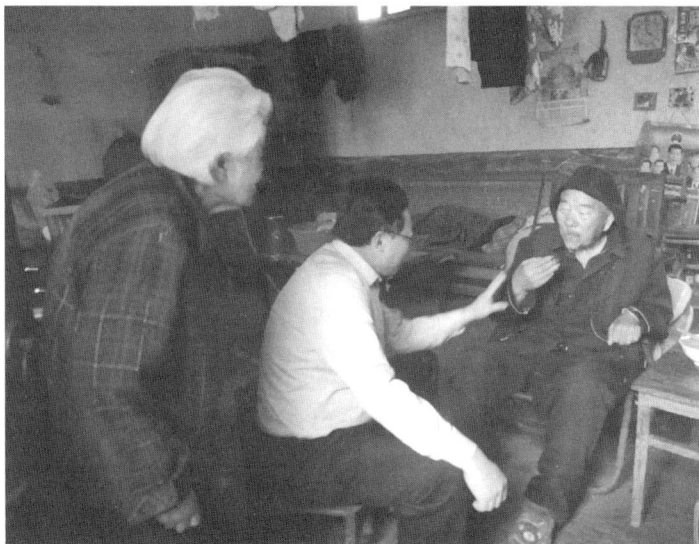

"这次来的第一书记还真是个办实事的。""是啊，李书记来了不到一年，咱村的下水道通了，路灯也亮了，村里的50亩荒地也能种上庄稼了。"午饭后的东海村百姓大舞台一侧的健身处，十余名村民七嘴八舌地议论着第一书记李德文的故事。

自从"大规模驻村入户"活动开启以来，县国土资源局驻村第一书记李德文和工作组成员扑下身子，真抓实干，真心为民，为村民办实事、解难题，获得了东海村村民的一致称赞。

访群众听民声，破难题解民忧

入户走访中村民反映最集中的问题就是村内没有下水道，雨季时不仅村民家中污水排不出去，路面积水还要往家里倒灌。村"两委"几届班子虽应允修复，但是直到最后也没有兑现。

第一次参加村党支部党员大会时，老党员们对驻村工作人员投来不信任的眼光，并窃窃私语："来镀金的，是一帮会说话不干事的，让他们修下水道吓跑他们。""对对对，让他们啃啃硬骨头！"

李德文和工作组成员听到这些，暗下决心，要取得村里人的信任，先干件实事，就从修下水道开始。

说干就干，李德文请来国土局的测绘设计人员，会同村"两委"及部分党员代表现场勘测、设计。规划设计有了，可是资金让驻村人员犯了难。

李德文连夜邀请国土局领导召开驻村人员会议，会上李德文软泡硬磨，恳求领导一定要帮助驻村工作组打响头一枪。局领导被李德文一心一意为群众办实事的精神所感动，最后敲定：材料费 7 万元，由国土局单位筹措支持，人工费 3 万元由驻村人员想办法。

有了第一笔的启动资金，修下水道的大难题就解决了一大半。第二天李德文找来干建筑工程的同学，带着挖掘机免费进村施工。李德文和驻村人员日夜守在施工现场，五天四夜，520 米的下水道修复完成。

李德文脸晒黑了，眼熬红了，可是村民笑了，投来的眼光充满了赞许与信任。

坑洼地搞复垦，增动能惠民生

"村民信任了，大事难事也肯定不是个事。"李德文看着村南 50 亩坑洼荒地自言自语道。村南 50 亩荒地被村民抢占，坑坑洼洼不能种庄稼，荒芜几十年，村里无力复垦整治，抢占的地村民也不愿让出。

于是李德文白天跑县局找复垦中心协调，夜里到占地户苦口婆心做工作，要求让出占用的集体荒地。开始占地的村民不理解，说什么难听的都有，驻村人员耐着性子，没黑没白地做了40多天工作，占地村民被驻村工作人员的诚心感动，纷纷让出土地。

县国土局以土地复垦的名义，按每亩7000元的标准向上级申请资金，共计争取到35万元复垦资金。资金有了保障，机器开始了轰鸣，伐树、推土整平、修复生产路、铺设地下浇灌涵管，12天的日夜施工，建成了50亩的高标准农田。然后以每亩1000元的价格承包给村里的种粮大户，村集体年纯收入5万元，村"两委"成员的脸上笑成了一朵朵花。

抓党建聚合力，强班子谋发展

抓好党建是增强班子战斗力的重要抓手，李德文通过组织开展各类党内活动，严格落实"三会一课"制度，带领支部党员学习习近平新时代中国特色社会主义思想，开展丰富的主题党日活动，不断增强村党支部的战斗堡垒作用，党员的向心力和凝聚力不断加强，为村内的转型发展起到了关键作用。

通过驻村工作组的不断努力，村"两委"班子顾大局，小事不计较，团结一致为村内事业谋发展。村民看到村干部团结干事，也没了怨气。上级安排的村级事务东海村全是第一个完成。农户厕所改造了，村"两委"大院修葺一新，健身器材安装了，废弃坑塘整治了，路灯也亮了……

"李书记驻村一年多，好事做了一箩筐！"郭仓镇党委书记刘宝成一句话总结了东海村第一书记一年多来的工作。

老槐树的见证

第一书记

李广星 2017～2018年度，任汶上县规划局驻郭仓镇李官集村
第一书记。

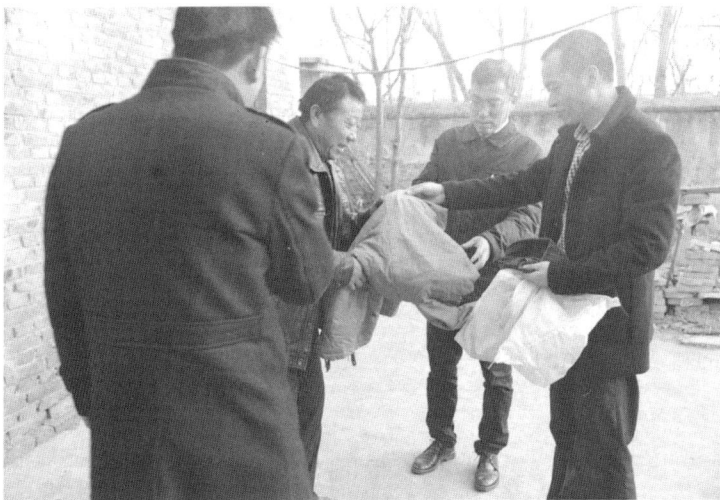

　　2017年4月，按照市县工作部署，我和工作组成员带着组织的重托，来到了郭仓镇李官集村驻村帮扶。李官集村位于郭仓镇最北端，与东平县交界，村里有一棵历经1000多年风雨的唐槐，如今依然枝繁叶茂，生机盎然，沉默不语经历着李官集的历史变迁，也见证着驻村工作组的点点滴滴。

　　摸村情，定计划。驻村之初，如何了解第一手资料，如何制订切合实际的帮扶计划，成为工作组面临的第一个问题。来了就要为群众干点儿

事，要干啥事儿还得听群众的。在走访过程中，我认识了张兆元老师。张老师是李官集村的老党员，退休教师，在村委会大院后面居住，并且还是三组的组长。没事的时候我就找他去聊天，从他口中了解到了李官集村的第一手资料，我把张老师关于村情民情的东西，都记到自己的笔记本上，回去再进行进一步整理，慢慢地对于村里情况及工作计划就有了初稿。然后，我与村"两委"和镇分管领导进行了座谈交流，听取了群众代表的意见，并向局分管领导和主要领导进行了汇报，制订了明确的工作目标，也得到了镇村及派出单位的支持。

抓实事，聚民心。老百姓最讲实惠，好话说了一箩筐，不如干成事一桩。"三月十八到二十一是李官集古会，今年工作组能不能让群众多听几天好戏？"工作组走访调研过程中，很多群众提出了李官集古会听戏的期盼。为了解决这一问题，我马上找村里黄书记商量，同时将群众的期盼向局分管领导和主要领导汇报，局领导非常支持，给文广新局领导打了招呼。我和黄书记，接着就去和文化馆对接。可是到了后，发现"送戏下乡"最近的日期都安排满了，要去李官集古会还得调整原来的计划。为了不耽误古会群众听戏，我和黄书记软磨硬泡，终于感动了分管的领导，县梆子剧团同意给李官集送戏3天。可是李官集古会是4天，3天的送戏下乡回去怎么给村里群众交代。我通过关系，多次奔走，联系到济宁市第二剧团，终于协调了剧团3天的演出。可是这需要一部分资金，我又回到单位，向领导汇报，争取到了3000元的资金用于李官集古会。2017年4月14日，李官集古会第一天，集市上人头攒动，村委会大院更是聚集了附近村居的500多群众，大家听上了传统大戏《五女兴唐》。此次18场大戏送到群众身边，满足了群众听戏的期盼，群众也把我当成了贴心人。

抓项目，美环境。"第一书记项目"是我县下派包村工作的一个品牌，为了用好第一书记项目，我和工作组成员多次征求村"两委"、部分党员群众的意见，最终确定将村主要街道两侧硬化美化。项目确定后，工作组发挥部门优势，邀请县建筑设计院技术人员到李官集现场踏勘，根据实际情况，为项目建设绘制了规划图，确保按图施工。我多次到局里汇报，到县财政局协调，最终争取到"一事一议"财政奖补资金5万元。可是，资金要项目完成以后才能到位，群众都期盼着项目早日实施，我又向局里争取了 3 万元，跑财政所、经管站，将资金拨付到村。启动资金到位了，2017 年 11 月 10 日，我们组织了项目招标。为了确保工程质量，节省每一分开支，我和村干部一起，天天靠在工地现场。经过 10 天的紧张工作，完成硬化路面 1000 多平方米，增补广场绿化苗木 30 多棵。"这路边硬化上，种上绿化树，咱村里又变美了。多亏了李书记给我们争取了资金，我们自己没花一分钱，这好事办得村民高兴！"村民李典明说。听到群众的赞扬，我心里也是美滋滋的。

献爱心，助脱贫。村里低保和残疾人的 26 个家庭各有各的实际情况，26 个家庭的脱贫任务如何完成，成了我和工作组成员的心病。杨现节一级残疾，他身残志坚，前几年利用自己的门面房销售水泥等建材用品，生活过得还算凑合，但由于近年投资彩瓦厂遇上了全国治理污染的大环境，投资失误，本来相对可以的家庭遇到了前所未有的压力。看到辛辛苦苦的努力得不到回报，还有几十万元的贷款，那心里的滋味儿外人也许是无法了解的。一个男子汉，提起这些事眼泪就止不住地往下流。资金上的帮扶是一部分，他更需要的是精神上的支持。工作组时不时和村里的领导一起到他家，和他聊家常，探讨解决问题的途径。一次在微信上看到县"爱心联盟"正在准备 5 月 21 日全国助残日的活动，我马上和负责人联系，将含有他及其他残疾人的名单发给"爱心联盟"，并积极争取为他帮扶 1000 元新家具。收到家具的当天，他把我喊到家里，表示感谢，同时表示一定摆好心态，把活干好，也不枉费工作组的一片苦心。看到他再次鼓起生活的勇气，把身心投入到新的事业中去，我也在心里默默为他祝福。

抓党建，强班子。发挥好第一书记抓党建的作用，是下派工作提出的硬性要求。我深知自己肩负的重任，坚持向实践学习、向群众学习，把握好自己的角色定位。我经常与村"两委"班子谈心交流，积极主动参加组织生活，帮助健全了村级党建工作制度，推进"两学一做"活动制度化常态化。2017 年是基层党组织换届年，我和工作组成员在换届前，再次走访入户，了解党员群众对村班子运行情况的看法，对换届工作的想法，摸清摸透了村情和班子运行情况，赶了几个昼夜，完成了村情分析调研报告撰写工作。换届当天，我们忙着整理会场，通知在家党员，计票唱票，按照组织程序，选出了群众满意、组织满意的支委会和村委会班子。换届后，我专门邀请局主要领导到村"讲党课"，对十九大及全国两会精神进行宣讲，党课后又组织了单位党员与在村党员联建活动，党员们互通交流，并一起清扫主要街道卫生。老党员对这些做法也是交口称赞。

金杯银杯不如老百姓的口碑，虽然我们做得还很不够，但我们所做的点点滴滴群众都记在心里。春天到了，村里的古槐又发出新芽，也将见证李官集村更加美好的明天。

真情融入陈续庄

第 一 书 记

赵洪顺 2017 ~ 2018 年度，汶上县机构编制委员会办公室驻郭仓镇陈续庄村第一书记。

　　2017 年，按照县委下派办安排，我有幸被派往郭仓镇陈续庄村担任第一书记，开展驻村帮扶工作，一年多来，我迅速转变角色，扎根农村基层，扑下身子，心系群众，真抓实干，扎扎实实为村里做实事、解难题、谋发展，以实实在在的行动赢得了群众的信赖和支持。

勤走访多交心，做群众的知心人和贴心人

脚下有多少泥土，才知道百姓心中有多少期盼；只有把心思放在了解群众的需求上，把气力花在踏实为群众办事上，用脚步丈量百姓生活的空间，才能深入群众、融入群众、摸透村情民意。我们驻村工作组刚到的时候，群众还比较热情，问是哪里来的，在村里干多长时间，积极表达自己的诉求。没几天，就出现了质疑的声音："人家是县里来的，咋能踏踏实实给咱们干事儿？不过是来镀镀金就走了。""第一书记看起来年纪也不大，组员也不过是两个上班没几年的小姑娘，能干出啥名堂来？""以前咱们村也不是没有人来过，还不是变化不大？指望他们哪，俺看着都玄乎。"……这样的声音听到了不少，明显的不信任。对此，我没有气馁，一有时间就去村民家中或者大街上和村民聊天，通过坚持不懈地走访，一段时间下来，慢慢拉近了与群众的距离。

不久发生的一件意想不到的事，使群众对我的看法大为改变。那是2017年5月，发生了两次大风和高温天气，造成全村小麦倒伏了80%，可能减产，群众非常着急。作为第一书记，我看在眼里、急在心里，积极和村支书协调镇农办和县保险公司，及时到现场拍照取证，核实受灾面积，力争把群众的损失降到最低。麦子收获时又恰逢多雨天气，时间就是群众的收入，决不能因为天气而影响了群众的收成，必须抢收。我第一时间联系好4台小麦收割机，和村"两委"成员靠在收割现场，来不及吃午饭，就在村里小卖部买了面包和矿泉水，在地里吃。天气又湿又热，几乎喘不过气来，任由汗水一次又一次湿透了汗衫，我都咬牙坚持了下来，仅用一天多的时间，就帮助群众把小麦全部收割完了。

通过这件事，群众对我刮目相看，纷纷投来了赞许的目光，逐渐向我敞开了心扉。在走访中，对群众反映的困难和问题，我认真梳理，分门别类建立了工作台账，对于能解决的问题，立即和村"两委"研究，协调相关部门进行解决；对于比较复杂的、一时难以解决的问题，我也向群众耐心解释，分阶段分层次逐步解决。

那天去续文鲜老人家里走访，见老人和家人、亲戚在院子说话聊天。

刚开始，老人有些拘谨，看到我们很客气，随着聊天的深入，慢慢打开了话匣子。老人已经70岁了，身体还算硬朗；妻子患有膀胱癌，常年吃药；儿子瘫痪十来年了，需要人照顾；儿媳早年离婚后远嫁他乡；孙女上小学六年级，一家人全指望他一人操持。家里虽然已经享受了低保，但生活依然十分困难。我了解情况后，与村"两委"人员多次商议，先让其打扫村里的卫生，可以增加一些收入；积极协调县残联争取了一辆轮椅，天气暖和时，可以把他儿子推出来转转；积极与教育部门、爱心联盟联系，每年定期给孩子救助，缓解了他家的生活压力。村里的续文廷老人，做过开胸手术，妻子患有食道癌，儿子打零工，我了解情况后，帮助其申请大病救助资金2000元，积极为他家办理低保，多次到他家谈心交流，鼓起他们追求美好生活的信心。

2017年以来，通过多次走访摸查情况，为村里办理低保户3户，多方救助困难学生5人。日久见人心，点滴见真情，慢慢地，群众对我信任了，都愿意找我聊天拉家常了，有什么事情愿意找我倾诉或者寻求帮助了，逐渐把我当作了"自家人"，有的叫我小赵，有的叫我大兄弟，我心里甚感欣慰和自豪。

重实干求实效，为群众办实事解难题

金杯银杯都不如老百姓的口碑，唯有脚踏实地、真抓实干、用心用情，解决实际问题，才能得到群众的欢迎和爱戴。我至今还记得第一次到陈续庄的情景：铁锈斑斑的大铁门，破旧的砖墙院落，里面坐落着五间失修的砖瓦房，屋内墙皮多有脱落，还有不少漏雨造成的水渍。这样的办公场所已经成了危房，根本无法正常办公。陈续庄村两个自然村之间没有道路直通，要么走宽一米左右的浇地土垄沟，也就20厘米左右可以下脚，尤其是雨天，踩得脚上都是泥，要么绕道105国道或北边的宋庄村，但距离要多出十几倍，孩子上学很不方便。村内缺少必要的文化设施和活动场所，全村开展文化活动都没有场地。村民对这几个问题的意见比较集中，也比较大。这几个棘手的问题如何解决呢？是一个个解决还是一块整合解决？通过和村"两委"多次商议，多方征求党员和群众的意见，多次带领村"两委"成员和党员、群众代表到周边村居考察，决定投资 30 万元，按照"交通方便、位置适中、便于联系、群众认可"的原则，在原村委会办公院落建设村综合服务中心，主要包括村经营场所、办公场所、文化广场、百姓大舞台和连接两个自然村之间的水泥路。

思想统一了，最关键的是资金从哪儿来？村里一点集体收入都没有，这个难题不解决，是没办法开工的。我和村"两委"班子反复商量，决定多方筹资、积极协调，通过我们单位帮扶资金、第一书记项目资金、村级经营场所建设补助资金、村里在外工作人员捐资等渠道，解决了绝大部分资金难题。项目于 2017 年 5 月开工，群众非常支持，自发成立了工程建设质量监管小组，轮流值班监督工程施工。我和村"两委"的同志们也靠在施工现场，保障工程质量，加快工程建设进度。

忘不了，那时正是炎热的夏季，热心的群众经常为我们送茶水和绿豆水，虽然全身都是汗，但我们心里充满干劲儿和力量；有时中午我们就在工地临时搭建的工棚里睡一会儿，经常被蚊子、蚂蚁咬得全身红肿，但我们没有任何怨言；工作组的时红霞热得中了暑，边喝绿豆水边涂抹清凉油，也一直坚持靠在工地上不肯离开。在大家的齐心协力下，工程于 9 月底基本施工完毕。同时，我又积极协调 3 万余元的体育器材和 2 万余元的图书、文化设施，使村综合服务中心功能更加完善，这样，全村历史上首个综合服务中心建成了，群众的精神文化娱乐活动有了场所。办成了这件大事，群众纷纷拍手称赞。现在，不只本村的群众愿意到这里来，还有不少周边村庄的群众骑着电动车带孩子来玩。相对于以前的村委会大院而言，现在的村综合服务中心更有人气、更接地气。

强班子树新风，做好村集体增收文章

"火车跑得快，全靠车头带""帮钱帮物，不如帮个好支部"，只有村"两委"班子强了，才能有号召力和凝聚力，村里的各项工作才能开展好、落实好。驻村后，我就感觉到除了偶尔的集体活动外，平时在村办公室里基本上见不到村干部的人；商量村里的重大事项，党员和群众也没有热情。对此，我多次和村支部成员深入谈心，了解情况，征求村庄发展的意

见建议。结合实际，制定完善了党员议事、村务党务财务公开、村干部轮流坐班等制度，进一步加强了集体学习，认真开展"三会一课""党员活动日"等党组织活动，严格党内生活。

一开始，有些党员态度消极，以各种理由推脱不来参加，我和村"两委"的同志就反复劝说、做工作。经过长期坚持，党员们的思想觉悟逐渐提高了，积极参加党支部组织的活动，在村庄建设、环境整治、改厕、文化广场建设、民事代办等方面积极参与，群众对村"两委"成员的看法也慢慢地改变了，村"两委"班子成员和党员的带头引领作用大幅提升。

但是，村里搞什么活动都需要钱，运转十分困难，怎么办？陈续庄村人口少、规模小，没什么集体资产，村集体收入几乎为零。面对这一难题，我和村"两委"的同志们反复思索，多次考察研究，初步探索出了一条增加村集体收入的路子。我先想到了全村700亩耕地，当时已经流转了360亩，由两家种植大户承包，只种植小麦和玉米，经济收益不高。我和村"两委"多次商量，应该成立合作社，种植一些高价值经济作物，一方面村"两委"为他们提供服务，收取服务费；另一方面也能增加群众的收入。我们定好方案后，就和这两户承包户商谈，一开始承包户心里有顾虑，认为经济作物虽然收益高但风险也大。我们反复做工作，又和他们俩先后到寿光市和兰陵县进行考察，采取签协议的方式，解决了市场销路的后顾之忧后，这两家种植大户决定种植牛蒡、洋葱、土豆。然后，我们迅速帮助他们成立了种植合作社，务工、浇地等由村里统一组织安排，村里收取一定的服务费。结果，2017年效益很好，仅收取服务费一项，就增加村集体收入2万余元；村里群众通过在地里打工2017年一共增加收入近10万元。群众尝到了甜头，看到了希望，纷纷要求村"两委"将剩余的340亩土地进行流转。我们乘势而为，顺应群众意愿，积极与有实力、有技术的承包户洽谈合作，2017年10月底，村里700亩地全部实现了流转，用于发展高价值经济作物种植。一年多的驻村实践证明：路子走对了，实事干好了，群众对我们的驻村工作更加信任和支持了，村"两委"和群众的干劲更足了，陈续庄村的美好未来正在我们共同努力奋斗中一步一步向我们走来。

用真心实干赢得信任和掌声

第一书记

吴　健　2017～2018 年度，汶上县委老干部局驻郭仓镇束村第
　　　　一书记。

　　2017 年 4 月，我有幸被组织选派到郭仓镇束村担任第一书记。作为一名农村子弟，我深知农民生活的艰难、脱贫致富心情的急切。因此，刚接到通知时，我满怀豪情壮志，一心想到村里大展身手。没想到，来到村里迎接我的却是一片质疑声："这么个小青年，能吃得了在村里的苦吗？""不会是来镀镀金，走走过场的吧？""不过是作秀而已，能给我们带来什么实际好处？"面对群众的种种议论，我深刻地体会到，"第一

书记"不是一个简单的称谓，而是一种厚重的责任，驻村联户工作不能只靠花拳绣腿，必须用真心、办实事、见实效，才能赢得群众的信任和支持。

强基础聚合力，让班子强起来

入村后，如何快速打开工作局面成为摆在我面前的第一道难题。在挨家挨户走访调研的过程中，我了解到束村现有党员40名，同很多帮扶村一样，存在党组织活动开展不经常、为民办事服务能力不强等问题。俗话说，送钱送物不如送个好支部，只有充分发挥村党支部的战斗堡垒作用，才能带动全村的稳定发展。和村"两委"干部反复探讨后，我决定把建设过硬党支部作为打开局面的突破口。

第一步是"建"。针对很多党员干部反映的活动场所面积小、标准低、办公条件差的问题，协调筹集资金5万元将原村委会办公区改造为集党建会议室、民事代办室、就业培训室、农家书屋、村级计生服务室为一体的"一站式"为民服务室，购置了崭新的办公桌椅、电脑、电子屏幕等软硬件设施，大大提高了党员干部参加党组织生活的积极性和主动性。

第二步是"管"。创新提出打造以"五全五不出村"为目标的村级服务型党组织，对支部40名党员进行分析研判，抓好党性学习教育，筹资5000元更新了党建、信访、村务公开等规章制度牌30余幅；帮助健全完善村级议事、民主决策程序，民主公开、财务管理等各项规章制度；开展以"四议两公开一监督"为主要内容的"阳光村务"活动，强化党员承诺践诺，支部班子理论水平和为民办事服务能力有了显著提高。

第三步是"用"。充分利用民事代办室，积极参与村干部坐班制，接待村民来访。一年多的时间，协助村干部为村民办理养老、医疗保险、农田补贴等事项92件，收集意见和建议28条，解决群众困难问题23件，调处矛盾纠纷5起。真心换来的是群众的信任，渐渐地，大家都知道有困难就到民事代办室找吴书记，和我的关系也越走越近了。"没想到这么快就办下来了，多亏了这个民事代办室，真是方便了我们这些岁数大了腿脚不方便的老年人。"73岁的张兆华老大爷举着刚办下来的老年证高兴地说。

借政策上项目，让集体富起来

"快来看啊，咱村的互助养老院建完了，集体增收有着落了。"2017年6月的一天，村委会大院前来了不少群众，七嘴八舌聊得很热闹，都想进去参观刚完工的互助养老院。为了集体增收，我和村"两委"干部多次开会研究，到老党员、致富能手家中征求意见建议。根据村里实际，到郭仓镇、县民政局了解扶持政策，最终把村级互助养老院项目引进束村。协调资金25万元，建成占地面积2800平方米，建筑面积410平方米，房屋17间的养老院，设有宿舍、厨房、餐厅、老年活动室等功能用房。项目完工后，又联系派出单位出资2万元资金为每个宿舍购置了木床、桌椅、衣柜等生活用品。"项目运营后每年增加集体收入3.5万元，下一步每年将运营收入的20%作为扶贫资金，资助无劳动能力的贫困户脱贫，同时聘用部分建档立卡贫困户到养老院进行卫生打扫、洗衣做饭等基本工作，增加贫困户收入。"村支书束建科满怀信心地说。

建场地办活动，让群众乐起来

农村富裕了，吃穿住用行不再发愁了，群众的需求转移到精神文化上来了，走访中我发现群众迫切希望村里有个文化娱乐活动场所。"吴书记，想办法建个文化广场吧，咱村的老人也有个活动锻炼、看孩子的好去处。"65岁刘新荣大娘说。我和村"两委"干部协调资金5万元，建设了600平方米的文化广场，修建了百姓大舞台，同时协调安装了价值2万元的健身器材、篮球架、乒乓球台等物品。"吴书记，咱们的百姓大舞台建得这么漂亮，我想组建个舞蹈队，将来还有可能到县里比赛呢。"妇女主任杜秀芬说。有个舞蹈队也能活跃文化气氛，说干就干，经过筛选，组建了一支20人的广场舞队伍。为了提高舞蹈水平，我邀请县老年大学舞蹈教师对舞蹈队开展培训，并为她们购买了演出服装、音响、道具等。同时，我还通过牵线搭桥，协调相关部门，当好文化活动开展的"引路人"，相继开展了6场"送戏下乡"、4场"送电影下乡"和2次"送图书进村"等活动，为群众送去一场场精彩的"文化盛宴"。茶余饭后，文化广场成了村里最热闹的地方，健身的健身、跳舞的跳舞，孩子间的嬉戏打闹，大人们的闲谈说笑，无不诠释着束村的生活一天比一天好。

驻村一阵子，感受一辈子，短短一年多的时间里我深有感触，要想做好驻村工作，只有真正走进基层，走进群众家里，带着感情来驻村。吃住在村是身体力行，关键还要在思想上转变，把自己融入村里，把感情投入村里，把群众成当自己家人，真心实意为群众办实事、解难题，只有这样，才能将驻村工作真正做到党员干部群众的心坎上。

为了山乡的期盼

工作队长

郭允贞 2017 ~ 2018 年度，任汶上县杨店镇党委副书记（挂职）、下派工作队长。

　　2017 年初，工作队来到美丽的山乡杨店，面对群众一双双期盼发展、期盼致富的眼睛，作为下派工作队长，郭允贞感到肩上沉甸甸的担子。一年多过去了，他已经成为群众中的一员，但是他比群众更多了一些期盼：期盼爱心的凝聚，期盼多点项目、多点资金扶持，期盼得到老百姓的理解、支持、信任，期盼看见老百姓灿烂的笑容。

跑起腿，动起嘴

下派工作开展以来，郭允贞队长没少忙活，得把上级的部署贯彻下去，得把乡镇的发展思路统一起来，还得把 7 位第一书记拧成一股绳。忙活是忙活，一年多下来，工作一直在有条不紊地推进。郭队长安排杨店 7 名第一书记，以抓党建为统领，深入开展包驻村"两学一做"学习教育活动常态化制度化建设，不断规范包驻村党的组织生活，各包驻村基层党的建设工作得到明显提升，党组织活力、党支部的凝聚力向心力明显提高。2017 年上半年，带领各第一书记及成员参加了全县第一书记抓党建促脱贫培训班，通过专题授课、主题研讨、参观学习等多种教学方式，让全体下派干部增强了党性意识，明确了抓党建促脱贫的工作任务，了解掌握了涉农惠农政策及开展农村工作的方式方法。下半年又组织各第一书记及包驻村党支部书记到兖州、邹城参观学习美丽乡村建设及发展壮大村集体经济的经验做法。通过不断充电学习，各第一书记更加熟悉了农村工作，掌握了解决农村群众具体诉求的方式方法，进一步提升了做好农村工作的本领，增强了在农村干事创业的信心和决心。

铺好路，早破题

郭队长在杨店镇下派工作例会上说："要想干出成绩、干出亮点，我们首先要形成帮扶思路，找准突破口。"工作队首先开展的是"一个阶段、一个主题、几项任务"的主题活动，其次开展"受教育、长才干、做贡献"主题走访活动。各第一书记及成员集中入户走访，倾听民意诉求，建立问题台账，及时解决答复，组织印发了《强农惠农政策摘要》明白纸近5000 份，在走访入户过程中，做好了强农惠农政策的宣讲。

郭队长要求各第一书记坚持把抓党建促脱贫作为驻村帮扶的首要任务和根本任务，积极参与"破零扶强"工程，把帮助发展壮大村级集体经济与帮助贫困户脱贫作为破题重点。在做好村情分析研判的基础上，找准发展路子，由输血变造血，稳步推进村集体增收，最终实现全镇第一书记包驻村集体收入均突破 3 万元，彻底摘掉空壳村帽子。各第一书记 2017 年 10 月底全面完成了各自的第一书记项目，并顺利通过上级验收。县物价局驻刘古墩村第一书记朱绍林，积极对上争取、广泛协调部门，投资近 70 万元，为包驻村高标准打造了家和文化广场。这一项目彻底解决了老百姓精神文化生活无场所、无阵地的问题，村级班子在群众中的满意度得到了明显提升，作为第一书记的他也得到了村里群众的一致认可。一个个第一书记项目从集体酝酿、施工建设、完工使用等，折射出杨店镇各第一书记为民服务的能力，让老百姓深切感受到工作组入驻后带来的显著变化，进一步密切了基层党群干群关系，同时，各第一书记及成员也真正做到了在下基层接地气中受教育，在办实事解民忧中长才干，在抓党建促脱贫中做贡献，在农村广阔的天地干出了无悔于时代的业绩。

定好位，增内涵

一年多来，杨店镇各包驻村坚持"抓班子，带队伍，促发展，惠民生"，解决了群众一大批困难和问题，办成了很多过去想也不敢想的大事。各帮扶单位主要领导经常到村调研指导第一书记工作，通过现场办公、召开会议专题研究、亲自协调联络等方式研究明确帮扶目标，确定帮扶任务，有力地推进了第一书记驻村工作的开展。县教育体育局驻袁庄第一书记殷国充分利用自身部门优势，整合教育资源，创新性打造"培正学堂"，实现了让群众正行、让干部正德、让青少年正心，让社会主义核心价值观根植在每一位袁庄人心中，受到了社会各界的一致好评。同时，为解决留守妇女就业问题，他们在培正学堂开办了家政育婴师培训班，让留守妇女掌握一技之长，实现了"拿证不出村大院，就业就在家门口"的愿望。同时，殷书记还协调县佛都志愿者协会，为贫困青少年家庭捐赠衣物、学习用具、米油生活用品等。县房管局崔局长多次到第一书记高青青包驻的钱村调研指导工作，高青青同志真蹲实驻，发挥部门优势，打造"便民综合服务站"一处，集党建、群团、就业、帮扶助困、爱心捐赠等为一体，切实解决了群众的所思所盼，把对群众的关心关爱体现在一件件实事的完成上，赢得了群众的点赞。县卫计局驻莲花山村工作组、县中医院驻鲁王村工作组发挥部门优势，为包驻村群众开展免费健康体检大型义诊活动；县疾控中心驻王海村工作组为村老年人日间照料中心捐资 5 万元；等等。

树典型，重宣传

郭队长高度重视驻村帮扶工作典型的培树，不断强化典型的辐射带动作用，努力宣传典型经验和做法，树立正确导向，激发驻村干部的工作热情，在杨店镇驻村工作中形成了争先进位的竞争氛围，确保驻村帮扶工作实现以点带面，全面开花。在全县第一书记抓党建促脱贫攻坚现场观摩暨"金牌工作组"评比活动中，县教育体育局驻袁庄村工作组、县房管局驻钱村工作组被评为金牌工作组。县房管局驻钱村工作组打造的"便民综合服务站"、县教育体育局驻袁庄村工作组创建的"培正学堂"及学堂开设家政育婴师培训班等先进工作经验和做法，先后在《农村大众》《济宁日报》等党报党刊全方位、多角度宣传报道。截至目前，《济宁日报》刊发新闻稿件 5 篇，《大众日报》刊发 4 篇，《农村大众》刊发 4 篇，为驻村工作营造了比学赶超、创先争优的良好氛围。

美丽山乡、和美杨店的发展，离不开政策的支持，离不开社会的帮扶，离不开群众的自力更生，离不开驻村干部辛勤劳作。杨店镇下派工作队的驻村干部在郭允贞队长的带领下，兢兢业业服务杨店的发展，取得了令人欣慰的成绩，工作队将继续开拓进取，锐意创新，让下派工作再上新台阶、再创新佳绩。

有"钱"的幸福感

第一书记

高青青　2017～2018 年度，任汶上县房地产管理局驻杨店镇钱
村第一书记。

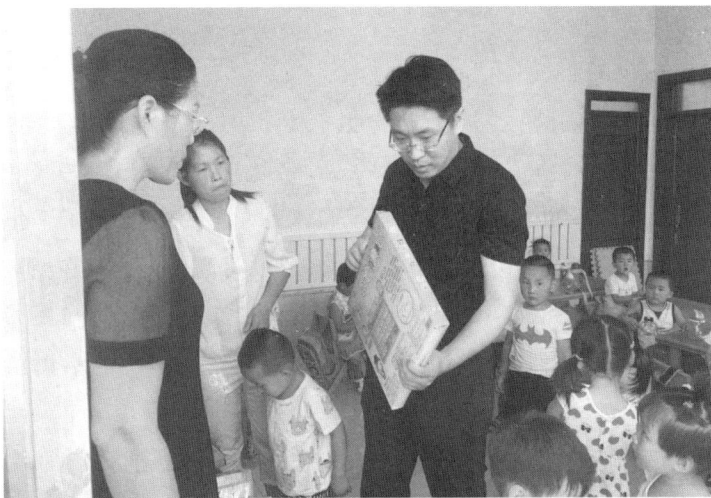

财富好比肥料，如不散入田中，本身并无用处。

我的"财富"并不是字面的意思，而是有着帮助群众的热情，更多的
是在驻村工作中来自领导和各界的鼓励与支持。

题目中的"钱"也不是字面的意思，而是美丽山乡杨店镇一个村庄的
名字：钱村。我拥有的"财富"，是钱村这个为民做事的平台和父老乡亲
的认可。

我的驻村之路既有"财富"又有"钱"，并能散入田中，于是便有了

幸福感。

组织给我幸福感

是谁让第一书记能够扎根沃土绽放生命的色彩？是组织给创造了良好的环境，把我们列为后备干部、培养对象，让我们后无后顾之忧，前有美好前程。县下派办，对我悉心培训，明确目标，传授经验，为我们争取项目资金。县房管局，为我购置锅碗瓢盆、油盐酱醋、床铺被褥，局领导为我指点迷津，协调资金物资。镇党委，带我认识农村，摸清村情，开展工作。工作队，每周例会，实时调度，传达任务，统筹协调。村"两委"，团结协作，心往一处想，劲往一处使，给我力量。一个连贯的体系，送来连串的温暖，鸦有反哺之义，羊知跪乳之恩，组织给我的幸福感已化为倾情帮扶的内生动力。

群众给我幸福感

"俺这辈子做梦也没想到还能吃上自来水！多亏村里来了工作组，帮我圆了梦。"钱村的困难老党员苏庆冉说。"没有高书记，我在城里就买不上房子住，现在价格涨了1000多元，我赚了十多万元了！"村民苏广灯乐呵呵地说道。听了他们暖心的话语，看着他们脸上洋溢的幸福感，我知道，驻村这一趟，我没白来。

钱村地理位置偏远，经济条件、基础设施薄弱，是多年的软弱涣散村，几十年的空壳村。"钱村没钱，没优势，怎么办？"刚到村，我满脑子都是这句话。经过和崔文泰局长反复论证，利用一个多月的时间，潜心打造了一项贴近村情的帮扶平台——"钱村便民综合服务站"，为一站式、便捷型、覆盖广、衔接强的综合办事服务平台。前期投资3.5万元，服务事项涵盖政策、项目、资金、物资等内容，作用就是以平台的形式把我们的帮扶手段承载进来，收集、挖掘、调动资源，承载、整理、分配资源，努力打造成为钱村扶危济困的中转枢纽、集体发展的动力之源。具体事项包括党团建设、政策咨询、项目建设、O2O诉求、就业服务、购房服务、志愿者服务、应急维修服务、救助物资发放等。一年多来，我们在这些方面都为村集体和村民做了实事，《大众日报》、济宁市电视台等6家省市级媒体对我们的工作开展情况进行了宣传报道。

自己创造幸福感

真正的幸福不是你拥有什么，而是你做了什么。万涓成水，终究汇流成河。我们工作组在多方帮助和支持下，顺利实现了村集体经济"脱壳"，完成了第一书记项目建设。

通过实施环山渠以上78亩土地流转，实现集体收入3.2万元。我们还打破传统的土地流转模式，将环山渠以上120亩集体土地采取由房管局协调出资的形式，承包部分集体土地，无偿提供给种植大户种植经济作物，经济收入按40%～50%的比例反补村集体经济。这种模式使一亩土地实现两次集体收入，一是直接注入的土地承包款，二是经济作物收入的循环收益。优势是带动了周边土地价格，并让我们及时掌握和确保土地用途。

钱村第一书记项目为"饮用水引水下山工程"，我们协调筹资9.5万元，于2017年7月15日建设完成。工程包括145米岩芯井一眼，变频器一台，板房一间，深水井管150米，铺设引水管道1000余米。引水下山工程，改变了原来钱村饮用水质差，碱性强，钙化严重的状况，使全村345户1300余名村民受益，吃上了从深层岩石缝里打出来的纯净、卫生的山泉水。

莲花山村趣事

马中林　2017 ~ 2018 年度，任汶上县卫生和计划生育局驻杨店镇莲花山村第一书记。

　　莲花山村位于杨店镇东南方向，距离镇驻地 4.5 公里，由郑村、胡村和宫村三个自然村合并成一个行政村。全村共有 10 个村民小组，370 户，总人口 1485 人，其中党员 69 人，耕地面积 2000 多亩，山地 450 亩。村民以种植粮食作物为主，村集体无收入，属"空壳村"，村民人均收入较低。

　　2017 年春天，正是阳光明媚的 4 月，我来到杨店镇莲花山村任第一书记，到目前为止已经一年多，感触很深，感慨很多。从当初的忐忑不安与无从下手，到现在的一腔热血与踌躇满志，这其间离不开各级领导的鼓励与支持，更离不开村里广大党员和村民们的鼎力帮助。在工作中，我付出了大量的心血，也收获满满，现在该村村民都在传着："莲花山村里来了一个好书记！"虽然我才刚刚为老百姓干了一点事情，但是他们却给了我很高的赞誉，我深受感动，同时也倍感压力。回顾一年多来的时光，在工作中有很多很多的人和事，让我久久不能忘怀。

2017年秋天的一个早晨，天阴沉沉的，我们工作组正在村里商议秸秆禁烧事宜，村里一位70多岁的老太太，匆匆忙忙跑进村办公室，十分焦急地说："俺家老头子，大清早在莲花山上放羊，十二只羊都找不着了，麻烦您给俺帮忙找找吧，这是俺老两口的命根子呀！"

"老人家别着急，慢慢说，那么多羊，怎么会一下子找不着了呢？"我忙拉了把椅子，让老人家坐下。

"老头子很晕，看着羊在九顶莲花山上吃草很老实，便去看打井（我们协调了上级水利部门给村里打三眼机井）的了，说是就看了一会儿，再回到山上就一只羊也找不着了！"老太太声音发颤，眼里泪汪汪的。

"有没有去山沟里或者山周围找找，也回家看看没？"

"都找了，没找到。要是找不到，我跟那死老头子没完！俺全指望这些羊呢！"老太太越说越激动。

"报警了吗？"我赶紧问。

"没有呀！我不会报。"老太太无奈地说。

"好的，我帮你报警。"我赶紧用手机联系杨店镇派出所。

报完案我马上又通过村里的监控进行查找，也没有发现什么线索。不多久，接警后的5位民警火速赶到村委会办公室，我们向民警汇报了具体情况，并和民警同志商定，发动部分党员群众，兵分三路，一路在本村及村周围找，一路在山区范围找，一路到周边邻村找。

找了一上午还是没下落。到吃饭的点了，可是大家没有一个说要吃饭的，手和脚大都被树枝划破了，火辣辣地疼，还直流血，也没有人吭一声。人心齐泰山移，苍天不负有心人，下午四点多钟，终于有了好消息：在邻近的白石镇武村，一处无人居住的闲院里，找到了迷路的十二只羊，一只也没少！

两位老人激动地说不出话来，老太太握住我的手，一个劲儿地晃，只是不停地"嗯嗯"，眼里的泪水直打转。

"老人家，找到了就好，您老回去休息一下吧！"我说道。

"不，你们为我家忙了一整天，到现在还没有吃饭，我儿子买菜去了，大家跟我回家吃饭去！"老人家不松手。

"谢谢您老人家，我们还有些工作要做，就不去了，改天再去看望您，我们这有饭，马上做好了！"我说道。

"嗯嗯，那好，我走了，真是太谢谢你们了！"老人家一边走着，一边几次回头挥手致意。

望着老人的背影，又累又饿的我们忽然觉得浑身特别有劲儿，那天傍晚的饭菜，也是格外香甜！

类似的故事还有许许多多。经过一年多的驻村工作，莲花山村也已成功"脱壳"。协调资金在该村已兴建 122 平方米的标准化卫生室，同时建成了 1200 平方米的文化娱乐广场；协调水利部门为该村打了三眼机井，方便了群众浇灌农田；利用本单位优势，协调卫生部门来村免费体检、义诊 900 多人次；开办多次健康讲座、农业知识讲座，得到了老百姓的一致好评。

在今后的工作中，我一定继续深入贯彻落实党的十九大精神，解放思想，发挥党员的先锋模范作用，与时俱进，求真务实，开拓进取，深入群众当中，从广大村民群众最关心、最直接、最现实的利益问题入手，急群众之所急，办群众之所需，使驻村帮扶工作再上新台阶，务必做一个全心全意为人民服务的合格的第一书记。

袁庄驻村二三事

第一书记

殷　国　2017～2018 年度，任汶上县教育体育局驻杨店镇袁庄村第一书记。

2017 年 4 月，经组织选派，我担任杨店镇袁庄村第一书记。说起袁庄还颇有缘分，我母亲 1976 年于中等师范学校毕业后，就被选派到袁庄去驻队。当时驻队条件很差，生产队全是土坯房子，连条像样的路也没有。工作队中有十几名队员，就母亲和周阿姨两个女同志，生产队的社员群众特别照顾她俩，给她们腾出了全村最好的一间屋子，有门有窗。当时工作队主要是帮助社员群众抓生产，袁庄周围全是连片的庄稼地，母亲她们和社员群众同吃同住同劳动。于是，我想到了李健的一首歌《风吹麦浪》，远处蔚蓝的天空下，涌动着金色的麦浪，一群驻队干部和社员群众正在田间辛勤劳作，微风夹着收获的味道，轻抚他们的脸庞……就这样，带着母亲的青春记忆，我开始了自己的驻村生活。

进村以后，我决定先从入户走访开始，实际了解村庄情况，也为下一步工作提前打基础。我和工作组成员李新先后走访了村里老党员、普通群众、致富带头人和贫困户。同时，也和村"两委"成员进行了座谈，积极听取了他们的意见。袁庄有 1485 口人，全村耕地面积 3300 亩，主要种植小麦、玉米等粮食作物。村民以外出打工为主，在家的都是年老体弱的，普遍增收困难；村集体没多少收入，村里打算修通村西至环乡路，由于各种原因，一直也没有启动……

了解这些情况后，我刚入村时的兴奋心情忽然变得沉甸甸的，一时觉得不知道从什么地方入手，驻村工作怎么干。村里这些困难如何解决，成为我头脑中不断寻思的问题。

袁庄晚上非常热闹，村里群众吃过晚饭，就到村委会大院附近的空地上跳广场舞。我晚饭后在村里溜达，正好遇到村支部书记郝迎科。郝书记给我介绍说这是村里的舞蹈队，每年镇里都组织广场舞大赛，村民积极性很高，问我能不能协调一些投影及音响设备，帮助她们排练，天热的时候还能在村里给老少爷们儿放个电影。我一听，眼前一亮，一个想法在头脑中闪现出来，激动得我一夜都没睡好！投影设备不仅可安装到村里跳广场舞、看电影，更重要的它是教学设备，我们可以把党员干部的教育、农民群众的技能培训、农村留守儿童的课业辅导放到村里，融入我们的驻村工作，而且可以和我们教育部门的职能优势很好地结合起来。在村委会大院建一间学堂的想法，在我心里大体有了模样。

有了思路，干劲就更足了。协调投影仪的问题，我首先想到的是县一中徐恩恕校长。我一大早就来到县一中，说明来意后，徐校长非常支持我们工作，专门安排技术人员把投影仪、音响等设备送到村里，并帮我们安装调试。同时，我也把驻村工作的思路和想法向局党委进行了专题汇报，局领导也非常支持，帮助我们协调了图书，配备了电脑，安装了空调。学堂的教学功能逐步完善起来。

一开始，学堂没有名字，网上搜了搜，比较普遍的名字有"乡村学堂""儒家学堂""孔子学堂"等。我就琢磨着：我们干什么事都需要精气神儿，都需要一股浩然正气，一个人是这样，一个村庄的发展也是这样，我们做教育工作就是"培正扶本"，就是通过我们的教育活动为我们的党员干部正德，为村民群众正行，为少年儿童正心。所以，我们取名为"培正学堂"。名字确定后，县一中徐恩恕校长还专门为学堂题写了牌匾。

培正学堂建立后，我们坚持党建引领，先后开展了"第一书记讲党课""党员干部宣誓""十九大精神宣讲"等系列活动，强化了基层党员干部的管理和培训，村"两委"班子的凝聚力、战斗力不断增强。在此基础上我们又开展了"我为集体经济发展献一策"的主题活动，村"两委"一班人，干事创业的热情进一步激发，发展思路更加清晰，通过土地流转、农业项目引进，农机、水电配套服务等方式发展壮大集体经济。2017

年底，袁庄集体收入在全镇率先突破20万元。

学堂活动虽然开展得有声有色，但我们也发现一些问题，就是参加活动的多是党员干部，普通群众参加得不多。党员干部组织性、纪律性比较强，开展活动，村里一下通知，大家都来参加。普通群众没有这么高的觉悟，参与得就少。而且我们在平常走访中，也发现村民白天都出去打工，家里经常没人。如何走进群众，融入群众，成为我们驻村工作亟待解决的问题。针对这个问题，我想到的就是我们教育上经常开展的"小手拉大手"活动，我们从普通群众最关心最关注的孩子教育问题、健康成长问题入手，拉近群众距离，密切群众联系。我们先后组织村驻地大屯小学教师把安全教育活动课、学生家长会开进"培正学堂"，联系青岛科技大学到村开展暑期支教活动，联系县佛都志愿者将"爱心礼物"送进"培正学堂"。依托教体系统救助帮扶优势，通过体育彩票助学基金和社会团体捐赠等方式，先后为村内5名贫困学生捐助1万余元。这样不仅让我们袁庄村的孩子受到"正心"的教育，而且通过孩子这个桥梁纽带，和一般村民建立了密切联系。每次家长会，村民一大早就在村里等候，都希望我们驻村干部、老师到自己家里进行家访，这样我们的驻村工作很快就打开了局面。

和群众接触多了，熟悉了，群众自然而然就相信我们，信任我们，就

愿意和我们说些心里话。走访中，群众提到缺少技术、增收困难的问题，我们工作组积极与县高级职业技术学校对接，把"家政育婴师"培训班免费开进了"培正学堂"，全村23名学员通过考核，拿到了国家承认的中级家政育婴师资格证书。为了方便群众就业，我们又邀请县瑞祥家政、爱妻月嫂、金富祥家政等企业到村开展"春风送岗"家政育婴师专场招聘会，为群众脱贫增收开辟新途径。针对部分村民年龄大、文化层次低、增收难的现实问题，工作组又筛选了技术门槛低，增收效果好，村民便于掌握的手工饰品加工和手工藤椅编制技术的培训放到村里，也受到了村民的认可和欢迎。

村民增收的问题有了着落，村西至环乡路的建设又提上日程。这条路位于袁庄村西1000米与王楼村交界处，由于占地归属原因，长年搁置未修，晴天尘土飞扬，雨雪天气泥泞不堪，极大地影响了群众出行。我们在入户走访中发现群众意愿比较强烈，同时与村"两委"多次商议，决定把修通村西至环乡路列为"第一书记项目"，并且把项目建设作为服务群众"最后一公里"的问题加以解决。

思路确定以后，我们和村"两委"迅速进入工作状态，与王楼村委会积极沟通协调，多次到涉及土地的几户村民家中走访，做他们的工作，最终通过土地置换的方式，解决了道路归属问题。随后进行了青苗补偿、树木补偿，为道路施工扫清障碍。同时，我们组织召开了村"两委"会议、党员代表会议和村民代表会议，征求群众意见，研究道路建设资金及公开招投标等问题，真正做到民主决议、公开透明，让群众认可，让群众放心。

2017年6月，项目顺利开工建设，我们工作组和村"两委"成员冒着炎热，坚守在施工一线，严把工程质量，历经20多天，最终完成道路建设，极大地改善了村民的出行环境，解决了袁庄村多年想干却干不成的事，提升了群众的满意度，也赢得了群众对我们驻村干部的信任。

一年多来，我们为村民扎扎实实做了一些事情，但是也有很多不足之处，与驻村工作的要求、群众的期待还有很大差距。下一步，我们将再接再厉，不断改进，努力提升我们的工作水平。同时我自己在驻村工作中也有了更加深刻的感悟：40年间，从我母亲那时候的"干部沉下身去，粮食产量上来",到我们现在的"乡村振兴战略"、让"农业更强、农民更富、农村更美",我们的农村发生了翻天覆地的变化,但是党对农村工作的领导没有改变,党和国家对农民群众的牵挂没有改变。同样的,一届届下派干部接受组织考验,扎根基层,干事创业的决心和信心也没有改变。时代赋予我们新的使命,乡村振兴战略为第一书记搭建了新的平台,作为第一书记,我们将牢牢握紧驻村工作的接力棒,在乡村振兴的伟大征程中,不忘初心,牢记使命,用自己的实际行动,让汶上"第一书记"这块品牌,擦得更亮,叫得更响!

一件小事

第一书记

刘文民 2017～2018 年度，任汶上县人民医院驻杨店镇张海村第一书记。

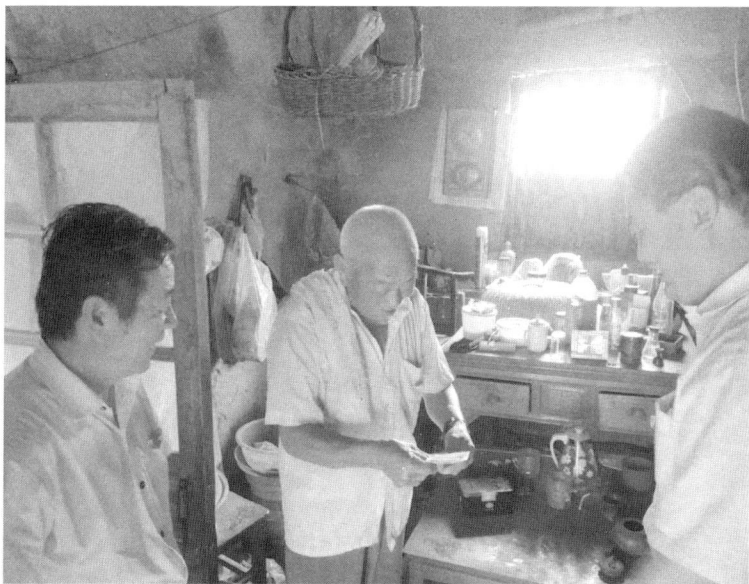

2017 年 6 月 5 日，上午 9 时许，工作组去"张海村秸秆禁烧值班点"的路上，迎头遇到了张大爷，在和张大爷打招呼的同时，被他叫住："刘书记，咱村饮用水项目何时动工？"

张海村位于杨店镇泗汶管区最西北端。自 4 月 8 日开展入户走访以来，工作组先后走访了党员、干部、群众及贫困户 90 余户，村民群众 500 余人。根据入户走访和调查研究，了解到村内总人口 1274 人，312 户，全村共 6 个村民小组，村庄占地面积 15.71 万平方米，汶河从村北通往下游东平县境内，村里没有集体经济收入。由于该村居住区特殊的地质结构（沙土地）受汶河和地表水排渗影响，张海村地下水源污染严重，直接影响村民的饮用水安全和身体健康。走访村北头 75 岁杨大娘时，正值老人刚烧开水，见工作组人员走访，她赶快催促儿媳妇给工作组人员倒水。谦让着我接过水杯子放到桌子上，就和大娘攀谈了起来。差不多二十分钟左右，我有点渴就端过杯子吹着热气小口喝水，第一口感觉有点咸，第二口感觉嗓子有点不得劲，玻璃杯子的底部好像落满了一层白粉，第三口没再喝，就拿起了刚才烧水的壶，发现壶的内壁有一层一元硬币厚度的碱渣附满内壁，壶嘴被碱锈得还有三分之一的孔隙。此时，老人已明白我的意思，指着我手上的烧水壶说：这壶，刚刷了有一个多星期，就锈成了这样，咱庄上的水有点咸，水硬不甜软，这几年都是让儿子去八里路外的军屯镇北头的深水井拉水吃，今天不巧儿子下地了，回来后再去。大娘接着说道：2015 年，县里取了水样，说有几样指标稍高，村里也制订了治理规划，就是缺钱。一个多小时后，我们从杨大娘家出来，心里总是沉甸甸的。走访中还得知，2017 年有三位老人过世，其中两位老人被诊断患有癌症，水质与多发性疾病是否有必然的联系？走访中村民盼望改善饮用水的意愿较为强烈。在梳理村民意愿的基础上，工作组的帮扶思路逐渐清晰。为顺应群众要求，解决村民饮用水安全，驻村工作组计划协助张海村实施饮用水建设项目。经市场调研和初步测算，该村需设置社区直饮净水站两处，购置净水机两台，每处净水机（站）包括配套设施预计需建设资金近 3 万元，共计所需资金约 6 万元，有 5 万元可申请上级党组织在第一书记扶贫项目上帮助解决，但仍有近 1 万元需村内自筹。

5 月 15 日，工作组将饮用水项目与村委会成员商议，是否将此项目提交到村民代表"一事一议"的会议上。此话一出正好与村支书张淑金同志不谋而合。会上张淑金同志把驻村工作组协助建设饮用水项目的事情进行了公开并征求村民代表的意见及建议。此时，代表们踊跃发言，献计献策，有人提议：不就是 1 万元吗，不行我们大家捐资，大家的事大家办！一呼百应。算我一个！也算我一个！也记上我！……十几分钟参加会议的代表几乎都报了名。村支书张书记宣布：这是一个惠民项目，项目建成使用后，按上级要求村民饮用水不收村民一分钱！话音刚落，掌声一片。会后，书记张淑金同志带着三名村民代表北到东平、泰安，东到宁阳，南到汶上县城考察设备，了解价格。6月，在村内选取覆盖半径最佳的净水站安装放置点并破土动工，工期10天左右，由厂家一次调试成功，并与厂家签订试用三个月的合同。10月初净水机站通过了县级主管部门的验收。不少村民喝上安全洁净的饮用水后，都为驻村工作组点赞。有的村民说：咱村的净水机比城里社区的净水站都大，水质还好，喝水还不花钱，比城里人喝水都优惠。

工作组2018年春节走访时又来到了杨大娘家，大娘高兴地拉着我的手说："咱庄上您操心安装的饮用水，真甜、真好，还不生壶渣子（碱），别看我年老没牙了吃饭觉不着香，喝水可品出甜来了。这不娘家侄听说咱在这里安上了净水机，从松山（松山村东北距张海村约5里路）骑三轮车带着三个桶让我拿着卡给他灌满，说今天家里有客人。他来时还给我带来了一箱奶，一兜子鸡蛋，说顺便来看看我！"大娘边说边笑。离开大娘家，迎头遇到了张大爷，攀谈中张大爷说："咱就说村里饮用水这事，工作组与咱村民想一块去啦，大项目、小项目，老百姓喜欢的才是好项目。"

其实这只是一件小事，但在群众的心目中却是一件大事。是啊！老百姓的事无小事，村民的需求就是工作组努力的方向。

双脚踏出幸福路

第一书记

刘建华 2017～2018 年度，任汶上县中医院驻杨店镇鲁王村第
　　　　一书记。

　　刘建华，济宁市汶上县中医院党委副书记、纪委书记、执行理事，
2017 年 4 月至今，任济宁市汶上县杨店镇鲁王村第一书记。

　　一年多来他始终坚守为民脱贫致富的宗旨，把床铺铺到了村委会办公
室，以村为家，一心一意为群众办实事、解难题，带领群众致富奔小康。
翻开刘建华的民情日志，里面记录着他驻村工作的点点滴滴，字里行间流
露出他心系群众的为民情怀。

深入调研理思路

杨店镇鲁王村位于汶上县杨店镇南端，全村共 160 户 799 人，其中党员 30 人，困难户 18 户共 30 人。为了尽快掌握村情民意，刘建华一进村，就挨家挨户逐一走访调研，不到一个月的时间，刘建华走遍了鲁王村的每一个角落、每一户人家，田间地头、房前屋后都留下了他的脚印，他边走边记，边听边记，边看边记，随身携带的笔记本上记满了密密麻麻的数据。村里哪家穷，穷到什么程度，需要什么样的帮助，刘建华都了然于胸，有些甚至比村民们还清楚。

"路是走出来的，事业是干出来的，美好的蓝图变成现实需要扎扎实实的行动。"刘建华把习总书记的这句话牢记于心。没有调查研究，就没有在鲁王村的发言权。在前期走访调研获得第一手资料的基础上，经过数十次的座谈、走访、调查，刘建华发现鲁王村村内路灯年久失修，自来水多年废弃不通，绿化带破坏损毁严重，公共积累、集体收入为零，返乡农民工较多的实际情况。于是，他多次召开村"两委"会、党员会、群众代表会，反复酝酿，统一思想，确定了以改善村民生活环境、修复基础设施为重点，以发展壮大集体经济、解决返乡农民工就业为突破口的帮扶工作思路。

精准帮扶办实事

要改变鲁王村贫穷落后的面貌，首先应从改善基础条件入手。2017 年7 月通过第一书记项目投资 5 万余元安装路灯 78 盏。项目确定后，刘建华和村"两委"一起外出考察，组织招标，安排施工，严把质量关。经过近一个月的努力，大街小巷的路灯都亮起来了。

为了修复多年损毁的绿化带，2018 年一开春，刘建华带领工作队员和村"两委"成员亲自动手清理障碍物，铲除树木、杂草等。协调县中医院出资 2 万元购买了绿化苗木，协调镇洒水车运水 20 余车，对绿化带进行了补栽、移栽并及时进行了修剪。

饮水质量是村民生活的基本保障，村里的自来水管道废弃多年，村民们只能用自备井、压水井解决生活用水问题，饮用的都是地表水，质量差。刘建华看在眼里，急在心里，多次和村"两委"研究方案，反复探讨改水工程。2018年3月刘建华主持召开了全体村民大会，公布改水方案，决定修复主管道，接通深井水，安装2套高标准净化设备。刘建华马不停蹄地带领村"两委"外出考察，比质量、比价格，安排人员挖路基、修管道、建平台、接电线、安电表等。用了仅半个月的时间，群众就喝上了高质量的纯净水。群众笑了，刘建华心里踏实了！

"把驻地当故乡，把村民当亲人，把乡情当亲情。"这句话在刘建华的身上得到了完美的诠释。逢年过节，刘建华总是及时为老党员、困难村民、贫困户送去米、面、油等生活用品。

村民王汝省是一名高位截肢的残疾人。得知其妻改嫁他乡，无儿无女，父母已故，靠低保维持生活时，刘建华立马放下手头工作，前去了解情况。

看着瘫坐在床上的王汝省，刘建华心里禁不住泛起一阵寒凉。王汝省喃喃而语，他说自从2014年车祸截肢后，生活几乎不能自理，幸亏有低保，才算勉强维持生活。

刘建华心想，若没有相关政策的切实保障，无依无靠的王汝省，将会在怎样的境遇里挣扎？接下来的日子里，只要一有时间，刘建华就会去王汝省的家里，跟他谈心，并鼓励他振作起来，重燃对美好生活的向往。

2018年3月份刘建华协调县残联为王汝省帮扶一辆轮椅，从残联运送到王汝省的家中，王汝省抓住刘建华的手流下了感动的泪水。

古人云："授人以鱼，不如授人以渔。"授人以鱼只救一时之急，授人以渔可解一生之需。刘建华结合王汝省身强力壮、脑筋活络的特点，鼓励他做些力所能及的小生意，王汝省也觉得自己还年轻，不能有"等、靠、要"的思想，经过深思熟虑，决定开个修鞋店或丧葬用品店，这样既能为乡亲们提供便利，又能增加一部分经济收入。

刘建华就是这样的一个人，他始终怀着对党的忠诚、为党旗增辉添彩的追求，去诠释一名共产党员的光荣使命。每一次帮扶，都抱着为老百姓多办一些实实在在的事的信念，来叙述一名党员和群众之间的感动。

医者仁心解民忧

小康不小康，首先要健康。"在农村，身体健康比什么都重要。"作为医院工作人员，刘建华能深切体会到健康对于农民的重要性。

2017年5月24日，在刘建华的协调下，汶上县中医院组织医务人员到鲁王村开展精准扶贫义诊活动。

量血压、听诊、询问病史、了解病情、赠送药品……义诊现场，专家们耐心细致地为村民们检查身体，向村民讲解日常保健和常见病、多发病预防等方面的健康知识，就村民咨询的健康疾病问题进行详细讲解，让村民在家门口就能享受到优质的医疗服务。

据悉，刘建华自担任驻村第一书记以来，协调开展大型义诊、免费健康体检、中医健康养生咨询、慢性病筛查，受惠群众达300余人，通过体检发现高血压、糖尿病、冠心病等慢性病患者90余人。

除此之外，刘建华还通过医院给全村60岁及以上老年人建立了健康档案。通过医生定期家访，给予健康指导。

值得一提的是，经刘建华多次申请，县中医院党委决定给予鲁王村贫困户、低保户生病住本院全免费治疗的优惠措施。

发展壮大集体经济

村集体发展不仅需要输血，而且要增强造血功能。刘建华积极吸引该村在外工作的青年王红栋回乡创业，投资120万元利用村内空闲地建成了制帽加工厂，购买了设备，招募本村工人50余名。注册了冠盈制帽有限公司，集体土地入股。这一做法，既增加了集体收入，又解决了农民工返乡就业问题。

村民贺长友发展大棚蘑菇养殖，年收入20余万元，村集体土地入股。

2017年，这个集体经济空壳村实现了集体收入3万元的突破。

目前，刘建华书记正在和村"两委"探索充分利用房前屋后、废弃坑塘等村内闲置土地发展集体经济的路子。

如今，茶余饭后，田间地头，当鲁王村村民谈论起第一书记刘建华的时候，便纷纷竖起大拇指。现如今，很多人把工作当成任务，而刘建华却把工作当成责任。鲁王村党支部书记田宝元感慨道，刘书记花了不到一年的时间，走完了他十几年都没有走完的路。有这样实干接地气的领路人，鲁王村肯定会旧貌换新颜。面对领导和百姓的称赞，刘建华总是谦虚地说："我在鲁王村的这一年多，之所以能取得成绩，是干部群众和单位领导大力支持的结果，我只不过在出主意、做协调方面做了自己应该做的工作，出了一点儿绵薄之力，没有什么值得骄傲的地方。"

有人说，驻村干部是漂在水面上的油，沉不下去的。刘建华硬是用自己的一双脚，让自己沉了下去，驻村一年多来，除了周末回家和家人团聚外，他一刻都没有离开过鲁王村，他以心驻村，用心为民，脚踏实地，既改变了村容村貌又发展了集体经济。灯亮了，街绿了，水通了，足不出村就能打工了。刘建华驻进了村民的心坎儿，铸就了鲁王村的幸福生活，也筑牢了干群的鱼水情深。

我的驻村小事

第一书记

张超 2017～2018 年度，任汶上县疾控中心驻杨店镇王海村第
一书记。

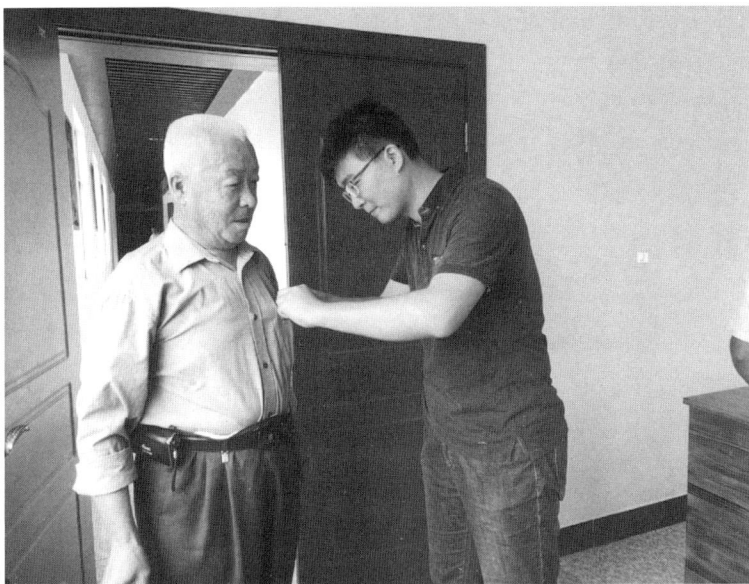

我叫张超，汶上县疾控中心业务部科长，2017 年 4 月，在县委统一安排部署下，在杨店镇王海村开展驻村联户工作。刚到村工作时，心中难免忐忑，从 2009 年参加工作开始，我一直在疾控业务部门工作，和各科局接触得多，和农村工作基本没什么直接接触。但想一想，我也是农村长大的，别人能干好，难道自己就不行么？坚定了信心，下定了决心，我开始

着手驻村工作。加强农村政策学习的同时，积极向镇政府、村里领导干部请教，向单位有乡镇工作经验的老同志请教。在他们的指导下，我逐渐明白，驻村工作首先要做到对村情民情心中有数，村民认识你了，你才能开展工作。

王海村有 680 余户 2100 多人，是一个比较大的村，走访入户工作比较繁重。我和工作组的同志商量着先从贫困户、低保户入手，先掌握这些困难群众的想法和真实情况，再逐步把村民都走访一遍。一开始走访时，村民对我们很是客气，只说些套话，但是逐渐地，村民和我们熟悉起来，有什么想法、问题也愿意和我们交流。对于村民们比较关心的低保、危房、种粮补贴等问题，我就对着"一本通"当面讲清，实在不明白的，也通过镇组织办询问清楚。这种当面的政策宣传很受村民欢迎，让我们的走访顺利起来。

"张书记，抽烟不？"走访时，不时有村民热情地拿出卷烟、旱烟招呼我，我也是笑着拒绝，同时简单问一下村民的身体情况。真是不问不知道，一问吓一跳。一天走访的几十户里，光是高血压还不吃药的老年人就有七八个，患老慢支没有持续治疗的也有几个。村里独居的杨桂英老大娘就同时患有高血压、糖尿病，医生给开了四种药，她自己觉得贵，只从小药店买了两种。我劝了好几次，她才去卫生院拿了药。看来单位老同志的教导很对，村民对慢性病治疗不重视，对健康防病知识还是知道得太少。

于是我回到单位，向领导汇报工作，争取支持，积极发挥部门业务特长，在村里开展健康教育。首先在村委会办公室设置了健康自助点，设置了体重秤、血压计、健康知识宣传手册等材料，平时我也在那里为村民做简单的健康知识宣讲。在村文化广场设置针对老年人常见疾病的健康防病宣传栏；收集各类常见病、慢性病的防治知识音频材料，通过村广播宣传；在王海村幼儿园设置儿童传染病防治知识宣传栏，发放健康宣传海报、彩页等，指导孩子、家长预防儿童常见传染疾病。组织义务体检组，为王海村困难群众、困难党员义务体检，送健康到村，受到群众们的一致欢迎。

通过前期的走访了解，根据实际情况，和村"两委"多次沟通，围绕"抓党建促脱贫"制订工作规划，积极争取各种帮扶政策，为群众谋利。

积极协调民政局、文广新局等单位，争取建设项目，疾控中心也从办公经费中挤出 3 万元，支持村环境建设。一年多来，为王海村新建老年人日间照料中心一处，能容纳 30 人同时入住；新建文化广场 1600 平方米，设置了石质凉亭、家风家训文化长廊，设置了文化展板 12 块；为帮助老年人提升抗风险能力，协调资金 6000 元、工作组捐款 650 元，为村内 60 岁以上老年人购买了银龄安康保险，共有 133 人受益。扶贫日期间，为王海村建档精准脱贫户 32 户送上了米、面、油等慰问品，助力脱贫攻坚工作。

点点滴滴的"小事"，构成了一年多来的帮扶工作。在驻村的日子里，我和村民从陌生到熟悉，从疏远到亲近，看到村里的条件一天天变好，医疗、文化方面也逐步得到保障，我的内心充满了自豪和坚定。

幸福在这里起航

第一书记

朱绍林　2017～2018 年度，任汶上县物价局驻杨店镇刘古墩村
　　　　　第一书记。

　　2017 年春天，我带着县物价局全体干部职工的重托，进驻杨店镇刘古墩村，担任驻村第一书记。进驻第一件事就是入户摸清村情，了解民需。村自发组织的秧歌队队长闫瑞莲说："俺村人人不愁吃，不愁穿，就是没有休闲娱乐健身的场所，几届工作组都没建成，我看你们也不见得建成，再说你们也不一定在俺村蹲住。"是啊，如今人们对生活质量的要求提高了，但是基础设施没有跟上，导致群众幸福感、获得感不强，这就是民生大问题。

现在很多村都有休闲健身广场，为什么这个村多年建不成呢?

刘古墩村位于杨店镇驻地向北 1.5 公里处，人口 1715 人，耕地 2200 亩，村民以种地为主，村集体经济"空壳"，过去是全县出了名的上访村。村支部书记刘西根说："建广场，一是没钱，二是没有合适的地方，三是涉及的个别群众工作不好做!"

群众的关切就是我的工作目标。文体设施是美丽乡村建设的重要内容，是增强群众福祉的重要举措。分管基础设施建设的村委会干部杨福拾认为"咱村建广场不具备条件，没有信心"。解决村干部的思想问题是前提。我先后带领村"两委"成员到郭楼镇、苑庄镇美丽乡村建设先进村参观学习，开阔了眼界，解放了思想，然后把建设问题几次带到村"两委"会上充分讨论。我认为没钱是个大问题，但不是不能克服，群众工作不好做，但不是做不了，没有合适的地方，找相对合适的地方。会上，我把建设的初步方案做了详细阐述，并耐心地解答"两委"成员提出的问题，我的执着和坚定深深地打动了每位村干部，最终达到所有村干部思想的基本统一。我把文体广场建设列为第一书记项目，遇山开山，逢水架桥，下定决心完成这个项目。有困难，敢担当是我们当干部的神圣使命，只有做给群众看才最有说服力，才能扭转群众对驻村干部的看法。

事不宜迟，立说立行，我带着必胜的信心，奏响了广场建设的规划、选址、筹资、施工四部曲。

一是广场规划。广场取名家和文化广场，融入了杨店镇家风家训文化，群众足不出村就能接受到道德文化教育。建设面积 2450 平方米，设置百姓大舞台、体育器材、文化长廊、广场灯，周边绿化，最终建成集健身、休闲、娱乐为一体，美观舒适、绿意盎然、富有家风家训文化底蕴的综合体。

二是广场选址。搞建设有三处现成位置可选，一处是村东汶军公路两侧，地方小，不安全；一处是村西北角空闲宅基地，这户说啥也不让租赁；再一处就是村庄中心，村集体近 4 亩地 6 米深的坑塘。看来从坑塘上建设是唯一选择，但是光填坑就得花近 30 万元。支部书记刘西根说："广场没建先花 30 万元填坑，对村里来说简直是天文数字，这不现实。"分管干部杨福拾说："建筑材料正逢成倍涨价，现在抽手还不晚，建个半拉子工程，不好给群众交代啊！"村秧歌队队长闫瑞莲说："投这么多钱，没准又搞不成。"开弓没有回头箭，定了的事不能变，坑塘再深也得把广场筑起来！

三是资金筹集。广场计划投资70万元，这个数目对一个村来说确实不敢想象。资金到位与否是广场能否建成的关键。我坚信，没有资金不用怕，边干边筹集资金，只有想不到的事，没有做不成的事，办法总比困难多。我们说服施工方先垫付部分资金。资金筹集采取物价局资助、本村在外能人捐助、向上级部门争取、利用国家修建高速公路补偿村集体资金四种办法。跑资金、协调物资难度最大，我不怕跑腿，不怕磨嘴。商人刘经理外出，我们在他的厂子等了整整一天，刘经理深受感动，当即安排了5万元赞助资金。协调市县部门资金难度很大，市县部门资金都很紧张。一个部门领导说没钱，我足足跑了十趟，最终拿到了3万元资金。功夫不负有心人，我协调了郭仓富全铁矿矸石填坑塘，协调市县资金17万元，协调物资折合18万元，其中105国道废料石子再利用5万元，上墙图版3万元，绿化5万元，健身器材5万元。支部书记刘西根说："万万没想到，朱书记在这么短的时间里能把资金和物资筹措到位，广场有谱了！"我虽然累点，但是资金、物资有了着落，得到了村"两委"和群众的认可，心里别提多踏实了！

四是广场施工。5月是最佳施工季节，工程如期开工。先砍伐坑塘内树木，这时村民带着惊奇的目光来围观，有的村民说"看来工作组能干事，不像是应付了事"，得到村民认可，心里很是高兴。然后组织车辆运输铁矿矸石填坑塘，运输车一辆接一辆，夜间不间断，铲车、压路机压着施工，一片繁忙景象，一个月的施工，完成了广场基础、管道、电缆工程。开始了地面铺装，这时工地西边6米处一户杨姓村民三人出来硬不让干，说"广场离我们家太近，挡住了风水"，其实门前有坑才不方便呢。几位村干部分别做工作无效，但是工程不能因此停下。我去了他们家里，对户主老杨同志讲了建广场的好处，给他家带来的方便，并拿出200元钱算作慰问金。老杨同志被我的真诚所感动，说："你们无偿为我们建广场，又不图啥，我不能要你的钱，你们干吧！"老百姓还是通情达理的。烈日炎炎，为保证工程质量，确保工程进度，我在施工现场一待就是一天，脸晒黑了，人熬瘦了。有时候顾不得喝水，嗓子干得冒烟儿，附近一位老大娘天天给送来茶水，不少男村民还主动出义务工，手上磨出了血泡，也毫无怨言。有了群众的支持，我干得更带劲了。

经过7个月的不懈奋战，家和文化广场竣工并投入使用。男女老少集聚广场载歌载舞，吹拉弹唱，强身健体，高兴地合不拢嘴。村秧歌队队长闫瑞莲带着队员专门来到工作组，握着我的手说："你们工作组给我们创造了这么舒适的活动场所，我们可高兴了，我代表村里老少爷们感谢你们！"群众由对工作组的不信任到登门致谢，那是对我们工作的认可，我心里美滋滋的。

一年多的驻村工作，除了广场建设，还完成了村"两委"换届工作；完成了投资30余万元的道路绿化工程；完成了投资6万元的纯净水供水站工程；帮助38户贫困户脱贫并稳定增收；帮助村"两委"实现了集体增收13万元，摘掉了村集体经济"空壳村"的帽子。

在短暂的驻村工作时间里，我感受到了群众的朴实、热情，容易知足；感受到了民生无小事，做事只要有一个明确的目标并树立坚定信心，坚持不懈就能成功；感受到了基层工作的不容易。我虽然做了一些实际工作，感觉到辛苦些，但是为了民生而做，为了群众的幸福而做，个人的成就感、幸福感往往就油然而生。今后如果再有机会驻村，我将继续为广大群众办实事，办好事，将无愧于党的培养，无愧于人生。

观琵琶山坝有感

工作队长

杜丽国　2017 ~ 2018 年度，任汶上县军屯乡党委副书记（挂职）、下派工作队长。

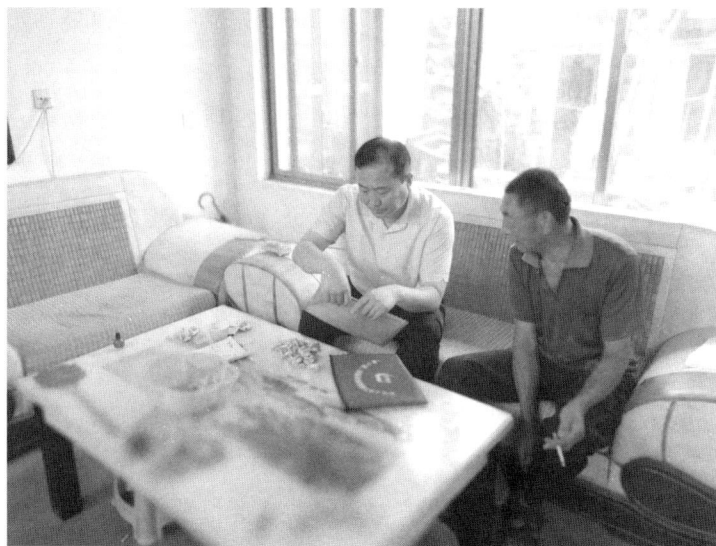

仲夏的早晨，因下派驻村的缘故，跑步至大汶河边，沿河堤漫步。凉风习习，天空中偶尔夹杂着零星的雨点，不觉从心底有一丝的凉意，这种感觉真是久违了。

不知不觉中行至琵琶山溢流坝附近，老远就听到泄水的声音，因为是汛期，所以急不可耐地冲到坝口前，想一睹它的容颜。呵！真是壮观！足有 300 米宽的河坝上，飞流直下的水花一字排开向下落去，形成一堵巨大的"水墙",好似百舸争流,一泻千里,给人以催人奋进的感慨;又好似万马奔腾,众志成城,给人以团结有力的豪气。看此情景,我不顾一切地冲到"水墙"的下游,踩着凌乱卵石,跳到"水墙"附近的石堆上拍照。如果不是水流的阻挡,真想走到水墙的脚下,接受隆重的洗礼。站在石堆上,感受着振聋发聩的流水声,遥望上游的蓄水,水天一片,雾气缭绕,沉默而寂静,好似在沉思、在专注。站在下游的缓流处,看着上游的蓄水和水坝形成的"水墙",我不由得感叹:这不正如人生吗!学习、锻炼,不断充实提高,然后施展才华,轰轰烈烈地干出一番事业,最后缓缓消逝。

人生如流水,日夜不息。转眼间驻村工作已过去一年多,回想一年多的驻村工作,我作为军屯乡下派工作队长,时刻牢记自己的使命担当,对上协调,对下指导,积极对贫困村和贫困群众进行帮扶,制定了"四个一"管理制度,即每周巡查一次、抽查一次、调研一次、通报一次,确保了驻村干部真蹲实驻,倾力开展驻村各项工作。特别是在退转军人安置、省党代会、十九大、省"两会"、村"两委"换届选举等信访维稳、"三夏""三秋"生产和省、市、县扶贫检查验收等工作中,我严格要求驻村干部必须吃住在村,与村干部一起参与值班、稳控和迎查工作,确保了包驻村的稳定和谐。为推动贫困村发展,我积极想办法,谋思路,和驻村队员共同制订发展规划,按照"宜农则农、宜商则商、宜游则游"总体思路,指导县卫计局驻北陶村工作组采取"反租倒包"的土地流转方式,对外承包 260 余亩土地种植瓜蒌,使村集体每年增收约 2 万元,解决就业岗位 30 余个。指导县妇幼计生服务中心驻云尾街村工作组将荒滩地和荒山对外承包,使村集体每年增收 4 万多元。帮助县水利局驻军屯乡杨庄村工作组为村里争取到 2 万元美丽乡村建设补助资金,用于采摘园建设,发展壮大旅游采摘产业,促进村民增收。指导县烟草专卖局驻魏杨村工作组积极实施文化广场建设,提升村庄知名度,倾力打造军屯南大门,建设美丽军屯。为改善部分贫困村灌溉条件,我积极结合派出部门优势,为军屯乡 5 个村争取到了 40 余万元的小型农田水利设施维修养护工程项目,铺设 PVC 输水管道 1.2 万多米,有效地改善了农田灌溉困难问题。为提升贫困村基础设施建设,我积极帮助驻村干部协调资金项目,帮助指导县水利局驻军屯乡杨庄村工作组维修铺设路沿石、花砖和下水道360余米，帮助指导县卫计局驻北陶村工作组建设了240多平方米村办公场所，帮助指导县妇幼计生服务中心驻云尾街村工作组为村内硬化路面1800多平方米，帮助指导县烟草专卖局驻魏杨村工作组硬化道路360平方米，维修排水沟、路沿石400余米，栽植苗木200余棵，极大地改善了贫困村基础设施条件，进一步方便了群众生产和生活。

时光如斯夫，转瞬即逝。遐思之际，看着行人赤脚在清澈而湍急的流水中泼水嬉闹，我也索性脱鞋去袜，蹚水而走，与它零距离接触，感受这清凉的流水。看到大家脸上洋溢着的喜悦，我好像也融入了这柔软的水中，身心一下变得清澈透明。我久久地感受着、回味着、期待着，并暗暗决定，在驻村帮扶的两年里，不负时光、不负众望，为军屯乡下派工作做出应有的贡献……

第一书记驻村　北陶焕然一新

郑　杰　2017～2018 年度，任汶上县卫生和计划生育局驻军屯乡北陶村第一书记。

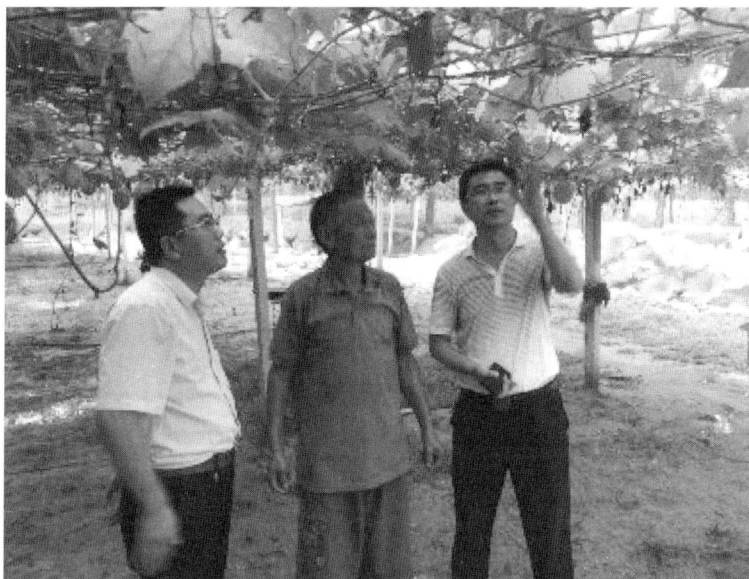

　　"郑书记来俺村，大事小情都做到了老少爷们心坎上。一年的时间，村里发生了翻天覆地的变化！"2018 年 5 月 22 日，军屯乡北陶村村民杨凤云高兴地说。

　　杨凤云所说的郑书记是县卫生和计划生育局驻北陶村第一书记郑杰。2017 年 3 月郑杰入驻该村以来，从整治涣散村班子到壮大村集体经济，从开展精准扶贫到增强群众幸福感……他用实际行动赢得了村民认可。

牵住党建"牛鼻子"

北陶村位于县城东北约 30 公里处，全村 436 户 1680 人，党员 40 人，耕地 1800 亩，林地 800 亩，半数以上的村民在外务工，属于集体经济空壳村，村内基础设施较差。由于历史原因，村内矛盾纠纷频发，上访告状不断，村班子软弱涣散不健全，乡党委指定一名女党员主持村里工作。带着组织的重托，郑杰来到北陶村担任第一书记。他驻村的第一件事，就是走访调研。听取民意方能解民忧，他有时间就挨家挨户串门与村里的党员群众拉家常，渐渐地和他们熟悉了，慢慢了解到更多的村情信息。"村里好几年都没有书记，上级指派了代理支书，村里很多工作不好开展。""人家村班子健全的村和俺村就是不一样，我们村就是个落后村……"郑杰在与群众拉家常中了解到，村班子不健全群众大多有情绪，对自己的村庄发展没有信心。发现了问题的症结所在，他与代理支书一一核实并商议对策，正确引导，逐步化解。为了在群众工作中树立村干部的威信和形象，发挥村干部的主体作用，让村干部赢得群众的认可与信任，他坚持"两学一做"常态化，采取每月开展"主题党日"活动，开展庆七一宣誓活动，党员带头清理垃圾、禁烧值班，党员谈个人学习心得等方式，不断增强党员和村干部党性意识。同时发挥村干部和党员党性辐射作用，正确引领群众思想，构建和谐村庄。并及时向乡党委汇报工作开展情况。2018 年 1 月，在乡党委和郑杰的多方努力下，北陶村"两委"换届选举成功。

"我们北陶村有当家人了！"换届成功的那一刻，群众兴奋地雀跃鼓掌。

搭起服务新平台

村里集体经济几乎为零，办公场所年久失修，漏风漏雨，办公家具破旧不堪，村里办公临时租用村民的房子，很多村民都抱怨村里没个像样的办公场所，村干部工作起来没有积极性。他越了解越感到完善组织活动场所迫在眉睫，同时压力也很大。他暗暗下定决心："为了更好地为服务群众，首先要完善村组织活动场所建设。只有更好地为群众服务，解决他们生活中息息相关的事，他们致富奔小康的信心才会足，村民与驻村工作组的距离才会近。"他及时将村民的诉求向乡党委和县卫计局党委做了汇报。

县卫计局高度重视，专门召开了党委办公会议，研究从单位办公经费里挤出 5 万元作为驻村帮扶款。郑杰决定召开村民代表会议，通过"一事一议"筹措第一书记项目资金 5 万元，出租原村办公场所筹资 9 万元，乡党委积极申请上级补助资金 5 万元等各种方式，整合资金新建二层约 240 平方米的村办公场所。连续一个月，他和村代理支书李桂华制订工程标准、建设方案，相继召开了村干部会、全体村党员会、村民代表大会和工程招标会，直到工程顺利竣工。党员、群众欢呼雀跃，看到他们兴奋的笑脸，郑杰几个月的辛苦也顿时化为乌有。

新办公场所的建成把村干部的干劲调动起来了。为了加强基层党组织建设，郑杰与村"两委"班子制定新的村规民约，规范党支部各项制度、"两委"干部管理办法，强化考核约束。村干部每天分工值班，帮助村民落实代办民政、计生、医保、社保等事项。

"郑书记来了以后，不光村里党员的积极性高了，凝聚力强了，全村人的思想观念转变也很大。"现任北陶村党支部书记李桂华说，现在村里的党员以能为村里做事为自豪。

强村富民促增收

手中没有米，唤鸡都不来。如何变输血为造血，壮大村集体经济，带动村民增收致富，提升村级服务能力，这是郑杰每天思考最多的问题。他通过走访了解到，北陶村外出务工人口多，在家的多为留守老人和妇女儿童，耕地多，荒堤荒坡多。在认真分析当地气候、灌溉条件以及农户素质等因素的基础上，郑杰和村"两委"班子深入研究，采取"反租倒包"的土地流转方式，提高土地效益。为了招租，郑杰家家户户走访，经过对比分析最终确定由山东三秋农业科技有限公司一次性承包 260 亩村民土地种植瓜蒌，村里收取服务费用，北陶村村集体实现了开门红，增收约 2 万元。

土地承包出去了，郑杰又协调县农业局专家经常进村进行技术指导，确保增产增收。随后，郑杰又联系瓜蒌籽粒加工销售，每亩瓜蒌年产约1万斤，干瓜蒌籽可产350斤左右，产值可达6000~8000元。有了加工销售渠道就需要雇人做工，他优先为村内贫困户、留守妇女提供就业岗位30余个，让他们实现了家门口打工，真正做到了照顾家庭、就业赚钱两不误。通过"三资"清理、场所出租、土地招租等形式，北陶村2017年集体收入一举突破10万元。

件件实事赢民心

村集体经济的壮大让北陶村焕发了生机，村民也提振了精气神，北陶村上下的干劲被调动起来，群众脱贫致富的信心更强了，郑杰也更忙了。村里谁家住的是危房、谁家小孩儿上学困难、谁家创业需要资金……那段日子，郑杰是天天往外跑，不是联系修补贫困户的房子，就是在朋友圈中推销当地刚收的瓜蒌和蔬菜。2017年为帮助急需救助的贫困户李阳堂，危房户徐衍印、徐衍常、徐振华、徐衍路等，郑杰一一细心整理相关资料，提交有关部门给予解决。在走访中，了解到村民李阳艮患有残疾需要轮椅，他及时与县残联联系，为其争取轮椅一辆。目前已为北陶村残疾人争取轮椅3辆。同时，协助做好村东进村1000米主道路的硬化，做好乡镇安排的秸秆禁烧、秸秆清理、改厕、清洁煤购买、危房改造等工作。

对生活中有困难的村民，他把群众的诉求写在本上，记在心里。2017年9月，他和驻村工作组开展了"爱心物资发放暨走访慰问贫困户"活动。多方筹资为贫困户发放衣服400余件，慰问李阳丙、杨现亮等贫困户10户，为每户送去200元的米、面、油等物品。10月，驻村工作组又开展了"扶贫日"活动。走访慰问贫困户袁艳来、李其文等贫困户10户，每户发放200元的米、面、油等物品。

针对北陶村离城区远，留守老人和妇女儿童看病体检不方便的实际，郑杰结合部门优势，多次邀请县人民医院、县中医院、县妇幼计生服务中心、军屯卫生院等相关专家为村民进行义诊活动。义诊期间精准扶贫户李西库、孙晓绿需要住院治疗，他积极与军屯卫生院联系安排他们入院，住院治疗费用全免。一年多来几次活动义诊650余人次，发放健康生活手册、孕期科普读物等健康宣传资料2600余份。

　　谈到这些成绩，郑杰表示都是应该做的，他将继续尽最大努力为村民办实事谋福利，并希望通过自己的努力，让北陶村班子更强，村庄更美，村民更富。

他是咱们的好兄弟

第一书记

徐恩义 2017 ~ 2018 年度，任汶上县妇幼保健计划生育服务中心驻军屯乡云尾街村第一书记。

　　"徐老弟帮了咱们，他是咱们的好兄弟。"这是军屯乡云尾街村村支部委员李守富的肺腑之言。一草一木总关情，我任云尾街村第一书记以来与云尾街村群众结下了深深的情。我与工作组其他成员，扑下身子帮扶，真心实意为民办事，受到村民的一致称赞。

融入群众互牵挂

"大勇哥，我来村里几天了，咋就一直没看见你？" 2018 年春节后我来到村里那几天，节前在路上经常见到的杨大勇却一直没有见到。一天，我直接来到大勇家。"哦，徐老弟来了，要不来一碗？" 大勇正坐在轮椅上吃着早饭，听见我来笑着说，"春节后气温低，我还没有到大路上去呢。" 猛一扭头，他勺中的稀饭洒在胸前的衣服上，我快步走过去把毛巾递给他，大勇倒有些不好意思了。

2017 年 4 月，在汶上县妇幼保健计划生育服务中心工作的我，被组织派到云尾街村担任第一书记。云尾街村属于省级贫困村，地理位置偏远，人多地少，村民收入结构单一，"先天不足" 是村内经济基础薄弱的主要原因。刚到村里，就听说云尾街村贫困户不少，全村的建档立卡贫困户总数比周边几个村的总和还多，大勇就是贫困户中的一个。杨大勇是党员，25 年前，交通事故让他昏迷 3 个多月，靠切开气管人工辅助呼吸了半年，失去了右腿。曾经供给部分生活费、医药费、护理费的韩资企业突然倒闭，不能再支付他部分费用，让一级残疾的他生活相当困苦，自己不能务工还需要家人照顾。

记得第一次召开村党员活动日会议，手滑轮椅按时参加会议的杨大勇引起了我的注意。"这是谁？" "他出现了什么变故？" "他生活得如何？" ……带着一连串的问题我渐渐关注起他来。没超过半年时间，我便由最初走进大勇家里问暖寒暄变成了几日不见如隔三秋的调侃随聊，成了他家的常客，他对我的称呼也由 "第一书记" 变成了 "徐老弟"。面对面交谈时，我们谈人生三观，谈不怕困难的共产党员，谈朱彦夫，谈规模小却效益大的家庭经济。我清楚地感到，是我们的谈话让他相信奋斗才是生活幸福的源泉，是我们的谈话让他开始积极锻炼身体，学会了自己照顾自己，是我们的谈话让他积极了解强农惠农政策，主动开展自救自助。

杨大勇与我的关系，由最初的认识变为了相当的了解和熟悉，说话也充满了幽默，从最初我关心他变成了他挂念我。记得有次周末，我需要乘31 路公交车回家，刚到公交站牌的时候，微信提示我这趟车还需要七八分钟才能来到。空等也寂寞,我便沿着路向下一个公交站牌走去。走了没多远,就遇到在路上锻炼身体的杨大勇,他问:"咋不在站牌等车呢?"我以为这种问候只是见面的寒暄罢了,便说了声"我走走,你忙你的吧",仍径直朝前面走去。四五分钟后,突然听到身后有喊声,回头只见大勇已回转轮椅,奋力向我追来,声声嘶哑地喊着:"徐老弟,车来了!"那种歇斯底里的嘶哑声让我眼泪顿出,我分明能感觉到,在那种呼喊里面,包含着公交车终于来了的惊喜,也有他不忍心让我错过班车的担心。从那时起,我深刻地认识到,在村内开展工作,首先需要的就是与村民的融入,脚踏实地,身体力行,靠真心换真情,方能有心灵的收获。

打通村民连心路

驻村以来,我就经常与老百姓摆龙门阵拉家常,渐渐地和他们熟悉了,也了解到更多的信息,听民意知民情,方能精准施策解民忧。平时,村民原本走的村主街道西通寨里村东通王家庄,两年前,由于石子裸露,路面已破损。"太难走了,坑坑洼洼,高低不平。""买斤馒头放进电动车车筐里都能颠出去。"很多村民都这样抱怨这条路。甚至接送孩子上下学的老人都宁可绕道也不愿意走这条路,路程远,大车还太多。

饱受颠簸之苦的云尾街村村民反映最迫切的愿望就是要求硬化修复村内裸露石子的主街道。我越了解越感到修路需求很紧迫,压力也大。我当第一书记,原本没有修过路。"能修得了吗?"我自己都泛嘀咕。"不是讲金桥银路吗?"我嘟囔着告诉自己,修路是离村民很近的事,解决了村民生活中息息相关的事,他们奔向小康生活的信心就越足,村民与驻村工作组的距离才会越近。"要想富先修路","修路就是扶贫,扶贫就要扶到点子上"。

自己想通了,说干就干!我及时将村民的诉求向村"两委"、乡党委和中心党委做了汇报。县妇计中心也高度重视,专门召开了党委办公会议,研究从单位办公经费里挤出 4 万元作为驻村帮扶款,与县财政第一书记项目经费进行整合,捐助修路,为村办大事,分期修复云尾街村破损路面。连续十几天,我和村支部书记杨卫东制订出工程标准,既要考虑物价上涨后资金不足的事实，又要保障工程质量，相继召开了村"两委"会、全体村党员会、村民代表大会和工程招标会。2017年11月1日，工程顺利开工，铺设沥青修复路面1800多平方米。村民们欢呼雀跃，他们多年的愿望终于实现了。修复后的路成了"民心路"，村里广泛传着"修路修到了心坎上"的说法。与村民见面时称呼"老徐""徐老弟""徐小弟"的多了，称呼"徐书记"的少了，我也感到云尾街村的村民越来越亲切，我的辛苦也值了。

群众冷暖记心间

帮扶不仅需要做大事，也需要细微关爱，但都需要靠真情建立起与群众的真实感情。村内郭秋田接连遭遇的不幸击垮了她对生活的信心。她的公公和丈夫近两年先后意外去世，原本就不富裕的家庭突然失去了顶梁柱和经济来源，日子捉襟见肘十分困难。"屋漏偏逢连夜雨"，2017年郭秋田又患上了脑动脉瘤，长时间在医院治疗。她经历动脉瘤切除术后，智力明显下降，发音不清，交流困难，生活难以自理。了解到郭秋田的情况，一种责任感油然而生，我一定要为她做点什么。多方争取和咨询下，为她办理了慢性病卡，减轻了她看病治疗的负担。7月1日，又为郭秋田等25户困难党员群众送去了慰问金。寒冬来临，一场北风一层寒，郭秋田的家里却是暖意融融。我们为郭秋田购买了羽绒服，及时送到她的手中。是我们的惦记与关怀犹如冬天里的暖阳，让郭秋田一直紧蹙的眉头舒展出满意的笑容。

杨再法是村里建档立卡贫困户老党员杨大更唯一的儿子，20年前，因车祸导致高位截瘫，在杨大更老两口的精心照料下，每天都躺在床上的杨再法没患过褥疮，但家庭却没有精力再发展经济。我多次到杨再法家中看望他，鼓励再法趁年轻多学习网络知识，力做微商。2018年春节前，我们为45户建档立卡贫困户送去了米、面、油等慰问品，又专门给杨大更送去了县红十字会提供的救助物资，着实增强了一家人生活的信心。

架起干群"连心桥"

刘　明　2017～2018 年度，任汶上县水利局驻军屯乡杨庄村第
　　　　一书记。

自 2017 年 4 月派驻到军屯乡杨庄村任第一书记以来，刘明扑下身子，
真抓实干，积极争取项目资金，为群众办实事。在他的带领下，杨庄村发
生了一系列群众喜闻乐见的变化：进山的路变宽了，采摘园入口建起了宣
传牌坊，田地里新铺设了输水管道，自来水管网安装了消毒设施，村委会
大院进行了改造更新，群众之间更加和谐……他以实际行动赢得了群众的

广泛赞誉，群众逢人就夸："俺村里来了个好书记。"

勿以事小而不为，真心打动群众

刚到杨庄村时，刘明满怀信心和激情，决心为村里和群众干出点事来，得到群众的认可。然而在一开始的走访中，他就被群众泼了一头冷水。不少群众当着他的面就说："恁就是走走过场，挂个名，两年之后一拍屁股就走了，该提拔的提拔，该调动的调动，给老百姓啥事也办不了。"还有的说："上边净搞这样的形式，天天走访调研，反映的事一个也不给解决，俺村里不需要驻村的。"面对群众的质疑，刘明心里一阵难过，没想到群众对驻村帮扶的意见这么大，但是他也暗暗下定决心，一定要多为群众办实事，改变群众对驻村干部的偏见。

为了得到群众的认可，刘明和驻村队员在驻村开始的头一个月，挨家挨户进行走访，收集群众诉求和困难。虽然群众有不少偏见，并不相信他能解决村里的难题，刘明还是实打实地梳理了一遍村情。刘明把群众反映的每一件事，不论大小，全部记下来，一个一个落实。村民杨光兰反映自己身体残疾，不能干重活，生活困难，希望得到帮扶。刘明积极寻找相关政策，发现杨光兰可以申请困难残疾人生活补助，立即帮助他申请并获得通过，杨光兰现在每月可领取生活补助 85 元。村民杨传代患腰疼 20 余年，不能干重活，多次治疗无效，希望能帮助治疗，刘明每次走访时都积极关心病情，多方为其打听疗效好的医院和免费诊疗政策，目前杨传代病情得到明显好转。村民杨传振，父亲高龄，妻子二级精神残疾，儿子未满 18 岁，生活非常困难，希望得到救助，刘明积极为其争取物资对其慰问，并为其申报低保。还有的村民反映晚上路灯不亮、下雨时排水不畅、自来水供水时间短等问题，刘明都一一协调解决。随着办理的事情增多，群众对他的看法一步步改变，都说这个小刘还行，是个实在干事的人。慢慢地，刘明赢得了群众的信任。现在不用刘明再挨家挨户收集民意了，村民只要遇到难事，第一个想到的就是找刘明想办法。刘明的名号在杨庄村彻底打响了。

立足实际谋发展，实干感动群众

杨庄村地处大汶河畔，自然风光优美，村南山地层峦起伏，有 400 余亩核桃、樱桃、山楂等种植园，特别适合发展乡村旅游。然而由于村里没有长远的规划，资源没有得到有效利用，旅游收入不理想。为充分利用村里的资源优势，刘明与村"两委"多次座谈，就发展旅游制订规划，并多次征求群众意见，决定从基础设施抓起。修路、铺管道、美化村庄，刘明一个接一个为村里争取项目。先是争取县水利局美丽乡村建设补助资金 2 万元，在村东进山公路处修建了果木采摘宣传牌坊，配合村委会拓宽了 2 公里进山公路，平整 2 处停车场，为发展旅游采摘奠定了基础。随后，根据群众反映的浇水困难问题，刘明又争取县水利局小型农田水利设施维修养护工程项目，投资 5 万元，为村里铺设 PVC 输水管道 1800 米，解决了杨庄村灌溉难题，特别是对解决村东集体山楂园灌溉，增加集体收入起到了很大作用。

同时，为打响杨庄民俗村名声，改善村容村貌，刘明又积极申请第一书记项目经费 5 万元，对村南北主干道两侧水泥花砖和大理石路沿石进行铺设，维修下水道，2017 年底完工并通过县财政局验收，进一步改善了村内环境。2018 年，刘明继续对村东西主干道路两侧路沿石、花砖及下水道进行维修，让杨庄村更加美丽。

村内基础设施的极大改善，进一步方便了群众生产生活，提高了村集体收入和村民收入，旅游发展也初具成效，群众的笑声更多了，对刘明的评价也更好了，都说小刘书记真是个好干部。通过真心实干，刘明走进了群众心里。

心系群众健康，贴心感化群众

在为村里办实事办好事的同时，刘明也积极关注着群众的健康。为进一步提高群众饮水质量，增强群众体质，刘明积极争取县水利局资金 4 万元，购买消毒设施一套，安装在村水源井上，通过消毒净化，能够有效杀死水中的微生物和病菌，从而达到消毒杀菌的目的，预防部分疾病的发生，为群众的健康保驾护航。为促进妇女同志健康，做到疾病早预防、早治疗，刘明积极联系县妇幼计生服务中心到杨庄村开展免费体检活动，对35～64周岁的妇女进行两癌筛查，包括乳腺B超、妇科检查等内容，活动当天体检70余人次，现场查出2人患乳腺肿块。为促进儿童的身心健康，改变以往节假日在家玩手机、看电视电脑的坏习惯，刘明又积极向墨香书院免费协调学习资料及国学经典读物600余册，价值1.5万余元，全部捐赠给云尾小学四个村的儿童，鼓励他们学习发扬传统文化，不断充实提高知识修养，做一个对社会有用的人才。为了让困难群众感受到党的温暖，国庆、中秋双节及春节前后，刘明对全村困难群众及老党员、老干部进行了走访慰问，累计慰问22户，为他们送去了大米、面粉、食用油等物品，并与他们亲切交流，详细了解他们的身体状况和生活生产情况，咨询他们对村里各项工作的意见和建议，鼓励他们树立信心，坚定决心，克服困难，微笑面对生活，受到了村民的一致称赞。

随着驻村生活的不断深入，刘明已经完全融入到群众中。走在村内的路上，群众纷纷与刘明攀谈起来，更是热情邀请他到家中吃饭，再也不是刚到村时的怀疑态度了。刘明用真心、实干、贴心赢得了群众的信任，架起了干群沟通的桥梁，现在，群众逢人就夸，俺村里来了个好书记。

"三易其村"，始终不忘扶贫济危

第一书记

郭延安 2017～2018年度，任汶上县烟草专卖局驻军屯乡魏杨村第一书记。

郭延安是山东省汶上县烟草专卖局副局长，他六年如一日在汶上县军屯乡把群众难事当家事办，为驻村联户、精准扶贫工作奉献自己，服务他人，成为群众心目中的好书记。

40只笨鸡，让一个家庭变了样

"既然来到农村，就要踏踏实实地为老百姓干点实事，为村里做点贡献。"2013 年组织安排郭延安到军屯乡云尾街村驻村帮扶，作为一名党的领导干部，郭延安始终坚持"群众利益无小事，群众的难事就是我的家事"原则，把群众反映的事情都一件件办好。

"第一次到贫困户杨全吉家走访的情景让我至今难忘。"郭延安说，80多岁的杨全吉夫妇正给 50 多岁的儿子洗被褥，4 月的气温并不是很高，但两位老人却一头汗水。"杨大爷的儿子患有严重脉管炎，穿衣吃饭很难自理，三口全靠低保生活，除去看病，连吃饭都是问题。"

通过市场调研和多方打探，郭延安了解到养殖笨鸡，卖笨鸡蛋有较好的市场前景，养殖成本低，风险小，收益高，尤其适合老人在家饲养。几天后，郭延安自掏腰包 2000 多元买了 40 只快下蛋的笨鸡送到了杨全吉家中。从那天起郭延安成了杨大爷家的"亲戚"，他每周去收一次鸡蛋，有时几十枚，有时 100 多枚，按一块钱一个帮忙卖到县城去，平均每周都有100 块钱的收入。虽然每月 400 多块钱不多，但杨全吉老人十分满足，家里每月多了这 400 多元收入生活宽裕了很多。

一条致富路，修到百姓心坎上

2014 年底，接组织安排郭延安来到军屯乡庄户村包驻。"庄户村是多年的贫困村，刚到村时，恰逢中央对农村扶贫工作提出了新的思路和要求。当时就想机会来了，我可以借助国家精准扶贫的东风，力所能及地为乡亲们做点事了。"郭延安说。

要想富，先修路。长期发展下来，庄户村村中道路虚土覆面、坑洼不平，遇风黄土漫天，逢雨寸步难行。糟糕路况带来的局限不仅是出行不便，更是直接影响了全村经济的发展。"雨天一身泥，晴天一身土，出行极不方便，群众意见很大。"郭延安说。看着庄户村几十年不变的老土路，郭延安积极争取扶贫资金改变村容村貌，

借政策东风，郭延安开始多方奔走。他调动资源，筹款找人。几经周折，郭延安的努力终于换来成效：2015 年夏天，在他的帮扶下美丽乡村建设在庄户村如火如荼地开展了起来，庄户村实现了户户通上水泥路，农村改厕全面启动，文化广场载歌载舞。

针对性解困，对特困家庭给予全力帮助

2017 年 4 月，郭延安被组织安排包驻军屯乡魏杨村。原以为更换新的包驻村他可能会不同意，没想到他立马点头，坚决服从组织安排。当天上午便以饱满的热情和昂扬斗志投身到魏杨村的驻村帮扶工作中，走访贫困户、了解情况，和他们谈心交流。

在魏杨村帮扶期间，郭延安真正把自己当作村里的一员，始终将群众反映的问题记在心上。为给村里老人一份健康保障，他积极协调单位资金 4650 元，为村内 93 名 60～80 岁老人购买了银龄安康保险。心系困难群众，国庆、中秋及春节期间，提前进行走访慰问，给他们送去大米、食用油等物品，价值 4000 余元，让困难群众度过安乐的节日。为方便残疾群众出行，他又积极协调县残联为 5 个村 8 位残疾人争取了 8 辆轮椅，并亲自送到他们家中。为改善群众生活环境，郭延安还自费购买了喷雾器和药物，开展灭蚊蝇活动，对村内垃圾桶、厕所附近进行喷洒，减少了蚊蝇疾病的传播，并发动群众规范垃圾处置，自觉维护村内环境。

一张沉甸甸的"绿色名片"

工作队长

王良东 2017～2018 年度，任汶上县白石镇党委副书记（挂职）、下派工作队长。

昙山顶峰，极目远望，满眼苍翠；乡间小路，移步异景，绿美交融。曾经的白石镇，随处可见星罗棋布的矿山石材，四处堆积的石材废料，代表白石"特色"的是终日灰蒙蒙的天空。石材加工的粉尘，弥漫到每个角落。房屋上，树叶上，都蒙了一层乳白色。路上有十几厘米厚的石粉，车辆经过，顿时出现"硝烟弥漫"，如临战场，在白石镇走上一遭，黑车立马变成了白色。行人不得不戴上口罩，在烟锁雾绕中穿行。人再热的天都不敢开窗，屋里的桌子上、床上时刻有厚厚的一层灰土。这样天差地别的巨变都来自创建森林乡镇。

创建森林乡镇为白石描绘出一幅水墨丹青的美丽画卷，奏响了一曲绿色发展的悠扬乐章，山东省森林乡镇这张靓丽的绿色名片正助力白石向百姓富生态美、经济发展与环境保护相互促进之路执着进发。

顺势而为，吹响森林乡镇建设集结号

白石镇五分之三以上属于山地丘陵，但是天然林极少，加之山上土壤、水浇条件差，山体绿化覆盖率不高，生态脆弱。境内石材资源丰富，是远近闻名的锈石之乡，由于长期采石开矿，严重影响了生态环境和空气质量，大气污染治理和环境保护形势十分严峻。我被选派到白石镇任下派工作队长，挂职镇党委副书记时，正值济宁市和汶上县大张旗鼓开展森林城市建设，并实施森林城市、森林乡镇、森林村居三级联创活动。

创建森林镇村，一方面可以增加森林面积，让老百姓抬头就见绿、出门有林荫、附近有公园，更好地满足对天蓝、山青、地绿、水净、空气清新的热切期盼；一方面能够培育发展经济林果、林产品加工、林下种养、生态采摘、森林旅游等绿色富民产业，壮大村集体经济，扩大就业，促进农民增收致富；还能普及生态文化知识，提高生态文明意识，丰富群众文化生活，完全符合派帮扶工作要求。所以，我就把创建森林乡镇、打造绿色白石、改善生态环境作为做好下派工作、推动白石发展的突破口和着力点。于是，在做好驻村联户工作的同时，我对村庄绿化和林业产业情况进行摸底调查，又对照山东省森林乡镇的评选标准，进行认真分析后，认为白石镇良好的森林资源条件和巨大的生态建设潜力，完全具备申报山东省森林乡镇条件。

我将申报山东省森林乡镇的想法向镇里主要负责同志做了汇报，他们对创建森林乡镇十分认可，并提到党委扩大会议上进行研究讨论。部分同志认为山东省森林乡镇标准要求高，评选数量又有严格限制，2017 年是首次评选，没有可参考借鉴的经验和方法，2018 年参照其他乡镇的成功经验再申报把握会更大一些。"通过开展森林乡镇创建，增加林木面积和森林覆盖率，形成完善的森林生态体系和防护屏障，能够有效改善空气质量、优化人居环境。山东省森林乡镇是一张重要的名片，代表了良好宜居宜业宜游环境和较高生态承载能力。谁先创建森林乡镇，谁就在激烈的区域竞争中占据主动，对带动招商引资、发展生态旅游和壮大林业产业具有重要作用。"经过我的极力争取，大家终于打消了顾虑，坚定了创建的信心和决心。

镇党委正式做出创建省级森林乡镇部署之后，我立即牵头相关部门起草申请文件和自查报告，并经过逐级审核后上报省林业厅，很快便收到了省林业厅的批复，成为全市最先提出创建申请的 7 个乡镇之一。森林乡镇建设涉及山水林田湖草综合治理，是一项系统工程，需要各个部门的合力推进和全镇人民的共同参与。镇党委在我建议下，成立了由主要领导任组长的创建领导小组，并召开动员会议进行宣传发动，迅速形成了上下联动、齐抓共建的工作格局，一场创建森林乡镇的攻坚战役在白石全镇打响。

规划引领，一张蓝图绘到底

科学编制规划是创建省级森林乡镇的重要内容，也是检查验收的硬性指标，如何尽快编制符合白石镇实际的森林乡镇建设规划是摆在我们面前的第一道难题。距离验收仅有半年多的时间，通过公开招标编制规划，程序多、耗时长，时间更加紧迫。我首先想到在我县创建全国绿化模范县时结识的一些专家、单位，通过他们推荐有资质、高水平的规划设计单位进行编制规划，这样既保证了规划编制质量，又有利于通过评审。在他们的帮助下，我们在最短的时间内就确定了规划编制单位。

编制规划前期需要现场调查、资料收集、现状分析评价，这是编制规划的关键。我全程陪同规划组走遍了全镇 27 个行政村和寨子社区，并深入昙山、卧佛山、核桃基地、茶园、石材园区、郭林景区等地实地调研，确保规划组能够准确掌握白石镇自然地理条件、资源禀赋、历史文化、经济社会等情况，为高标准编制规划提供基础数据。我还与水利、农业、国土、规划、住建、林业等部门沟通联系，争取相关部门支持配合，全面翔实地收集各类相关资料。规划初稿编制完成后，我又组织创建森林乡镇领导小组成员和有关部门召开座谈会，对规划文本进行修改完善，经过一个月的努力，规划文本顺利通过省林业厅评审。

这份《规划》立足"建设生态优镇，打造大美白石"定位，提出打造具有白石特色、宜居宜游的森林乡镇的建设目标，规划了西部经济林和森林旅游产业发展、北部平原防护林建设、东南石材园区绿化及修复、中部环镇林带建设的空间布局，确定了驻地绿地提升、村庄绿化提升、三网绿化、石材园区绿化、荒山绿化、经济林发展、森林生态旅游等11项重点工程，擘画出今后一个时期白石生态建设的美好蓝图。《规划》还对第一书记派驻村在内的重点村居的造林绿化、林业产业和生态资源保护提出了具体任务措施，为打造环境优美、生态宜居、产业兴旺的美丽乡村提供了行动指南。

实干担当，撸起袖子加油干

蓝图已经绘就，关键在于落实。只有让规划尽快落地，才能最终实现森林乡镇建设目标，让群众充分享受生态建设带来的福利。我按照《规划》确定的任务目标，结合当前存在的绿化短板，牵头制订了实施方案和工作配档表，明确了责任单位和完成时限，确保如期完成创建迎查任务，顺利拿下这块生态招牌。

道路绿化既是检查的重点，又是展现创建成果的重要窗口。我立即组织有关人员抢抓有利时机对镇内济北旅游大道、郭白公路等主要道路的绿化断档路段按原有品种、规格进行补植，增加镇驻地街道、广场的植物品种和景观层次，力求做到一路一景。荒山绿化一直是难啃的"硬骨头"，在山上人工造林成本很大，要加快荒山绿化，重点是解决钱和水的问题，白石镇结合山区综合开发，实施引水上山工程，极大改善了山上水浇条件。为有效解决钱的问题，我积极向镇党委、政府出谋划策，利用自身优势向农口部门协调争取国家、省市项目资金，相继争取到各级创建森林城市重点项目、退耕还林还果项目、森林植被恢复项目和森林抚育项目以及推水上山项目，共协调各类资金近千万元，300亩荒山绿化任务也纳入济宁市万亩荒山绿化示范工程，一定程度上缓解了资金压力，推动了荒山绿化进程。石材工业园是白石镇粉尘污染的主要来源，前期虽然进行了绿化，但是林带宽度不够、标准不高，抑尘效果不明显。我根据《规划》提出的绿化缺口，结合济宁市重点区域绿化技术导则要求，组织编制了石材园区绿化方案，在园区外围选用大规格常绿乔木树种，构建宽度30米以上的防护林带，在生产区域采取高大乔木和低矮灌木、花草相结合的方式，形成兼顾生态功能和景观效果的绿色屏障，确保起到全年阻尘抑尘的作用。村庄绿化是森林乡镇建设的主要内容，针对当前白石镇村庄绿化方式单一、绿化不平衡的情况，我根据不同村庄的自然条件和种植传统，坚持因村制宜、适地适树，引导有经济林种植基础或地势起伏的村庄发展核桃、板栗、樱桃、柿子等经济林，平原村庄利用房前屋后、隙地空地进行四旁绿化和围村林建设，社区绿化注重见缝插绿、提高绿化档次。尤其要求第一书记派驻村积极建设绿地游园，对原有广场实施绿化改造，栽植乡土乔木并适当配置常绿灌木和花草，配套休闲设施和健身器材，为群众提供休闲游憩空间。

辛勤耕耘，玉汝于成。2017年底，白石镇政府郑重向省林业厅提出了山东省森林乡镇的验收申请，省林业厅检查组经过实地查看和查阅资料，给予白石镇高度评价，并于2018年初授予白石镇"山东省森林乡镇"荣誉称号，为白石增添了一张沉甸甸的绿色名片。我们相信，白石人民将在绿水青山就是金山银山的理念引领下，坚持生态优先、狠抓生态建设、厚植生态优势，开启一段森林之乡的崭新篇章！

引水种果润民心，五化提升助旅游

第一书记

张延续 2017～2018 年度，任汶上县政协驻白石镇寨子社区第一书记。

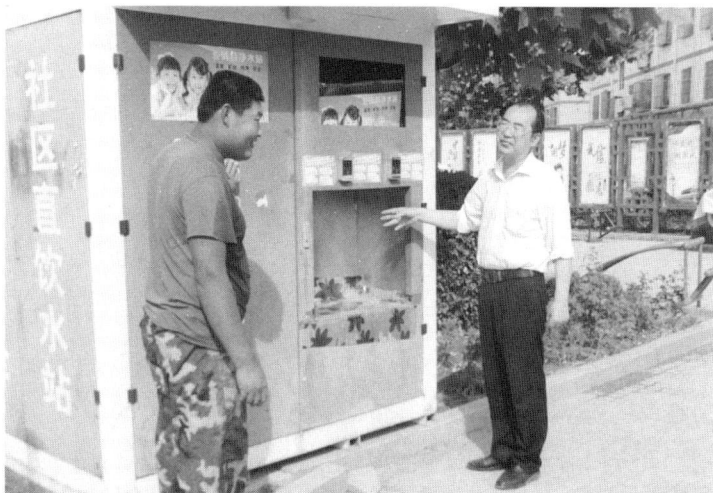

2017 年 6 月 3 日，白石镇寨子村马继泗家中，随着合上电闸，机井电泵发出均匀的轰鸣声，一股股清洌的井水喷涌而出，人群中发出"来水了，水来了"的欢呼，村民们的脸上洋溢着笑容，大家纷纷用掌声表达自己的喜悦和感激之情。"水曾经是寨子村人心中最大的痛，古有白英点泉引汶河，今有张书记引水润民心。"马继泗说。

2017 年 3 月，我被组织部选派到该村担任第一书记，然而进村的第一天，我就了解到村里的用水情况，随即马上与原单位积极协调，并且多次与县水利局沟通。在第一书记座谈会上，我也将寨子村吃水用水困难的现状向县政协闫波主席做了汇报，闫波主席专程带领县水利局的领导和工作人员下村考察，并提出了尽快解决的要求，争取了派出单位资金以及水利部门资金，雇用挖掘机和铲车，在村里进行了水源的寻找和探测。2017年6月，在5公里以外的李庄村打了一眼井，并铺设管道将水引入寨子村。8月底，引水工程胜利完工，寨子村多年来的吃水困难得到了彻底解决，村民为此欣喜若狂。

水有了，就能发展种植业了。寨子村在山区，石多、地少、土层薄，种粮难丰收。眼看守着大山却没收益，支部一班人心急如焚，带领大家脱贫致富的愿望越来越强。说来议去，路子还是靠山吃山，但观念要变，关键是找准产业、调整结构。

我与村支部书记王曰恒邀请农林技术人员来考察，确定这里土地贫，海拔高，日照充足，昼夜温差大，适宜果品种植。于是，党支部将致富的出路定在"大力发展林果生产"上。喊破嗓子，不如做出样子。为进一步打消群众疑虑，支部班子、党员带头种果树……在党员干部的带领下，群众发展果品生产的积极性逐步高涨了起来。

按理说，有了果品的增收，寨子村也该满足了。可致富道路上的思想观念转变，让他们看到了新的天地、充满了新的力量。在一次县里组织的支部书记培训班活动中，我和王书记发现南方一些乡村利用环境资源发展乡村旅游，搞活了经济，增加了收入。回去和党员及村民代表们一描述，大家触动很大，萌生了借力山水环境大力发展生态旅游的念头。好山好水好发展，村里专门聘请省三维旅游设计院进行专业规划设计，依托自然风光，突出山、水、林、果、石等自然元素的五化提升，建设特色民居，整治村庄环境，融入昙山美丽传说，打造生态旅游项目。项目之外，及时成立旅游专业合作社，统一对游览观光、食宿服务等进行规范运作，提升对外形象，打造旅游品牌。

除了解决吃水和果树问题，我看到村里还有不少留守妇女、贫困户，就想着为村里的留守妇女、贫困群众解决就业问题。寨子村在外务工300余人，留守老人、妇女、儿童、贫困户较多，村内许多留守妇女要照顾孩子，不能外出打工，但农闲时又无事可做。考虑到手工艺加工是劳动密集型行业，我多次考察联系，最终引进汶上喜气洋洋婚庆用品有限公司入驻。"俺没上过几年学，也没啥手艺，原来一直在家待着，多亏了张书记，帮村里建了这个项目，现在一个月能挣1000多块。"寨子村王凯琳说。

如今的寨子，是2017年"山东旅游特色示范村"，大山之中，青山依依，流水潺潺，人在村中走，如在画中游。

第一书记的"石碾情怀"

第一书记

徐蒙蒙　2017～2018年度，任汶上县扶贫开发领导小组办公室驻白石镇红沟崖村第一书记。

2017年4月，我带着组织和单位领导的嘱托，带着对驻村工作的热情，带着对农村陌生环境的新奇，到白石镇红沟崖村，开展为期两年的第一书记驻村工作。从城市到农村，从办公室到田间地头，从手握笔杆到拿起锄头，生活环境和工作方式都发生了深刻变化，对没有搞过农村工作的我来说，确实压力非常大，一切工作都从"零"开始。

第一天的走访，让我感觉有些异样，我跟着村干部，拿着笔记本，走到每家去，村民们都是看看村干部的脸，再看看我的本儿，不论你问什么问题都是"好好好""是是是"。这是怎么了？既然都这么好，为什么红沟崖还是省级贫困村？这让年轻的我百思不得其解，彻夜难眠……

在村里住的第一天清晨，我被"吱嘎吱嘎"的响动惊醒。起来一看，村委会大院旁边有一盏古朴的石碾，石碾由碾盘、碾砣和碾架组成，碾盘为平板石材，四围有护沿，碾盘的中央是碾砣；碾架是由四根方木做成的方框子。碾盘中间凿穿，安一根圆木插在碾架内侧；碾砣两边中间各有深深的窝，用于含碾架上用于制动的铁棍。推碾子的时候，只要在碾架后方绑上一根碾棍，就可以轻松地把石碾向前推。当时有一位50多岁的大叔在轧豆扁，在城里不常见石碾，我走近去看。"你是干嘛的？"他警惕地问。"我是咱们村刚来的第一书记。"我扶了扶眼镜说。"第一书记？和我们村里书记，你们谁官大？"老汉幽默地问。"县里派我们下来，不是和谁比谁官大，让我们来帮助老百姓解决问题扶贫致富的。"我的话让他脸上掠过一丝惊喜，随后又满是狐疑："你一个坐办公室的小青年，能帮我们干啥？""这话可问不住我，咱可是经过培训的。我就是县里扶贫办公室的，县里支持我啊，并且我们这一批派下来的伙计们都是各个部门的领导，到哪里办点事都行，全县都帮咱村，还有干不成的事？""你就吹吧。"他哈哈大笑。看他推得有点吃力，我凑上前去说帮他推，他没有客气，让出了一个碾棍头儿，我们手把同一根碾棍儿，脚踩同一个碾道儿，老汉的话匣子就打开了……

原来他曾经也是村干部，谈到村里的情况和各家各户，他如数家珍，和盘托出。红沟崖是省级贫困村，全村236户有19户是贫困户；集体经济几乎为零，多年来基础设施落后，村委会几间办公室破旧漏雨，党员活动没有阵地。村里接近40名党员，党员数量多，年龄大，年轻的大都外出打工，平时不常回来，没有像样的组织生活。他看不惯老党员们开会交头接耳、抽烟、随意出入会场。村里底子薄，农田水井供水不足，春耕春旱时期土地浇不上水……

直到日上三竿，我感觉比昨天一天走访了解的情况都多。"我姓王，家就在村东头，跟我回家吃去吧。"老汉背起半袋豆扁，发出了热情的邀请。"不了，以后一定去。"我目送老汉的背影，呆呆地望着朝晖下的石碾，陷入了沉思：和老百姓打交道，就和这石碾一样要实打实（石打石），只有把包驻村当家乡，把包驻村群众当家人，把群众的事当家里事，俯下身子，脚踏实地开展工作，与群众打成一片，才能真正做好驻村工作。

除了做好驻村工作，我有空就去石碾旁坐坐，趁村民碾磨东西的时候过去坐会儿，帮忙碾会儿，顺道拉拉家常，借助这个"桥梁"拉近与村民的距离。

在石碾旁，听了大家对村干部的意见，我决定帮助加强村"两委"队伍建设，把素质好、能力强、头脑活、有号召力的党员群众推选进村干部队伍中，选好村级发展带头人。配强班子，选好配强"领头雁"，村级集体经济发展需要强有力的村班子来做支撑。发展预备党员1名，培养村级后备干部2人，切实解决"有人办事"的问题。争取村级活动场所修缮资金5万元，修缮村级办公场所，更换办公家具，建设党员活动室，为村委会捐赠复印机等办公设备，村级办公条件得到极大改善。将村级活动场所打造成为群众服务的平台和基层组织建设的坚强堡垒。

在石碾旁，听到了对村里环境的意见。针对村内人行道破损严重的问题，决定利用第一书记帮扶项目资金，对村庄主干道两侧人行道修补路沿石、花砖约2000米，修护损坏的道路两侧绿化带，对村内主干道两侧墙壁进行粉刷，达到美化村庄，改善村民居住环境的目的。积极协调，争取到全县北部山区道路建设项目，修建了镇政府至红沟崖村南北路，新建四级水泥公路2.3公里，从村至镇政府驻地可缩短近4公里路程，极大地方便群众出行，为村内发展提供良好基础条件。

在石碾旁，知道了村里农田浇不上水。进而积极争取基础设施扶贫资金10万元，新打15米岩芯井4眼，并配套井房、变频器等电力设施，埋设输水管道2000米。村里的农业生产灌溉条件得到极大改善，为农业产业结构调整，发展现代农业奠定良好基础。积极协调县科协，争取到科协精准扶贫专家项目在村落地。组织县农业专家，到村开展科技扶贫行动，进村入户到地头、到田间，为群众现场讲解科学种植技术，提供种植技术服务，开展配套技术培训，帮助发展特色主导产业，促进广大农户增产增收。

在石碾旁，听到最多的还是各家各户的家务事。村民孔德俊的妻子于2017年下半年查出患有白血病，半年的时间住院就花费了20余万元。孔德俊以前在外地打工，两个女儿已经出嫁，一家人的生活虽说跌跌撞撞，但还算过得去。2017年起，妻子时常感到身体疲劳，支撑不住，后来甚至到了经常昏迷的地步。一家人跑县城、跑济宁、跑省城，最终确诊是急性白血病，这一消息彻底把老孔的精神防线击溃了，仿佛天就要塌下来了。面对昂贵的治疗费用，家里几万元的积蓄很快就用完了，亲戚朋友能借到钱的都借了。看着躺在病床上的妻子，老孔经常暗自流泪。第一次到老孔家走访时，看到他家的状况，我的鼻子酸酸的，喉咙里就像被一团棉花塞住了一般。我立即与乡镇相关部门进行了沟通、协调，跑手续、递材料，成功为老孔一家办理了低保，申请了大病救助，向他宣讲了最新的扶贫政策，鼓励他要往前看，勇敢面对生活上暂时的困难，树立生活的信心，老孔一家重新燃起了生活的希望。

在石碾旁，我了解贫困户情况比档案上更动态，对贫困群众致贫原因，因人施策，因户施策，制订合理的帮扶计划和帮扶措施。在中秋节、春节期间，为贫困群众送去了食用油等慰问品，切实把党和政府的温暖与关怀送到困难群众心坎上。了解到4名残疾群众缺少轮椅、生活出行不便，工作组积极协调县残联，争取到4辆新轮椅，发放到残疾群众家中。"老吾老以及人之老，幼吾幼以及人之幼"，针对村里贫困户大部分是鳏寡孤独老人，2017年6月在村举行"金晖助老"青春扶贫志愿者行动启动仪式，组织县佛都志愿者协会到3户贫困老年人家中，为他们送去米面油、蚊帐、电风扇等慰问品，现场为老人免费配老花镜、修理家电、清扫卫生、整理家务等，改善了贫困老人生活条件。

古老的石碾，是石器时代人类从野蛮到文明过渡的津梁，有了它，人类摆脱了手抠石砸的生活方式；今天的石碾，是牵动记忆的神经，是高度现代化的绿色回归。红沟崖的这盏石碾，对于我，曾经是一处难以企及的风景，现在是一种驻村的情怀、驻村的记忆，她沉静朴实，像红沟崖的一方百姓，像我驻村历练的成熟心境……

一切为了群众的民生福祉

第一书记

周忠华　2017～2018年度，任汶上县委群众工作部（汶上县信访局）驻白石镇武村第一书记。

　　2017年6月24日一早，汶上县白石镇武村村委会大院前熙熙攘攘，村里的老党员正依次享受免费体检服务，温暖氛围弥漫在清晨的村委会大院。"年纪大了，出门不方便，没体检过。这次周书记把专家请到了家门口，让我们感受到了党组织的温暖和关怀，俺心里很感动，感谢我们的第一书记。"武村老党员贾存善说。

在七一建党节来临之际，汶上县委群工部驻武村工作组邀请县人民医院的专家团队到武村，为武村37名老共产党员进行了健康体检，同时对困难党员进行了走访慰问，为党员们送去了节日的关怀。为让每名老党员都能感受到党组织的温暖和关怀，对村内行动不便的老党员安排专车接送，并且对瘫痪在床无力行走的老党员入户检查；对流动老党员，根据实际情况另行安排体检时间。此次活动提前将体检时间、安排、携带资料和注意事项通知到每名老党员。体检结束后，及时将体检结果送到本人手中，并建立回访制度，定期组织医生开展回访，上门进行相应健康指导和定期检查。

这已经是驻村工作组入村以来第5次活动。2017年4月，组织选派我到白石镇武村担任第一书记。虽然近几年农村群众的生活条件逐步得到改善，但武村仍然是个省级贫困村，经过几轮的帮扶，村里的道路和村里的办公条件有所改善，但村级经济发展和群众生产生活水平提高不快，由于各种原因，还有相当一部分家庭特别贫困。我感觉肩上的担子很重，自身压力很大。

2017年6月2日，我冒雨走访，无论是在村民家中或是屋檐下，我们讲政策、送信息，村民们表现出极大的理解和热情；我们访民情、收集民意，村民们也很主动。我们谈到了家园建设，谈到了救灾救济，谈到了产业发展，谈到了惠农政策的宣传……这些都是村民的所思、所想、所盼。那淳朴的表情、质朴的语言、简朴的方式，都是以往我们听汇报、看介绍、读材料所无法得知的情况，这些民生问题都是现实问题。

经过两个月的努力，我对全村260户全部进行了走访，在掌握村情民意的基础上，以改善群众民生福祉为切入点，制订了两年驻村帮扶计划。首先要发展致富主导产业，发动群众共同努力，利用本地资源优势，通过石材企业就业、纺织加工、淘宝手工引进等，使农民群众早日致富起来。其次是改善基础设施。从道路、水利和"一事一议"项目建设上多渠道争取上级资金、政策的支持，争取早日硬化村道道路、解决村民饮水难问题。再次是要拔穷根，摘穷帽，改善人居环境。根据制订的帮扶计划，我们坚持从一点一滴的小事做起。

为群众致富增收提供帮助，我积极与县图书馆联系，为武村协调书橱

4个、书桌4套、图书1000余册，村里学生放学后和周末可以到村图书馆浏览课外书籍，部分群众还通过阅读种植养殖类书籍开始了规模化芦花鸡养殖业务。为推进北部山区开发，我们邀请了广州某设计公司为昙山开发进行了规划设计，出具了详细开发方案，得到镇党委、政府和当地群众的一致好评。2018年昙山及周围5个村庄纳入了山东省绿化示范建设框架，我们设计的开发方案也被采纳，能为周围村庄的绿化建设贡献一份力我们感到很欣慰。为促进武村经济社会大力发展，我和村支部书记邀请武村籍20余名老干部回武村老家座谈，座谈会上老干部给我们提出了很好的帮扶建议和工作思路，勉励我们扑下身子，从小事做起、从群众最关心的事情做起，多与群众和村委会沟通，多向白石镇党委和派出单位汇报，争取对工作的最大支持。

加大基础设施建设，提升为民服务水平。武村是省级贫困村，根据相关政策，工作组积极对接县环保局，投资17万元在村内建设了人工湿地净化项目一处，借此机会对村内部分下水道进行了疏通和整修，解决了村内排水困难和水质污染问题。其次，工作组积极与白石镇村建办和县住建部门对接，为4户群众争取了危房改造。武村60岁以上群众有269名，独居老人30余人，为了更好地照顾这些老人，让他们感受到社会的温暖，我们工作组积极向县民政局申请，为武村建设互助养老院一处。该项目规划占地两亩，建筑面积近500平方米，总计划投资25万元。我们召开了党员代表大会、村"两委"会议和群众代表大会，向群众解释该项目建设的意义。通过白石镇村建办招标了建设队伍，完善了相关建设手续，聘请村里群众担任监督员，全程参与施工过程。目前幸福院建设主体工程已经完工，弱电铺设项目2018年5月建设完毕。同时我们实施了第一书记项目，通过"一事一议"程序投资10万元建设群众文化健身广场和百姓大舞台一处，增加了群众活动面积。

武村有贫困户29户58人，目前已经脱贫27户，还有2户7人未能脱贫。为了尽快实现脱贫和防止返贫，工作组与汶上县三德新能源公司联系选定部分贫困群众利用闲置屋顶进行光伏发电，目前有5户实现了并网发电，该项目每年每户可增收1600元。其次，工作组和村委会积极到白石镇石材企业考察，推荐群众上山打工，目前村内已经有30余名群众实现就业。工作组还与淘宝实体店联系，引进手机、钥匙挂件编绳项目，目前有12名群众在自己家中参与编绳工作，每天收入60~80元。壮大村集体经济方面，武村现有儿童玩具加工厂一处，效益较好，但是厂房面积较小，为帮助其扩大规模，村里召开了党员会议和群众代表会议，通过出租原村委会大院解决了其经营场所问题，村集体经济收入也实现了"脱壳"；其次，武村现有核桃种植面积500余亩，整个白石镇种植核桃面积1万余亩，因技术管理和销路问题制约，核桃效益一直没有凸显，为破解这一难题，工作组与山东农业大学联系，邀请了林学院教授、博士生导师杨克强一行来白石镇调研核桃产业发展，并成立产学研基地，助力武村乃至汶上核桃产业做大做强。

武村及附近两个村（郭林村、兴华寺村）均没有幼儿园，三个村人口约3000人，适龄儿童50余人，家长每天接送学生到西岗村要来回八趟，行程30公里，不仅浪费时间，路上也相对不安全。为了孩子能就近接受教育，2018年初，我们工作组按照两年工作规划，通过白石镇教育办公室积极向县教体局申请新建高标准幼儿园一所。

群众对美好生活的向往就是我们驻村工作组的奋斗目标。互助养老院的建成使用解决了部分群众的养老困难，幼儿园建设在即，给孩子们的健康快乐成长带来了盼头，文化广场的建成使用进一步丰富了群众精神文化生活，村级场所更加干净卫生，群众精神面貌焕然一新，民生得到很大程度上的改善。

也许是一种缘分，当成为这个村第一书记的时候我就下决心要把武村当作自己的家，要让这个家变得越来越美，让这个大家庭的每个人变得越来越幸福。驻村工作一年多的时间，我已习惯了这里的一草一木，熟悉了村里的每一个人，一直都在尽力为百姓做点儿小事，也无时无刻不被百姓的淳朴所打动。我庆幸，生命中拥有这样一段岁月，为这片土地、这方百姓做事，我将尽最大努力带领群众在充满阳光的小康路上大步前进……

用心丈量民情，用爱谱写真情

第一书记

陈圣华 2017～2018年度，任汶上县司法局驻白石镇郭林村第
一书记。

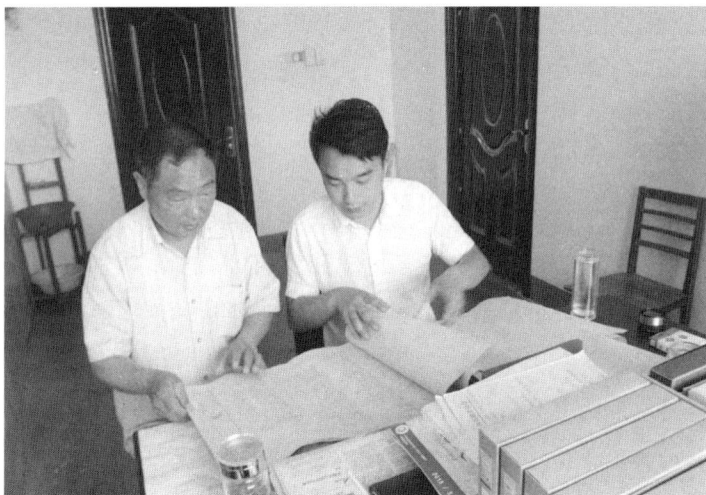

"我们应尽快安装好小广场路灯，更好地方便群众出行啊……"2017
年6月23日，陈圣华正在和村"两委"成员商议小广场安装路灯事宜。
陈圣华进驻村子工作，每天都是繁忙的，他将自己当作汶上县白石镇郭林
村真正的村民，他进驻贫困村真蹲实扶，为帮扶村出点子、争项目，宣传
方针政策，帮助改善民生，加强基层组织建设，与群众打成一片，用心丈
量民情，用爱谱写真情，谱写了深入践行群众路线的生动篇章。

2017年初，陈圣华响应县委、县政府号召，积极到白石镇郭林村任第

一书记。陈圣华和其他驻村干部召开村"两委"班子会议，对村党员干部、村民代表进行了走访，了解郭林村工作开展情况；随后深入群众进行调研，特别是针对贫困户、低保户等弱势群体进行重点走访，了解群众关心的热点难点问题和村"两委"工作存在的困难和不足；根据走访情况总结郭林村存在的困难和问题，制订切实有效的帮扶方案。

通过与广大党员干部促膝谈心，了解到郭林村虽然通过上级的帮助和全村上下的努力，解决了村民吃水问题，但是，农业用水困乏，农作物需水量供不应求。又因为信息闭塞，缺乏宣传力度，村千亩核桃园项目产品销路不畅，群众怨声载道，再加上严重缺水，见不到利润，出现少数群众毁树返田现象。郭林村支书提出的明朝郭朝宾尚书林生态村旅游项目还没开发。

为了尽快开展工作，在陈圣华的带领下，驻村工作组坐下来与村"两委"成员充分沟通，对工作进行了分工，就下一步工作如何开展，统一了思想，达成了共识。2017年5月开挖进军渠，疏通河道，为引水上山做准备。为了解决郭林村农作物用水困难问题，白石镇党委、政府协调上级部门给郭林村打了几眼井，但由于地下水缺乏，上水量小，并不能解决村民实际用水问题。陈圣华意识到再打井也只是杯水车薪，正在无路可走时，与其他干部偶然谈论起邻乡某村"引水灌溉"工程的事，不禁想到郭林村为什么不试一试呢？于是，陈圣华召集党员干部研究此事。经过大家讨论研究，原来郭林村有进军渠通往现在的河道，但进军渠常年失修，已被堵塞，如能疏通，便能够解决郭林村农作物用水问题。陈圣华带领党员干部沿进军渠一路考察，深思熟虑，确定项目后，积极向白石镇党委、政府主要领导汇报，得到了白石镇党委、政府领导的支持，领导要求好事办好。白石镇党委、政府拨付10万元用于进军渠的开挖疏通。

项目好定，真正实施起来却是难上加难，陈圣华压力山大，第一次感觉到领导交办的任务的繁重。陈圣华带领村干部一道跟项目，跑施工，没日没夜，有段时间吃住都跟老百姓在一起，很多村民都很亲切地喊他"老陈"，他乐不彼此。功夫不负苦心人，经过一个月的奋战，进军渠疏通开挖工程圆满完成。

有水了那就要发展经济，陈圣华在郭林村原有美丽乡村建设的基础上，打造"尚书"名片。利用公众号、网站等多种媒体，结合汶上县"小县不大四尚书"的影响，加大郭林村"尚书"特色宣传力度。为打造"尚书"名片，在镇党委、政府和上级有关部门的大力支持下，协调中央环保资金50余万元，在村东尚书墓前200米处新建水库及健身广场一处；又利用第一书记项目资金为郭林村在小广场安装景观路灯48盏；紧跟着"锦上添花"协调资金15万元，在郭林尚书门前硬化路面150米。为景区配套了辅助设施，扩大了景区规模，便利了景区的交通，不但丰富了郭林村群众的文化生活，而且促进了景区景观的旅游开发。

陈圣华作为驻村书记，但是没有忘记镇里的工作，他把镇村工作都当成自己的事情。放眼全镇，陈圣华利用人脉资源，积极配合镇领导开展招商引资工作。陈圣华打听到他的一个外商朋友在上海开办重工机械公司，这位外商朋友要择地投资。他积极与外商朋友联系，邀请外商朋友来白石镇考察。并积极向白石镇党委书记汪林汇报，汪林同志非常重视，迅速与外商进行了接洽。经过多次外出考察、协商，与外商终于达成意向。陈圣华陪同外商跑遍汶上县适宜项目的地方进行考察，在县委、县政府和镇党委、政府的大力支持下，将上海迪格重工机械有限公司引进白石镇，现已落户汶上县经济开发区，新注册山东迪迈科技有限公司，注册资金1000万元。

"两年的驻村时间很短，但很充实。既然组织让咱们来了，咱们就要出点力，要尽最大努力去做，不辜负党委、政府的嘱托和广大群众的期盼。2018年3月白石镇郭林村'推水上山，节水灌溉'项目工程开工，预计总投资800万元，该项目建成后能够彻底改善郭林村及周边几个村地下水源问题。"陈圣华如是说。就是这样一位年过半百的第一书记，郭林村的特殊村民，用"进入白石门，就是白石人"的实干精神，在农村默默付出着，用实际行动展现了"为人民服务"的情怀。

"老乡镇"和他的七名"第一书记"

工作队长

韩　磊　2017 ~ 2018 年度，任汶上县苑庄镇党委副书记（挂职）、下派工作队长。

　　我曾经在乡镇工作多年，按照县委工作安排，2017 年 4 月，被选派到苑庄镇担任下派工作队长，挂职党委副书记。又来到乡镇工作，面对工作环境和工作同事似曾相识，感到非常亲切。对于农村工作经验虽然我有一些发言权，但是这次不同的是我要领导 7 个驻村工作队做好驻村帮扶工作，我思索最多的是如何发挥 7 个驻村工作组的合力，挖掘他们的潜能，让他们在为期两年的驻村工作中既自己有所获，也能为群众办实事。

上好"驻村第一课"

苑庄镇7名驻村第一书记之前都没有在乡镇基层工作的经验，对于农村现状了解得较少，但头一次当了村干部，一下子成了驻村第一书记，心里都十分兴奋，大家都表现出信心很足的样子。他们对于开展好农村工作虽然信心很足，其实都没有太多的实底。在第一天到镇报到时，我召集大家开会，大家已经开始互相称呼"第一书记"，并互相鼓励说："第一书记可不是只说着好听，来了就要为村里干出点名堂来，不然对不起组织给予的这个称号。"大家你一言我一语，各抒己见，高谈阔论。有的说招商引资为村里建工厂让村民致富，有的说建设蔬菜基地或养殖基地一样让村民致富，大家的点子越说越多。在热烈的讨论中大家都放松了许多，并对我说："韩书记，请放心，我们7名第一书记不会给咱苑庄拖后腿，一定干出成绩为咱们工作队争光。""韩书记是老乡镇干部给我们说说农村工作怎么干？"

第一次和这7名第一书记接触，我就感觉这是一个非常积极向上团结的集体，他们热情、阳光、积极、团结，但对于做好农村工作他们需要学习的的确很多，他们的积极性要鼓励，可农村工作不是说在嘴上，更多的还是需要脚踏实地从基础做起。我说："我在乡镇工作年数较多，对于乡镇工作有一定经验。刚才大家的想法都很好，需要一步一步做起。我觉得今天是大家当村干部的第一天，从今天起大家就要把自己当成村里人，吃住在村，与村'两委'成员见面，走访老党员、走访群众，要家家到，户户见，对于村情民情全面掌握，尽快融入村里，多倾听村民的需求，多征求村民的意见。只有这样清楚了解了村情民情，你们才算真正成了村里的一员，也才算走出了当村干部的第一步。"大家听得认真，都记在了心中。第一次会后，我每天都会听到各位第一书记汇报他们走了几户，见了几名党员和群众。为更有针对性地学习掌握好驻村领导工作、履行岗位职责所必备的各种知识，努力使每位驻村成员真正成为行家里手、内行领导，我采取"学中干，干中学"的模式抓学习促工作。每周召开一次专题会议，由我带领全体驻村工作队员认真学习贯彻各级系列惠农政策，学习贯彻县委驻村联户工作文件精神，并要求大家带头讲政治、守规矩，始终做到"心中有党、心中有民、心中有责、心中有戒"。在抓好学习的同时，更加注重理论联系实际。我经常深入各驻村工作组，广泛接触村"两委"干部和群众，通过召开各层次会议，听取群众和基层干部的意见，帮助各工作组制订切实可行的工作目标和计划，使驻村帮扶工作成为人心所向。同时把驻村工作打造成提升自己的舞台，珍惜下派这一机遇，虚心向身边人学习，注重学习基层干部丰富的实践经验，取长补短，提高解决实际问题的能力，促进驻村联户工作良好开展。

第一书记讲党课

每月5日，苑庄镇组织党员活动日，在这一天新上任的第一书记们也要讲党课。由于7名第一书记都是第一次讲党课，从来没有讲过，没有经验，怕讲不好群众笑话，他们到我这里要求给他们开个小灶，加加班，训练训练。我告诉他们，第一书记的党课不但要讲，还要讲出水平，让群众信服，通过党课树立起第一书记的良好形象。讲党课不是照本宣科，要结合农村实际，把党和国家的大政方针，通过通俗易懂的话和鲜活的事例，像拉家常一样讲给群众听，让群众感觉亲切可信，这样咱的党课才能有效果。大家都准备好自己的党课，我们工作组一个一个地听，一个一个地点评，相信大家会上好这第一次党课。听了我的话，大家都有了更大的信心。经过大家认真积极准备，7名第一书记都圆满完成了自己的第一次党课，收到了良好的效果。

抓好村级班子建设，巩固党在农村的执政基础，是驻村工作首要任务。通过组织开展第一书记上党课、开展党员活动日、组织党员培训等活动，实现组织生活经常化制度化，使党员干部的服务意识、创新意识、廉洁意识不断增强，村班子战斗力显著增强。我还组织开展主题走访活动。对每次大规模的主题走访都做到精心组织，周密部署，确保活动真正访民情、解民忧、惠民生。做到走访前下发明白纸，明确走访任务和要求，走访中及时督导调度，杜绝走形式、走过场。走访后及时收集群众诉求，对征集到的意见和建议进行汇总、梳理、分类，分解到各职能部门，限期对群众的诉求进行化解和解决，有力促进了党在农村各项方针政策的贯彻落实，提高了群众的满意率。

一年多来，全镇联建单位和各驻村工作组累计为村筹集协调各类帮扶资金近80万元。新建文化广场、百姓舞台2处，修缮村级办公场所6处，修建排水沟3400米，铺设自来水管网主管道780米，更换自来水表310个。埋设地下管涵200米，安装路灯60余盏、健身器材20余件，种植绿化树800余棵。新建、完善农家书屋3处，送戏下乡10多场，放映电影12场，组建广场舞文化队伍7支。健康体检760余人次，为困难群众和留守儿童送去了帮扶资金和物资。

不知不觉，驻村工作时间已过去一半多，所负责的驻村联户工作虽然有了一个良好开端，但与上级要求和群众期盼还有许多差距和不足。下一步，我将以更加务实的态度，更加进取的精神，切实加强勤政建设，不断提高工作效率和服务水平，圆满完成驻村帮扶工作，为乡村振兴贡献我们驻村人该有的力量。

驻村助提升，扶贫富乡亲

第|一|书|记

曹令臣　2017～2018 年度，任汶上县人力资源和社会保障局驻
苑庄镇作里村第一书记 。

"咱村第一书记带我们脱贫致富，还给我们上党课，这可不能迟到！"
苑庄镇作里村党员老王看到村里不少党员边走边兴奋地说着话，很是不
解。"老王快点，快来上党课。"村支书看到老王说，"驻村第一书记曹令
臣给咱上党课，这可真得去听听。"

这是我驻村以来印象最深的场景。作里村举行的那次第一书记上党课
活动，是当时学习党的十九大精神活动的一部分。驻村以来我以每月的党
课活动为载体，丰富活动内容，创新活动形式，凝聚党员力量，给村里带
去新时代的声音，传递发展的正能量。

我从党的发展历程和如何认真学习党章党规、习近平系列讲话精神，

坚定理想信念，做一名合格党员以及以党建促精准扶贫等方面做了专题党课。鼓励全村党员要以精准扶贫工作为契机，认真抓好村内工作。一是抓好学习。深入开展十九大报告关于"三农"的内容学习教育，学党章，提高党性修养，强化为民服务意识；学习习近平总书记系列讲话精神，统一思想，转变作风，做敢于担当，狠抓落实的践行者。做合格党员是目标，让全村党员形成"人人肩上有担子，个个出力谋发展"的良好氛围。二是要以学促干。将学习与精准脱贫、村内基础设施建设、危房改造、集体经济发展、为村民服务工作有机结合，党员发挥先锋模范作用，打好精准脱贫攻坚战。三是协助党委加强基层党员管理。做实做好"三会一课"、民主议事、党员活动日、服务型党组织创建活动，全村上下齐心，共建秀美、幸福、诚信、和谐新作里，同步建成小康社会。

每次党课结束后，大家都围绕党的十九大报告中振兴农村经济等内容，你一言我一语，分别发表自己的看法。通过上党课方式，帮助村党员了解政策变化，提高村党员的思想认识，对村里的帮扶从"输血"式改为"造血"式。村内党员已经意识到共产党员作为人民群众的一员，要时刻牢记自己的身份和使命，决心以严的标准、务实的作风，走在前列、做出表率，同时，他们以"宣传员"的身份，对内和对外宣传，弘扬正能量，多发好声音。另外，村"两委"已开始着手一手抓好精准脱贫，一手抓好党建工作，形成了一个坚强有力的领导集体，带领群众致富。

落实各项扶贫政策，因地制宜开展帮扶。（1）组织慰问。一年多来，共组织了4次慰问，解决贫困人员的应急困难。2017年5月看望贫困户10户，每户送去200元慰问金；6月资助贫困学生10名，给他们发放了书包、作业本等文具；7月慰问困难党员2人，每人500元慰问金；2018年春节前慰问了10户困难群众，给他们送去了过年急需的米、面、油。（2）邻里帮扶。号召全村共产党员发挥模范带头作用，要求党员就近帮助贫困户解决日常生活生产困难，党员个人不能处理的及时向村委会汇报，由村委会集体协助解决。（3）鼓励创业就业。对于有部分劳动能力的贫困人员，积极鼓励他们创业就业。缺少资金的，积极动员他们申请精准扶贫贷款，该项贷款免利息免担保，是人社部门的一项扶贫政策。争取的精准扶贫帮扶资金2万元已到位。（4）落实优惠政策。在走访的过程中，宣传中央、省、市、县开展精准扶贫工作的政策，根据每户的不同情况，争取将国家的各项优惠政策落实到贫困人员身上。建立健全各项规章制度，制作惠民政策图版 8 块，县人社局拨付帮扶资金 2 万元。

为发展壮大村级集体经济，管好用好集体资产，确保集体资产保值增值，根据本村的实际，我和村"两委"集思广益，带领村"两委"拓宽增收渠道，发展村级经济，增加集体收入。（1）立足资源优势，拓宽发展集体经济主渠道。一是统一组织集体资产资源的开发和利用，盘活集体存量资产；二是组织社会化服务，推进农业产业化经营，采取有效形式合理组织生产要素盘活集体资产。（2）落实股份合作制，村集体经济组织与村民联合，让入股村民的土地、人力和村集体的资金、信息等各种资源实行统一经营调配，实现效益的最大化，着力解决多年来存在的人地矛盾突出的问题。

丰富乡亲精神文化生活。增设文化活动设施，完善了百姓大舞台。申请第一书记项目资金 5 万元，完善了作里村文化广场绿化、舞台建设，为作里村建设了两个篮球架，方便村民健身。针对村民反映村里文化活动少，邀请济宁市艺术剧院一行 20 余位艺术人员在村里举行专场惠民演出。协调 10 套服装道具，丰富了群众文化生活。

广场建起来了，村民们有了休闲和健身的好去处。我根据村民在广场上比较放松的特点，提出了把"夜访夜谈"变为"广场夜话"。将听取百姓声音由家中转移到广场上，真正让老百姓反映出自己的心声。2017 年在作里村进行"广场夜话"访谈时，村民就向我反映他们对惠农政策及新农村建设方面的政策一知半解。针对这个情况，我制作了惠农政策及新农村建设方面的政策宣传栏，内容包括居民养老保险政策、居民医疗保险政策、小额担保贷款政策。

驻村以来，我扎根基层，真心帮扶，积极帮助提升村基层组织建设水平，帮扶脱贫，丰富乡亲的口袋和脑袋，办实事、办好事、解难事、惠民生，与群众结下了浓厚的友谊，村"两委"和村民也对我充分信任和支持。虽然力所能及地为村里办了一些事情，但离群众的要求还有差距，我仍要继续努力。

文化新人带来文化新风

第一书记

徐　昌　2017～2018 年度，任汶上县文化广电新闻出版局驻苑庄镇东演马村第一书记

　　"这是一个美丽的地方，春风吹来是希望，美丽的演马庄，风景如画精神爽……"这首名为《美丽的演马庄》的动听歌曲，是一位常年在外的东演马村民束立波回村后，连夜作词作曲献给村里的歌。

　　束立波说：自从第一书记徐昌来到我们村，我真没想到，短短一年的时间，村里的变化这么大这么好，我要唱出来，让大家都知道，这个可以作为我们村的村歌。在场村民都高兴地举手表示同意。就这样东演马村历史上第一次有了自己的村歌，这也是全县所有村第一个有村歌的村。束立

波告诉我说："徐书记来自文化部门，是文化人，写这首歌在你们文化人面前我有点班门弄斧。但是我的确感觉你来这一年给我们村带来的最大变化是村里文化味道足，乡亲们精神头足。"我回答说："你的歌写得这么好，你是接地气的文化人。来到村里我就是新人，是文化新人，需要向乡亲们学习的地方还很多。"

我的驻村故事就从村歌这个小插曲讲起，因为我从这件小事中切身感受到，农村接地气的文化是多么质朴本真，群众对文化生活的追求表面虽含蓄内心却十分强烈。我是刚到农村工作的文化新人，要为乡亲们搭建起乡村文化舞台，让乡村文化绽放出魅力，让群众享受到幸福文化。

小乡村建起文化大广场

"自古演马，历史悠久，民风淳朴，人杰地灵，束氏华堂，武举校尉，威名远扬。岁次丁酉，举人后人，众志成城，懿行善举，建设广场……"这是村里立在东演马村广场上的举人文化广场碑记第一段内容，在碑的正面刻上了为修建广场捐款的名单，县文广新局和我的名字也在其中。这样的表扬让我感到受之有愧，这是应该为村里办的实事，真的不足以刻碑留名，但村民们说，"我们想不出什么好的方法表扬你和捐款的好心人，刻碑是多少年来的传统，这是最好的方式，我们大家要记得这件大事"。村民们用这种最朴实的方式颁给我最大的奖掖，让我更加意识到责任的重大。

一直以来，在苑庄镇东演马村中部有一片坑塘，这是村"两委"一直计划修建文体广场的理想位置。但是东演马村是集体经济薄弱村，没有集体经济收入，因此在这里修建文体广场也就成了村"两委"干部不愿多说，村民们经常说起的遗憾事。2017年4月初到村后，在与村"两委"开会和走访群众调研时，我了解到群众对文化广场的需求十分强烈。东演马村是远近闻名的唢呐之乡，群众历来喜爱文艺演出，村里有广场舞和器乐演出队伍十几个，但是村里一直没有一个较大的文化活动场所，村南仅有的一块30多平方米的所谓"文化广场"也一直徒有其名，不能适应群众需求。

看到群众文化生活匮乏，我深深感到肩负的责任和压力，同村"两委"商议说："虽然没有资金，但这是群众关心已久的热点问题，应该想方设法解决。"由于村集体经济有限，资金来源成了阻碍建设的"绊脚石"。按照预留面积1350平方米，总投资概算17万多元，怎样解决这笔资金，成为我驻村后遇到的首要难题。

为尽快满足东演马村广大群众文娱活动的强烈需求，我迅速将村建设文化广场的事宜向局领导做了专题汇报，局领导专门到村调研走访，并对建设文化广场事宜表示将在资金上和物资上给予大力支持。有了村"两委"和局领导的支持，我召开了村委会会议和村民代表大会征求大家意见，与大家交流了建设文化广场事宜，得到全体村民的支持和签字同意。我代表局里首先向村民承诺扶持8万元用于文化广场建设，并坚持文化广场建设事宜让村民"全程参与、全程监督"的原则，对于资金使用由乡镇职能部门监管使用，做到专款专用。

得知村里要开建文化广场了，村在外人员微信群里也热闹起来，大家都自发踊跃捐款。有的通过银行转账，有的通过微信捐款，30000元、5000元、2000元、1000元、500元……退休村干部、老共产党员李树森夫妻把1000元送到村委会，并表示这是为村里干的一件大好事，我们一定要出一份力。村里其他党员也都带头捐款，我和村"两委"成员每人捐出500元钱。

村委会共计收到捐款9万多元，并上交到镇经管站，做到专款专用。有了启动资金，村里专门聘请规划专家按照省市农村文化广场一级标准规划设计，广场上建有百姓大舞台、标准篮球场、健身路径、休闲厅、公园座椅等设施。不到三个月，举人文化广场就高质量完工，成为全村群众休闲娱乐的重要场所。每到周末，举人文化广场上，都会有精彩的节目轮番上演，吸引来周边七里八村的乡亲们观看演出。同时，建成了文化大院，设立了农家书屋、棋牌室等，极大地满足了村民的精神文化需求。

小乡村办起农民文化艺术节

激情的锣鼓敲起来，欢快的舞蹈跳起来，幸福的歌曲唱起来。2017年

9月9日，东演马村首届农民文化艺术节开幕。舞台上的演员都是东演马村的村民，他们自编自演的吹打乐演奏、广场舞、戏曲、太极拳表演等精彩节目先后登台亮相。"以前逢年过节镇上也会有文艺表演，可是我们村里自己办文化节，一下子就能看到这么多精彩的文艺演出，这还真是大姑娘上花轿，头一回呢！"村民刘振举大爷高兴地说。举办民间特色文化活动大力弘扬了优秀传统文化，充分展现了特色民俗风情，丰富了农村群众的文化生活，营造了欢乐、文明的群众文化活动氛围。

"离开村子还不到半年时间，没想到变化竟然这么大，还办起了农民文化艺术节，真是不错！"在农民文化艺术节现场，常年在外打工的束平看到家乡日新月异的变化，大为感慨："以前这里是废旧坑塘，垃圾满地，可现在竟然变成了整洁干净、配套齐全的休闲广场，太让我想不到了。如今农村生活好了，农民们农忙之余也有了文化生活。盖起休闲广场，举办艺术节，让父老乡亲们劳动了一天也能跳跳舞、听听戏，放松放松，小日子真是越过越滋润！"

"这是一个美丽的地方，这是我们可爱的家乡，安居乐业暖洋洋，生机盎然胜天堂……"伴着动人的旋律，如今《美丽的演马庄》这首动听的歌曲，成为村里广场舞队的首选曲目。文化新风正沁润在广场上，舞蹈中，笑语里……

走访贫困户的路上

第一书记

季冬梅　2017～2018年度，任汶上县科技局驻苑庄镇毕村第一
　　　　书记。

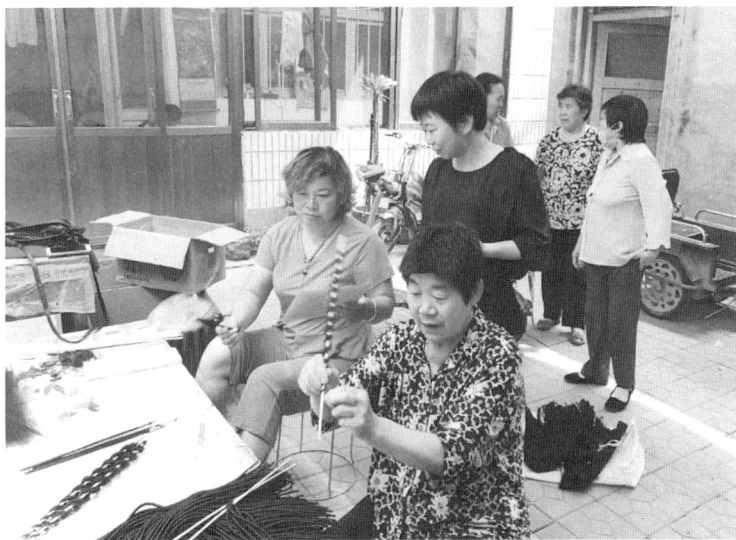

　　今天，我们驻村工作组对全村的贫困户进行入户走访，正走在毕村中
心街上。

　　望着宽阔、整洁的中心街，两侧新铺的下水道盖板像两条灰色的长龙
从南向北贯穿而去，街两侧农户住宅前，安置了整整齐齐的休闲椅，花白
头发的老人坐在椅子上晒着太阳。走在大街上，心里有着说不出的高兴和
畅快。远远看见穿着橘红马甲的保洁员毕大叔正在清扫落叶，我们紧走了

几步，上前去打招呼："大叔，忙着扫街呢。"毕大叔停下手中的扫帚，看到是我们，高兴地笑了："天这么冷，你们咋还在村里？""我们走访走访贫困户，看看有什么困难。"季书记笑着说。"看看，季书记，咱工作组为村里铺的下水道，这么一盖，大街干净多了，夏天再也不担心招苍蝇、蚊子了，也不怕小孩子掉下去了。一会儿，我再拿抹布把这些椅子擦擦，没事儿坐着晒个暖儿，真是舒服，咱这环境快赶上城里了。"看着毕大叔乐呵呵的笑脸，心里不由升腾起一种自豪感。

告别毕大叔，向第一个胡同口走去，几个孩子蹦蹦跳跳嬉笑着从胡同口跑了出来，"看书去喽，借故事书去喽！"边嬉闹着边向村委会大院跑去。我们工作组刚一入村，了解到村里还没有文化书屋，季书记和工作组就把创建文化科技农家书屋列入了工作计划。与村"两委"成员共同收拾出来村委会办公场地最西头的一间办公室，进行改造、粉刷，购置了四个书架，采取多种形式协调、购买了部分书籍。并发动全局机关干部职工捐助，大家你捐 5 本，我捐 8 本，积极性很高。最后共协调、购买、捐赠各类书籍 2000 余册，按照政治经济、科技农业、文学读物、儿童读物、家庭生活等分门别类编上号，满满摆上了四个书架。制定了各项图书管理制度，让一名村干部专职管理，并制作了图书借阅簿，借书还书严格登记，让每一本图书来有踪、去有影。文化科技农家书屋的建立，极大地丰富了广大群众的文化生活。这不，假期里孩子们也不老是上网了，也不乱跑了，都到书屋来看书了。

快到老党员、贫困户韦爱霞大婶家了。韦大婶 66 岁，老伴已去世，还一直赡养、照顾着孤身一人的婆家叔叔，家庭比较困难。刚到大门口，只见韦大婶推着三轮车带着小孙子从大门洞里走出来。"大婶，这是准备去哪儿啊？"我们打招呼道。"哟，是你们啊，我这不是准备去交活儿嘛。"大婶笑着说。我这才看到三轮车里放着一小堆缠成细穗子状的黑色的、黄色的、红色的假发。"假发厂开到了家门口，可真是方便了，随时取活儿交活儿。"

我们工作组了解到村民王秀菊以前在外从事假发加工工作。假发加工，按工序分解，缠穗子，编小辫等工序，简便易学，非常适合走不出家门打工的农村妇女，忙完农活，接送完孩子的空闲，可以在厂里干，也可以带回家里加工，具有很大的灵活性。了解到这些，季书记与村干部商量，动员王秀菊在村里设一个假发加工分厂，这样既方便了群众，也增加了村民的收入。经过多次做工作，假发厂终于建起来了，建在了中心街村委会大院对面，交通便利。只要季书记在村里，每天都要去厂里看看，了解一下订单情况，看看加工进度，与大婶、大姐们聊聊天……假发厂的建立，让平时赋闲在家的妇女们终于有活干了，手头快的妇女，每月可以有一千五六百元的收入，就连韦大婶这样上年纪的妇女，每月也可以有七八百元的收入，尤其是一些不能离家打工的贫困妇女，每月有了一定的收入。假发厂开到了家门口，方便了广大留守妇女，实现了不出家门也能致富的愿望。

离开韦大婶家，转入了东西大街，前面就是贫困户毕德贞家。毕德贞两口子精神都有问题，他家的房子危房改造完成后，工作组和村干部帮助他搬到新家，可是隔了一段时间他又偷偷搬回来住，季书记与工作组成员每隔一段时间就过去看看，劝他们搬到新房子里住。下一个胡同里住着贫困户毕于胜大爷，毕于胜大爷七十多岁了，眼睛不好，不能干活，老伴精神不好，还有癫痫。季书记常去他们家走访，帮助他们收拾收拾家里，与他们聊聊天，看看还有什么困难。

季书记带领我们驻村工作组来毕村开展帮扶工作已经一年多了，虽然只做了一些微不足道的小事，但正是这些小事拉近了与群众的距离。瞧，前面几个小组长正在清理街两侧的土堆、垃圾，远远看见我们都热情地打招呼，季书记带着我们向他们走去……

让咱们坐下开个会

第一书记

杨国孟　2017 ～ 2018 年度，任汶上县委党校驻苑庄镇陈村第一
　　　　书记。

2017 年，县委党校经济教研室主任杨国孟到苑庄镇陈村担任第一书记。和众多当教师的知识分子一样，离开了三尺讲台，心中急切的他想把多年学习的理论变成自己的"施政纲领"，在农村广阔天地一展身手。"凡事预则立，不预则废。"出于长期以来缜密的工作习惯，新上任的杨书记踌躇满志，为下乡做足了功课，发挥自身优势，打算给村里的党员系统上上课，加强一下基层党建，再给村里的致富能手分析分析经济形势，调整一下种植结构，把中央扶贫好政策给村民们好好理一理……

当杨书记带着一大包书到村里时，首先听到的却是风言风语："一个老师，来咱村里当第一书记。""能干啥？还不是待两年就走，啥事解决不了。"也有的群众挺高兴，寄希望于第一书记能办点实事；有的群众不太在意，觉得办不成什么实事，混日子罢了。面对质疑，杨书记淡然置之，认为"说得多，不如做得多，光耍嘴上功夫是得不到老百姓认可的"。

杨书记就找来村支书详细了解村情村貌，并谈了自己的打算："这样吧，咱先召集全体党员开个会，听听大家的想法，统一统一思想！"一听说开会，村支书面有难色，领着杨书记走进村委会大院，院子小而凌乱，随处摆放的废弃垃圾桶更让这凌乱的院子显得狭小逼仄。会议室更小，容纳不了几个人。"俺村里现在最大的一个问题就是会议室太小，全村69名党员，一到开会的时候屋子里装不下，院子里还得站着人。天热一头汗，天冷打哆嗦。"和党校的大教室根本不可同日而语。

"让党员们一块坐下来开个会"，这是党员"三会一课"党建的基本要求，在这个村居然成了奢望。别的先不管，改善办公环境是驻村的第一件事。干啥都需要钱，村里每年十几亩地的租赁收入仅能维持村"两委"运转，杨书记深知光靠村"两委"肯定不行，第一书记项目资金这笔钱就应该用到刀刃上。经过项目申报、跟踪、协调，立即启动了村办公场所升级改造工程。现在村委会大院增加了200平方米，院内物件摆放整齐，厕所用上了抽水马桶，摆脱了蚊蝇恶臭的环境，村级会议室可以满足全体党员开会所需，乡村儒学讲堂的牌子也挂了起来。

"这院子可比以前气派多了，现在开会可不用站外边了。"党员王宗柱竖起大拇指对杨书记连连夸赞。解决了村委会大院的问题，杨书记又借助人脉关系为陈村争取了价值3万元的涉农和儿童类书籍，开办了农家书屋，方便群众借阅浏览。村里的小朋友在假期也常往书屋跑，惦记着阿拉丁和魔法师到底最后谁打败了谁。

能够坐下来开个会，就拉近了驻村干部和老百姓的距离。要做群众的知心人，到底什么才是知心人？用老百姓的话说就是知冷知热。一年多来，杨书记带领工作组成员前前后后走访群众371户，摸清了27名贫困户的基本情况和致贫原因。大部分是因为生活变故致贫，少部分鳏寡孤独贫困户也有亲属照顾。走访了这么多的贫困户，令人印象深刻的是一个叫王雪华的农村妇女，丈夫车祸丧生，自己精神状态不好，所幸两个孩子已经成年。对于这类贫困户，我们工作组能做的不多，经历这么大的变故，真不是光靠劝说就能见效的。我们唯一能做的，就是逢年过节带点东西过去看望一下，不方便的时候就委托村"两委"过去看望一下。当然，东西不重要，重要的是让她知道，除了她的至亲，还有其他人在帮助她。这一点帮助或许对其他人不重要，但是对一个经历重大变故的人来讲，却是雪中送炭，能让她重拾生活信心。

驻村一年多来，杨书记踏实的工作作风，赢得了群众的信任。每一次党课，来的人都特别齐，一名党员说："我们能够坐下来听县里的老师讲课，就连屁股下边这把椅子都是杨书记带来的。给我们干活，还得自己带干粮，有这样的干部，我们有什么理由不来？"杨书记在村里名声渐渐响了起来，村民一有事就先找他评理。村里王书记也说："杨书记就是个干事的人，话不多，做的事都是实实在在的。"收到这么好的效果，原因正是杨书记把驻村当成事业来干，把群众当作亲人来待。正如杨书记所说，"驻村就是在村里生活，就得和村里打成一片，不分彼此。这样老百姓才相信你能给他们解决问题，才愿意给你说"。

咱村来了"王老弟"

第一书记

王申华　2017～2018 年度，任汶上县工商行政管理局驻苑庄镇界牌村第一书记。

"自从王老弟来了我们村，村委会大院铺上了，路灯亮起来了，下水沟也修通了，村民们在家门口就能看到国家一级演员的精彩演出，村容村貌换了新颜，大家的生活也更加多姿多彩……"面对一年多来村里日新月异的变化，界牌村党支部书记赵思杰喜笑颜开。赵书记口中的"王老弟"就是汶上县工商局驻苑庄镇界牌村第一书记王申华。自从 2017 年 4 月 10 日来到界牌村，王申华就把自己当作了村里的一员，真心实意地站在全村角度看问题、想办法、找路子，实实在在为村民办实事。从最初的"王书记"到"王老弟、王大哥"，这一称呼的改变似乎就印证着村民对王申华一年多来驻村扶贫工作的最高认可。

修大院，凝聚村"两委"集体

来到界牌村的第一印象，就是破烂的村委会大院。20 多年来的工作经历告诉王申华，工作环境对于一个人工作的热情和积极性有着多么重要的影响。简单与村"两委"沟通了解后，他更确认了自己的想法。"咱这院子杂乱无序，科室不明，制度牌老旧混挂。冰霜雨雪之后，院里泥泞不堪，连人都进不了，谁还愿意来。就算来了，屋里都没个正儿八经的办公设备，慢慢地，也就来得都少了。"赵思杰这么向王申华描述。

看到这一现状后，王申华决定驻村第一件事就是修缮村委会大院，首先把村"两委"班子凝聚起来。决定了就立即行动，通过向县工商局党组汇报争取协调，最终帮助村"两委"争取专项资金 2 万余元，为村委会大院铺上了 480 平方米平整的水泥地面，随后又花费 1.5 万元粉刷办公室墙壁 460 平方米、新装电子屏、购置办公桌椅 15 套，完善了办公条件。

不到半个月的时间，整个村委会大院焕然一新，村"两委"也都感受到了王申华工作的热情和热心，纷纷受到感染，表示将坚决支持王书记的决定，共同带领全村百姓致富奔小康。

安路灯，照亮百姓心房

在修缮村委会大院的同时，王申华利用各种空余时间，开展了入户走访调研。他挨家挨户走访了全村的 40 名党员、32 户低保户、11 户精准扶贫户和部分村里威望比较高的村民，得到最多的反映就是晚上出门太黑了，希望能安上路灯。通过与村"两委"商议，决定先在村主街道安装路灯 29 盏。路灯亮起来的时候，正值炎炎夏日，晚上村民们纷纷走出家门，在门口和路边互话家常，说一说今天你家吃了啥，我家有什么高兴事儿。时间久了，村民之间的感情也更加紧密了，团结了。"咱们要是统一服装一起跳起来那才叫美呢。""是啊，再每人一个腰鼓，边敲边跳。""她们跳舞，我们下棋，最好啊再有几张棋牌桌，哈哈。"一天晚上，在文化广场上跳广场舞和乘凉的村民们如是说，路边正在值班巡夜的王申华默默地将这段话记在了心里。第二天，王申华就回到县工商局，向局党组汇报了工作动态和丰富村民文化生活的想法，局党组书记、局长陈圣渠十分赞同，并出面与文化部门沟通协调。一个月后，夜幕降临，音乐响起，一群统一着装的大妈们也高兴地敲着腰鼓跳了起来。旁边几张棋牌桌摆了出来，几位老人正在对弈，旁边不时有人点头称赞。

搞建设，排解村民烦忧

到村里半年了，王申华发现村里的排水问题很大，很多路段没有排水沟，现有的排水沟也堵塞严重，根本没法起作用了，虽然村里修了水泥路，可是雨天村民还是没法出门。王申华带领村民新建、修缮了两条排水沟，再下大雨，不用担心路上全是水了。排水沟修通后的第一场雨，村民们都打着雨伞走上街头，看到雨水都汇入了排水沟，大家都笑了。

村北边的省道终于要拓宽重修了，按理说这是一件大好事应该高兴，可是村干部们可愁坏了，因为路边的树都是村民们几年前种下的，眼看过两年就可以砍了卖钱，现在却要提早砍掉，谁会愿意。"这些树过几年再卖也只能挣一次钱。可俗话说得好，要想富，先修路，等大路修好了，咱村里才有招商引资的资本，才能致富。我们大家一起去做村民的思想工作。"王申华主动请缨，挨家挨户说服了村民，又亲力亲为全程参与清理工作，确保了道路工程如期开工。

相似的情况还发生在了改厕工程上，很多村民不理解，为什么祖祖辈辈用了那么多年的厕所说不能用就不能用了。王申华运用多种思路，从环保、卫生、健康等不同角度向大家传播改厕的意义，深入浅出地为他们讲解，最终全村顺利完成了全部改厕任务。用上新厕所后，村民们开玩笑："王书记说的果然没错，现在多好，上厕所再也不用闻臭味了。"

谋发展，建设富饶美丽乡村

从进村第一天，王申华就在琢磨到底用什么方式可以让村民致富。一年多来，他带领村"两委"成员多次外出学习、考察和招商引资。通过不断沟通，现有一家企业已达成投资意向，预计投资 1000 万元。

招商引资的同时，充分利用村级现有条件，发展村集体经济，通过养殖承包、房屋租赁、土地流转和河滩承包等措施，实现了村集体经济收入 5 万余元。

现代农村已经开始追求精神方面的享受，王申华积极协调，邀请济宁艺术剧院到村里为百姓送上文化惠民慰问演出。著名山东琴书表演艺术家、国家一级演员刘世福等知名演员相继登台表演，相互竞技、一展才艺，优美的唱腔、完美的表演赢得了村民们阵阵掌声和欢呼声。

"我们驻村工作组的工作距离党委、政府对我们的要求和期望还有很大差距。2018 年，我们将继续以习近平新时代中国特色社会主义思想为指引，不忘初心，想百姓之所想，急百姓之所急，整修道路，确保招商项目落地，搞好村镇规划，进一步壮大村级集体经济。"王申华如是说。

　　一年多的辛苦换来的是村民们的笑声，王申华很欣慰。他没想到，村支书赵思杰受村民委托来到汶上县工商局，将一面书有"心系群众村民感恩，帮扶资金硬化村院"的锦旗送到局党组书记、局长陈圣渠的手中，代表界牌村村民对汶上县工商局驻村工作组对该村发展所做的贡献表达感激之情！"我代表全村村民向领导申请，让'王老弟'在我们村多驻两年吧！"赵思杰反复跟陈局长说道。

我让丁庄"亮"起来

第一书记

齐　磊　2017～2018年度，任汶上县公共资源交易中心驻苑庄镇丁庄村第一书记。

夜幕降临，田野万籁俱寂，偏僻的丁庄，华灯初上，亮如白昼。地上的街灯辉映着天上的明星，点点明星童话般地眨着眼睛。

村头的小广场上，人头攒动，伴着优美的旋律，男女老少扭动着欢快的舞姿，荡漾着春风般的笑容，幸福在每一个人的心中流淌。

望着这一幕幕和谐的场景，听着村里的丁老汉说"这光明是第一书记齐同志送来的"真情的话语，在这个和丁庄人一起正式告别天黑就摸黑的好日子里，我和乡亲们内心一样激动，感到生活里一片亮堂堂。

全国不知道有多少个丁庄。一年前，我响应县委、县政府的号召，来到这个丁庄任第一书记。走进村子的那一刻，脏，污水鸡粪遍地；乱，柴草随处堆放；差，村容村貌破败。这一切一股脑涌上心头，我暗自说，真倒霉，怎么摊上这样一个烂村子？这对于一个自小生活在城里，毫无农村生活经验的年轻人，无异于当头棒喝，心里满是灰暗的世界，看不到丝毫的光明。

看着地上的泥泞，无处安放的双脚踟蹰不前，一位上年纪的村干部看穿我的心思，在一旁不冷不热地说："还不是和从前一样，应付应付差事，混上两年，镀镀金，拍屁股走人！"这话像一根钢针深深地刺痛我的心。不说受了国家和人民的教育十几年，咱也是热血好儿郎，面对党旗庄严宣过誓——随时准备为党和人民牺牲一切——我连犹豫也没有犹豫，坚定地把来时"武装一新"的皮鞋插进污泥，蹚过脏水，走向新的工作岗位，要让丁庄亮起来……

要让丁庄亮起来，首先让丁庄美起来。村容村貌是村里的门面，为了美化村庄，让各个角落会说话，筹措部分资金，粉刷了大街小巷的墙壁，绘制了十几处宣传画，设置了十几处宣传栏，把党的大政方针及时地宣传到老百姓的心坎里，让老百姓清清楚楚，明明白白。

在村里几条主干道两旁栽种了白蜡树、苹果树等经济作物，既绿化了村子，又让乡亲们在家门口就有一定的经济收入。李奶奶拉着我的手说说："这城里娃是真心来帮咱们的！"在我的感召下，没有发动，没有劝解，村民很自觉地腾出门前的荒地，以干自己家的事的觉悟参与到绿化过程中。"捧着一颗心来"永远是与老百姓心灵相通的最大公约数。

丁庄留守老人和留守妇女多，建起了文化大院、农村书屋、健身广场，让村民有了休闲娱乐的活动场所，满足村民对精神文化的需求，留守的乡村焕发出生机和活力。

要让丁庄亮起来，最重要的是让丁庄富起来。要让村民心里亮起来，先让他们的腰包鼓起来，这才有底气。针对丁庄土地多，人口多，而种植单一的实际，请专家到村实地考察把脉，量身定做符合丁庄发展实际的致富方案，再通过召开村民大会，共同确定下一步工作方向和工作思路。

通过土地流转，培育致富典型，发展订单农业，发动农户广泛参与；通过种植高附加值农作物，建设高效种植模式，让闲置人员在家门口就能有钱挣。积极争取扶贫政策和资金，做好和相关部门沟通协调工作，搭好台，服好务，做足做好后勤保障大文章，解除他们的后顾之忧，唱出丁庄人发展致富亮堂堂的大戏。

要让丁庄亮起来，最终让丁庄强起来。担任第一书记，我深刻地认识到："村看村，户看户，群众看党员，党员看干部。"在新农村建设中，基层党员干部的思想观念、行为作风十分关键，帮扶的任务再难，只要有一个过强过硬的村集体领导班子，扶贫攻坚战总会打赢。第一书记能力再强，也会离开村庄，要想丁庄一直强，就要把当地村干部打造成一支"永不走的扶贫工作队"。

加强对村干部再充电，再提高，再重塑。联系党校，加强党建能力的培养。出门考察，带领村班子成员开阔视野。联系科研院所，补充农技知识的短板。让村"两委"人员重新认识自己，重新认识自己所面临的工作，让"两委"人员以崭新的形象亮相在村民面前。

施加"紧箍咒"，提升自律性，加大村务公开的力度、广度、深度和透明度，充分发挥"村民议事会"的作用，让村民全程参与村务议事，知无不言，言无不尽，广泛采纳意见建议。村民对村"两委"成员的认识度和理解度有了极大的提高，增强了他们脱贫致富的信心，为村里顺利开展工作奠定了坚实的基础。

祖逖报国鸡鸣志，新征催我勤为民。在丁庄，我只是一名过客，人生旅程中偶然相识，伴随着这个朴素的村庄不断闪亮，我也被他们的善良淳朴感染着，感动着，激励着，不忘初心，牢记使命，向着人民美好生活的光明前景，继续前行！

退伍大学生士兵的"青春力量"

第一书记

张孝峰 2017～2018年度，任汶上县人武部机关驻苑庄镇白塔西村第一书记。

　　根据全县驻村工作安排，30岁的县人民武装部教练员张孝峰被选派到苑庄镇白塔西村担任第一书记。到基层工作历练、推动乡村振兴，这本是件好事，但对于年轻的张书记，走出这一步并不容易。从家庭来说，妻子是教师，孩子只有1岁，若一星期在村里住五天，就要打乱家里的生活节奏，好在妻子父母都很理解，一句话，家里有我们呢，你放心去吧！让他的心里有了稍许的安慰。然而，对年轻的张孝峰来说，最大的问题是，从上大学到参军入伍，再到参加工作，都没接触过农村工作，这么年轻，对农村工作又不熟悉，去了能干什么？

开弓没有回头箭，2017年4月10日到村报到，在军队练就的雷厉风行的作风，一颗年轻燃烧的心，让他迅速投入驻村工作，与村"两委"班子成员座谈，开展入户走访调研，了解全村的产业发展、生态环境、乡风文明、社会治理、民生保障，做到心中有数，谋划白塔西村未来发展的美丽画卷。

吃水难一直是白塔西村村民的心头大事，受限于财力，多年来一直没有解决。张孝峰根据走访调查了解到，村内自来水供给水管老化，损坏部分较多，加之部分村民思想认识偏差，出现偷水、漏水、长流水现象，导致部分村民吃不上水，群众反应比较强烈，成为矛盾凸显点，急需解决。针对此情况，及时与村干部召开座谈会，提议对全村自来水进行改造。村干部一提改水就皱眉头，没钱缺技术，难啊！"说了算、定了干，再大的困难也不变！"军人的字典里就没有"难"这个字。对改水知识一窍不通，张书记和村干部不等不靠、加班加点，到有关部门和镇政府虚心请教，邀请技术人员到村里进行实地考察，认真研究工作规划，制订改水方案。张书记先后到县水利、财政等部门协调项目资金，还多次向县人武部领导汇报，争取支持。通过协调资金与村民自筹相结合筹集资金，共筹资金18万多元。时值夏季，当大多数人在家避暑纳凉时，张书记和村干部正在村里大街小巷忙着测量数据，探讨管网布局规划，编制详细的工程预算。由于前期准备工作扎实，开工仅一月就铺设了两条主管道近千米，支管道近2万米，安装水表300余块。看着水龙头的清水哗哗流出，群众欢天喜地，拍手称快。村里的参战退伍老党员王思贤找到张书记说：小张，不愧是当过兵的，雷厉风行，干脆麻利，真给俺村办大事了。

火车跑得快，全靠车头带，村党支部就是农村"跑快"的火车头。在2017年底"两委"换届中，张书记积极向镇党委、政府建言献策，引导两位优秀村民参加竞选。其中一位叫仲斐，29岁的女同志，是齐鲁工业大学毕业的本科生，还是党员。对于这个人选，村里有些人头摇得像拨浪鼓，私下偷偷找到张书记："黄毛丫头当啥村干部，你刚刚把村里整出个样儿来，让年轻人给你鼓捣毁了……"一听到看不起年轻人，张书记驻村第一次生这么大气："我训练的兵个个年轻，人人优秀。再说小仲也不年轻了，才比我小一岁。"这位年轻的大学生通过自己平时的表现，还是高票当选，成功进入村班子队伍。通过调整队伍，现在的白塔西村班子年富力强、相得益彰，团结协作意识越来越强，推动工作落实整体合力显著加强。在张书记带领下，村班子办好一件件实事，严格落实"四议两公开"、村务财务党务公开以及村干部坐班等规章制度。通过一系列村级规范化管理工作，张书记帮助村班子树立威信，提高管村治村水平。结合农村"三资"清理，对全村土地进行重新整合，将集约出的近百亩土地收归村集体，连同村南方田路两旁的树木对外承包。对于已经流转的土地，重新规范了发包方式，收取水电服务费，增加村集体收入 5 万余元。坚持把"帮民富、促发展"的任务落到实处，结合低保核查和入户走访对帮扶名单进行再识别、再审定，组织宣传、解读党的扶贫政策，引导群众树立正确的脱贫观，引导种粮大户为本村有劳动能力的贫困户提供工作岗位，培养贫困户通过劳动增加收入。对于无劳动能力贫困户，张书记积极向单位领导汇报，争取相关部门进行物资、资金方面的帮扶，促使他们尽早脱贫。

选出年轻的干部，村里的事就好干了，在农厕改造、秸秆禁烧、移风易俗、信访维稳等工作都走在全镇前列。张书记协调单位资金 5000 余元，购买了 8 套三格式化粪池、冲水桶、蹲便器及配套设备，会同村"两委"，免费为部分贫苦户安装到位，让贫困户群众也能用上干净卫生的厕所；在七一和春节前夕，邀请县人武部领导慰问了 7 户村困难党员和 10 户精准扶贫户，为他们送去了钱物，让他们能够体验到组织的关怀；改善村干部工作条件，协调单位 8000 余元为村办公室安装了大小两台空调，方便村干部在炎热天气下开展为民服务工作；邀请济宁艺术剧院到村进行文化下乡演出，让老百姓不出家门就能观看国家一级演员的精彩演出，丰富了村民群众的精神生活，得到了群众认可……

"驻村帮扶献真情，乡村振兴建新功。"年轻的第一书记张孝峰在驻村工作中，志存高远办实事，扎根基层做奉献，以军人作风，以不可战胜的青春力量，从容应对各类挑战，施展才华、实现人生价值，为实现乡村振兴，不忘初心、砥砺前行！

真情为民践初心

工作队长

刘　忠　2017～2018 年度，任汶上县义桥镇党委副书记（挂
　　　　职）、下派工作队长。

自从成为帮扶干部以来，我便把自己当成了义桥人，并时刻提醒自己：把心融入这里，把情倾注这里，踏踏实实为这里的群众办一些实实在在的事。

在驻村的 360 多个日夜，我学到了在书本上学不到的知识，新形势下镇村干部在农业和农村经济发展的新阶段，只有在心中树立强烈的为民意

识，做工作才会有勇气，解决问题才会有方法，才会有自觉的"敢作为、敢担当、敢碰硬"的工作意识。要帮助农民群众排忧解难，同时还要受农民群众的委屈，轻者受气，重者挨骂。我作为驻村帮扶工作队长，和镇村干部团结一致，并肩战斗，带着问题到困难和矛盾集中、群众意见多的地方促膝交谈，解决群众遇到的具体问题。

情系村民冷暖，解决民生难题

磨刀不误砍柴工，为加强基层组织建设，拉近与群众之间的距离，带领广大农民群众尽快脱贫致富，驻村工作队入村第一件事，就是入户走访，与村民谈心、拉家常，拉近与村民的距离。我召集七个工作组的第一书记和其他成员，一起为困难党员和群众买了水壶、毛巾、暖被等日常用品，邀请文艺队伍到村开展文艺演出，为村民们送去一份欢笑、一点温暖。刚开始，并没有受到村民的热情欢迎，甚至有的村民对驻村工作冷嘲热讽，但驻村工作队一点都不泄气，相反，更加积极主动与村民"套近乎"，利用晚上时间拉上村干部一起走村入户，看到村民在干活，工作队员也撸起袖子和他们一起干，慢慢受到了群众的接纳。

驻村工作队先后认真开展了"受教育、长才干、做贡献""宣传强农惠农政策，密切党群干群关系"为主题的入户走访活动，"庆七一、迎国庆、当先锋、做贡献"十个一活动，"党在我心中，驻村当先锋"等系列活动。通过系列活动的开展，第一书记及各工作组成员对驻村工作有了更深的认识，将包驻村"两委"班子建设情况、党员队伍现状、村庄种植养殖、外出务工经商、村民生活状况和民风民俗等一系列情况分门别类建立了档案，明确思路，结合实际制订帮扶规划和措施，认真筛选第一书记项目。由于对村庄的基本情况摸得清、掌握得细、研究得透，工作取得了阶段性的成果：县派第一书记村组织党员活动 60 余次，健全各项管理制度 36 项，组织外出学习 5 次，开展送温暖 12 次，慰问贫困户 60 人次；硬化提升路面、路肩 1600 平方米，安装路灯 30 余盏，铺设饮用水管道近 3000 米，修建排水沟 1400 米，建设 300 多平方米广场 1 处，协调各类资金 100 余万元。

聚焦帮扶对象，助推精准扶贫

"把扶贫工作当事业干，把贫困群众当亲人待，一定会打赢脱贫攻坚战这场硬仗！"这是驻村帮扶队员一致的认识。贫困村要想脱贫，必须有符合实际的项目推动，驻村工作队充分发挥派出单位的资源优势，邀请县直相关部门到村进行慰问帮扶、调研考察，开展"送知识、送技术、送物资"活动，进一步增强了干部群众鱼水情。在走访中发现，精准扶贫户吴敬香，丈夫前几年去世，一个人带着两个孩子，一个上高中，一个上初中，家中还有两位年迈老人，两位老人每个月仅医药费就要500多块钱，全家就靠她养几头猪和给人打点零工，经常入不敷出，生活十分拮据，两间老房子墙体已多处开裂，也无钱修缮。再加上近年全县开展了生猪养殖污染整治工作，猪不能再养，收入也相应减少，生活更加困难。对此，我和村干部多次上门，与吴敬香对接交流，帮助她解决实际困难，鼓励她树立生活的信心，通过多方努力，为她争取到旧房改造资金1万元，并介绍她到镇服装加工厂工作（预计月收入能达到2500元），帮助两个学生申请了助学金，为两位老人办理了慢性病救助，并将她家列入年底贫困救济计划。下一步我计划向上级有关部门反映协调，争取将该户列入低保户。现在她家的房屋已经进行了改造，本人也有了固定的工作和稳定的收入，家庭生活状况也有了明显改善。她逢人就说，刘书记真是我们的贴心人，没有他，我们一家就过不上好日子。群众心中有杆秤，称出了干部为民执政的分量。驻村帮扶不在钱物多少，关键是真心实意，尽可能为老百姓排忧解难，让他们感受到看得见、摸得着的实惠。通过帮扶行动，既让困难群众感受到党和政府的温暖，感受到社会大家庭的温暖，又让干部从中了解百姓疾苦，掌握群众所需、所急、所盼，从而更好地开展工作。

在对原建档立卡贫困户进行"回头看"的工作中，工作队首先深入学习有关政策，掌握上级精神，各第一书记及工作组整合镇村干部，抓住"准确识别、精准扶贫、推进措施、脱贫退出"四个实事求是，以"两不愁、三保障、五通十有"为主脉，研究确定工作方案，发放明白纸，电话联系外出务工村民，宣传有关政策，做好动员，把基础工作做实。入户调查阶段，严把审核关口，确保真贫困户不漏掉，不符合贫困户标准的坚决予以清退，让帮扶政策真正落实到贫困人员身上。不符合贫困户标准的村民被清退后，很不高兴，心里很不舒服，多次来到工作队驻地吵闹，甚至有的村民带着酒劲来找工作队"算账"。"无论村民怎么闹，咱们不能火，要像对待亲人一样做好解释工作。"这是我一再叮嘱队员的话。队员们也确实是这样做的，每次群众来到工作队驻地，首先端上一杯泡好的热茶，递上一支烟，认真倾听他们的诉求，耐心做好解释工作，有时一聊就是三个多小时。送走一波又来一波，工作队员们不厌其烦地给他们一一解释，晓之以理动之以情，队员们认真耐心的政策解释，终于得到了这些群众的理解和支持。"回头看"结束后，工作队对新确认的贫困户逐户制订增收计划，明确帮扶措施，达到户有簿、村有本、镇有档，确保脱贫措施有针对性、目的性、可推行、可操作。及时做好跟踪回访，积极完善档案信息，对贫困档案实行适时更新、动态管理，做到信息精准、底数明晰，为制订可操作可落实的帮扶措施奠定了良好的基础，确保实现扶真贫、真脱贫。

发挥理论优势，传播党的声音

党的十九大胜利闭幕以后，工作队组织队员认真学习报告原文，踊跃参加各类培训。学习归来后，组织全体党员、村民代表开展学习习近平新时代中国特色社会主义思想和党的十九大报告，并利用闲暇时间入户串门，以拉家常的方式和群众讲解党的十九大报告，宣传党的惠民政策。通过上党课、送学上门等形式，用通俗易懂的群众语言，大力宣传党的方针政策、精准扶贫政策、强农惠农政策。在听取了报告后，群众反响强烈，说："我们农民最关心的就是土地，所以特别关注十九大报告提出的'乡村振兴战略'，党的十九大明确保持土地承包关系稳定并长久不变，第二轮土地承包到期后再延长30年！有了这颗'定心丸'，我们可以放开手脚大干一场，脱贫致富不用愁了！听你们讲十九大报告，我们增强了对美好生活的信心。党的政策这么好，活在新时代真幸福！"村民们质朴的语言，也深深激励着工作队队员们，扶贫攻坚任重道远，但是再苦再难也要打赢这场硬仗，以实际行动向党和人民交上一份满意的答卷。

回顾驻村一年多的时光，自己的精气神足了，机关作风淡了，乡土气息浓了，服务意识强了，与老百姓也更加亲近了。驻村帮扶，对我来说不仅是一次大熔炉的淬炼，更是人生观和世界观的洗礼。任何时候，我们都应怀着对人民群众的深厚感情，到群众生活中想问题，与困难群众交朋友，用真心真情帮扶，用真抓实干去解难题，嘘寒问暖，看粮袋、揭锅盖、摸被褥，仔细了解群众致贫的原因、帮助他们寻求从根本上脱贫解困的途径，以细微的工作温暖群众的心，从小事做起，从身边事做起，在平凡的岗位上踏踏实实地工作，始终践行党员的那份初心！

办好群众心头事

第一书记

苑季春　2017～2018 年度，任汶上县财政局驻义桥镇崔东村第一书记。

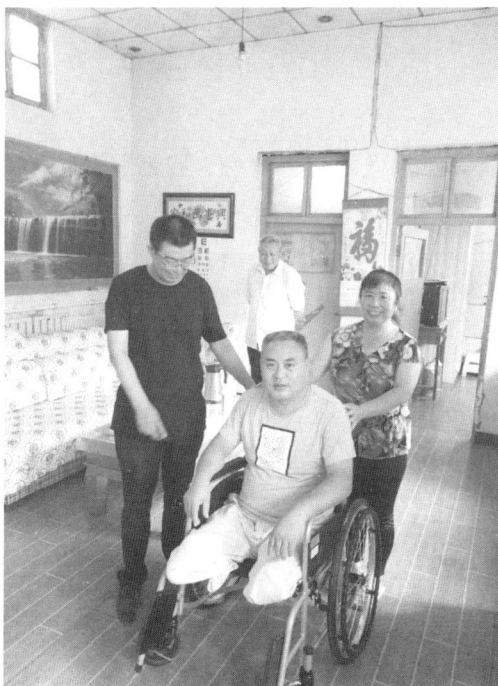

2017 年 4 月 7 日，我来到义桥镇崔东村任第一书记。了解到该村以种植小麦、玉米为主，种植结构较为单一，村民还不是很富裕，该村还是个"空壳村"。通过与主要村干部、村民代表座谈，决定以乡村产业兴旺、生态宜居、乡风文明、生活富裕、治理有效为目标，制订帮扶规划，积极投身到驻村帮扶工作中，改善村容村貌，提高群众生产生活水平。

摸清村情民意准确把脉，开展调研和为民服务工作。通过召开座谈会，入户走访，了解村情民意，经常深入群众交流谈心，把群众当成亲人对待。村民房续林在一次意外的车祸中不幸失去了双腿，孩子还在上高中，家庭重担落在妻子一个人身上，生活困难，他自己也很久没有出过家门了，脸上总是挂满了忧愁和无奈。一定要帮帮他，这个想法在脑海里萦绕。我决定帮他走出家门，给他解决一辆轮椅！我带着工作组成员，多次到镇民政办、县残联咨询了解相关政策。2017 年 9 月 11 日，从县残联领取到一辆轮椅。我把轮椅送到房续林家中，扶着他慢慢坐上轮椅，他小心翼翼地转动轮子，忧郁的脸上绽开了笑容，他激动地说："谢谢党！谢谢苑书记！"他终于能一个人走出家门了，他经常和邻居们拉呱儿、下象棋，不再总是一个人孤单待着。我常常和他谈心，减轻了他的心理负担，每到节假日都给他家送去慰问品，他的心结终于解开了，人也变了，总是笑呵呵的，我们也成了无话不谈的好朋友。

帮助村民排忧解难，做好政策解答、咨询服务；对贫困户逐户走访、筛查，摸清人口、生产生活状况、致贫原因，找准对策帮助他们脱贫；研究惠农政策，确保惠及所有贫困户。2017 年七一前夕，慰问生活困难老党员 5 户，为每户送去慰问金 300 元；2018 年春节前夕，给 16 户贫困户逐一送去色拉油、面粉、大米等慰问品，送去党的关怀和温暖。逐户发动群众改厨改厕，做好卫生保洁，彻底改变农村脏乱差的现状，全力打造美丽乡村示范村。积极开展文化惠民送戏下乡，邀请济宁艺术剧院给村民带来戏曲、相声、歌舞等精彩演出，丰富了村民生活。积极组织村民开展健康体检，开展尊老敬老、关心留守儿童等各项活动，大力宣传移风易俗，村民的思想境界得到了很大提升，老年人及儿童权益得到了保障。做好秸秆禁烧和农村维稳工作，完善值班制度，确保了村情稳定、群众生活和谐。

加强村级党组织建设，发展村级集体经济促增收。抓好"三会一课"党务工作制度，落到实处，每月召开一次党员学习培训例会，完善"四议两公开"工作机制，党务、村务、财务定期公开。为了提高村"两委"为民服务能力和工作效率，改善办公条件，赠送电脑、打印机各一台。

怎么帮助村集体创收，摆脱"空壳村"的帽子呢？这成了我要攻克的第二个难题。我把心里的想法和房书记进行了深入交流探讨，一拍即合！一是整合村集体各类资产资源，规范租赁程序、合同文本，将集体承包地、林地等收回并重新租赁出去，合同一年一签，年年实现收益。二是把农户分散的土地整合起来，流转到合作社管理，流转土地1000多亩，实行集约化、规模化经营，村党支部为合作社提供服务，探索出"支部＋合作社＋农户"融合发展模式，不仅实现了集体增收，同时还能为村民提供就业岗位，帮助贫困群众稳固脱贫，实现了群众"家门口"就业和群众增收、集体致富的"双赢"。

积极争取政策项目资金，解决村民最急需最迫切的问题。支部书记房义堂说："俺村的自来水管道使用十几年了，年久失修，到处漏水，很多太阳能热水器打不上水，偏远的村民只能到邻村挑水吃。村里没有钱，修不起，老百姓反应特别强烈啊！"当听到干部群众反映的这个问题时，我想：必须把自来水作为当前的头等大事，彻底解决群众吃水问题。怎么办呢？我首先想到要请单位领导帮忙解决。向局领导一汇报，宋局长说：要抓紧解决群众的吃水难题，通过"一事一议"财政奖补项目解决一部分资金，不足部分由局里想办法解决吧！资金问题解决了，下一步就需要村民表态了。很快召开了村民代表大会，一听说要修自来水，全体村民一致赞同，纷纷自愿捐款捐物，热情高涨！自来水工程动工了，一部分老干部、群众代表自愿监工，天天靠在项目上，确保了工程质量。经过一个月的紧张施工，自来水管线改造提升工程终于完工了。现在一天24个小时不间断供水，彻底解决了困扰群众的吃水难题，得到了全体村民的一致好评。

同时，争取到老年健身广场建设资金5万元，并协调有关部门单位落实腰鼓、大鼓、棋牌桌、音响等一批文化休闲设备，争取到图书2000多册，建立了基层综合性文化中心、农家书屋、儒家学堂等。村里成立了腰鼓队和广场舞队，为村民开展学习、娱乐、健身等活动提供了便利条件，丰富了广大村民的精神文化生活。

一步一个脚印走近群众

第一书记

王新龙　2017～2018 年度，任汶上县人大常委会办公室驻义桥镇马庄北村第一书记。

　　驻村伊始，我和村会计到邓玉芹家走访。想着第一次来，留个影吧。没想到这家老大娘赶紧把里屋的门给关上了。她这种异乎寻常的表现让我很疑惑。于是，我就放弃了拍照的念头，我想人家可能有什么不方便的地方。后来，打听得知这位老人叫郭永英，她的丈夫叫邓玉芹，家里收留了一个残疾孩子。我第一次去，人家把我当成客人来看待，不太好意思让我看到里屋狼狈的样子。在以后的走访过程中，我就很注意，不盲目地跟群众照相。每次合影留念，我都先征得对方的同意。虽然这是一件极其细微的小事，但是对于群众来说，体现的是一种人文关怀。

驻村一个多月时，邓玉芹找到我，我还以为他有什么困难要我解决。他告诉我，他从心里不想当贫困户，因为他觉得好没面子。我告诉他，贫困户能享受国家很多优惠政策。他告诉我，正是因为这些优惠政策，让他感到不好意思。这时我疑惑了，我听说以前好多农户都把贫困户当成一种抢夺的"香饽饽"。经过沟通，我理解了。他想靠自己的劳动，改变贫困面貌。自己家这些年得到了政府不少的帮助，他说："虽然我今年74岁了，年龄稍微大了一些，但是应该出去干些力所能及的事，不能靠国家养着。我平常的时候到地里去刨树，一天能挣几十元钱，这样觉得生活得踏实，不觉得没面子。"我就给他做工作，说："邓大爷，你的这种精神确实难能可贵，我听说好多地方都因为贫困户的事情闹矛盾，你的这种情况确实是少见。没事，你有什么顾虑，随时来找我，不要有什么心理负担。只要你有这种不甘于当贫困户的精神，脱贫是早晚的事情。"经过三番五次地做工作，他才放下了作为贫困户的思想负担。后来，村里举行修路开工仪式，邓玉芹也主动报名参加。他积极帮助施工队查找哪里有地下电缆，哪里有下水管道，减少了道路施工中不少麻烦。他说："我只是给村里做一些力所能及的事情，村里不是也帮了我们家很大忙吗。"

张得臣是一个残疾人，早年因为患病得了半边瘫。第一次见到他时觉得他是一个不爱说话的人，好像整天心事重重的样子。走访中得知，张得臣的家里人都在外地打工，他独自一个人不爱出门，成天郁郁寡欢，吃饭都是简单吃上两口就完事了。有一次和他聊天，他说自己因为身体不好不太愿意出门，锻炼也只是在自己的院子里走动。我问他，你为什么不愿意出门呼吸一下新鲜空气。他说："我都是扶着轮椅在院子里转，出去觉得有点丢人。"我说："都是街坊邻居，别人不会看不起你的。"他说："我以前也是很健谈的，自从生了病以后便不愿意和别人说话了。"

了解到这种情况以后，我增加到他家的走访频次，和他聊聊村里以前发生的事情，不断对他进行开导。有一次，下派办安排第一书记采访，我专门给他做工作，让他参与节目录制。他说："王书记，我一个残疾人，又不会说话，你让我上电视，这不是赶鸭子上架吗?"在我的极力劝导之下，他最终同意参与节目录制。录节目时，他紧张得满头大汗，我和电视台的同志耐心鼓励他，最终把节目录制完毕。后来，他告诉我说:"王书记，上电视还挺好玩的，我一下子成了村里的名人，这在以前是一件不敢想的事情。"通过我不断地和他交流，他最终变得像以前一样开朗，村里有什么重要活动，我都叫上他一块去听听，他逐渐变得非常乐于参与村里的活动。村里人都说:"张得臣精神面貌比以前好多了，笑脸比以前也多了，并且身体还发福了。"以前的时候，子女叫他一块到外地过春节，他都坚决不去。2018年春节他主动提出要去济南和子女一块过。临去济南，他还专门到村里告诉我，他这段时间不在家，让村里帮着照应自己的家。

有一次，我和村里的几名老党员聊天。老党员们你一言我一语地议论起来。老党员伊长生说:"俺今年80多岁了，从心底里感恩共产党给我们带来的幸福生活，从咱们村里的变化就可以看出来。今天的幸福生活真是来之不易。我们这些人读书看报是不行的，王书记能不能给党员群众讲讲党的历史?"于是，我在村里广泛征求党员群众意见，看看有没有创新党员活动的新形式。经过党支部专题研究，决心打造一个宣传阵地。于是，我积极主动协调资金，利用春节期间年轻人打工返乡的有利时机，举行"学党史、知党恩、跟党走"展览。展览分为"党的历次代表大会、革命圣地巡礼、乡村振兴战略"三个部分，采取重温入党誓词的方式，增强党员的党性意识。我充当讲解员，帮助群众重温党的光荣历史和奋斗历程，让村民感受到今天的美好生活来之不易，有效增强了村子的凝聚力和战斗力。

古语云"一枝一叶总关情"。驻村工作中，我们只有把群众当亲人，群众才能把我们当亲人。只有一步一个脚印地走近群众，不断关注群众的精神生活，才能调动广大群众的积极性，真正将输血式扶贫转变为造血式扶贫，早日打赢脱贫攻坚战。

小康康心目中的"圣诞老人"

第一书记

陈　勇　2017 ～ 2018 年度，任汶上县人力资源和社会保障局驻
　　　　义桥镇孔家楼村第一书记。

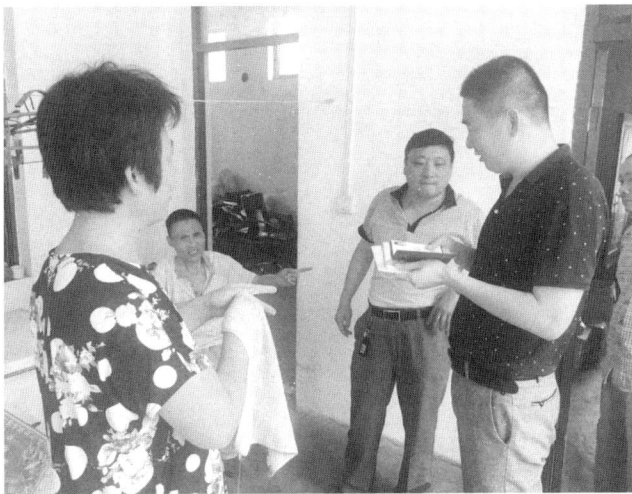

　　2017 年，我被安排到汶上县义桥镇孔家楼村担任第一书记，开展驻村
帮扶工作。从小在县城长大的我，初到农村感到陌生与好奇，同时感到更
多的是压力。

　　吃住在村里，奔波在群众中，被他们的淳朴与热情包围着，也真切地
感受着他们的苦乐冷暖，心灵也一次次地被冲击、震撼着。我渐渐融入他
们的生活，把自己当成了一名不折不扣的孔家楼村村民。在稳步推进"党
建＋扶贫＋N"为主要内容的重点工作的同时，我也密切关注着他们的一

些小愿望和小请求。这些普通、琐碎甚至有些微不足道的愿望，在我帮他们顺利实现后，他们发自肺腑的欣喜、满足与感激之情，不仅为我带来了成就感与自豪感，也日渐驱散着我的压力，促我不断成长与进步，一步一个脚印、有条不紊地推进各项帮扶工作。

我也能到文化广场听戏了

李德良老人多年行走不便，随着年龄的增长，已发展到不能独自行走的地步，就连从房间走到大门口晒太阳，都要在老伴的费力搀扶下，一步步地挪动半天才能实现。老伴的身体也不太好，他体贴老伴就尽量不出屋门，大部分时间憋闷在屋里，守着一台老式收音机，听些因信号不好而刺刺啦啦作响又时断时续的戏曲来打发时间。

见他如此痴迷戏曲，第二次去他家走访，我便买了一台便携式戏曲收放机送给他，信号好，音质佳。他见状高兴得顾不上腰腿痛，竟然猛地一下站了起来，紧紧地抓住我的双手，有些哽噎地不知该说些什么。

第三次去他家，我则为他带去了一部轮椅，是我帮他还有村里另外三位因身体残疾而行动不便的群众，从残联协调来的。那天，村里的文化广场刚刚落成，我邀请了县豫剧团准备于第二天到村里演出。这部轮椅对于他来说，就是一份意外的惊喜。在老伴的帮助下，他美滋滋地坐了上去，笑得合不拢嘴。"赶明儿我也能到文化广场听戏了！"说这句话时，他满脸的兴奋，双眼充盈着泪花。

他的老伴告诉我，他缠她多次了，央求她找辆三轮车拉他去听戏，而她第二天有事要去女儿家，他很是沮丧，连饭都没有吃。这下好了，有了轮椅，他完全可以自己慢慢用手摇着轮椅去好好地听戏了。

"陈书记，谢谢你，我以后也能上街边晒太阳边和老友们聊天了。"他抹着眼泪动情地说，脸上写满喜悦与幸福。

我家的负担又要减轻一些了

在郑大哥家中走访，我的心情相当沉重。郑大哥早年家庭状况不错，三口之家，有稳定的经济来源，生活其乐融融。谁料想不幸一个接一个地降临他家，先是郑大哥患上强直性脊柱炎，很快丧失了劳动能力，常年依靠轮椅，生活的重担则全部落在妻子身上。后来，妻子又患上乳腺癌。好不容易熬到儿子结婚成家，2016 年的时候，儿子也患上强直性脊柱炎，虽不太严重，但也已影响到生活。接二连三的打击让这个家庭顿时丧失了生活的信心。政府也及时将他们家纳入精准扶贫户。

郑大哥在轮椅上坐着，妻子在床上躺着，整个家庭没有一丝生机，一家人都是一副倦容，置身其中，我感到鼻子阵阵酸楚。我掏出兜里仅带的 200 元钱塞到郑大哥手中。然后，我向他详细了解了他们每年的医疗花费情况。除医保住院正常报销、医保精准扶贫报销外，剩余未报销的医疗费虽然不是太多，但加上平日的药品支出，对于他家来说，仍是较大的负担。当我得知他妻子因未准备齐相关材料而迟迟未申请办理慢性病门诊时，我眼前一亮。我从事社会保障工作，了解相应的政策，癌症属于甲类病种，可以随时申办慢性病门诊。办理后，在定点医院门诊做检查、买药时，就可以即时享受报销政策，报销比例 70% 以上。我立即做出决定，马上帮她去办，好让她家的负担进一步减轻。

写好委托书，带上相关证件，我快速往返于医院与县人社服务大厅之间。在服务大厅领取表格，去医院病案室复印病历，去医院门诊部开取门诊诊断证明，找主治医师签字，回人社服务大厅提交材料，办证。等拿到证件时，大冷的天，我却出了一身汗。

返回村里，将慢性病证递到郑大哥手中，他激动地落下了眼泪说："陈书记，头些日子，我就想为妻子办理证件，可是儿子和儿媳外出打工了，妻子在床上卧着，我又不能行走，就一直耽搁着，心里可是着急啊，她每天都要花钱吃药的。你了却了我的一大心愿，我家的负担又要减轻一些了！"

那一刻，从他的脸上，我看到了喜悦，更看到了他对生活重新燃起的信心。虽然我的内衣已经湿透，浑身却感到暖暖的。

你就是我心目中的圣诞老人

康康初中毕业，有些厌学，不想继续读高中了。他的父母找到我，让我试着劝说一下，看能不能继续就读，他们有些固执地认为读完高中考取大学将来捧上铁饭碗才是好的出路。在村委会大院的图书阅览室里，我见过康康几次。他不太爱说话，总是闷声不响地待在一个角落里，翻看一些机械加工制作、电器维修方面的书籍。

"我羡慕那些被称为'大国工匠'的人，我认为他们很是了不起，他们所拥有的技能对国家和社会做出了很大的贡献。我从小就喜欢瞎鼓捣，常常把家里的小电器或一些家具、农具拆开来再装起来，从中琢磨一些原理。"康康饶有兴致地向我说着，明亮的眸子里透着浓厚的兴趣，"但是，在文化课方面，我的确提不起兴致，爸妈逼我去读高中，我真的好厌倦。虽然我还小，我却愿意现在就去建筑工地上做个小工，趁机学些砌砖、织钢筋笼子、开搅拌机之类的技能。"

"康康，你看，这样成吗？我去劝你父母，让你去县里的高级职业技术学校，选择个你喜欢的专业，好好学习几年，将来也争取做个'大国工匠'。"我征求他的意见。

"这样的话，就太好了，我当然愿意。"康康兴奋地表态。

通过与康康父母一番深入的交流与劝说，他们很快同意了。"陈书记，你说得不错，三百六十行，行行出状元。我也晓得，高级蓝领要比公务员的待遇好许多呢。我们尊重孩子的兴趣和意愿，即使他最后成不了'大国工匠'。"康康的爸爸欣慰地说。

"谁说我成不了'大国工匠'，我会努力的。陈叔叔，谢谢你，你就是我心目中的圣诞老人，帮我实现了愿望。也请你相信我，我会好好学习的，争取将来也做个'大国工匠'。"康康边说边挥舞着手臂。望着康康既兴奋又自信的眼神，我打心里为他高兴。

日子一天天过去，"党建＋扶贫＋N"为主要内容的各项重点工作稳步推进，已见成效，最初的压力也日趋变小。我感到自己已深深地爱上了驻村帮扶工作，我要继续努力，力争帮助孔家楼村的父老乡亲们实现一个再一个的愿望，以不辜负康康为我送上的"圣诞老人"的称号。

修路做先锋，扶贫当尖兵

第一书记

王　东　2017～2018 年度，任中国农业银行股份有限公司汶上
　　　　支行驻义桥镇沙庄村第一书记。

2017 年，王东被组织派驻汶上县义桥镇沙庄村担任党支部第一书记。王东刚刚来到沙庄村时就想，如何实实在在地为村民解决生产和生活中的困难，他详细了解群众和村里的实际情况，积极为村民解决实际困难。

修道路，便通行，不为私利，为村民谋福利

沙庄村和古路沟村来往道路多年没修，道路窄且全是泥巴路。因为沙

庄和古路沟两个村村民关系密切，生产生活来往频繁，下雨天道路泥泞，严重影响了群众的生产生活。2017年春天王东雨天来到沙庄和古路沟之间的道路，看到道路积水最深30多厘米，老人小孩都不敢过去。村民反映说，沙庄和古路沟来往太不方便了，天好的时候都不好走，下个雨，十天半个月都要绕很远的路，请第一书记多关心关心。走访了附近村民，多数村民都对道路问题"怨声载道"。王东了解情况后马上和村"两委"研究解决。

修路是好事，但是钱从哪里来？靠政府？靠村民？王东和政府、派出单位和村"两委"多次研究修路方案、工程造价、环境治理、村民支持等工作，走进村民家中了解情况50多次。有的村民不理解："修路要花十几万元，我们支持修路但是我们没有钱。"有的村民说："王书记你想要政绩，何必如此麻烦，花钱、出力还不一定能落个好，多给村民发点钱落个好不就行了。"但是王东坚持认为：我50多岁了，任第一书记不是要名、想升官，更不是赚钱，我就是想在任第一书记两年里帮助村里干点事，给村民提供方便。

王东通过和村民、企业等做工作，通过政府项目补贴、村民自筹、社会捐助、派出单位支持等方式，成功筹集到了项目建设资金。项目开工建设，好多村民感叹："这个王书记能干事！"村民们看到了希望，纷纷投入到项目建设中，有的村民拿起自己的工具，有的村民为工人蒸馒头，有的外出有成就的企业家听说家里要修路捐赠了5000元，开工一切顺利。道路施工中总会遇到这样那样的困难，有的村民认为施工噪声影响了自己的休息，有的村民认为新铺的道路应该延伸到自家门前，有的村民希望用自己的工程队用自己的沙料石方，王东总是第一时间和村民耐心沟通。通过真诚细致的工作，各种困难迎刃而解，道路施工进展顺利，项目建设成功。

建档案、串农户，科学谋划，攻坚脱贫

王东来到沙庄工作后，针对全村贫困户的摸排建档，将有知识文化的贫困户拉出名单，建立工作档案。他通过县农行的产品对接，积极借助惠农贷款、建立惠农服务超市政策便利，争取惠农贷款和惠农通服务店办理

资格。针对留守妇女较多的情况，他利用自身人脉和派出单位工作关系积极帮助留守妇女入职服装加工企业，想方设法帮助村民增加收入。

王东将沙庄村的基本情况向县农业银行领导做了汇报，县农行领导高度重视驻村和扶贫工作。2017年10月13日，县农行党委书记、行长仲波同志来到沙庄村，调研驻村联户建设情况和村民脱贫情况。仲波行长和王东在村委会干部的陪同下对沙庄村和古路沟村75岁以上老人、贫困户逐户进行了走访和慰问，给他们分别送去了两桶油、两袋大米，体现了县农行领导对驻村工作的重视，也履行了农业银行的社会责任。81岁的老党员说：谢谢政府的好政策，也谢谢农业银行，王东是我们的主心骨，我们都拥护和支持他的工作。

脚踏实地去驻村，一心为民办实事

第一书记

梁开磊　2017～2018 年度，任汶上县供销合作社联合社驻义桥镇兴隆庄村第一书记。

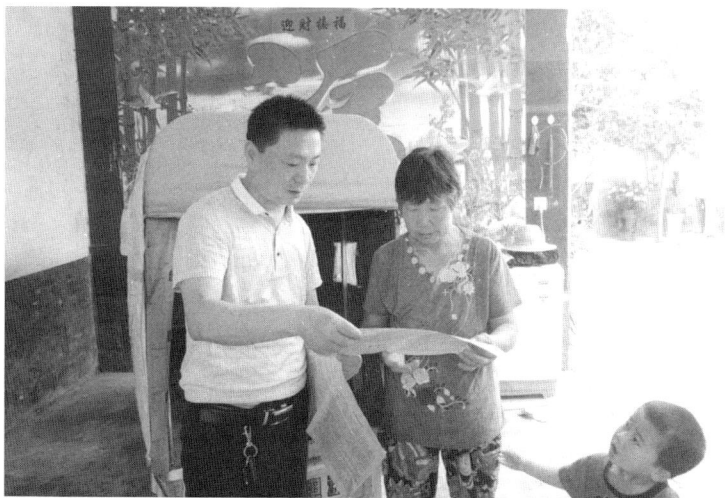

　　眼前是一条干净、整洁的乡间小路，两边沿墙栽种了一排排时令蔬菜，绿油油的茄子、豆角竞相展现着这个村良好的精神风貌。不远处宽阔的农家广场上，五六个农民群众随着《最炫民族风》的曲调，跳着欢快的广场舞步，好一个"歌舞升平"的农家村庄。

　　这是义桥镇东南部的兴隆庄村，地理位置相对偏僻，交通不便，基础设施较差，村民经济收入主要靠外出务工和种地，集体经济收入寥寥无几，是远近有名的空壳村。那兴隆庄村怎样从一个后进村变成拥有眼前这

"绿树村边合"般田园风光的典型村了呢？这要从汶上县供销社驻村工作组进驻兴隆庄村说起。

2017年4月，作为县供销社驻村第一书记，我来到了义桥镇兴隆庄村。为尽快熟悉环境、掌握情况，在村支书的组织下，召开了村"两委"班子成员及党员群众代表座谈会，并走访了部分农户了解村情民意。"这是县供销社来驻村的梁书记。"村支书向周围的群众介绍我。"今天来到咱们村，就是这个村里的一员了，请大家多多支持。"我边说边冲大家微笑着挥了挥手。"梁书记，您来驻村主要是干什么啊？"大家你一言我一语地询问着。"作为驻村第一书记，我来就是要帮助村里做好基层党建、脱贫扶贫，同大家一起建设村庄、发展经济……"我把县里下派帮扶的具体精神向大家简要地说了一下。"梁书记来了，我们村发展致富就有奔头了。"望着大家充满期待的目光，我更坚定了扎根兴隆庄村、改变兴隆庄村的决心。

"村子富不富，关键看支部"，"火车跑得快，全靠车头带"。经过和村支书交流，我了解到兴隆庄村有党员26人，但村委会组织力不强，活动开展少，组织生活制度不规范，党员参与意识较低，部分村干部间存在矛盾，党员队伍年龄偏大，年龄结构不合理，人才储备少。我将建强村级班子、扶好带头人作为第一要务。首先，争取资金改善党员活动室和村"两委"办公条件，结合"两学一做"教育常态化制度化专题活动，认真学习了《习近平谈治国理政》、党的十九大精神等。通过开展一系列教育活动，提高党员政治理论素质。其次，健全完善村级党建工作制度，制定了"两委"承诺制度、坐班值班制度、党务村务公开制度，完善村级班子议事规则，强化了"三会一课"制度落实，使村各项工作的开展更加有序。再次，我积极调解村"两委"干部间的关系，消除矛盾分歧，增进互相理解，村"两委"干部心往一块想、劲往一块使的工作氛围越来越浓厚。通过加强兴隆庄村党建工作，激发了村干部干事创业、服务群众的热情，班子的精神面貌焕然一新，成为服务群众、推动发展的坚强战斗堡垒，赢得了群众的信任和支持。

夯实了思想基础，鼓足了发展干劲，工作重心就要转移到为群众办实事上来。经过前期走访调查，我了解到村里还有几十亩集体土地、坑塘闲置，如果能够把这些资产利用起来，村集体收入将会大幅增加，服务农民群众的积极性和能力也将会有大的提升。说干就干，在与村支书商议后，我们组织召开了座谈会，就土地承包问题征求村民代表意见。"那块地也荒了好几年了，现在有机会利用起来，就得抓点紧。""就是，村里有点钱，给一家一户办点事也有底气不是？"村民代表们争相发表着意见。

看着村民们期盼的眼神，我心里暗下决心，一定要在最短的时间把这件事情办好、办实。接下来的两个星期里，我多方走访村里和附近的种养大户，选定了合适的承包方，约定了价格，报请镇分管领导、镇经管站、司法所签字认定同意后，将村里的集体土地73亩、坑塘3亩以不低于市场价的价格承包出去，村集体收入年增加6万元以上。村集体也没有让村民们失望，将第一年的承包费全部购买了绿化苗木，栽种在道路两边，不仅绿化了小小的村庄，更是筑牢了村民们心目中"主心骨"的坚实后盾。

在和群众座谈时得知，村里没有休闲的去处，为了丰富村民的精神文化生活，我和村"两委"成员商议筹备建设村文化健身广场。经过认真规划选址，除了要占用一块400平方米的集体土地外，还需要扩延一部分，占用李卫民老大爷家的宅基地。这块地长期闲置，没有盖房子，种着杨树，由于受传统观念影响，老大爷就是不肯让出来，如何劝说成了摆在我们面前的一道难题。既然下定决心干，就没有干不成的事。于是，我一次次主动上门，推心置腹与老人拉家常，麦收期间还帮助老人收麦子、干农活，感情逐渐加深。"大爷，咱们村通过建文体广场，老人们可以聚集在一块聊天、下棋，孩子们可以锻炼身体，增加村民休闲游憩的空间。搭建文化活动的大舞台，能够有效提高我们村的生活质量、展现我们村的良好形象，这是有利于全村老百姓的好事。如果您同意，全村人民也会感谢您啊。"我耐心地解释，终于说服了老人一家。为了弥补老人的损失，我和村"两委"成员研究后，决定进行分地调整时，在村集体土地中给予补偿。

这样经过两个月，800余平方米的文化广场如期完工，"乡村大舞台"和健身器材为村民们提供了丰富的活动内容。如今，经常可以看到村民洋溢着笑容在舞台上翩翩起舞，孩子们快乐地追逐奔跑，文化健身广场俨然成为兴隆庄最亮丽的风景线。

为进一步营造良好的生活环境，把兴隆庄村打造成美丽乡村精品村、样板村。我加大向上争取力度，将兴隆庄村列入了市级美丽乡村建设计划。利用 2017 年一年的时间，在兴隆庄村整修道路 1000 米，粉刷墙壁 2 万余平方米，修建疏通下水道 600 余米，安装路灯 50 余盏，安装 28 个高清摄像头，新增垃圾桶 26 个，完成了 128 户改厕任务，栽植各类绿化苗木 1.5 万余株，实现了农村垃圾清扫、保洁、清运一体化，兴隆庄村容村貌发生显著改变，居住环境更加整洁卫生、生态宜居。

贫困户的冷暖饥饱我心中时刻牵挂着，为让他们获得同样的幸福感、获得感、安全感，我积极协调义桥镇卫生院为贫困户进行免费健康体检，对符合低保政策未纳入低保的进行登记，及时向民政部门申请办理低保，节假日送去衣服、大米、食用油等慰问物品及慰问金，还为他们提供合适的用工岗位，增加额外收入。

"脚上沾了多少泥土，心中就沉淀多少真情。"驻村的时光，让我与兴隆庄村建立了深厚的感情，也让我认识到，当好第一书记必须时刻牢记宗旨、一心为民，必须以"好的形象"赢得民心。今后，我将带着责任、带着任务、带着感情，走进群众，服务群众，更好地实现自己的人生价值。

后 记

  2017 年初，汶上县按照精准选派、精准培训、精准支持、精准管理的要求，实施了新一轮第一书记选派工作，14 个市派工作组、106 个县派工作组全部派往省定贫困村、班子软弱涣散村和集体经济空壳村，其中省级扶贫工作重点村 10 个，党组织软弱涣散村 25 个，集体经济空壳村 56 个，集体经济薄弱村 26 个；选派 16 名下派工作队长、120 名第一书记共计 301 名下派干部到农村一线开展驻村帮扶工作。广大第一书记带着组织的重托，扑下身子、真抓实干，与群众同吃同住同劳动，给群众办实事解难题，密切了党群干群关系，涌现出许多先进事迹和动人的故事。为充分展示我县第一书记风采，留存第一书记美好回忆，更好指导我县第一书记抓党建、促脱贫攻坚、促乡村振兴工作，汶上县下派干部联系群众工作办公室从本轮工作队长、第一书记驻村案例中精选了 128 篇服务群众的故事编辑成册。书中的故事，真实反映了第一书记的工作、学习和生活情况，集中体现了第一书记在脱贫攻坚与乡村振兴中发挥的尖刀兵和引路人作用。由于时间仓促和水平所限，书中疏漏之处在所难免，敬请读者批评指正。

编 者
2018 年 10 月

图书在版编目（CIP）数据

济宁汶上第一书记故事／马平，王洪正主编. -- 北

京：社会科学文献出版社，2018.10

ISBN 978 - 7 - 5201 - 3401 - 9

Ⅰ.①济… Ⅱ.①马… ②王… Ⅲ.①扶贫 - 工作经

验 - 汶上县 Ⅳ.①F127.524

中国版本图书馆 CIP 数据核字（2018）第 208363 号

济宁汶上第一书记故事

主　　编／马　平　王洪正

出 版 人／谢寿光
项目统筹／胡百涛
责任编辑／胡百涛

出　　版／社会科学文献出版社·人文分社（010）59367215
　　　　　地址：北京市北三环中路甲 29 号院华龙大厦　邮编：100029
　　　　　网址：www. ssap. com. cn
发　　行／市场营销中心（010）59367081　59367018
印　　装／三河市尚艺印装有限公司

规　　格／开　本：787mm × 1092mm　1/16
　　　　　印　张：30.25　字　数：479 千字
版　　次／2018 年 10 月第 1 版　2018 年 10 月第 1 次印刷
书　　号／ISBN 978 - 7 - 5201 - 3401 - 9
定　　价／150.00 元

本书如有印装质量问题，请与读者服务中心（010 - 59367028）联系

▲ 版权所有 翻印必究